船舶通信与导航

主　编　李海凤
副主编　管　旭
主　审　崔凤波

哈尔滨工程大学出版社

内容简介

本书共分十三章，主要内容有GMDSS系统概论；地面频率通信系统；卫星通信系统；海上安全信息系统；搜救雷达应答器及船用天线；船用磁罗经；航海陀螺罗经；船用回声测深仪；船用计程仪；船用导航雷达与ARPA；GPS卫星导航系统；船载航行数据记录仪；船舶自动识别系统等基本知识。

本书是针对三年制高等职业教育编写的，两年制职业教育也可以参考使用。同时，还适用于船厂职工培训以及其他相关、相近专业的职业教育。

图书在版编目(CIP)数据

船舶通信与导航/李海凤主编. —哈尔滨:哈尔滨工程大学出版社,2012.1(2014.8重印)
ISBN 978-7-5661-0269-0

Ⅰ.①船… Ⅱ.①李… Ⅲ.①航海通信-高等职业教育-教材②航海导航-高等职业教育-教材 Ⅳ.U675.7

中国版本图书馆CIP数据核字(2012)第003956号

出版发行 哈尔滨工程大学出版社
社　　址 哈尔滨市南岗区东大直街124号
邮政编码 150001
发行电话 0451-82519328
传　　真 0451-82519699
经　　销 新华书店
印　　刷 哈尔滨工业大学印刷厂
开　　本 787mm×1 092mm 1/16
印　　张 15.75
字　　数 390千字
版　　次 2012年1月第1版
印　　次 2014年8月第3次印刷
定　　价 33.00元
http://www.hrbeupress.com
E-mail:heupress@hrbeu.edu.cn

前　　言

为深入贯彻《国务院关于大力发展职业教育的决定》，深化教育教学改革，推进课程改革与教材建设，更好地满足中国造船工业快速发展的需要，按照《船舶通信与导航课程标准》的要求编写了本教材。

本教材注重以就业为导向，以能力为本位，面向市场，面向社会，充分体现职业教育的特色，满足培养高技能人才的需要。在编写过程中，按照《船舶通信与导航课程标准》的要求，以职业岗位群的需求为出发点，编者曾多次深入渤海船舶重工责任有限公司、大连船舶造船有限公司、山海关造船厂、大连海事大学等单位进行调查研究，收集信息资料，本着为企业培养具有必要的理论知识和较强的实践能力以及生产、建设、管理、服务第一线的高技能人才的需要而确定了本书的编写内容。

在认真总结全国船舶类职业院校多年来的专业教学经验，征求专业指导委员会专家意见的基础上，以职业岗位群的需求为出发点，本着必须、够用为度，适当精简了教学内容，减少了理论推导，加强了针对性和实用性，形成了本教材的职业特色。

全书共分十三章，主要内容有 GMDSS 系统概论；地面频率通信系统；卫星通信系统；海上安全信息系统；搜救雷达应答器及船用天线；船用磁罗经；航海陀螺罗经；船用回声测深仪；船用计程仪；船用导航雷达与 ARPA；GPS 卫星导航系统；船载航行数据记录仪；船舶自动识别系统等基本知识。

本书由渤海船舶职业学院李海凤主编，渤海船舶职业学院崔凤波主审。其中渤海船舶职业学院李海凤编写第六章、第七章、第九章、第十章，管旭编写第一章至第四章，张永平编写第十二章、第十三章，九江职业技术学院黄小虎编写第五章，刘娟编写第十一章，渤船重工王绍刚编写第八章。

在编写过程中，得到了大连海事大学航海学院通信教研室主任张仲超老师以及通信与导航实验室主任全东群老师的大力帮助，在此表示衷心的谢意！

限于编者的水平和经历，教材内容难以覆盖各地的实际情况，希望各兄弟院校及单位提出宝贵意见和建议，以便再版修订时改正。

编　者

2011 年 6 月

目　　录

第一章　GMDSS 系统概论

第一节　无线电通信与航行设备在海上安全方面的应用和发展

一、海上遇险与安全系统发展简介

众所周知,一艘航行在茫茫大海之中的船舶,随时会遇到各种各样的危险,需要在危急之中得到及时的救助,无线电通信与航行设备则发挥重大的作用。随着无线电技术的不断发展,船舶安全航行及救助的手段和体制越来越完善。

20 世纪初,无线电报通过电火花式发射机产生的高频振荡电波向外传播,在当时,虽然费工费时,又不可靠,但是它开创了海上安全航行的新纪元。

1898 年,美国“圣·保罗”号(ST. PAUL)轮船装置了上述的收、发报机,并于当年 11 月成功地抄收了怀特马的可尼通信公司海岸电台(它是世界上第一个海岸电台)发出的电报,迈开了船舶无线电通信的第一步。

同年,俄国“海军上将阿善检克”号轮船在航行中遇上了大风雪,搁浅在芬兰湾荷格兰德岛附近。为了营救工作,波波夫在荷格兰德岛和最靠近的海岸城市科特卡之间(直线距离约 47 km)建立了无线电台。电台建立后不到一个星期,为了营救被暴风雨刮到大海而被困在浮冰上的渔民,以无线电报命令“耶尔马克”号破冰船前往执行搜救任务。这是无线电通信在海上搜救的第一次应用。

1899 年,意大利人马可尼实现了人类历史上首次横跨英吉利海峡的无线电通信,两年后(1901 年)马可尼使用了 20 kW 的大功率发射机在 300 kHz 频率上实现了横跨大西洋(2 700 km)的无线电通信,这一伟大的创举震撼了全球的科学界和航运界。电磁波跨越大洋的试验成功,引起了欧洲航运界的极大兴趣。于是,各国纷纷装备船舶无线电台和海岸电台。最初的海岸电台只对本系统开放,这种排他性措施不利于海上安全救助。于是在 1908 年,各国订立了一切船舶无线电台可以和世界任何海岸电台进行联系的协定。

1912 年 4 月 14 日,46 000 t 排水量的豪华游船“泰坦尼克号”(TITANIC)满载 2 200 个旅客在从英国开往美国纽约的处女航中,撞上了漂浮在大西洋北部纽芬兰岛东南方的冰块,仅仅两小时左右,该船就沉没了,1 500 人葬身海底。该轮遇险时,无线电报务员虽然发出了海上遇险信号“SOS”(SOS 的原意是 SAVE OUR SHIP),但仍不能及时得到援助,造成了这一巨大悲剧,引起了全世界的震动。

事后调查得知,在“泰坦尼克号”游船发出求救信号时,距出事地点约 40 km 的海域有两艘船,其中一艘船未设置无线电台,另一艘船虽装了电台但没有打开接收机。幸好,在纽约一幢大楼顶部工作的一位 21 岁的无线电报务员戴维·沙洛夫(DAVID SARNOFF)接收到这个“SOS”遇险呼救信号,随即把它转发到美国邮电部。当时美国总统脱夫特(TAFT)命令关闭所有其他电台,以专用电台组织搜救联络。最后,离出事地点 93 km 的“卡尔巴夏”轮接收到岸台转发的 SOS 信号,经过好几个小时才航行到出事地点,只救出 700 多人。从这一事件的教训上看,应对一定吨位以上的船舶配备无线电台,各船舶电台应定时在遇险频率上守听值班或在其他时段有遇险频率自动接收和报警。随着各种海上事故的发生而不断积累起来的经验教训,航行界人士认识到必须制定一个统一的普遍适用的海上遇险搜救及安全通信的规则,以保障海上航行船舶和人命安全。于 1914 年,首次制定国际海上人命安全公约(SOLAS, International Convention for the Safety of life at Sea)。规定了航行于海上的船舶必须备有由电池供电的收发信机,500 kHz 为国际无线电报安全通信频率,以及规定了报务员的值班制度和配备在 500 kHz 上工作的无线电报警信号自动报警器。

二、旧的海上遇险与安全系统简介

1. 旧系统的构成

(1)所有客轮和 1 600 总吨以上的货轮必须配备具有在 500 kHz 上收发莫尔斯电报功能的设备及合格的报务员;

(2)所有客轮和 300 总吨以上的货轮必须配备具有在 2 182 kHz 和 156. 8 MHz(VHF CH16)上收发无线电话功能的设备;

(3)规定符合上述要求的船舶航行时必须对国际遇险频率(500 kHz, 2 182 kHz 和 156. 8 MHz)保持连续值守。

2. 旧系统的局限性

(1)遇险报警的有效范围受限,只有 150 n mile 左右;

(2)由专职报务员胜任,这给报警操作的广泛性带来限制;

(3)受人为等因素的影响,报警成功率低;

(4)缺乏一个合理的、统一的国际间搜救程序,限制了国际间有效和广泛的协作;

(5)以莫尔斯电报为主要方式,已不满足海上运输生产的要求。

3. 莫尔斯电报知识

是由“点”与“画”组成的信号。例如,26 个英文字母的构成:

A: · –	I: · ·	R: · – ·	Z: – – · ·
B: – · · ·	J: · – – –	S: · · ·	
C: – · – ·	K: – · –	T: –	
D: – · ·	L: · – · ·	U: · · –	
E: ·	M: – –	V: · · · –	
F: · · – ·	N: – ·	W: · – –	
G: – – ·	O: – – –	X: – · · –	
H: · · · ·	P: · – – ·	Y: – · – –	

古老的莫尔斯电台为发信终端,报务员利用耳机旁听作为接收终端的多种现有的海上通信系统在遇险通信与救助中发挥过巨大作用,成功地完成过无数次海上救助任务。但随着世界各国经济的发展,科学技术的进步,现代航运业的繁荣,这种以人工电键为主的通信手段显得非常落后,已不能更有效地保障海上人命安全。

第二节 GMDSS 系统的主要功能及作用

船舶无线电通信在保障船舶海上航行安全方面有着非常重要的作用。随着航运业的不断发展,船舶科技水平的不断提高,各国对保证海上人命财产安全和防止海洋污染的严重关注,以调幅无线电通信方式进行 MORSE 电报通信为主的现行海上遇险和安全通信系统已不适应这一发展要求。在计算机技术、模拟和数字通信技术、卫星通信技术发展的基础上,由 IMO(国际海事组织)提出的,现代化的通信系统——全球海上遇险和安全系统(GMDSS,Global Maritime Distress & Safety System)已从 1992 年 2 月 1 日开始实施,于 1999 年 2 月 1 日全面实施,并完全替代现行海上遇险和安全系统。

GMDSS 系统是一个服从于 1979 年国际海上搜寻和救助公约(该公约的目标是在沿海和相邻海洋水域的毗邻国家之间的双边或多边有关提供援救业务协议的构架基础上,建立起全球性海上搜救计划,以便在遇险事故中相互支持、协调行动)的全球性现代化通信网络。当船舶遇难时,岸上的搜寻救助机构和航行在遇难船附近的船舶将迅速地得到遇难船的报警,以便在最短的延迟时间内提供协调搜寻和救助行动,GMDSS 系统同时提供紧急、安全、日常通信,并能向船舶播发海上安全信息(MSI,Maritime Safety Information),船舶可收到航行安全所必需的信息。

一、GMDSS 系统的组成

GMDSS 系统主要由卫星通信系统、地面频率通信系统、MSI 系统及寻位系统组成。卫星通信系统由 INMARSAT 移动卫星通信系统和 COSPAS/SARSAT 近极轨道搜救卫星通信系统组成。

INMARSAT 移动卫星通信系统主要由三个组成部分,即 INMARSAT(国际移动卫星组织)提供的卫星空间段、船舶地面站和岸站。卫星空间段由 4 颗工作卫星组成,分别在太平洋、印度洋、大西洋东、大西洋西区赤道上空 36 000 km 的静止轨道上运行。船与岸之间经工作卫星的信号中继能实现南北纬 70°以内所有海区全天候卫星通信及报警。该卫星通信系统可分为 A 系统、B/M 系统、C 系统、E 系统、F 系统和 P 系统,各系统中相应的船载卫星通信设备是 A 船站、B/M 船站、C 船站、1.6 GHz EPIRB、P 船站和 F 船站。

INMARSAT 移动卫星通信系统中的 A 船站主要提供模拟电话、电传、传真、计算机高速数据通信;B 船站主要提供数字电话、电传、传真和计算机高速数据通信;M 船站主要提供数字电话、传真、数据通信;C 船站主要提供电传和低速数据通信,以上各船站都能提供船和岸间的遇险报警;E 系统中的 1.6 GHz EPIRB 作为船对岸遇险报警的专用设备;F 船站为海上救助通信提供了宽带多媒体手段,可实时传送海上船舶遇险实际图像,便于陆地指挥机构根据情况组织适当的救助力量,真实地了解救助的全过程,实现了全球、全程、全网的船舶安全监控与遇险救助“可视化”。

COSPAS/SARSAT 系统中船载设备是 406 MHz EPIRB,该系统由 406 MHz EPIRB(应急示位标)、沿经线方向绕过地球两个极区的近极轨道卫星和地面设施组成,提供全球范围内遇难船舶使用 406 MHz 应急示位标发出船对岸的报警,并且系统能跟踪 406 MHz 应急示位标。

地面频率通信系统由 VHF、MF、HF 分系统组成。VHF 分系统的船载设备是:带 DSC 的 VHF(甚高频)无线电话设备,该设备提供近距离调频无线电话和 DSC 呼叫及 DSC 遇险报警;便携式双向甚高频无线电话设备,该设备提供船舶遇险时进行较近距离的调频无线电话通信,它是弃船上救生艇后唯一的通信设备;VHFEPIRB 设备专门用于 DSC 遇险报警。

MF 分系统提供中距离的单边带(SSB)无线电话、窄带直接印字电报(NBDP)、DSC 呼叫及 DSC 报警。船载设备是 SSB MF 收、发信机及与之相连接的 NBDP、DSC 终端。

HF 分系统提供远距离的单边带无线电话、窄带直接印字电报、DSC 呼叫及 DSC 遇险报警。船载设备是:SSB HF 收、发信机及与之相连接的 NBDP、DSC 终端。在 GMDSS 系统中,高频通信可以代替卫星通信,特别是在卫星覆盖区外。高频通信是唯一的远距离通信手段。

MSI 系统用于向船舶提供海上航行安全所必需的气象警告、航行警告、气象预报等安全信息。MSI 系统由奈伏泰斯(NAVTEX)、INMARSAT 增强型群呼(EGC)系统和可用来扩充这些系统的高频窄带直接印字电报系统组成。NAVTEX 系统主要服务于 A1、A2 海区,EGC 系统主要服务于 A3 海区。NAVTEX 和 EGC 系统还提供岸对船的遇险报警。

寻位系统由搜救雷达应答器(SART)和 X 波段导航雷达组成。在搜救行动中,救助船可使用 X 波段雷达发现和寻找到 SART(由遇难者携带并在遇难时开启)即遇难者的位置。

综上所述,船载 GMDSS 设备有:

(1)卫星船站:船舶常用的有 A 船站、B 船站、C 船站、M 船站、F 站;

(2)EPIRB:1.6 GHz EPIRB、406 MHz EPIRB、VHF EPIRB;

(3)MF SSB 无线电收、发信机,HF SSB 无线电收、发信机及与收、发信机连接的 NBDP、DSC 终端,还有代替人工值班的 MF/HF DSC 值班接收机;

(4)具有 DSC 功能的 VHF 无线电话设备和便携式双向甚高频无线电话设备,还有专门用于值班守听的 VHF70 频道 DSC 值班接收机;

(5)NAVTEX 接收机和 EGC 接收机;

(6)搜救雷达应答器 SART;

(7)备用电源。

二、系统的主要功能

1. 遇险报警

GMDSS 的通信设施按遇险报警信息的传送方向有三种遇险报警功能:

(1)要求有至少两台独立的、使用不同无线电通信业务的无线电装置发送船对岸的遇险报警;

(2)接收岸对船的遇险报警;

(3)接收和发射船对船的遇险报警。

遇险报警是指船舶发生海难时,遇险船使用适当的无线电通信装置及其相应的报警通信频率,将遇难信息迅速有效地告知岸上救助协调中心(RCC,Rescue Co-ordination Center)或邻近船舶。这就是船对岸和船对船的报警。通常,RCC 通过岸台(指 MF/HF/VHF 海岸电台)或岸站(卫星海岸地球站)收到船对岸遇险报警后,它将向遇难地点附近的船舶和搜救单位转发遇险报警,要求这些船舶和搜救单位去救助遇难船,这就是岸对船的报警。GMDSS 要求每一艘配置 GMDSS 通信设备的船舶确保船对岸、岸对船、船对船三个方向的遇险报警。船对岸的报警是三种报警功能中首要的功能。

2. 发送和接收搜救协调通信

搜救协调通信通常是指在遇难船进行了成功的遇险报警后，RCC 为协调参加搜救行动的船舶或飞机所进行的必要通信。这种通信包括 RCC 和遇难海区的任何"现场指挥者（OSC）"或"海区搜寻协调人（CSS）"之间的通信。由于双方需要交流搜救方式、搜救现场情况，因此这是一种双向通信。通信手段可采用电话或电传或二者兼用，所使用的通信设备可根据通信距离及船上所配置的通信设备情况，既可使用 INMARSAT 卫星系统，也可用地面频率系统的通信设备。

3. 发送和接收搜救现场通信

搜救现场通信是在救助现场遇难船和救助单位（救助船或飞机）及救助单位间进行的有关搜救工作的通信。它通常使用 VHF 无线电话进行近距离通信。在较远距离时，可使用 MF SSB 收、发信装置进行 SSB 无线电话或 NBDP 通信。通信中可使用遇险、紧急、安全通信频率或频道。当与参加救助的飞机通信时，应使用 3 023 kHz，4 125 kHz，5 680 kHz 通信频率。此外，飞机可配备在 2 182 kHz 或 156. 8 MHz 频率或二者兼有以及其他水上移动频率上工作的设备。

4. 发送和接收在 9 GHz 频带工作的雷达寻位信号

寻位是指救助单位在营救中，采用某种手段寻找到遇难船舶、航空器或其救生艇（筏）或幸存者的位置。在遇险报警信息中一般包含有遇难位置，但这一位置数据可能存在误差或报警后由于各种原因其位置发生了变化，为便于救助单位及时、准确地发现遇险目标，需要遇难目标发出引航信号，这个引航信号可由遇难者携带的 9 GHz 搜救雷达应答器发出，救助单位使用的 9 GHz 波段的雷达收到 SART 信号后，可在雷达显示屏上判定遇难者的位置。遇难船还可使用 406 MHz EPIRB 发出的 121. 5 MHz 信号用于航空搜救单位的引航。

5. 接收和发射海上安全信息

GMDSS 系统使用各种有效手段播发航行警告、气象警告、气象预报等各种海上安全信息。船舶在 A1，A2 海区可用 NAVTEX 接收机接收该海区的海上安全信息，在南北纬 70°内的海区，可用 EGC 接收机（或有 EGC 功能的 C 船站）接收 EGC 系统播发的海上安全信息；还可用 SSB 通信设备的 NBDP 终端接收岸台在其有关频率上播发的海上安全信息。

6. 向海岸无线电系统或网络发送和接收常规无线电通信

常规通信是指船舶除了遇险、紧急、安全通信以外的日常公众业务通信。如船台经岸台或岸站与陆上管理机构间就有关调度、货物情况等的通信，船舶申请引航、拖船的通信，船员或旅客与家人的通信等等。船舶常规通信可使用 INMARSAT 卫星船站、MF/HF 装置、VHF 无线电话来进行。

7. 驾驶室与驾驶室间的通信

这种通信是指从船舶驾驶位置上进行船舶间的安全通信。一般使用 VHF 无线电话通信设备。这种通信特别是在狭长水道和繁忙航道航行中，对船舶航行安全尤其重要。

第三节　GMDSS 航区划分及船载设备的配备原则

1988 年 10 月由 IMO 组织召开了扩大的海上安全委员会，在该大会上通过了对 1974 年国际海上人命安全公约（1974 年 SOLAS 公约）的修正案。按 1974 年 SOLAS 公约 1988 年修正案的要求,所有服从于该公约的船舶应根据其航行的海区配备 GMDSS 的无线电设备,使 GMDSS 要求船舶配备无线电设备有了法律依据。

一、航区划分

GMDSS 将全世界海洋分成 A1,A2,A3,A4 四个海区。

A1 海区　指至少有一个 VHF 岸台的无线电话所覆盖的海区,该岸台能连续提供在这个海区内船舶遇险时进行有效的 VHF DSC 报警。A1 海区的范围为以该 VHF 岸台为中心,半径为 25 ~ 30 n mile 的海域范围。这个岸台必须保持对 VHF 的 70 频道连续 DSC 值守。

A2 海区　指 A1 海区除外,至少有一个 MF 岸台无线电话所覆盖的海区,该岸台能连续提供在这个海区内船舶遇险时进行有效的 MF DSC 报警。A2 海区为以该 MF 岸台为中心,半径为 100 ~ 150 n mile(这是白天距离,晚上可达 200 ~ 250 n mile)的海域内除了 A1 海区的区域。这个岸台必须保持对 MF 有关频道的连续 MF DSC 值守。

A3 海区　指除 A1, A2 海区外, INMARSAT 卫星所覆盖的海区,在这个海区内 INMARSAT 卫星通信系统提供连续、有效的 INMARSAT 船站报警。A3 海区为南北纬 70°范围内除了 A1,A2 海区的海域。

A4 海区　是 A1,A2 和 A3 海区以外的海域。A4 海区为 INMARSAT 卫星覆盖区以外除了 A1,A2 海区的海域。

二、确保 GMDSS 设备可用性的基本方法

1. 1974 年 SOLAS 公约 1988 年修正案提供了三种可选择的方案:(1)双套设备(Duplication of Equipment);(2)岸上维修(Shore – based Maintenance);(3)海上(电子)维修(at – sea Electronic Maintenance Capability)。

双套设备是指在前面配置设备的基础上,再附加一套通信设备。这附加的设备是:一台具有 DSC 功能的 VHF 无线电话和根据船舶的航行海区,在 INMARSAT 船站、MF 无线电装置、MF/HF 无线电装置中选择一台。

2. 选择维修方案的原则

航行在 A1,A2 海区的船舶,至少应具备上述三种方法中的一种;航行在 A3,A4 海区的船舶,应至少综合上述三种方法的两种。

3. 无线电人员的配备

无线电人员持有的证书(4 种):一级无线电电子证书(一级电子师);二级无线电电子证书(二级电子师);通用操作员证书(普操员);限用操作员证书(限操员)。

无线电人员配备要求:一级、二级无线电电子证书持有者适用于 A1,A2,A3,A4 海区航行的船舶;普操员证书适用于 A1,A2 海区航行的船舶及 A3,A4 海区航行的双套设备配备的船舶;限用操作员证书适用于 A1 海区航行的船舶。

三、船载设备的配备原则

在船舶航行的海区配置的船载 GMDSS 无线电设备中,有些设备是航行于各海区的船只必须配备的。

(1)一台 VHF 无线电话　按 GMDSS 要求,该设备除能进行无线电话通信外,还应具有在 70 频道上收、发 DSC 呼叫功能,并能在驾驶位置启动 DSC 遇险报警发射。

(2)一台 VHF70 频道 DSC 值班接收机　这个设备的功能也可与(1)项中设备合并,在 GMDSS 正式运行后,船舶应在 70 频道上进行 DSC 值班。

(3)至少两台 SART(500 总吨以上船舶)。

(4)至少三台便携式双向甚高频无线电话(500 总吨以上船舶),该 VHF 电话应具有 6,13,16 频道收、发无线电话。

(5)一台 NAVTEX 接收机。

(6)一台 EPIRB,如是客船,则要求至少有两台 EPIRB。EPIRB 是一个专用于发出遇险报警的信标,EPIRB 能人工启动工作,也可由其释放装置在 EPIRB 随船沉入水中一定深度内(通常为 4 m 以内)自动释放,然后浮上海面自动启动发出报警。选择哪一种 EPIRB 可根据船舶航行海区选择,应满足 EPIRB 的适用范围并与航行海区相适应。

(7)如航行于任何 INMARSAT 覆盖的海区内,而该区未能提供国际 NAVTEX 业务,应配置一台接收 INMARSAT EGC 系统的 MSI 的无线电设备(EGC 接收机或有 EGC 功能的 C 船站)。但如果船只仅能航行在使用 HF 直接印字电报提供 MSI 业务的区域,而该船已配备了能接收这种业务的设备,则可免除本条款的要求。

配置了以上必备的设备后,其余的设备按航区配置时,以自己所需通信功能及无线电设备的通信范围与船只航行海区一致或大于航行海区进行配置。各种 INMARSAT 船站的通信范围是南北纬 70°以内的 A1,A2,A3 海区,MF SSB 通信装置可用于 A1,A2 海区内船岸之间通信,HF SSB 通信装置的通信范围为 A1,A2,A3,A4 海区,VHF 无线电话设备的适用范围为 A1 海区的船岸通信。航行于 A1 海区以外的船只还应有 MF 或 MF/HF DSC 遇险报警和值班守听功能。

四、报警设备的选用

按照 GMDSS 要求配置了船载无线电通信设备后,船舶就具备了 GMDSS 的所有功能。其中遇险报警是最基本的,下面叙述的是三个方向的报警功能及各航区可使用的报警设备。

船舶在遇险的情况下,及时、有效地发出遇险报警是非常重要的,这关系到遇险船能否及时得到救助,以减少人员、财产的损失。GMDSS 船载无线电设备提供了船对岸、岸对船、船对船的报警功能。

船对岸报警的主要过程是船舶使用适当无线电设备发出的遇险报警被岸台或岸站收到后,岸台或岸站首先发出遇险报警确认,即向遇险报警船确认已收到其所发的警报。同时岸站或岸台自动将报警信息发送到与之相连接的 RCC,由第一 RCC 尽快进行后续的搜救协调行动,直到有另外一个位置更有利于提供救助的 RCC 来承担责任时,再将搜救职责向此 RCC 转接。在 GMDSS 系统中,RCC 之间建立有可靠的、有效的通信网络,便于 RCC 间进行遇险和安全信息的交换。第一 RCC 是指第一个收到并应答报警的岸台或岸站通知的 RCC,如果由于有多个岸台或岸站几乎同时给予报警确认而无法确定哪一个 RCC 应是第一 RCC 时,有关的 RCC 必须尽快商定出一个第一 RCC。

不同报警设备覆盖海区或距离是不同的,应根据遇险船只所在海区或与通信对象的距离选择正确的报警设备。另外,报警传送方向不同,报警使用的设备也有所不同。

1. 船对岸报警可使用的设备

根据船舶 GMDSS 设备的配置情况,船对岸报警既可使用地面频率通信系统中的设备,也可使用卫星通信系统中的有关设备。

(1)地面频率通信系统中可使用的船对岸报警设备　地面频率通信设备采用DSC终端以DSC报警方式发出报警,使用该系统的哪一个分系统设备应根据遇险船所在海区及设备的通信距离确定。设备的通信距离应与所在海区一致或大于所在海区。如遇险船只在A1海区,首先应考虑使用VHF(报警工作频道为70频道) DSC和VHF EPIRB报警,如A1海区被MF DSC值守岸台覆盖,还可使用MF(报警频率为2 187.5 kHz)DSC报警。如遇险船只在A2海区,首先应考虑使用MF DSC报警,如所在海区被HF DSC值守岸台覆盖,还可使用HF DSC报警。在A2海区不能用VHF DSC进行船对岸报警,这是因为VHF设备通信距离小于在A2海区遇险船与VHF DSC值守岸台间的距离。如遇险船在A3或A4海区,只可使用HF DSC发出船对岸报警,不能使用MF DSC和VHF DSC进行船对岸报警,HF DSC报警频率见表2-1。

(2)卫星通信系统中可使用的船对岸报警设备　遇险船只在70°N~70°S的范围内,A1,A2及A3海区可使用INMARSAT系统中的各种船站发出船对岸报警。报警方式应根据船站的功能,既可用电话方式也可用电传方式发出船对岸报警。在70°N~70°S范围内还可用INMARSAT系统中专门用于遇险报警的设备:1.6 GHz EPIRB。在全球任何海区,可使用COSPAS/SARSAT系统中的406 MHz EPIRB发出船对岸的报警。

2. 岸对船报警时船舶可使用的报警接收设备

接收岸对船报警的设备可使用INMARSAT系统中具有收信功能的船站、地面频率系统中的接收设备及MSI系统中的接收设备。RCC通过岸台或岸站发出的岸对船报警一般采用“区域性呼叫”方式,以使只有在遇险船附近的船舶才收到报警。

(1)地面频率通信系统中接收岸对船报警的设备　在DSC遇险报警被岸台收到后,岸台使用与遇险报警时使用的相同DSC设备和收到报警的工作频率或频道向遇险船只及遇险船附近船发出DSC报警确认,船舶的VHF DSC或MF DSC或HF DSC收到该报警后,DSC设备有声光报警,且只能人工复原。

(2)INMARSAT系统中可使用的岸对船报警接收设备　在卫星通信系统中,可使用INMARSAT系统中各种船站收到岸对船的遇险报警,其适用范围为70°N~70°S范围的海区内;但不能使用COSPAS/SARSAT系统中的设备。因此,船舶选择安装了INMARSAT船站后,船站应保持值班守听。

(3)MSI系统中可收到岸对船报警的设备　在被NAVTEX系统覆盖的A1,A2海区内,可用NAVTEX接收机收到遇险报警信息。在70°N~70°S范围内的A1,A2及A3海区,可用EGC接收机或有EGC接收功能的C船站接收到岸对船报警。

3. 船对船报警可使用的设备

由于这种报警方式只需进行遇险船向其邻近船报警,因此只需采用近距离的报警设备:地面频率通信系统中的VHF DSC或MF DSC。船对船报警不能使用卫星通信系统中的设备,因该系统中设备只能进行船对岸和岸对船报警。

为保证船对船唯一的报警方法——DSC报警的有效性,航行于任何海区的船舶必须配备能发出VHF DSC报警的设备及VHF DSC值班守听设备,VHF DSC值班守听设备应保持连续值守;航行于A2,A3,A4海区船舶还必须配有能发出MF DSC报警的设备及MF DSC值班守听设备,该守听设备也应保持连续DSC值守。

思　考　题

1－1　GMDSS 的含义是什么？

1－2　GMDSS 系统由哪些部分组成，各有什么作用？

1－3　GMDSS 通信设备有哪些？

1－4　GMDSS 有哪几大功能？

1－5　GMDSS 将所有海洋划分为哪几个海区？

1－6　GMDSS 要求船舶按什么配置 GMDSS 设备？

1－7　船对岸和船对船报警可用哪些 GMDSS 设备？

第二章　地面频率通信系统

第一节　单边带通信设备

无线电波是一种电磁波。频率(f)是电磁波每秒变化的次数;周期(T)是电磁波变化经历一次所需要的时间;波长(λ)是电磁波在一个周期内所经历的长度。

三者间的关系:$\lambda = c/f$ 或 $f = c/\lambda$,其中 $c = 3 \times 10^8$ m/s。

ITU《无线电规则》规定,将无线电波按频率或波长划分成若干区段,称为"频带"或"波段"。在同一频带或波段内,无线电具有相似的传播特性。频率的划分与使用见表 2-1 所示。

表 2-1　频率的划分与使用表

频率名称	频率范围	相应的波长
甚低频(VLF)	3 ~ 30 kHz	万米波
低频(LF)	30 ~ 300 kHz	千米波
中频(MF)	300 ~ 3 000 kHz	百米波
高频(HF)	3 ~ 30 MHz	十米波
甚高频(VHF)	30 ~ 300 MHz	米波
特高频(UHF)	300 ~ 3 000 MHz	分米波
超高频(SHF)	3 ~ 30 GHz	厘米波
极高频(EHF)	30 ~ 300 GHz	毫米波
至高频	300 ~ 3 000 GHz	丝米波

地面频率通信系统由 VHF,MF,HF 分系统组成。本章介绍该系统的工作原理和主要设备。

单边带通信设备工作在 MF/HF 波段,属中、远距离通信设备,是 GMDSS 地面频率通信系统的主要设备之一,它与卫星船站相互补充,是航行在 A3 和 A4 航区的船舶必须装配的通信设备之一。尤其是在 A4 航区,因为静止卫星转发的波束覆盖不到这一区域,所以航行在 A4 航区的船舶,只能使用单边带设备进行远距离通信。

一、单边带通信概述

(一)单边带信号的波形及特点

单边带通信是在双边带调幅通信的基础上发展产生的,要充分了解单边带通信,还必须要了解单边带信号的特点。与调幅信号不同,单边带信号实质上是一种调幅调相波,其振幅与相位中均包含有调制信号的信息,因此其已调波的包络并不随调制信号而变化。图 2-1

示出了由复杂语言信号调制的单边带信号的波形和频谱图。由波形和频谱图可归纳出单边带信号的特点如下：

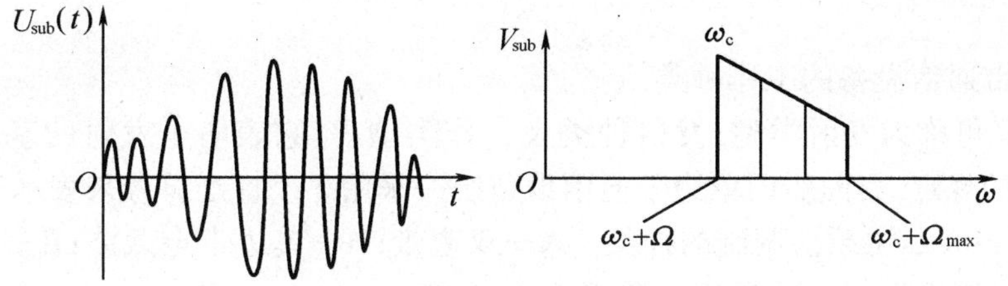

图 2－1　单边带信号的波形及频谱

(1)单边带信号的振幅与调制信号的振幅成正比,因此在没有调制信号时,单边带信号也不存在;

(2)单边带信号的频率与相位也与调制信号有关,并且在振幅零点出现倒相现象;

(3)单边带信号的频谱结构,与调制信号相同,只是在位置上产生了线性搬移,比调制信号高出一个载频位;

(4)单边带信号的带宽与调制信号的带宽相同,因为产生单边带信号的过程中,并没有增加新的频率分量。

(二)单边带通信的特点

1. 节约频谱,提高对频率资源的利用率

由于单边带信号中只含有一个上边带成分,因此其带宽也就等于商用音频信号的带宽,约为 2 800 Hz。既然单路信道的带宽减小了,整个 MF/HF 波段内,可同时工作的信道数量也就相应增多了。这就使有限的频率资源,得到了充分的利用。

2. 节省功率

单边带通信只发射上边带信号,而不发射其他频率成分。这样就减少了功率的损耗,使得在保证达到同等通信效果的前提下,可以大幅度减小发射机的功率。

3. 抗选择性衰落效果好

所谓选择性衰落,是指在中短波通信中,由于多径传输效应等原因,导致信号中的不同频率分量出现不同程度的衰落。这种衰落会破坏信号中各种频率分量之间的比例关系,使通信质量大幅度下降。由于单边带信号只包含一个上边带成分,不存在与其他频率分量之间的严格的比例关系,所以受选择性衰落的影响很小。

4. 无门限效应,抗干扰性能好

对于调幅通信而言,当接收机的输入信噪比低于某个特定的数值时,接收机的输出信噪比会急剧下降;而当接收机的输入信噪比超过门限值时,其输出信噪比将随输入信噪比的提高而提高。通信上将这种现象称为“门限效应”。然而,在单边带通信中,由于接收解调采用的是同步检波器,这种检波器具有良好的线性,因而不存在门限效应,其输出信噪比与输入信噪比成线性关系,这同时也就提高了抗干扰的能力。

5. 电台间相互干扰小

这是因为一方面单边带发射机的发射功率相对较小;另一方面单边带信号随调制信号的存在而存在,所以当停止讲话时,发射机无输出。这两方面因素就减轻了对其他电台的干扰。当然,任何事物都不会是绝对完美的,尽管单边带通信存在上述种种优点,但同时也存在一些难如人意的缺点。如对载频的频率稳定度要求高,一般要求在 10^{-7} 量级以上;同时对边带滤波器的要求也很严格,一般需采用晶体滤波器;再有,对放大器的线性也有很高的要求。

(三)单边带通信设备的工作种类

工作种类又可称为发射类型、发射种类及工作类型等,它表明了发射的基本特性。按《无线电规则》的规定,目前船用单边带通信设备统一采用 3 个标准符号来表示工作种类。

第一个符号:表示主载波调制的种类。A—双边带;H—单边带全载波;R—单边带减载波;J—单边带抑制载波;F—调频;G—调相。

第二个符号:表示调制载波的信号性质。0—无调制信号;1—无调制副载波并包含量化或数字信息的单信道;2—有调制副载波并包含量化或数字信息的单信道;3—包含有模拟信息的单信道

第三个符号:表示所发送信息的类型和附加特性。A—莫尔斯电报;B—自动接收电报(如 TELEX,DSC 等);C—传真;E—电话。

按 GMDSS 系统的技术要求,船用单边带发射机必须具有 J3E、J2B 或 F1B 等工作种类。同时,考虑到过渡期的需要,一些厂家生产的设备还同时具有 R3E 和 H3E 等工作种类。这些工作种类的表示及含义如下:

(1)J3E——抑制载波单路单边带电话　这是典型的单边带信号类型,带宽约为 2.8 kHz。在 GMDSS 系统中,地面频率系统的无线电话通信,选用此种工作种类。

(2)R3E——减载波单路单边带电话　发射机以这种类型发射时,除发射上边带信号外,还发射部分载频信号。这种工作类型主要用于与飞机通信,以克服多普勒频移。

(3)H3E——全载波单路单边带电话　发射机以这种类型发射时,除发射上边带信号外,还发射完整的载频信号。由于该信号与调幅信号兼容,可用普通接收机接收。因而,在 GMDSS 的过渡期内,2 182 kHz 的无线电话报警采用此种类型来发射。

(4)F1B——能自动接收的单路移频报　它是利用振幅相等但频率不同的两个高频振荡波来传送电码符号的一种电报方式。两个高频振荡在发报终端的控制下,按电码的规律交替产生,故又称为移频报。DSC 和 NBDP 终端就是用这种类型来工作的。

(5)J2B——能自动接收的抑制载波单路单边带报　当其调制副载波频率的变化与 F1B 的频率变化相对应时,两者所表示的信号含义相同。

(四)GMDSS 系统对单边带通信设备的要求

GMDSS 中的地面频率通信系统是在对原有的 MF/HF/VHF 通信系统进行改造而形成的。它要求 MF/HF 通信系统不仅能完成常规无线电话通信业务,还要完成遇险报警、搜救协调通信、搜救现场通信以及日常通信。这些功能的实现还有赖于 DSC 终端和 NBDP 终端等设备。为保证各通信功能的顺利进行,GMDSS 系统对单边带通信设备,提出了如下要求:

(1)设备应形成多元化的组合结构,除收发机外,至少还应包括一台整机控制器,一个手持送受话器,一台 DSC 终端设备(包括值守机),一台 NBDP 终端设备。

(2)设备应能自动报警、自动值守、自动通信;收发机应能遥控,并具有频率扫描及预置功能;发射机还应具有自动调谐功能。

(3)设备应能在开机 1 min 后即可工作,频率转换时间应不超过 15 s,频率容限应达到 10 Hz。

(4)当频率置于 DSC 或 NBDP 专用频率时,其发射类型应能自动设置为 F1B 或 J2B。

(5)要求设备具有较高的可靠性,应能连续工作 24 h。

(6)加强和完善系统的终端设备。

按以上要求配备的结果,使 MF/HF 单边带设备形成了一个多功能的组合通信系统。其中,由单边带设备和手持送受话器,构成了单边带无线电话通信系统;由单边带设备和 DSC 终端,构成了具有船岸报警功能、无人值守功能及呼叫沟通功能的数字选择性呼叫系统;由单边带设备和 NBDP 终端,构成了窄带直接印字电报通信系统。这样,就极大地改善了地面频率通信系统的通信功能,保证了海上通信的顺利进行。

(五)GMDSS 单边带通信设备的特点

符合 GMDSS 技术要求的单边带通信设备,与以往的老式设备相比,无论在外形设计上,还是在应用技术上,都有了很大的改善。新型设备的设计宗旨就是易于安装,便于使用。

新型单边带设备,在构成上将接收机和发射机有机地融合在一起,从外观上根本无法分出哪是接收机,哪是发射机。这种设计使一些有共性的部件或电路(如电源部分和频率合成器等)得到了充分的利用。图 2-2 示出了新型组合收发机的构成方案。

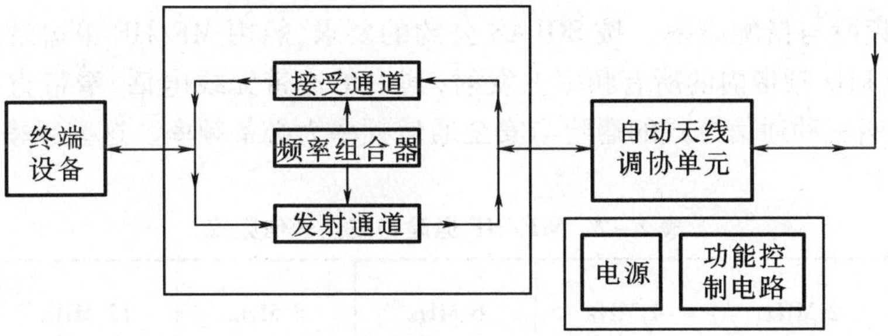

图 2-2　新型组合收发机的构成

新型组合单边带设备除满足 GMDSS 对单边带设备的各项要求外,还可归纳出如下特点。

1. 分体式设计

这种设计结构允许各组成单元之间相距一定的距离,既便于安装,又可使操作人员免于电磁辐射的危害。

2. 全固态化设计

整机全部采用晶体元器件,体积小,质量小。由于功放级同样采用晶体功放管,因此,功率的获得采用功率合成技术;同时,由于晶体管的偏压较低,整机内无直流高压,而且晶体管无须预热,开机过程没有延时,基本上设备通电即可使用。

3. 发射机具有自动调谐功能

发射机的调谐是至关重要的。如果发射机工作在失谐状态,轻则达不到额定的发射功率,重则会烧坏发射机的功放级。但由于发射机的工作频率不是固定不变的,因此每当改变工作频率时,都必须要重新调谐。GMDSS 单边带发射机,都具有自动调谐功能。操作时,只要按一下控制面板的调谐控制键[Tx Tune],发射机的调谐单元便会自动执行调谐的动作,直至达到最佳调谐状态为止。为保护发射机免受失谐之害,大多数设备在失谐时,都有自动禁止发射功能。

4. 整机的控制都采用微处理器系统，便捷准确

由于微处理器技术得到了广泛的应用，现代的通信设备也受益匪浅，不但开发了各种新的功能，而且其控制系统也变得更加完善和精确了。

5. 完善的辅助功能

新型单边带收发设备，除具有信道存储和信道扫描功能外，还设有性能良好的自检测系统。这些功能为人们操作设备提供了极大的便利。

二、船用单边带发射机

（一）基本功能及主要技术指标

1. 基本功能

作为单边带发射机，其基本的通信功能归结起来，就是完成对消息信号的调制和放大。通过调制，既能获得所需要的发射信号类型，同时又能达到所需要的射频频率。只有这样，才能满足多信道、多方式的通信的需要。放大信号包括幅值放大和功率放大，以满足调制的需要和进行远距离传输的需要。可以说，整个发射机基本上就是围绕这两个功能来工作的。

2. 主要技术指标

（1）工作频段与指配频率　按 SOLAS 公约的要求，船用 MF/HF 单边带发射机应能在 1 605 ~ 27 500 kHz 频带内的所有频率上发射，其中单边带无线电话、窄带直接印字电报和数字选择性呼叫三种通信方式的遇险与安全通信频率为必备频率。这些频率详见表 2 - 2。

表 2 - 2　MF/HF 遇险与安全通信频率　　单位：kHz

波段 工作种类	2 MHz	4 MHz	6 MHz	8 MHz	12 MHz	16 MHz
SSD	2 182	4 125	6 215	8 291	12 290	16 420
NBDP	2 174.5	4 177.5	6 268	8 316.5	12 520	16 695
DSC	2 187.5	4 207.5	6 312	8 414.5	12 577	16 804.5

按规定，无线电话频率以载波频率为指配频率；而窄带直接印字电报和数字选择性呼叫频率则是以发射频带的中心频率为指配频率，因此当使用 J3E 发射类型时，其指配频率即为载波频率；而当使用 F1B 或 J2B 发射类型时，其指配频率则为发射频带的中心频率，即载波频率加 1.7 kHz。

（2）输出功率　单边带发射机的额定高频输出功率是指强放级在规定的测试条件下，送到规定假负载上的功率。在进行话类发射时，高频输出功率以峰包功率来衡量；而在进行 F1B 或 J2B 发射时，高频输出功率则以平均功率来衡量。所谓峰包功率是指单边带信号在包络峰值处，高频一周送给标准负载的平均功率，用符号 PEP 来表示。

（3）互调失真　单边带发射机在额定输出功率下工作，由调制器、放大器及末级功放等的非线性而引起的新的非谐波的失真，称为互调失真。其中，对通信影响最大的为三阶互调。

（4）频率容限和频率稳定度　单边带通信要求收发必须严格同步，而能否做到这一点，主要取决于设备的工作频率是否能够与指配频率相吻合。设备的工作频率与指配频率之间

的差值称为频率偏差；而最大允许的频率偏差则称为频率容限。一般频率容限以百万分之几或以赫兹来表示。GMDSS 系统要求单边带发射机的频率容限为 10 Hz。

频率稳定度是指在一定时间范围内的频率变化量或相对频率变化量。按时间的不同可分为长期和短期两种。长期稳定度是指一天以上的时间内的变化，一般是由环境条件的周期变化和晶体的老化而产生的。短期稳定度是指 1 h 以内的变化，船用发射机常取 15 min，一般是由温度和电源电压等因素的变化而引起的。通常频率稳定度指的都是短期稳定度。

（二）基本组成框图及各部分的作用

作为单边带发射机，为实现其发射功能，除基本的电源和控制部分外，还必须具有信号处理、频率变换及功率放大等功能。图 2－3 示出了单边带发射机的基本组成框图，图中各部分的作用简述如下。

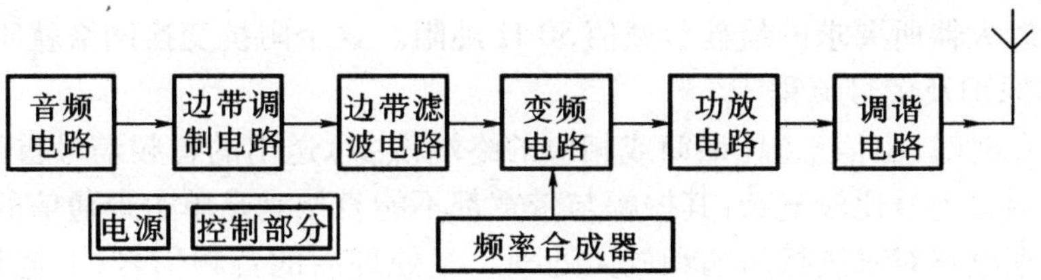

图 2－3　单边带发射机基本组成框图

1. 电源

电源部分的作用是为整机提供各种工作电压。它使用的外接电源按要求可以是 110 V 或 220 V 左右的交流电源，也可是 +24 V 的直流电源。

2. 控制部分

新型单边带发射机的控制部分，都是由微处理器来实现的。它的作用是完成整机的各种功能控制，实现对设备的操作。顺便说明一下，就目前的新型设备而言，都是将接收机和发射机有机地结合在一起的，其电源和控制部分等都是共同使用的。

3. 音频电路

音频电路的作用，是完成对信源输入的音频信号的处理。处理过程包括压缩和放大。音频压缩的目的，一方面是为了限幅，使发射机的额定功率能得到充分的利用；另一方面是为了限带，在失真允许的限度内，尽量减小单边带信号所占的带宽。音频放大的目的是为了提高信号的幅度，以满足调制的需要。

4. 边带调制器

由于单边带信号是通过滤波法从双边带信号中选取其中一个边带而产生的，因此边带调制器的作用就是产生无载的双边带信号。

5. 边带滤波器

边带滤波器的作用是根据变频的需要，从双边带信号中选取出一个边带信号。多数情况下，都是选取下边带信号，再经过搬频处理，将其转变为上边带信号。由于对边带滤波的效果要求很高，故边带滤波器大都采用性能较好的窄带晶体滤波器。

6. 变频器

由于边带信号是在较低的频率上产生的，还远远不能满足发射的需要，因此必须由变频器来完成信号结构的转变和频率的搬移，即将下边带信号转变为上边带信号，将较低的频率搬移至所需的射频频率。

7. 频率合成器

频率合成器的作用是为整机提供稳定而准确的载频信号，以供搬频使用。单边带发射机的频率稳定度，要求达到10^{-7}量级。

8. 功放电路

功放电路的作用是对搬频后的射频信号进行功率放大，以保证使天线负载获得足够大的功率，辐射出能够远距离传播的高能电磁波。

9. 调谐网络

调谐网络的作用是使功放的负载保持为50 Ω纯阻状态，以使天线获得最大的输出功率。发射机的实际负载是发射天线，而发射天线随工作频率的变化呈现不同的阻抗值，这就需要在功放与天线之间有一个阻抗变换网络，以保证工作在任何频率上都能将天线呈现的阻抗值变换成放大器所要求的最佳负载值50 Ω纯阻。这个阻抗变换网络就叫做调谐网络。

（三）工作原理及信号流程

进行信息发射时，由信息源（话筒或相应的终端设备）送出的音频信号首先送入音频处理电路。因为话音信号比较复杂，其振幅与带宽都不能直接满足单边带通信的需要，所以必须通过音频处理电路对其进行压缩和放大处理。经处理后的音频信号，带宽和振幅都相对稳定，这有利于实现窄带发射和充分利用发射机的额定功率。

音频电路的输入，向下送入边带调制器，在此通过非线性作用，音频信号与频率合成器送来的第一载频相调制，获得无载波的双边带信号。再经边带滤波器滤波，选出其中的下边带信号，抑制掉上边带信号，这样就获得了所需的单边带信号。下边带信号再送入变频电路进行搬频处理。在这里分别与频率合成器送来的固定的第二载频和受发射频率控制的第三载频相混频，先取和频，再取差频，最后将信号结构转变为上边带信号。同时，将频率提高到射频。

变频输出的信号，尽管从结构和频率上都满足了发射的需要，但其信号功率却很小，不足以实现辐射，因而还要送入功放级，进行功率放大。最后，大功率的射频信号经由调谐网络耦合到发射天线，再由天线辐射出去，完成信息的发射。

习惯上将发射机中由边带产生到完成变频这部分电路称为激励器部分。

三、单边带发射机主要功能电路原理简介

（一）变频电路

单边带发射机的变频过程实质上就是将调制信号的频谱线性搬移的过程，因此习惯上常将变频过程称为搬频。就目前的技术而言，单边带发射机普遍采用三次搬频的高中频方案。所谓高中频是指最后一次搬频用的混频器的输入信号频率，高于发射机的最高工作频率，而习惯上将此信号称为中间频率信号或简称为中频信号。图2－4示出了三次搬频的高中频方案组成框图。

在此方案中，第一次搬频是为了产生单边带信号，其输出经边带滤波器选取出下边带信号$f_{c1}-\Delta F$；第二次搬频是将$f_{c1}-\Delta F$信号的频谱线性搬移，它与f_{c2}相混后取和频，经带通滤波后选取出中频信号$f_{c1}+f_{c2}-\Delta F$；而第三次搬频的同时，又完成了由下边带信号向上边带信号的转换。中频信号与f_{c3}相混频，经低通滤波器选取出差频，即$f_{c3}-(f_{c1}+f_{c2})+\Delta F$，这样就得到了我们所需要的工作频率，其范围为0～30 MHz。

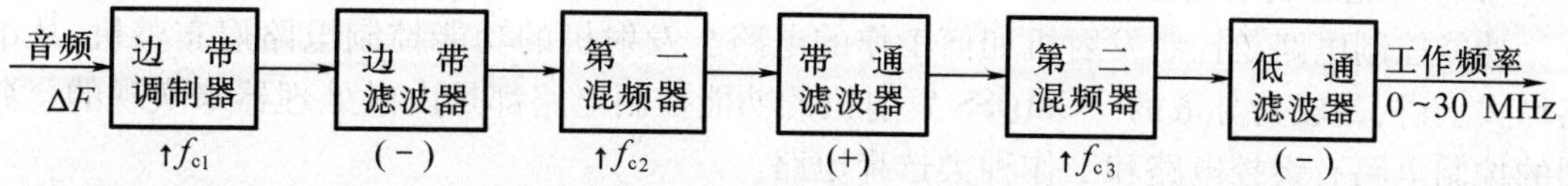

图 2-4　三次搬频的高中频方案框图

（二）功放电路

功放电路的作用是对激励器输出的射频信号进行功率放大，以使其达到额定的输出功率，由于 GMDSS 单边带发射机的工作频率范围较宽，一般在 1.6~27.5 MHz 范围内，因此要求发射机的功放电路必须具有足够宽的通频带。整个功放级包括前置放大级和末级两大部分，由于 GMDSS 发射机均采用小功率的晶体功放管，因此其输出功率的获得都是通过多路功率合成的办法来实现的，通过这种办法可获得从几百瓦到上千瓦的输出功率。图 2-5 示出了高频宽带功放电路的基本组成框图。

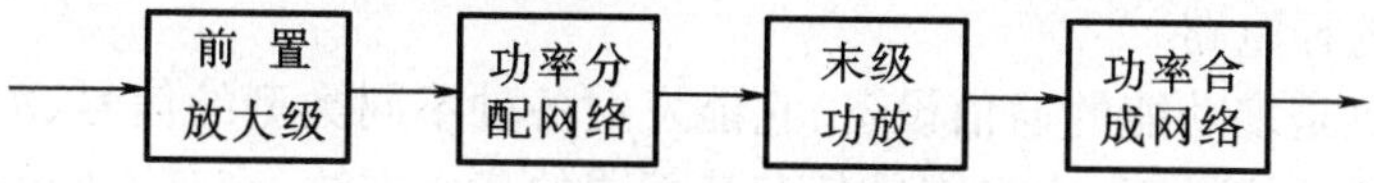

图 2-5　高频宽带功放电路基本组成

前置放大级又称驱动级或激励级等，大多由三级宽带放大器级联而成。其作用是为末级功放提供满足需要的推动电平。末级功放又称强放级，是主要的功率放大级。根据发射机额定功率的大小，末级功放相应地由多路高频宽带放大器构成。

功率分配网络的作用是将前置放大器送来的信号进行功率等分后，送入末级功放的各路放大器；而功率合成网络则是将各路放大器的输出功率进行合成，以获得所需的额定功率。功率分配与合成网络，均是由宽带传输线变压器构成的混合网络。

另外，由于晶体功放管在耐高温、耐高峰值功率和耐高反向功率等方面都较差，因此 GMDSS 发射机的功放部分都采取了相应的保护措施。这些措施是利用控制微机内固化的检测程序，分别对功放管的温度、峰值功率或电压以及各功放模块等进行自动检测，再由获得的相应检测信号去控制相应的硬件电路以实现对发射机功放级的保护。保护的结果可能出现在高温时自动降低发射功率或在失谐时自动禁止发射等现象。

（三）自动调谐电路

对于发射机而言，天线调谐是至关重要的。通过调谐网络进行阻抗变换，可将天线与功放级的负载相匹配，一方面可使天线获得最大的功率输出；另一方面可使功放管在安全状态下工作，以免烧坏。满足 GMDSS 技术要求的单边带发射机，其天线调谐电路都自成一个独立单元，而且都具有自动调谐功能。天线调谐的自动化简化了操作，实现了电台的集中控制与遥控，同时也使发射机实现了扫频发射，大大提高了设备的通信性能。

整个调谐单元由检测系统、执行系统和谐振网络三部分构成。检测系统的作用是判断网络的状态；执行系统则是根据检测系统的判断结果去改变和调整谐振网络中相应的元件，以使网络处于谐振状态。

（四）功能控制电路

功能控制电路是控制发射机如何工作的电路。发射机的功能控制电路遍布整机，从电路形式上讲，是较为分散的。GMDSS 发射机的功能控制电路都是由微处理器来实现的。典型的控制电路有键控电路和工作种类选择电路。

1. 键控电路

在通信中，控制发射机发射称为键控，相应的控制电路则称为键控电路。键控电路对发射机的控制是多部位的。一般是通过控制激励器中除混频器以外的各电路所需的工作电压、功放中前置放大器的偏压和末级功放的偏压的有无来实现的。

键控电路控制的结果是当键控信号出现时，发射机各受控部分的工作电压同时加上，整机可正常发射；而当键控信号消失时，则发射机各受控部分均无工作电压，导致发射机停机，不能发射。

键控信号根据工作种类的不同，可由终端设备（DSC 和 NBDP）的键控线给出，也可由话筒上的讲话按键给出，还可由调谐键及莫尔斯电键等给出。当然，送出的原始信号都必须经过相应的处理。

2. 工作种类选择电路

单边带发射机是多功能的通信设备，它能发射各种不同类型的信号，如 J3E，R3E，H3E，F1B，J2B 及莫尔斯报信号等，这些信号各有其不同的产生方法、有其不同的信路。

工作种类选择电路的作用就是根据通信的需要，让某一信路工作，产生相应的信号，而将其他信路断开，无法产生其他各种信号。同时，工作种类选择电路还控制键控信号的选择，只允许对应的键控电路起作用。因此，在使用发射机时，一定要正确选择工作种类，否则发射机将不能发射。

四、船用单边带接收机

在通信中，接收是发射的逆过程。发射信息的一方利用发射机将消息信号调制后发出，而接收方则通过接收机将信号进行解调处理，从而还原出消息信号。下面我们就对接收机作以简要介绍。

（一）功能及主要技术指标

与所有接收设备一样，单边带接收机的基本任务就是将从天线上感应出来的有用信号进行相应的处理，以还原出发射端的信源信号。要完成上述任务，接收机必须具备相应的功能及满足一定的技术要求。

1. 主要功能

（1）选择信号　由于自由空间存在多种多样的电磁波，这些电磁波来源广泛，有各种电台发射的，也有各种电气设备产生的，还有来自宇宙天体的。诸多信号都会在接收天线上感应到，而我们所要接收的，只是这众多信号中的一种，通常把它称为有用信号，而对于那些我们不想接收的信号，不论其来源是什么，都将其称为无用信号或干扰信号，这就要求接收机首先必须具有选择有用信号的能力，同时还应对无用信号产生最大限度的抑制。

（2）放大信号　由于无线电通信的作用距离相对都比较远，而电磁波从发射天线辐射后，经长距离传播到接收点时，能量会大幅度削减，以致接收天线上感应出的信号往往都很微弱。如此微弱的信号是不能满足接收机正常工作需要的。因此，为使接收设备能正常工作，尽量减小信号的失真，要求接收机自身必须具有对信号放大的功能。

(3)变换信号　由于经天线感应得到的是已调射频信号,这样的信号只是包含有调制信号的信息,本身并非调制信号,再加上频率又很高,不能直接用于接收,因此必须对其进行变换,一是将射频变换成满足解调器需要的中频;二是通过解调,从中还原出调制信号,再将调制信号送入相应的终端设备,用于接收。

2. 主要技术指标

接收机的技术指标是用来评价接收机性能好坏的标准。关于接收机的技术指标很多,涉及方方面面,而比较有代表性的则是灵敏度与选择性两项。

(1)灵敏度　灵敏度是衡量接收机接收微弱信号能力的指标。接收机的灵敏度越高,就越能接收更微弱的信号。但若收到的信号听不见或听不清,则灵敏度再高也是毫无意义的,因此严格地讲,所谓灵敏度是指在满足一定输出信噪比,并且使终端设备能够获得有效工作的信号功率的前提下,接收天线上所必须感应的最小信号强度。按此定义,任何接收机的灵敏度都是有一定限制的,不可能无限提高。因为当信号弱到与接收机的内部噪声成某种比例关系时,就不能获得理想的信噪比了。一般情况下,要求接收机的信噪比应达到3:1到10:1的比例范围。

(2)选择性　接收机的选择性是指接收机选择有用信号抑制干扰信号的能力。在通信越来越发达的今天,各种各样的电磁波辐射也越来越多,因此对接收机选择性的要求也越来越高。

接收机的选择性可分为单信号选择性和多信号选择性两大类。单信号选择性是指对特定频率干扰的抑制能力。主要有中频干扰、相频干扰和邻道干扰等。分别用中频抑制比、相频抑制比和邻道选择性来衡量单信号选择性。多信号选择性是衡量接收机对由强干扰引起的多种频率干扰的抑制能力的一项指标。当强干扰进入接收机的高放和混频级时,很可能进入非线性区而产生多种频率的干扰。其主要的干扰类型有阻塞、互调、交调、倒易混频等。

(二)基本组成及各组成部分的作用

单边带接收机的基本组成框图如图2-6所示,其各组成部分的作用如下。

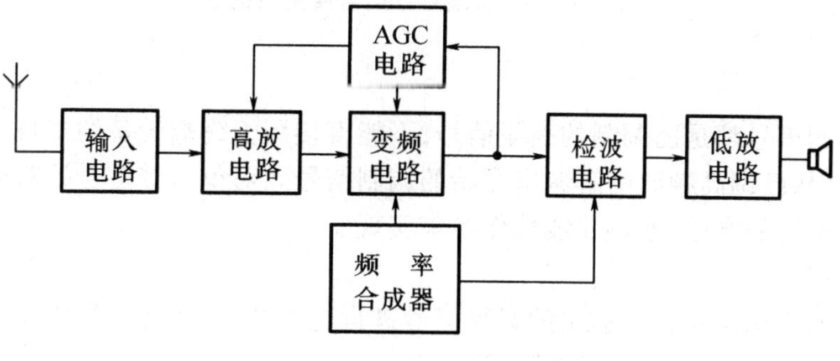

图2-6　单边带接收机基本组成图

1. 输入电路

输入电路一般指由天线到高放级之间的电路。它包括保护电路、衰减器电路和选频电路。其主要作用可分为两个方面:一是起到对接收机前端电路的保护作用;二是完成选择信号和传输信号的作用。

2. 高放电路

高放级由宽带放大器构成，其主要作用是将输入电路送过来的微弱的射频信号进行适当的放大，以满足后级混频电路的需要。因混频器的输入信号较小时，会产生严重的混频失真。

3. 变频电路

目前，单边带接收机都是采用超外差设计的，即通过混频将各种频率的射频信号变换为固定的中频，然后再对中频信号进行相关处理。为减小混频产生的非线性失真，普遍采用两次变频方案。同时，为有效抑制像频干扰和中频干扰，提高接收机的选择性，在中频的选择上广泛采用高中频方案。按此要求设计的单边带接收机如图 2－7 所示。由图可知，变频部分并非简单地由两级混频器构成，而是还包含有两级中放和两级滤波器。两级混频器的作用是完成频率由高到低的变换。两级放大器则是完成对信号的放大。接收机整机的放大功能主要体现在中放级上，两级中放的放大能力强，整机的灵敏度也相应提高，而两级滤波器的作用是完成对信号的选择，并有效抑制干扰信号。一般而言，整机的选择性如何，在很大程度上取决于中放滤波的效果。

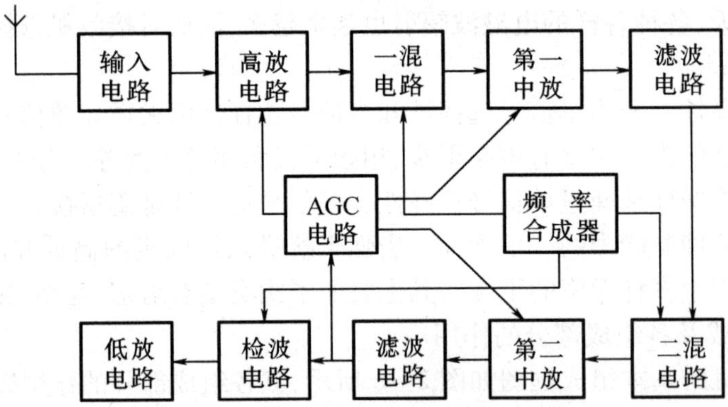

图 2－7 二次混频单边带接受机框图

4. 检波电路

由于接收的信号都是已调制的高频信号，不能直接用于终端设备的接收，因此必须经检波电路的处理，从已调高频波中解调出原始的调制信号。对单边带信号的解调，实际应用中都是采用同步检波的办法，通过非线性作用来实现的。

5. 低放电路

低放电路的作用是对检波输出的音频信号进行功率放大，以推动扬声器或耳机工作，或经输出匹配后，送往 DSC 终端和 NBDP 终端。

6. 频率合成器

频率合成器的作用是为整机提供稳定而准确的本振频率。由于 GMDSS 单边带设备都设计为组合设备，收发机有机地结合在一起，因此频率合成器基本上都是收发共用的。

7. AGC 电路（自动增益控制）

作为接收机而言，AGC 电路是一种功能完善电路。它通过对接收信号取样获得控制信号，以此去控制各级放大器，以保证使接收机输出的信号功率相对稳定，不受输入信号的太大影响,由于单边带通信的特点所致,单边带接收机中的 AGC 电路相对要复杂得多。

(三)工作原理及信号流程

首先,由接收天线将感应到的各种信号送到选频电路,经选择电路抑制掉无用信号而选出有用信号,再将其送入高放级。高放级由高频宽带放大器构成,主要完成对信号的初级放大,以满足后续混频的要求。一般接收机的整机增益在 100 ~ 140 dB 范围,而分配给高放级的增益一般在 20 dB 左右。高放的输出送入变频电路中的第一混频器,与频率合成器送来的第一本振进行混频后,得到固定的第一中频,由于采用高中频方案,该中频频率都高于接收机的最高工作频率,即高于 30 MHz。第一中频再经第一中放进行放大后,送入窄带晶体滤波器进行滤波,然后再送入第二混频器与频率合成器送来的第二本振信号进行混频,从而得到频率更低的第二中频信号。该信号再由第二中放放大后,送入滤波器进行滤波。一般来讲,两级中放的总增益在 60 ~ 100 dB 之间。因此,整个中放级是接收机的主要增益获得级。经滤波后的二中放信号被送入检波电路,通过同步检波处理,从中还原出发射的调制信号,完成了由射频到音频的频率变换。最后,经检波还原出的音频信号送入低频功率放大器。在此,一路经功率放大后去推动扬声器和耳机工作,使其发出声音;一路经输出匹配后,送入相应的终端设备。至此便实现了对某一频率的信号的接收,从整个工作流程看,接收的过程实质上就是发射的逆过程。

五、单边带接收机主要功能电路原理简介

(一)输入保护电路

由于船用单边带接收机常会受到如雷电、附近的雷达或大功率发射机发出的强信号等的干扰,这些干扰信号一旦进入接收机,将很容易使工作于小信号状态的输入选频电路、高放及混频电路中的电子元器件被强电流烧毁而不能正常工能,因此有必要在天线与输入电路之间设置保护电路,以消除强干扰对接收机的损害,具体的保护措施如下。

1. 利用白炽灯限流

这种办法是将白炽灯串入输入回路,由于灯丝的阻值特性是冷态阻值小,热态阻值大,因此,白炽灯相当于一个恒流器件。当输入信号电压小时,其灯丝不亮,阻值也小;而当输入信号电压大时,其灯丝点亮,温度升高,阻值变大。这样,就可将输出电流相对稳定地控制在某一范围内,使接收机得到保护。

2. 利用氖灯分流保护

这种方法是将氖灯与输入电路并联,利用氖灯起辉前后的电阻变化特性来实现保护的。当信号电压低于氖灯的起辉电压时,氖灯电阻很大,分流作用很小;而当信号电压超过氖灯的起辉电压时,氖灯内发生气体电离并起辉,导致内阻突然减小,产生很强的分流作用,从而使输入回路得到保护。

3. 利用二极管进行双向限流保护

这种保护方法原理上与利用氖灯分流相似。它是将正、反向的两只二极管与输入回路并联,这样当干扰信号电压超出二极管的导通电压时,在干扰信号的正、负半周,两个二极管分别导通,起到分流作用。

4. 雷达滤波器保护

为避免雷达对接收机的影响,可在天线与输入回路之间接入一个截止频率为 30 MHz 的低通滤波器,使只有频率在 30 MHz 以下的信号才能通过。由于雷达的工作频率远比

30 MHz 要高,因此被有效地抑制。

5. 继电器保护

这种方法是在天线与输入回路的连接上,通过继电器来控制。当输入信号超过规定值时,继电器动作,将天线与输入回路断开;而当输入信号低于规定值时,继电器不动作,使天线与输入回路处于连通状态。以此实现保护。

当然,所有的保护措施不会都同时用于一台接收机,也很少有哪台接收机只用其中的一种来保护。一般为提高保护电路的有效性和可靠性,使接收机能在复杂的环境中安全工作,大多数接收机都是采用两种以上措施进行综合保护的。

(二)输入选频电路

前面讲过,输入选频电路的作用是选择信号和传送信号。它是接收机的门户,由于天线本身无选择能力,所以对接收信号的选择很大程度上取决于输入选频电路的性能,尤其是对中频干扰和像频干扰的抑制,但输入选频电路对邻道干扰的抑制却是显得力不从心。

在输入选频电路的设计上,老式的接收机大多采用调谐电路,主要由电感和电容构成。其特点是选频效果较好,但由于采用可调元件,占用空间较大,且每次改频接收都必须进行调谐,因而使操作变得繁琐。与此相反,GMDSS 新型接收机的选频电路,广泛采用固定不调谐式电路。这种电路是利用定值的电感和电容器件,构成通带各不相同的能够覆盖整个接收机工作频率范围的带通滤波器。其基本组成框图如图 2-8 所示。这种选频电路的特点是结构简单,操作方便,进行接收时不需要调谐处理;缺点是选择性不如调谐式选频电路。

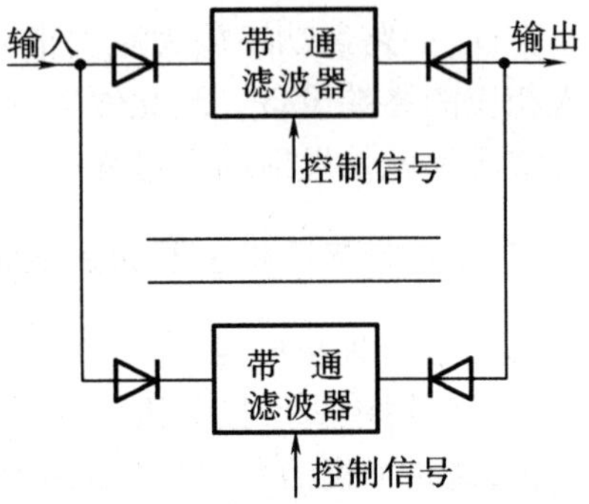

图 2-8 固定不调谐式选频电路

(三)中频带宽选择电路

中频带宽选择电路泛指第二中频滤波器,又称为边带滤波器,通常都是采用晶体带通滤波器。为提高整机的选择性,有效抑制邻道干扰,提高输出信噪比,要求滤波器的通带最小等于传输信号的带宽,且选频曲线的矩形系数最好接近于 1。

由于船用单边带接收机在设计上要求必须具有兼容性,即必须能接收多种类型的信号,而不同种类信号的带宽是不同的,因此接收机内必须设有几个不同通带的边带滤波器。在 GMDSS 单边带接收机中,中频带宽选择电路基本上都是由控制微机根据所接收的信号种类自动选择的。中频带宽选择电路的通带在接收不同种类的信号时,一般按如下规定:

(1)接收 J3E 和 R3E 类单边带话时,选取带宽为 3 kHz;

(2)接收 H3E 及调幅话时,选取带宽为 6 kHz;

(3)接收 DSC 或 NBDP 信号时,选取带宽为 1 kHz。

(四)自动增益控制(AGC)电路

AGC 电路是个负反馈控制环路,其控制的结果是,当接收机输入信号的电压变化时,能使接收机的各放大级的增益得到相应的调整,以保证输出电压基本稳定。

由于接收机在使用中需经常改频以接收不同发射台或同一发射台的不同波段的信号,而这些信号由于各台发射功率大小不一,距离远近不同,不同波段传播特性各异,甚至在同一信道上也存在信号衰落现象,凡此种种,导致接收天线上感应的信号电压相差很大,这样就使接收机的输出变得极不稳定，严重时还会出现阻塞现象，使通信中断。若采用人工调整，则很难跟踪信号的变化，因此在接收机中都广泛采用AGC电路。

整体而言，AGC控制环路由控制电路和受控级构成。控制电路的作用是产生直流控制电压，以使受控级的增益随输入信号的强弱作相应调整。受控级包括高放级、一中放和二中放。但也有的设备只控制一中放和二中放，而不控制高放级。直流控制电压一般由二中放的输出信号提取。

在单边带接收机中，单边带信号是与调制信号同时存在或消失的，由于人讲话必然要有间歇停顿，所以无法从边带信号中提取连续的AGC电压。如果接收机各放大级不能及时而连续地受控，便会因增益突然上升而出现噪声腾起现象。为避免这种情况发生，对单边带接收机的AGC电路要求如下。

(1) AGC电压的建立一定要快，也就是说，AGC电路的充电速度要快，充电的时间常数要尽量小，一般应在0.001～0.015 s的范围。

(2) AGC电压一旦建立，必须能自动维持一定的时间。这样，才能保证接收机在讲话间歇时，仍能处于连续受控状态，达到满意的接收效果。这就要求AGC电路必须有较大的放电时间常数，一般要求在20～30 s之间。

(3) 通话完全结束时，要求AGC电压应能快速恢复到零状态，以使接收机能以最高增益重新回到正常值守状态，以便接收新的信号。要实现这一功能，还要求AGC电路必须具有分辨能力，以判断何时是讲话的间歇，何时为通话结束。一般规定通话的间歇时间为0.5～1.5 s范围内，超出此范围，即被认定为通话结束，AGC电压便在分辨电路控制下快速放掉。

按以上要求，单边带接收机的AGC电路的特点，可简要归纳为"快充慢放"。

第二节　窄带直接印字电报(NBDP)终端设备

一、NBDP设备概述

(一) NBDP设备的功能与特点

窄带直接印字电报设备的英文全称为Narrow Band Direct Printing Telegraph Equipment，简称NBDP。它是GMDSS地面通信系统中MF/HF船舶电台(见图2－9)的主要终端之一。它与船舶SSB电台联用，构成无线电用户电传(TOR，Telex over Radio)系统，可以实现船岸间、船舶间、船台和经岸台延伸的电台或国际用户电报网用户间的自动电传业务，同时还可以向某组船或所有船播发电传信息。

由于船用MF/HF无线电信道电波的衰落现象严重，使报文传递的差错率极高，且MF/HF波段已出现了信道拥挤的现象，因此在船用MF/HF无线电通信系统中引入和使用NBDP技术，能很好地克服无线电波传播的衰落现象，提高通信的可靠性，并可实现船舶与陆上用户的直接通信连接，满足GMDSS系统的通信要求。NBDP具有以下特点：

(1) 提供自动通信，与国际用户电报网相连接，实现船舶与陆上国际电传用户的直接通信；

(2) 采用频移键控(FSK)调制，增强了在噪声中识别信号的能力；

(3) 采用检错码(4B/3Y)、自动请求重发(ARQ)和前向纠错(FEC)等差错控制方式，提高了通信的正确性、可靠性；

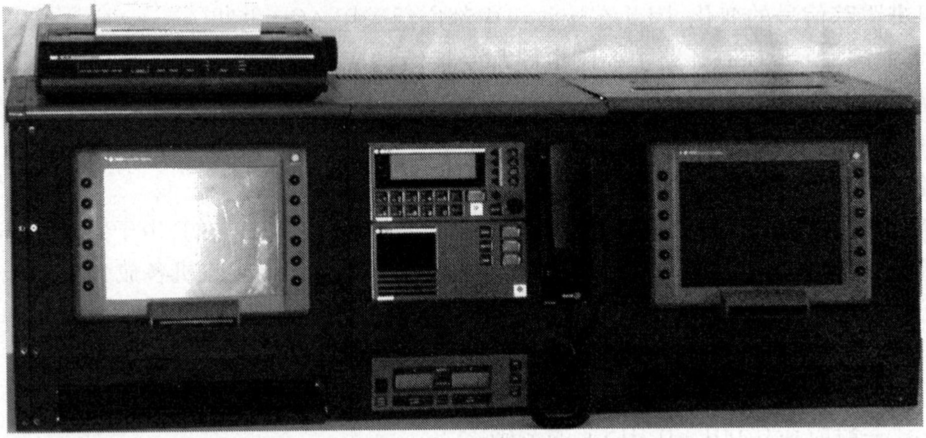

图 2-9 船用 MF/HF 组合电台实物图

(4)无线电传传输速率采用 100 波特(Bd),提高了电报传递的速度,降低了通信费用,而且信号占有带宽窄,提高了信道的利用率;

(5)具有计算机的文字编辑和打印功能,电文形式灵活多样,并且键盘操作替代人工莫尔斯报拍发,减轻了船上无线电操作员的劳动强度。

(二)主要技术指标及性能要求

1. 主要技术指标

(1)采用 FSK 调制,频移值为 170 Hz,频偏为 ±85 Hz,中心频率 1 700 Hz;调制较高的频率(1 785 Hz)对应"空号"(Space),较低的频率(1 615 Hz)对应"传号"(Mark)。

(2)无线电信道上的调制速率为 100 波特,控制调速速率的设备时钟精度应等于或优于 30×10^{-6}。

(3)采用 7 单元恒比码(4B/3Y)检错,并采用相同码的自动请求重发(ARQ)和时间分集前向纠错(FEC)方式进行纠错。

(4)为直接连到国际用户电报网,电路的输入与输出信号应为国际电报 2 号码(ITA No. 2code)的 5 单元起止码,调制速率为 50 波特。

(5)设备的调制解调器的输入阻抗为 600 Ω,输出阻抗 600 Ω。

(6)设备应配有电传打字机 TTY 或字符显示器 CRT 及印字机 RO-PRN。

(7)设备应使用单相交流电源(220 V ±10%,50~60 Hz);应能在 -10 ℃ ~ +55 ℃,相对湿度不大于 95% 的环境内工作。

(8)设备耗电应不大于 60VA。

对与 NBDP 终端设备相连的 MF/HF 单边带电台,其移频键控发信机频率误差容限:凡 1992 年 2 月 1 日前安装使用的设备,船台为 40 Hz,岸台为 15 Hz;1992 年 2 月 1 日以后安装使用的设备,船台和岸台都不超过 10 Hz。接收机 6 dB 的带宽在 270~340 Hz 之间,发射机的发射应由外部自动控制。

2. NBDP 系统具有的工作方式

(1)自动请求重发(ARQ)方式(亦称 A 方式) 进行船对船、船对岸即所谓点对点通信时使用,采用双向信道、半双工通信。

(2)时间分集前向纠错(FEC)方式(亦称 B 方式)　在同一时间,海岸电台发同一电文给所有或有关船舶电台,即进行通播时使用,是一台发射多台接收,采用单向信道、单工通信。FEC 有两种方式,一种是集群性前向纠错 CFEC(Collective FEC)方式;另一种是选择性前向纠错 SFEC(Selective FEC)方式。对于同一时间,发同一电文给所有船舶即进行点对面通信时可采用 CFEC 方式;对于同一时间,发同一电文给某一船舶或一组船舶即进行点对点或点对线通信时可采用 SFEC 方式。

(3)直接(Direct)方式　无检错、纠错能力的直接发送方式。

(4)CW(Continue Wave)方式　即 MORSE 发送方式。

3. NBDP 系统提供的业务

(1)船舶电台和海岸电台间或两个船台间的电报业务。

(2)船舶电台与国际用户电报网的用户之间的用户电报和电报业务。

(3)船台与经海岸电台延伸的电台之间的电报业务。

(4)由海岸电台或船台向一艘船或一组船播发的电报业务。

二、NBDP 设备的工作原理

(一)基本组成框图及各组成部分的作用

NBDP 系统是由船、岸 SSB 电台配备 NBDP 终端设备构成,而 NBDP 终端则由 ARQ 单元和外围设备构成,其基本组成框图见图 2-10,实物图见图 2-11。

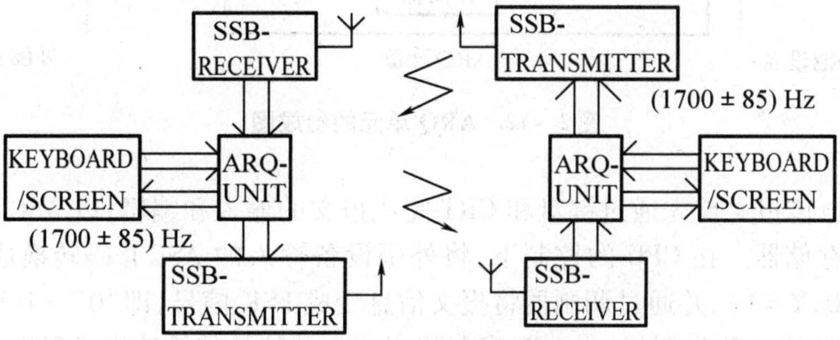

图 2-10　NBDP 系统和 NBDP 终端的基本组成

图 2-11　船用 NBDP 设备实物图

ARQ 单元是 NBDP 终端设备的主体，也称无线电传调制解调器（Modulator – DE Modulator），起 SSB 收发信机与外围设备之间的接口作用，具有自动纠错、发射和接收的转换、呼叫号码的编程、呼叫等功能。外围设备由键盘、显示器和打印机等组成。键盘和显示器 CRT 一般用普通微机担当，主要完成文件的编辑、存储等数据处理工作，并提供人机接口，通常将它们称为数据终端。打印机可以将通信过程中的收发信息自动打印出来，也可以按用户要求将编辑好的电文或存储在数据终端中的信息打印出来。ARQ 单元和外围设备一起构成 NBDP 终端设备，与 SSB 收发信机相连使用，完成无线电传通信。如果所连接的 SSB 收发信机具有信道存储、自动调谐、自动扫描等功能，则在 ARQ 单元的控制下，就可以实现无线电台的自动呼叫、自动识别、无线电传线路的自动建立和电文的自动接收和发射，实现电台的无人值班和通信的自动化。

（二）工作原理及信号流程

ARQ 单元内部由调制解调器、CPU、存储器和驱动器等部件组成，如图 2 – 12 所示。

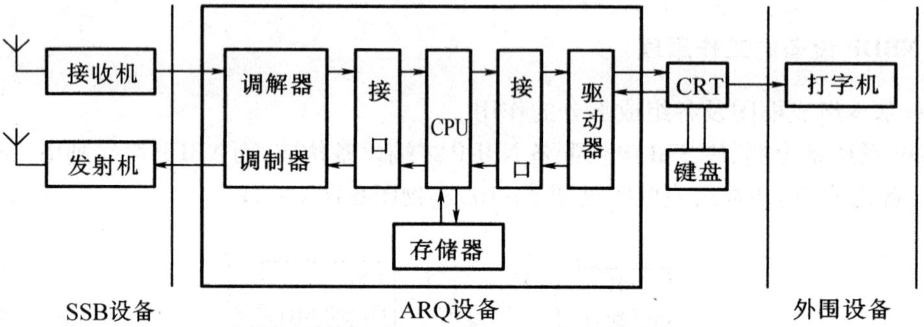

图 2 – 12 ARQ 单元的组成图

要发送的电传报文首先通过键盘和 CRT 完成报文的输入和编辑，以 ASCⅡ码的形式由 CPU 控制存入存储器。在 CPU 的控制下，将外围设备输入的 ASCⅡ码转换成 4B/3Y 七单元恒比码（B = 0，Y = 1），并通过调制器将报文信息变成 FSK 信号，即“0” = 1 785 Hz，“1” = 1 615 Hz，然后送往 SSB 发射机，由 SSB 发射机以 100 波特的传输速率发射出去。接收报文时，首先由 SSB 收信机接收，由 ARQ 单元中的解调器将 SSB 收信机送来的 FSK 信号变成 TTL 电平信号经接口电路送入 CPU，在 CPU 控制下将电平信号转换成 ASCⅡ码信息经驱动电路在CRT上显示，并在打印机上打印出报文。因此，在 NBDP 终端设备中存在两种信息码，ARQ 单元中 CPU 与调制解调器间处理的是 4B/3Y 七单元恒比码；而与外围设备间处理的是 ASCⅡ码，两种信息码的转换是由 CPU 完成的。在 NBDP 终端与 SSB 收发信机之间传输的是 FSK 信号，FSK 信号与 4B/3Y 恒比码信息的转换是由调制解调器来完成的。

由于国际用户电报网中传输的是以 50 波特为传输速率的 5 单元 ITA No. 2 码，为了实现船台经岸台中转与国际用户电报网中用户间的直接电传通信，岸台的 NBDP 终端设备必须将 4B/3Y 七单元恒比码与 ITA No. 2 码进行相互变换。

（三）与单边带通信设备的连接

NBDP 设备作为 SSB 通信设备的终端，必须与 SSB 通信设备相连使用，才能实现报文的发送和接收。NBDP 应能自动控制发信机的高压电路和收发信机的键控电路，如果 SSB 收发信设备具有频率/频道存储和自动调谐功能，而 NBDP 具有遥控功能，就能实现 SSB 电台的无人值班。NBDP 与 SSB 收发信机的连接如图2－13所示。

满足 GMDSS 要求的 SSB 电台多为由微机控制的电台，与 NBDP 设备的连接都是通过电台的控制实现的。在图中，Audio in 是 NBDP 的解调器输入端，它与 SSB 接收机的线性输出端 Line out 相连；Audio out 是 NBDP 的调制器输出端，它与 SSB 发射机的音频处理电路输入端 TLX in 相连；来自 NBDP 终端的键控信号 key 与 SSB 发射机高压工作控制线 Tx ON 相连，控制发射机的打开或关闭，来自 NBDP 终端的哑控信号 mute 与 SSB 接收机工作控制线 Rx ON 相连，控制接收机的打开或关闭，相当于 BK 控制；Remote in 或 out 分别与 SSB 电台控制器的 Rx Data 或 Tx Data 相连，实现两者之间的通信，用以改变 SSB 设备的工作频率。

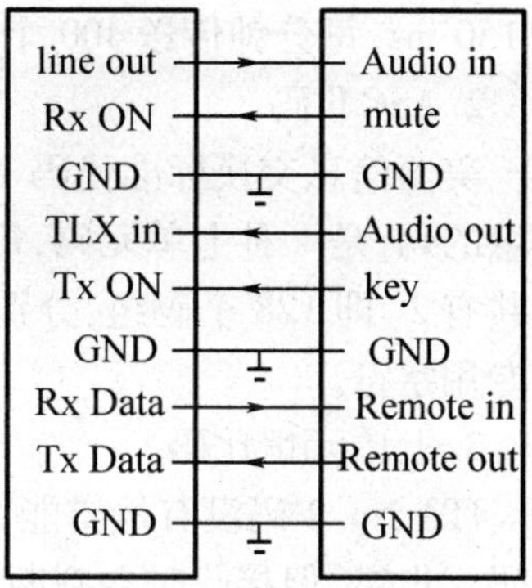

图 2－13　NBDP 与 SSB 收发信机的连接示意图

发射电文时，首先在 NBDP 的数据终端上将预发电文编辑并存储，然后将 SSB 电台置为 F1B/TLX 工作种类，设置收发频率，并调好发射机，这时就可按选定的工作方式（例如以 ARQ 方式）依照用户程序菜单启动呼叫。此时 SSB 电台处于 NBDP 终端的控制之下，通信链路建立后，报文以组（每三个字符为一组）的形式从 CPU 中取出经 FSK 调制后送入 SSB 发射机中的音频处理电路，并调制某一载波，经发射机通过天线辐射出去。

平时接收机可以对某个信道进行守听（要求电台工作种类为 F1B/TLX），一旦检测到呼叫本台的识别码，就自动打开发射机并将接收机哑控，然后将应答信息经调制器形成 FSK 信号从发射机发出。通信链路建立后，接收机接收的载波信号被转换为音频信号输入 NBDP 终端，经解调后输入 CRT 显示或由打印机打印。

（四）NBDP 通信中使用的代码及其特性

1. ITA No. 2 码

ITA No. 2 码（国际电报 2 号码）是一种五单元码，这种电码所表示的每一个字符由五个宽度相同的码元组成，因此，ITA No. 2 码共有 2^5 即 32 个码组，分别表示 26 个英文字母 A ~ Z 和回车、换行、字母转换、符号转换、空格、非穿孔 6 个功能符号。利用字母转换和符号转换功能，26 个字母还可以表示 0 ~ 9 十位数字和标点符号，如表 2－3 所示。ITA No. 2 码中每个字符的五个码元都是信息码。每个码元有两种状态，分别以电流（或电压）的有无表示。习惯上，用空号（Space）和传号（Mark）、字母 A 和 Z 或数字 0 和 1 来称呼和表示。

ITA No. 2 码是 NBDP 与国际用户电报网用户交换信息使用的码，在陆上国际电传信道中以 50 波特的速度传送。波特是指每秒传送的码元数，传送时为了收发端同步，区分每个码组字符，在每个五单元字符前加入 1 个码元的起始位，在结束时加入 1.5 个码元的终止位。起始位传送 1 个码元的空号，终止位传送 1.5 个码元的传号，如图 2－14 所示。在电传通信中，不传送信息字符时一直传送传号（即“1”）。第一个由传号转为空号，即“1”到“0”的转换表示一个字符的开始。接收端根据这一规律确定一个字符的起始位置，从而实现

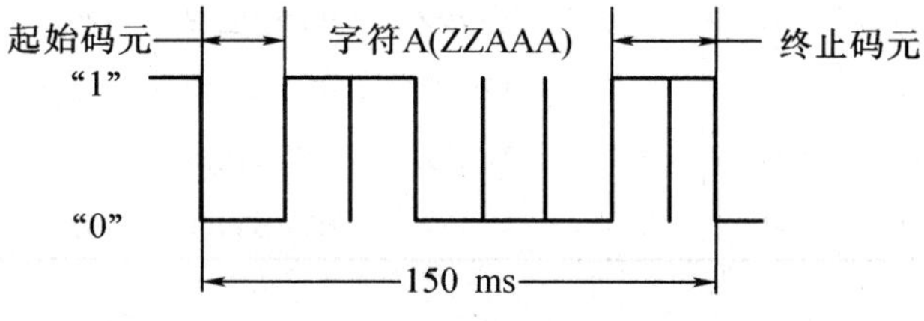

图 2－14　ITA No. 2 码字符 A 的 7.5 单元

字符的同步。电传线路传输的速率为 50 波特，每个码元占时 20 ms，一个字符 7.5 码元，占时 150 ms，每分钟传送 400 个字符。

2. ASCⅡ码

美国信息交换标准代码 ASCⅡ码是一种可用于 NBDP 内部键盘、CRT、打印机之间传递信息的码，是一种七单元码，每一字符有七个码元组成。每个码元有两种状态，因此 ASCⅡ码共有 2^7 即 128 个码组，分别代表英文 26 个字母（包括大小写）、10 个数字、标点符号和一些专用字符。

3. 七单元恒比码

ITA No. 2 码没有检错能力，例如字符 A：ZZAAA，若在接收时错成 ZZAAZ，虽然只有一个码元出错，但接收时会判断为 W：ZZAAZ。为改善 NBDP 通信的可靠性，NBDP 的调制解调器与 MF/KF SSB 收发信机交换信息使用的码，也就是无线信道传递的码是七单元恒比码。

七单元恒比码由七个码元组成，七个码元中有 4 个“0”和 3 个“1”，即“0” 和“1”个数的比例保持恒比，如表 2－3 所示。NBDP 每个字符的组成满足 4B/3Y 关系，即 4 个空号（用 B 表示）和 3 个传号（用 Y 表示），所以七单元恒比码也称为 4B/3Y 码。七单元码共有 2^7 即 128 个，但满足 4B/3Y 恒比关系码的个数为 $7!/4!3!=35$（个），其中 32 个分别与 ITA No. 2 码相对应（参见表 2－3），其余 3 个用作 NBDP 通信所需的业务信息码。

表 2－3 ITA No. 2，4B/3Y 码与字母、符号对照表

序号	字母	符号	ITA No. 2 码	4B/3Y 码	序号	字母	符号	ITA No. 2 码	4B/3Y 码
1	A	-	ZZAAA	BBBYYYB	17	Q	1	ZAZAA	YBBBYBY
2	B	?	ZAAZZ	YBYYBBB	18	R	4	AAAAZ	BBYBYYB
3	C	:	AZZZA	BYBBBYY	19	S	′	ZZZAA	YYBYBBB
4	D	*	ZAAZA	BBYYBYB	20	T	5	AZZZZ	YBBBYYB
5	E	3	ZAAAA	YBBYBYB	21	U	7	ZZZAA	YYBBBBY
6	F	%	ZAZZA	BBYBBYY	22	V	=	AZZZZ	BBBYYBY
7	G	#	AZAZZ	BYBYBBY	23	W	2	ZZAAZ	YBYBBBY
8	H	”	AAZAZ	BYYBYBB	24	X	/	ZAZZZ	BBYBYBY
9	I	8	AZZAA	BYBBYYB	25	Y	6	AZZAZ	BBYYYBB
10	J	@	ZZAZA	BBBYBYY	26	Z	+	ZAAAZ	YYYBBBB
11	K	(	ZZZZA	YBBBBYY	27	←（回车）		AAAZA	YYBBYBB
12	L	)	AZAAZ	BYBYYBB	28	≡（换行）		AZAAA	YYBBYBB
13	M	.	AAZZZ	BYYBBBY	29	↓（字母转换）		ZZZZZ	YBBYBBY
14	N	,	AZZAZ	BYYBBYB	30	↑（符号转换）		ZZAZZ	YBBYBBY
15	O	9	ZZZAZ	BYYYBBB	31	△（空格）		AAZAA	YYBBBYB
16	P	0	AZAZA	BYBBYBY	32	□（无信号）		AAAAA	YBYBYBB

NBDP 通信中，还使用 CS1～CS5 共五种控制信号，分别用序号 12，32，14，7 和 8 的信号来表示。4B/3Y 码具有一定的检错能力，能检出一位错码，也能检出部分两个以上错码。4B/3Y 码传输速率为 100 波特，每个码元占时 10 ms，每个字符所占时间为 70 ms。

（五）NBDP 调制方式

NBDP 的调制方式是频移键控（FSK），也称数字调频方式。在这种方式中，载波的频率随数字信号幅值变化，从而反映了数据的信息，如图 2－15 所示，二进制频移键控信号中，传号频率是 f_1，空号频率是 f_2。根据 CCIR 建议，NBDP FSK 调制的中心频率（也称副载波）是 1 700 Hz，频率为 ±85 Hz。空号对应较高频率 1 785 Hz，传号对应较低频率 1615 Hz。ARQ 单元输出的 1 785 Hz 和 1 615 Hz（称音频信号 AF）传送到 SSB 发信机对载波调制。若载波频率为 f_c，则传号频率 $f_1=f_c+1\ 615$ Hz，空号频率 $f_2=f_c+1\ 785$ Hz。将 $f_c+1\ 700$ Hz $=f_a$ 称为指配频率，f_a 与 f_1 和 f_2 间隔相等，均为 85 Hz，SSB 收发信机与 ARQ 单元相连进行 NBDP 通信时，工作在 F1B 或 Telex 方式。频道表或海岸电台表上所列频率，对 F1B 或 Telex 方式而言，是指 f_a，现在使用的新型 SSB 电台，将收发信机置于 f_a 频率、工作在 F1B 或 Telex 方式时，SSB 电台将自动下移调谐到载波上。而对一些旧的 SSB 电台，则需手动将 SSB 电台置于 $f_a-1\ 700$ Hz 的载波频率，才能保证 NBDP 通信的正常进行。

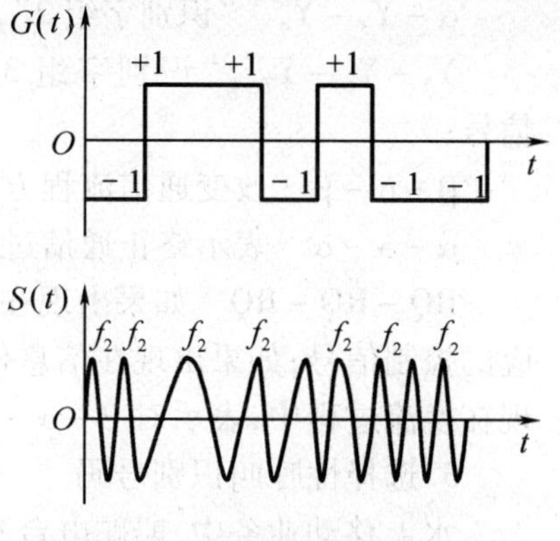

图 2－15　二进制移频键控信号

三、NBDP 设备的工作方式

（一）业务信息符号和业务字组

NBDP 设备有 ARQ，FEC 等工作方式。这些工作方式都需要在开始时进行信号同步或定相，结束时也要有明确标志，特别是 ARQ 方式，有选呼、识别、请求重复、转换信息流方向等过程，为了使主、副台双方明确进行所规定的过程，在 NBDP 业务中规定了一些特殊的业务信息符号和业务字组。

1. 业务信息符号

业务信息符号有 α，β，RQ，CS1，CS2，CS3，CS4，CS5，其中：

α　在 ARQ 方式中为空闲信号，在 FEC 方式中为定相信号或为空闲信号；

β　为空闲信号；

RQ　在 ARQ 方式中为“请求重复”信号，在转换信息流方向的过程中表示对 β－α－β 业务字组的响应，在 FEC 方式中为定相信号 2；

CS1　请求发射信息字组 1 的控制信号；

CS2　请求发射信息字组 2 的控制信号；

CS3　IRS 请求改变信息流的方向；

CS4　表示在定相期间正确接收到呼叫信号；

CS5　表示在重新定相期间已正确接收到呼叫信号。

2. 业务字组

业务字组用于 ARQ 方式，其中：

X_1-RQ-X_2　包含第一和第二呼叫识别信号的“呼叫字组 1”；

$RQ-X_3-X_4$　包含第三和第四呼叫识别信号的“呼叫字组 2”；

$X_5-X_6-X_7$　包含第五、第六和第七个呼叫识别信号的“呼叫字组 3”；

$Y_1-\alpha-Y_2$　“识别字组 1”，包含自识别信号 1 和 2，用于请求发射第一校验和信号；

$\alpha-Y_3-Y_4$　“识别字组 2”，包含自识别信号 3 和 4，用于请求发射第二校验和信号；

$Y_5-Y_6-Y_7$　“识别字组 3”，包含自识别信号 5，6 和 7，用于请求发射第三校验和信号；

$\beta-\alpha-\beta$　改变通信流程方向的字组；

$\alpha-\alpha-\alpha$　表示终止通信过程的通信结束字组；

RQ－RQ－RQ　如果出现在自识别过程中，表示自识别过程的结束，并请求对方发射相应的控制信号；如果出现在信息传送期间，表示请求对方重复最后发射的控制信号；如果出现在换流过程中，表示对 $\beta-\alpha-\beta$ 字组的响应。

3. 选择性呼叫识别号码

水上移动业务中，船舶电台和海岸电台都有指配的选择性呼叫号码（也称识别号码），用来识别各船舶电台、船舶电台组、海岸电台，也使连接电信网的电话、电传用户能在岸到船方向上自动呼叫船舶电台，建立自动的通信连接。GMDSS 系统使用由 9 位十进制数字组成的水上移动业务的识别码。按照《无线电规则》，水上移动业务使用以下三种识别码：

（1）船舶电台识别号码，其构成为 MID x x x x x x；

（2）船舶电台组识别号码，其构成为 0MID x x x x x，第一位数字是零；

（3）海岸电台识别号码，其构成为 00MID x x x x，第一、二位数字都是零。

其中 MID 是国家或地区所属船舶电台、海岸电台的水上识别码，用于国家或地区识别，由三位数字组成，如中国的 MID 为 412；x 为 0 ~ 9 中任意一个数字，由国家或地区的主管部门指配。

（二）ARQ 工作方式

ARQ 方式是 NBDP 通信的一种主要工作方式，也称 A 方式。常用于船对船、船对岸，也就是点对点的电传通信。

NBDP 采用具有检错能力的 4B/3Y 恒比码，并采用纠正错误的方式来降低误码率，提高通信的可靠性。ARQ 是一种纠错方式，以 ARQ 方式工作时，发送台将发送的信息（报文）按三个字符为一组进行分组，每个字符都变换成 4B/3Y 恒比码，以 F1B（或 Telex）方式、100 波特率一组一组发射。发送台每发送一组信息（3 个字符）后，就处于停止－等候状态，此时接收台接收这组信息，并按 4B/3Y 恒比关系进行检错。如果该组信息符合 4B/3Y 规律，则判断为正确接收，接收台就回发一个表示接收正确、并要求发送台发下一组信息的控制信号，同时以 50 波特的速率输出正确接收的信息。如果接收机判断该组信息有错误，接收台就回发相应的控制信号请求发送台重发该组信息，直到正确接收为止（每组信息最多重复发送 32 次），如果接收机回发的控制信号在传输中发生错误，被发送台判断为不符合 4B/3Y 关系，则发送台发送相应的信号要求接收台重发控制信号。

在 ARQ 通信中，开始建立无线电链路时发起呼叫的电台（海岸电台或船台）称为主台（Master Station），被呼叫台称为副台（Slave Station）。无线电链路建立后，发送信息的台称为信息发射台（ISS），接收信息的台称为信息接收台（IRS）。发送和接收的信息包括信息字组、控制信号和其他业务信息信号。在整个 ARQ 通信过程中，主台和副台的关系始终保持不变,但 ISS 和 IRS 是可以相互转换的。

以 ARQ 方式通信时,主、副台要求有严格的同步。主台的发射定时由主台的标准时钟控制,副台的发射定时则由收到的主台信号来控制,即采用主副台的原理进行 ARQ 通信的同步。ARQ 的基本定时周期为 450 ms,即三个五单元 ITA No. 2 码字持续的时间(3 × 150 ms)。基本定时周期由 ISS 的发射时间(210 ms)和发射暂停时间(240 ms)组成,与 IRS 的接收时间(210 ms)和接收暂停时间(240 ms)相对应,如图 2 - 16 所示。在 210 ms 的发射时间里,ISS 发送由三个七单元恒比码组成的一个信息字组信号,每个七单元码字占时 70 ms,三个码字为 210 ms。发射的信号经过一定的传播时延 T_p 到达 IRS,T_p 的大小取决于两台之间的距离。之后 IRS 开始 210 ms 的接收时间,解调并判断所接收的信息字组。经设备延时 T_e 后,发射一个 70 ms 的控制信号。

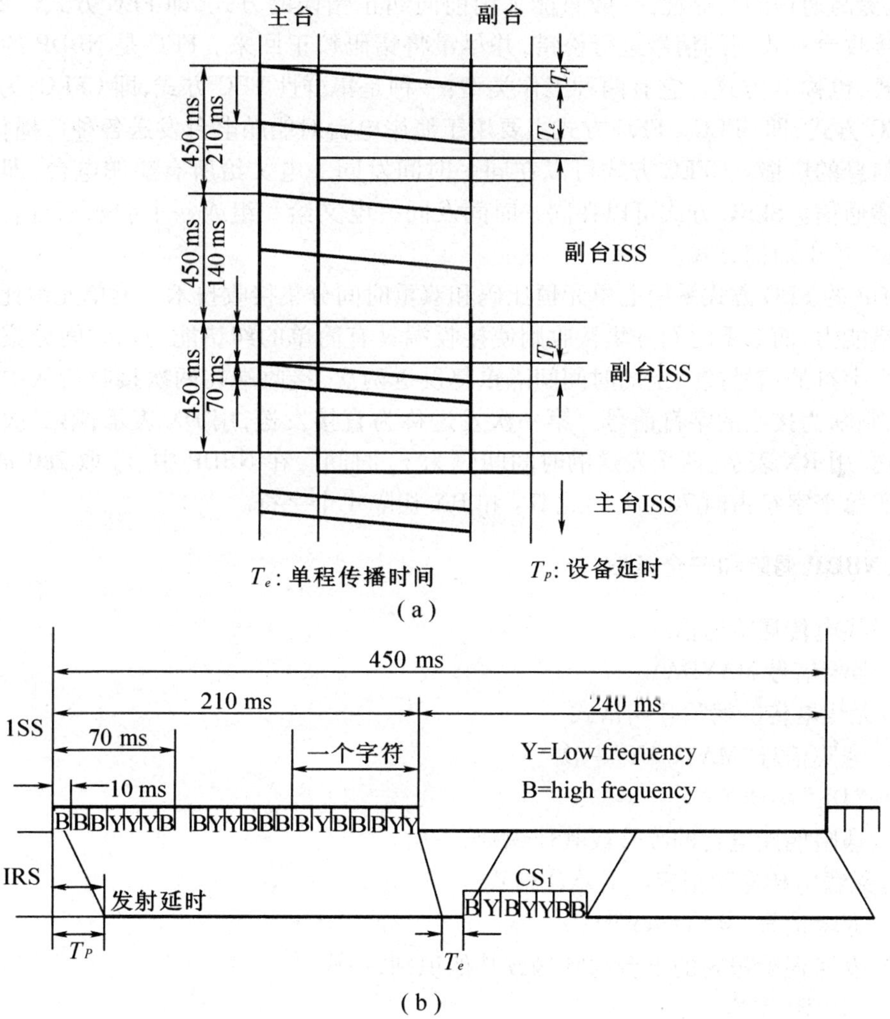

图 2 - 16　ARQ 基本定时周期

(a) ARQ 定时关系;(b) ARQ 基本定时周期

在 ARQ 450 ms 的基本定时周期里(图 2 - 16),一个信息字组占 210 ms,一个控制信号占 70 ms,两项共占 280 ms,剩余 450 - 280 = 170(ms)。若忽略设备延时 T_e,则无线电信号双程传递时间最大可以达到 170 ms，则单程传递时间即 T_p 的最大值为 $1/2 \times 170 = 85$(ms)，相当于无线电波单程传播距离 $3 \times 105 \times 85 \times 10^{-3} = 25\ 500$(km)，足以传递到地球的任何地方。

虽然无线电传输速率是 100 波特，与陆上线路传输速率 50 波特不同，但是在 ARQ 和 450 ms基本定时周期内，无线电传线路传输三个字符信息，与陆上电传线路每个字符占时 150 ms 的传输速率相同。因此，无线电传通信能连接到陆上电传网，进行“同步”的报文收发。

ARQ 工作方式的整个工作程序包括定相程序、相互识别程序、通信程序、重新定相程序、通信结束程序。

（三）FEC 工作方式

前向纠错 FEC（Forward Error Correction）是一种纠错方式。对于单向信道或传送实时信息，为了提高通信的可靠性，一般只能采用前向纠正错误的方式，即 FEC 方式。所谓 FEC，就是由接收台对收到的信号进行检错，并尽量将错码校正回来。FEC 是 NBDP 的一种主要工作方式，也称 B 方式。它有两种工作类型：一种是集群性 FEC 方式，即 CFEC；另一种是选择性 FEC 方式，即 SFEC。FEC 方式主要用于海岸电台对船舶电台发送各种广播信息，如海上安全信息的广播。CFEC 方式可以在同一时间发同一电文给所有船舶电台，即进行点对面的广播通信。SFEC 方式可以在同一时间发同一电文给一组或一个船舶电台。FEC 使用单向信道，单工通信方式。

NBDP 的 FEC 方式采用七单元恒比码和双重时间分集接收技术。七单元恒比码具有较好的检错能力，而双重时间分集接收则使接收端具有简单的纠错能力。时间分集是指发射端将每个字符的信号按一定的时间间隔重复发送两次，接收端在两次接收后从中选出正确的一次，判断为接收的字符信号。第一次发送称为直接发送，用 DX 表示；第二次发送称为重复发送，用 RX 表示，两次发送的时间间隔为 τ_d 时间。在 NBDP 中，τ_d 取 280 ms，因七单元恒比码每个字符占时 70 ms，因此 DX 和 RX 相隔 4 个字符。

四、NBDP 遇险和安全通信

1. 无线电传遇险通信

(1) 遇险信号 MAYDAY

(2) 无线电传的遇险呼叫格式

——遇险信号“MAYDAY”一次

——“DE”字样

——遇险船舶电台的呼号或其他识别，一次

(3) 无线电传遇险报警收妥承认格式

——遇险信号“MAYDAY”一次

——发送遇险报警的电台的呼号或其他识别，一次

——“RRR”字样

遇险信号“MAYDAY”

(4) 遇险通信的强制静默

通常采用 FEC 方式发送“SILENCE MAYDAY”来制止干扰

(5) 恢复正常工作的通知

——遇险信号“MAYDAY”，一次

——“CQ”,一次
——“DE”字样
——发送该通知的电台呼号或其他识别
——该通知的交发时间
——曾经遇险的船舶电台的名称和呼号
——“SILENCE FINI”字样
恢复正常工作的通知实例:
MAYDAY
CQ DE BOYP
0930 PACIFIC MARU/JPLA
SILENCE FINE
(6)现场通信

现场通信是指在遇险单位和遇险中其他救助移动单位之间进行的通信。现场通信应采用 FEC 工作方式。所有的遇险电文至少冠以一个回车(CR)和一个换行(LF),一个字母转换和一个 MAYDAY 信号。

2. 无线电传遇险和安全通信频率

(1)无线电传遇险和安全通信频率:2 174. 5 kHz, 4 177. 5 kHz, 6 268 kHz, 8 376. 5 kHz,12 520 kHz,16 695 kHz。

(2)海岸电台使用 FEC 播发 MSI 的频率:4 209. 5 kHz, 6 314 kHz, 8 416 kHz, 12 579 kHz,16 806. 5 kHz,22 376 kHz,26 100. 5 kHz。

3. 无线电传紧急通信

无线电传紧急通信是指呼叫电台有一份关于移动单位或人员安全的十分紧急的信息要发送。

呼叫格式:
——紧急信号“PAN PAN”
——被呼叫电台的呼号(CQ 或一个指定电台的呼号),一次
——“DE”字样
——发送紧急信号的电台呼号或其他识别,一次。
应采用 FEC 工作方式。

所有的紧急信息电文至少冠以一个回车(CR)和一个换行(LF),一个字母转换和一个“PAN PAN”信号。

4. 无线电传安全通信

格式同遇险通信和紧急通信,只要换成安全信号 SECURITE。

五、常规 NBDP 通信

1. NBDP 的工作方式
(1)ARQ 工作方式
(2)FEC 工作方式
2. NBDP 的选择呼叫号码

(1)海岸电台的选择性呼叫码

由4位或9位数构成

如:上海台:2010或004122100

广州台:2017

(2)船舶电台由5位或9位数构成

如:安平1号船台:20101

大庆454轮:412637000

3. NBDP的应答码(Answer Back)

应答码的作用:用于在通信过程中,通信双方身份的确认和证实。

(1)船舶电台应答码的组成

船台选择呼叫号码+船舶识别+X

如:安平6号轮:20106 BPOF X

大庆454轮:412637000 BUSV X

(2)海岸电台应答码的组成

岸台选择呼叫号码+岸台识别+国籍代码

如:上海海岸电台:2010 SHAIRDO CN

广州海岸电台:2017 XSQ CN

新加坡海岸电台:4620 SGPRDO SG或4620 9VG SG

4. NBDP的操作程序

(1)人工操作程序

(2)自动操作程序

5. NBDP发送方式

(1)会话方式(又称直接交换方式)

船台以此方式可直接与陆地用户进行无线电连接并发送和接收电传。

(2)留发方式(又称存储转发方式)

船台以此方式可直接或人工地先将电传存储在海岸电台,待海岸电台到陆地电传用户之间地线路建立时,海岸电台便将存储地的传发送给陆上的电传用户。

6. FEC方式的操作

可以从一个海岸电台或一个船舶电台发往下列情况的一个或几个船舶电台:

(1)接收的船舶电台不能够或不允许使用其发信机时;

(2)电传发给一艘以上船舶时;

(3)在无人值守时,需接收FEC方式发送的电传电文,而且不要求自动收妥承认。

7. NBDP常用操作指令和缩写词

(1)常用操作指令

MSG+:表示必须立即接收对方电台发送的电文。

TLX_{xy}+:存储转发指令。

X:表示用在其前面为“0”的电传的国家码。

Y:表示用户电传号码。

$DIRTLX_{xy}$+:直接电传指令。

TGM +:表示下面的电文是无线电报。

HELP +:船台使用的请求帮助指令。一般要求对方发送开放的业务指令。

BRK +:无线拆线指令。

KKKK:有线拆线指令。

(2)常用缩写字

ASAP:As soon as possible

B4:Before

第三节　数字选择性呼叫(DSC)终端设备

一、DSC 设备概述

数字选择性呼叫终端(DSC 终端,Digital Selective Calling Terminals)是 GMDSS 地面频率通信系统中的一个重要终端设备。DSC 终端本身不能发出或接收无线电波,必须与 MF/HF SSB 发射机、接收机或与 VHF FM 无线电话设备连接组成 DSC 收发设备才能发出或接收 DSC 呼叫。

(一)功能

1. 完善的遇险呼叫功能

遇险呼叫包括遇险报警、遇险报警确认和遇险报警转播、遇险报警转播确认。遇险报警是发生遇险船舶向岸台及其他船台发出的 DSC 报警呼叫。岸台或其他船台的 DSC 值班接收机收到报警后会发出声和光的报警,声光报警将向收到 DSC 遇险报警台的有关人员示警,让其及时收到遇险船的报警信息。遇险报警确认是收到遇险报警台向遇险船发出的确认收到其报警的 DSC 呼叫,岸台发生遇险报警确认还意味着岸台已将遇险船的报警信息转至有关 RCC。用 DSC 向遇险船发遇险报警确认通常是由收到报警的岸台来进行的,如收到 DSC 遇险报警的船台在一定时间内没有收到岸台的 DSC 遇险报警确认,则该船可将遇险报警转发给岸台,使岸台及与之相联的 RCC 及时得到遇险船的报警信息;收到报警的岸台和 RCC 在必要时可将遇险船的报警转发给遇险船附近的船舶,希望这些船前去救助。这种由非遇险船台转发遇险船的报警称为遇险报警转播,收到遇险报警转播 DSC 呼叫的岸台则用遇险报警转播确认 DSC 呼叫向转发船台确认收到其转发报警。

2. 日常用于沟通 MF/HF/VHF 台间通信联络

如 MF/HF 台间 SSB 无线电话或 NBDP 通信,VHF 台间的电话通信。船舶 MF/HF/VHF 通信可使用的频率或频道很多,如某个船台或岸台要与另外一个岸台或船台通信,就必须让对方台知道用什么种类通信方式及通信频率或频道与其通信,用 DSC 设备向通信对象发出呼叫就可达到此目的。这与陆上个人携带的寻呼机功能有点类似,对方需与你建立电话通信时,通过寻呼台发出与他联系的电话号码,然后,你在电话机上拨出寻呼机收到的电话号码建立电话通信线路,线路接通才能进行电话通信,船台或岸台收到需与其通信台发出的 DSC 呼叫并应答同意后,将接收机和发射机工作频率或频道调至 DSC 终端上显示收到的频率或频道,建立与通信对象间无线通信线路,然后才能进行无线通信。

3. 代替人工进行连续 DSC 值守和船舶查询功能

按 GMDSS 要求,所有船舶电台必须保持在 VHF70 频道上 DSC 值守,不仅航行于 A1 海区的船台应保持2 187.5 kHz DSC MF 报警频率的值守,配备 MF/HF 设备的船台应在 MF 和 HF 共计 6 个 DSC 报警频率中至少包括2 187.5 kHz,8 414.5 kHz在内的三个频率的值守。这些值守不用船台人员去保持守听,由 DSC 接收设备自动完成。当 DSC 设备收到在这些频率中的 DSC 呼叫时,DSC 终端会发出声光报警来提醒船台人员,以便及时收到 DSC 信息。船舶 DSC 设备在规定频率上进行连续值守也提供了岸上有关机构随时用 DSC 向船舶查询的功能。

(二) DSC 的特点

1. 海岸电台能够在公共呼叫频率上,向一个指定的船舶电台发送 DSC 呼叫,在海岸电台的覆盖范围内,尽管所有的船舶都能接收到信号,但是唯有被指定的船舶电台响应海岸电台的呼叫并显示出"收到呼叫"。

2. 数字选择性呼叫主要用于电台之间的遇险报警、自动呼叫和值守, 还可用于紧急和安全呼叫,发送船舶管理等其他信息。

3. DSC 遇险报警只是一个报警信号遇险呼叫频率相应频率中的无线电话或无线电传遇险安全频率上使用,并包含有关遇险的一些简单信息。而在 DSC 遇险呼叫后,应在 DSC 无线电话或无线电传来进行随后通信。因此,在初始的 DSC 遇险呼叫中应包括随后通信的方式,以便接收到 DSC 遇险报警的电台能够知道是使用无线电话还是无线电传来进行随后的通信。

(三) 典型 DSC 呼叫序列

1. 点阵

是由 0(1 785 Hz) 和 1(1 615 Hz) 即 B,Y 交替数码组成的位同步信号,作为呼叫的起始标志,有利于实现快速定相。

2. 定相序列

为了使收发双方迅速取得帧同步,即字符同步。

3. 格式符

表示本次呼叫的性质或呼叫范围,共有 6 种:

(1) 遇险呼叫(Distress Call),又称遇险报警 ;

(2) 全呼(All Ships Call),对所有船舶的呼叫;

(3) 单呼(Individual Call),对单个电台的呼叫;

(4) 群呼(Group Call),对一个船队的呼叫;

(5) 海呼(Area Call),又称区域呼叫,对某一海域内的所有船舶的呼叫;

(6) 自动/半自动业务呼叫(A/S Service Call),即通过 DSC 呼叫被呼叫岸台,沟通后续呼陆上电话网络中某个用户,与之进行电话类通信。

4. 地址

表示与格式符相对应的具体呼叫对象。"遇险呼叫"和"全呼"是不含地址的,它的呼叫对象就是所有的船舶电台和海岸电台。其他选择性呼叫的地址由 10 位数字组成:

(1) 单呼　使用被呼叫电台的 9 位海上移动业务识别码(MMSI CODE),为了凑成 10 位数字,末尾添个"0"。

(2)群呼 使用被呼叫电台的9位海上移动业务识别中的群呼识别,在识别码后面添加一个“0”凑成10位数字。

(3)海呼 海呼的地址被规定为墨卡托投影区参考点的坐标及矩形区域的范围。

墨卡托坐标格式:

参考点象限 (1位)	参考点纬度 (2位)	参考点经度 (3位)	纬度差 (2位)	经度差 (2位)

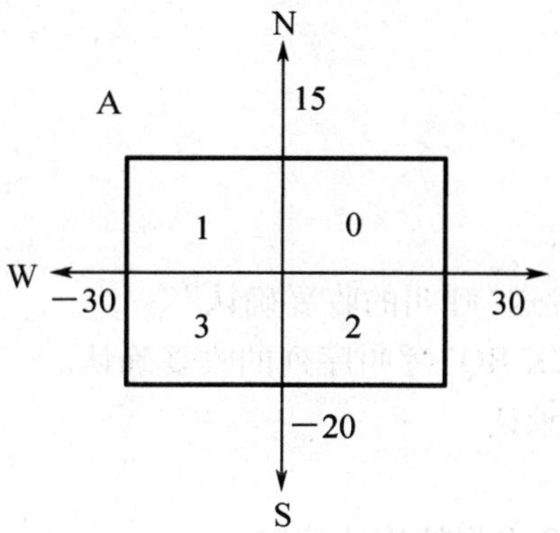

参考点A总是选取在矩形区域左上角。

例:参考点A坐标为:15 N/030 W

纬度差 15-(-20)=35

经度差 30-(-30)=60

则根据墨卡托地址格式可得地址编码为:1150303560

5.类别

表示本次呼叫得通信优先等级,共有5级:

(1)遇险 主要用于“遇险转发”和“遇险收妥”;

(2)紧急 用于紧急呼叫,并随后有关于船舶和人员安全方面非常紧急的报告待发;

(3)安全 用于安全呼叫,并随后有关于船舶航行安全方面的重要的气象警告和航行警告待发;

(4)船舶优先业务 后续通信是船长与公司之间有关船舶调度或其他公司内部事务的通信;

(5)日常通信 有关船舶抵港、物料供应或船员旅客私人通信。

6.自识别

表示呼叫者,采用9位MMSI CODE,发送时,在末尾也需添加一个“0”以凑足10位数。

7.电文

对于不同类型呼叫,其电文组成方式是不相同的:

(1)遇险呼叫(电文包含4个内容)

电文1:表示遇险性质。

电文2:表示遇险船舶遇险时得地理坐标。

电文3:表示遇险时间。

电文4:表示遇险船舶要求的随后遇险通信使用的通信方式。

(2)除遇险外的其他呼叫(电文由2个内容)

电文1:它是指令信息,例:第一指令(或称遥指令一),第二指令(或称遥指令二)。

电文2:要求的随后通信时的信道或频率。

注:遇险性质

——起火,爆炸(Fire, Explosion)

——浸水(Flooding)

——碰撞(Collision)

——搁浅(Grounding)

——倾覆和倾覆的危险(Listing and in Danger of Capsizing)

——沉没(Sinking)

——失控和漂浮(Disable and Adrift)

——未指明性质的遇险(Undesignated Distress)

——弃船(Abandoning Ship)

8. 序列终止符

(1)EOS 表示序列结束后,不需要对方应答。

(2)ACK RQ 表示序列结束,同时要求对方立即发送"呼叫的收妥确认"。

(3)ACK BQ 表示序列结束,同时也是对带有"ACK RQ"呼叫序列的收妥确认。

9. 紧急信息和安全信息的接收后,无须发送收妥承认。

(四)DSC 值守

1. 对配备 VHF 设备的船舶,应在 VHF 70CH DSC 上保持连续值守。

2. 对配备 MF 设备的船舶,应在 MF 2187. 5 kHz DSC 上保持连续值守。

3. 对配备 MF/HF 设备的船舶,应在 DSC 遇险和安全频率 2 187. 5 kHz 和 8 414. 5 kHz 上以及至少在高频 DSC 遇险和安全频率 4 207. 5 kHz,6 312 kHz,12 577 kHz 或 16 804. 5 kHz 中的一个频率上保持连续值守。

(五)日常 DSC 呼叫和确认

1. 一般规定

(1)DSC 呼叫的内容应包括被呼叫电台和呼叫电台的识别,在海岸电台的 DSC 呼叫中还包括随后的通信方式。

(2)DSC 日常呼叫只能在一个合适的呼叫频率或频道上发送一次。

2. DSC 呼叫与确认的频率

(1)415 ~ 526. 5 kHz　发射种类:F1B 或 J2B 国际频率,海岸电台 455. 5 kHz,船台 458. 5 kHz。

(2)1 605 ~ 4 000 kHz　发射种类:F1B 或 J2B。

①船台呼叫岸台时使用呼叫频率的顺序

——岸台正在值守的国内 DSC 频率

——国际 DSC 频率 2 189. 5kHz

②岸台呼叫船台使用呼叫频率的顺序

——船台正在值守的国内 DSC 频率

——国际 DSC 频率 2 177 kHz

③船台呼叫船台使用呼叫频率的顺序

(3)4 000 ~ 27 500 kHz　发射种类:F1B 或 J2B。

(4)156 ~ 174 MHz　发射种类:G2B。

日常呼叫与遇险呼叫都同在 VHF 70CH(156. 525 MHz)

3. 日常 DSC 呼叫程序

(1)将发信机调谐到适当的 DSC 频率上。

(2)在 DSC 控制器上选择“单呼”。

(3)根据设备操作要求,键入日常呼叫内容。

(4)按发射键发送 DSC 呼叫。

(六)船舶配备的 DSC 设备

A 类 DSC 设备　它是带有 MF/HF DSC 和 VHF DSC 设备,这些 DSC 设备符合全部 GMDSS 对其的技术和操作要求。

B 类 DSC 设备　它是完全符合 GMDSS 最低配备要求的 MF DSC 和 VHF DSC 设备。具有遇险报警、遇险报警确认、遇险报警转播和全呼、单呼、自动/半自动业务的 DSC 功能,用于沟通 MF SSB 电话通信或 VHF 电话通信。接收到任一 DSC 呼叫后,有声响报警。

C 类 DSC 设备　它是指仅能提供 VHF DSC 遇险报警的 VHF DSC 设备。

二、DSC 设备工作原理

(一)DSC 编码

DSC 的呼叫与应答是一种数字通信,所传送的 DSC 信息是由 DSC 终端进行某种方式的二进制数编码的。DSC 终端对所传信息的编码不同于 NBDP 的恒比码,DSC 编码采用十单元检错码。十单元检错码由 10 位二进制数组成,其中的前 7 位是信息编码,7 位二进制数共有 2^7(即 128)个编码,将这些 7 位二进制数转换成十进制数为 0 ~ 127,见表 2 - 4,表中 B 代表二进制数“0”,Y 代表“1”。7 位信息码的最右位是最高位,依次至最左位是最低数字位。其中的后 3 位二进制数是检错码,检错码用于表示前 7 位信息码中“0”的个数,检错码是接收台 DSC 终端用于自动检查所收 DSC 十单元检错码是否正确,如所收 DSC 码前七位信息码中“0”的个数与后 3 位检错码数字相同,表示该 DSC 码接收正确,反之则错误。这种检错方法称为水平一致检错法。DSC 码也可称为十单元水平一致检错码。

表 2 - 4 中,所有 DSC 的十单元检错码可分为两大类:一类是 0 ~ 99 的十单元检错码,这些码用于表示 00 ~ 99 两位十进制数信息;另一类是 100 ~ 127 十单元检错码,这些码被称为功能代码,每个功能代码所表示的信息与其在 DSC 序列中的位置有关,同一功能代码在序列中的不同位置所表达的信息是不同的。

DSC 终端在对输入的十进制数字信息进行编码时,为满足两位十进制数字用一个十单元检错码编码的要求,当输入的十进制数字是奇数位时,则需在其最低位或最高位添一个“0”,以构成偶数位十进制数字,偶数位十进制数字中每相邻两位数字用一个十单元检错码编码。如输入的 9 位选呼码是 412123456,则需在最低位添“0”以凑成 4121234560,则将“41”“21”“23”“45”“60”分别用一个十单元检错码编码。10 位十进制数共用 5 个 DSC 码编码。接收台的 DSC 终端收到并解码后,在显示屏上仍显示 9 位选呼码 412123456。

表 2－4 十单元检错码

代码	发射信号和比特位置 1 2 3 4 5 6 7 8 9 10	代码	发射信号和比特位置 1 2 3 4 5 6 7 8 9 10	代码	发射信号和比特位置 1 2 3 4 5 6 7 8 9 10
0	BBBBBBBYYY	43	YYBYBYBBYY	86	BYYBYBYBYY
1	YBBBBBBYYB	44	BBYYBYBYBB	87	YYYBYBYBYB
2	BYBBBBBYYB	45	YBYYBYBBYY	88	BBBYYBYYBB
3	YYBBBBBYBY	46	BYYYBYBBYY	89	YBBYYBYBYY
4	BBYBBBBYYB	47	YYYYBYBBYB	90	BYBYYBYBYY
5	YBYBBBBYBY	48	BBBBYYBYBY	91	YYBYYBYBYB
6	BYYBBBBYBY	49	YBBBYYBYBB	92	BBYYYBYBYY
7	YYYBBBBYBB	50	BYBBYYBYBB	93	YBYYYBYBYB
8	BBBYBBBYYB	51	YYBBYYBBYY	94	BYYYYBYBYB
9	YBBYBBBYBY	52	BBYBYYBYBB	95	YYYYYBYBBY
10	BYBYBBBYBY	53	YBYBYYBBYY	96	BBBBBYYYBY
11	BYBYBBBYBY	54	BYYBYYBBYY	97	YBBBBYYYBB
12	BBYYBBBYBY	55	YYYBYYBBYB	98	BYBBBYYYBB
13	YBYYBBBYBB	56	BBBYYYBYBB	99	YYBBBYYBYY
14	BYYYBBBYBB	57	YBBYYYBBYY	100	BBYBBYYYBB
15	YYYYBBBBYY	58	BYBYYYBBYY	101	YBYBBYYBYY
16	BBBBYBBYYB	59	YYBYYYBBYB	102	BYYBBYYBYY
17	YBBBYBBYBY	60	BBYYYYBBYY	103	YYYBBYYBYB
18	BYBBYBBYBY	61	YBYYYYBBYB	104	BBBYBYYYBB
19	YYBBYBBYBB	62	BYYYYYBBYB	105	YBBYBYYBYY
20	BBYBYBBYBY	63	YYYYYYBBBY	106	BYBYBYYBYY
21	YBYBYBBYBB	64	BBBBBBYYYB	107	YYBYBYYBYB
22	BYYBYBBYBB	65	YBBBBBYYBY	108	BBYYBYYBYY
23	YYYBYBBBYY	66	BYBBBBYYBY	109	YBYYBYYBYB
24	BBBYYBBYBY	67	YYBBBBYYBB	110	BYYYBYYBYB
25	YBBYYBBYBB	68	BBYBBBYYBY	111	YYYYBYYBBY
26	BYBYYBBYBB	69	YBYBBBYYBB	112	BBBBYYYYBB
27	YYBYYBBBYY	70	BYYBBBYYBB	113	YBBBYYYBYY
28	BBYYYBBYBB	71	YYYBBBYBYY	114	BYBBYYYBYY
29	YBYYYBBBYY	72	BBBYBBYYBY	115	YYBBYYYBYB
30	BYYYYBBBYY	73	YBBYBBYYBB	116	BBYBYYYBYY
31	YYYYYBBBYB	74	BYBYBBYYBB	117	YBYBYYYBYB
32	BBBBBYBYYB	75	YYBYBBYBYY	118	BYYBYYYBYB
33	YBBBBYBYBY	76	BBYYBBYYBB	119	YYYBYYYBBY
34	BYBBBYBYBY	77	YBYYBBYBYY	120	BBBYYYYBYY
35	YYBBBYBYBB	78	BYYYBBYBYY	121	YBBYYYYBYB
36	BBYBBYBYBY	79	YYYYBBYBYB	122	BYBYYYYBYB
37	YBYBBYBYBB	80	BBBBYBYYBY	123	YYBYYYYBBY
38	BYYBBYBYBB	81	YBBBYBYYBB	124	BBYYYYYBYB
39	YYYBBYBBYY	82	BYBBYBYYBB	125	YBYYYYYBBY
40	BBBYBYBYBB	83	YYBBYBYBYY	126	BYYYYYYBBY
41	YBBYBYBYBB	84	BBYBYBYYBB	127	YYYYYYYBBB
42	BYBYBYBYBB	85	YBYBYBYBYY		

（二）检错码

DSC 整个呼叫信号，是由一连串的十单元检错码按照一定的格式顺序组合而成的，我们称之为 DSC 呼叫序列。在通信过程中，为保证 DSC 序列传送的可靠性，就必须要在技术上采用相应有效的检错及纠错措施。这一点是至关重要的。

由于检纠错能力的好坏直接影响信息传送的准确性，因而 DSC 采用两种检错方法：一是接收台 DSC 终端利用十单元检错码本身的特点（即前 7 位信息码中 0 的个数与后 3 位检错码数字一致）对所收 DSC 序列中所有编码自动进行水平一致检错；另一种是垂直校验，接收台 DSC 终端对所收 DSC 序列自动进行垂直校验后可检查出所收 DSC 序列是否正确，并在 DSC 终端显示屏上给出是否正确的信息供参考。DSC 序列的最后有一个称为垂直校验字符(ECC)的十单元检错码，该码前 7 位二进制码是由发射台 DSC 终端自动将所编发的 DSC 序列中所有其他编码前 7 位信息码按垂直模 2 相加得到，这 7 位可称为垂直校验信息码，再根据垂直校验信息码中 0 的个数自动加上后 3 位检错码就组成了一个 ECC 字符。例如，若 DSC 呼叫序列的 ECC 字符前共有 4 个编码，将每个编码的前 7 位信息码垂直模 2 相加

$$\begin{array}{r} 0101000 \\ 0100110 \\ 0010011 \\ 0111100 \\ \hline 0100001 \end{array}$$

得到垂直校验信息码：0100001，因其中有 5 个“0”，因此其检错码为 101，则 ECC 字符为 0100001101。接收台的 DSC 终端在收到包括 ECC 字符在内的 5 个十单元检错码的 DSC 序列后，将前 4 个编码的前七位信息进行垂直模 2 相加，将相加的结果与收到的 ECC 字符的垂直校验信息码进行此较，如果二者一致，说明所收 DSC 序列正确；如二者有不同，说明所收 DSC 序列中的十单元检错码有错误，这就是垂直校验。

垂直校验不仅能使接收台 DSC 终端自动检查所收 DSC 序列是否正确，还可用于纠正一位随机错码。如上述举例中第一个编码的第一位由“0”错收为“1”，收到的是 1101000 信息码，后 3 位检错码是 101，而信息码中有 4 个“0”，与检错码 101 数字(十进制数是5)不相符，用水平一致检错法检出其有错，但不能检出错在哪一位，此时接收台 DSC 终端对接收 DSC 序列垂直模 2 相加结果为 1100001，与收到的垂直校验信息码 0100001 比较可知该错码最左位有错，于是就可纠正。

在 DSC 数字信息传输过程中，由于突发性的脉冲干扰、电波传播中的衰落现象等影响，使 DSC 接收台收到信号波形变坏，引起 DSC 终端将接收机输出 FSK 信号解调时出现错码。如此产生的错码通常在一个短促的时间内大量出现。DSC 采用了 NBDP 中 FEC 方式相同的二重时间分集方式传输数字信息来增加抗干扰和衰落能力，即 DSC 序列中每个编码按 4 个编码传输时间的间隔发两遍。这样，在 DSC 接收端就有可能使一次错码在另一次的接收中得到纠正。DSC 接收端对二次时间分集接收解调的十单元码用水平一致检错法检错，同一编码二次检错结果的判断选择方法同 NBDP 的 FEC 方式。

MF/HF 的 DSC 数字信息传输速率为 100 波特，则每位码元传输时间是 10 ms，每个十单元检错码传输时间为 100 ms，分集时间为 400 ms，VHF DSC 的传输速率为 1200 波特，每位码元传输占时为 1/1 200 = 0.833(ms)，一个十单元检错码传输占时 8.33 ms，分集时间是 8.33 × 4 = 33.333(ms)。

(三)DSC 终端基本组成框图及与收发信机的连接

DSC 终端基本组成框图及与收发信机的连接见图 2 - 17，实物图见图 2 - 18。DSC 终端由微处理器 MPU、存储器、键盘、显示器、接口电路和调制解调器等组成。MPU 是 DSC 终端的核心，DSC遇险报警电文的生成、DSC 序列编辑及信息的编码解码、检纠错等功能都由 MPU 按软件程序执行完成，存储器用于存储软件程序、编辑发射的DSC序列及接收的 DSC 序列等，键盘用于DSC序列编辑、发射编辑后存储的 DSC 序列、遇险报警、接收到并存储的 DSC 序列查看或打印等操作。显示器用于显示收到或需发射的 DSC 序列内容，收到 DSC 报警呼叫时有光的指示(同时有声响

报警)。接口电路是 MPU 与外围电路或外部设备的数据输入和输出缓冲电路,MF/HF DSC 终端中的调制解调器用于将二进制数字调制成(1 700 ±85) Hz 的 FSK 信号送至 SSB 发射机,或将 SSB 接收机送来的(1 700 ±85) Hz 解调成二进制数字,传输速率为 100 波特,其中 1 785 Hz 代表二进制数字的"0",1 615 Hz 代表"1"。VHF DSC 终端中的调制解调器用于将二进制数字调制成(1 700 ±400) Hz 的 FSK 信号,或将(1 700 ±400) Hz解调送入 MPU 处理,传输速率为 1 200 波特。其中 2 100 Hz 代表"0",1 300 Hz代表"1"。

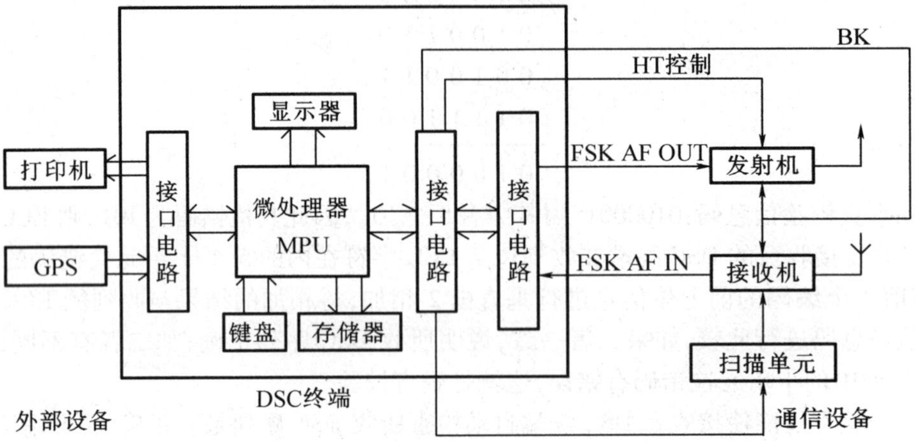

图 2－17　DSC 终端基本组成框图及与收发信机的连接图

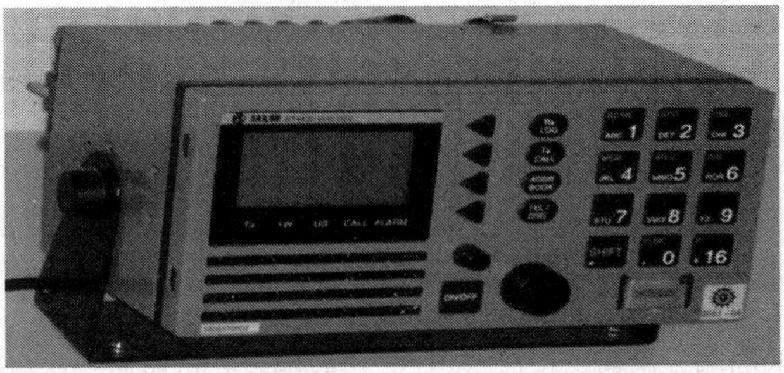

(a)

(b)

图 2－18　DSC 终端实物图

(a) DSC 终端实物图;(b) DSC 终端与 HF 分系统的实物图

打印机用于打印收到或自己发出的 DSC 信息。GPS 的定位数据一直通过接口送入 DSC 终端并被存入存储器后，如船舶遇险或岸台用 DSC 查询船位时，所发生的遇险报警或船位应答 DSC 序列中随时都有精确的最新船位数据信息，不用操作人员从键盘上输入船位数据。这对立即发出遇险报警显得尤为重要。因此，DSC 终端要求接 GPS 接收机。

图中的发射机和接收机如是 MF/HF SSB 通信设备，则在用于 DSC 通信时，应将发射机和接收机的工作种类调至 F1B/J2B，接收机的带宽选择 300 Hz，AGC 开关选择"关"或"快"档（接收 DSC 信号强时选"快"，弱时选"关"）。接收机带宽（BW）不能选择 300 Hz 以上带宽，否则易受干扰。图中的发射机和接收机如是 VHF 通信设备，则其工作种类是 G2B。扫描单元仅被用于 MF/HF 接收机，MF 或 VHF 接收机没有这个单元。它的作用是在 DSC 终端控制下，使 MF/HF 接收机在 2 s 时间内对 MF/HF 中 6 个 DSC 遇险和安全通信频率轮流值守一遍，当某个频率上收到点阵信号被判别出后，使接收机扫描停止在该频率上，接收 DSC 序列。如收到 DSC 序列不是对本船呼叫，则继续扫描，或在将对本船呼叫的 DSC 序列接收并存储后继续扫描。这样，可用一个 MF/HF 接收机做到对最多达 6 个 DSC 遇险和安全通信频率的 DSC 值守。

图 2－17 中 DSC 设备发射 DSC 呼叫序列的过程是在发射前，在 DSC 终端的键盘上人工编辑 DSC 序列的各项内容，由 MPU 对编辑输入信息编成十单元检错码组成 DSC 数字序列存入存储器。然后将 MF/HF SSB 收发信机置于 F1B/J2B 工作种类、接收机 BW＝300 Hz 和 AGC＝关或快，将工作频率调至所需频率，然后再按下 DSC 终端键盘上"CALL"按键，DSC 终端的 HT 控制信号使发射机加上高压（平时不发信号时，发射机内功放的高压自动关闭，所有电路仅加有低压）而工作，BK 键控信号使发射机发射信号、收信机停止接收信号，此时 DSC 终端内 MPU 将 DSC 数字编码序列按 FEC 方式经接口电路送至调制解调器，由调制解调器将串行数字信号调制成 FSK 信号，再由 MF/HF 发信机将（1 700±85）Hz FSK 信号调制到载波上形成单边带信号，经放大后由天线辐射出无线电波。如发射 DSC 遇险呼叫，则 DSC 遇险呼叫序列除可人工编辑外，还可由 DSC 终端自动编辑，这样可使遇险呼叫在直接按下"遇险呼叫"按键后立即发出。

接收 DSC 呼叫序列的过程是：接收机在某个接收频率上接收 DSC 信号时，接收机将天线感应的信号选择放大，抑制干扰，用同步解调器将 SSB 的 DSC 信号解调为（1 700±85）Hz 音频信号送入 DSC 终端，DSC 终端的调制解调器将（1 700±85）Hz 音频信号解调还原成二进制串行数字信号，再恢复原来的编码后，由 MPU 对所收数字编码按水平一致检错法检错和将二次时间分集接收并检错的结果以 FEC 方式处理，如 MPU 根据所收 DSC 序列中的呼叫范围和地址确定对本台呼叫，则将检纠错处理后的 DSC 序列存入存储器，并由 DSC 终端发出声光报警提示。操作人员则首先使声光报警停止，然后在 DSC 终端的键盘上按相应键来调出存储的 DSC 序列，由 MPU 将 DSC 序列各个编码进行解码后，在显示屏上显示出 DSC 信息。操作员也可按"打印"键，使打印机打印出所收 DSC 信息；如 MPU 判断不是对本台的 DSC 呼叫，则该 DSC 序列不会被接收存储，DSC 终端也不会有声光报警提示。

第四节 甚高频(VHF)设备

一、VHF 设备概述

(一)主要功能

VHF 通信是水上移动无线电通信中一个重要系统,用于近距离通信,其工作频段是 156 ~ 174 MHz,属于甚高频 VHF 频段。VHF 通信设备是 GMDSS 中 A1 海区的主要通信设备,是实现现场通信的主要方法,也是实现驾驶台与驾驶台之间通信的唯一方法。

根据 1988 年 SOLAS 公约修正案要求,GMDSS 船载无线设备配备要求航行于 A1 ~ A4 海区的船舶不仅要求配备能进行话音和数字选择性呼叫 DSC 通信的 VHF 无线电话通信设备,还要求配备 3 台(300 ~ 500 总吨船舶可以配备 2 台)救生艇筏上使用的双向 VHF(Two-way VHF)无线电话通信设备,并且对航行在 A1 海区的船舶可以配备 VHF EPIRB 用以代替卫星 EPIRB 进行船对岸的遇险报警。VHF 通信设备主要功能为:

(1)港口和引航业务,实现有关港口、引航作业处理、船舶的行动和安全以及在紧急情况下有关人员安全的通信;

(2)船舶动态业务通信;

(3)公众通信;

(4)驾驶台与驾驶台间的通信,实现有关船舶操作、安全避让、定位导航等通信;

(5)近距离的遇险报警、搜救协调通信、搜救现场通信。

(二)主要性能指标

(1)频带和信道　船台发射频率为 156.025 ~ 157.425 MHz,岸台发射频率为 156.050 ~ 162.025 MHz。收发间隔 4.6 MHz,相邻信道间隔 25 kHz。共划分了 57 个信道,其中单工信道 20 个,双工信道 35 个,保护信道 2 个。

(2)载波输出功率　船用 VHF 调频无线电话发射机的输出功率以载波功率来衡量。载波功率是指在无调制时,发射机在工作频率上一个射频周期中供给标准负载的平均功率。船台的额定载波输出功率应在 6 ~ 25 W 之间,并应能减少到小于或等于 1 W。岸台的输出功率通常在 50 W 以内。

(3)频率偏差　船用 VHF 设备最大频率偏差为 ±5 kHz。

(4)收发载波频率容限应为 10×10^{-6}。

(5)电波辐射采用垂直极化波。

(6)调制音频的频带应限于 3 000 Hz 以下。

(7)发射机辐射带宽。如果频道间隔为 25 kHz,最大允许频偏为 ±5 kHz,最高调制频率为 3 kHz,则发射机最大辐射带宽为 16 kHz。

(8)采用每倍频程 6 dB 的预加重和去加重频率调制。

(9)灵敏度。船用 VHF 接收机灵敏度应优于 1 μV。

(10)选择性。选择性可以分为单信号选择性和多信号选择性。

(三)VHF 信道的划分

船用 VHF 设备工作的频段为 156 ~ 174 MHz,CCIR 对水上移动通信 VHF 无线电话通信设备在该频道序号与相应的频率有明确的规定。国际频道(ITU)共57个,编号1~28,60~88,在高于88频道以上的频率,可设私人频道。

57个国际频道中的第70频道(156.525 MHz)被指定为水上移动业务电台的VHF DSC呼叫频率,用于遇险、紧急、安全、日常通信的DSC呼叫。第16频道(156.80 MHz)被指定为VHF无线电话的国际遇险、安全和呼叫频率,用于无线电话的遇险、紧急和安全通信,也可用于船舶电台之间、海岸电台与船舶电台之间的无线电话呼叫及应答,16频道应为全功率状态工作。为了保护第16频道的工作,与它邻近的第75频道(156.762 5~156.787 5 MHz)、第76频道(156.812 5~156.837 5 MHz)为16频道的保护频带(不工作频道)。在与第75频道、第76频道相邻近的第15频道、第17频道上工作时,将被强制在小功率状态。

第06频道(156.300 MHz)用于船舶间导航、避让操作等通信,也用于从事协调搜寻和救助作业的船舶电台和飞机电台之间的通信。船舶电台应避免在第06频道上进行的导航、避让以及救助通信产生有害的干扰。

其他频道可用于高速的数据和传真通信。另外,从第78频道、第28频道、第88频道中取两个相邻频道用于窄带直接印字电报和数据传输。

(四)VHF设备的工作方式及工作种类

1.船用VHF设备的工作方式

船用VHF通信可分为单工(单频率)和双工(双频率)两种通信方式。

(1)单工　所谓单工方式是指通信双方交替进行发射的一种操作方式,收发频率相同称为同频单工;收发频率不同称为异频单工。按CCIR建议,水上VHF通信中船舶间通信只能使用同频单工方式。单工方式工作时,同一方的收发机是交替工作的。船用VHF设备的单工操作是由送受话器上的按压开关PTT(Push to Talk)控制的,按下时发射机工作,接收机自动关闭,本方讲话;松开时发射机关闭,接收机自动打开,收听对方讲话。

(2)双工　所谓双工方式是指通信双方同时进行收发操作的一种通信方式,双方使用两个频率,甲方的发射频率即为乙方的接收频率,乙方的发射频率即为甲方的接收频率,收与发频率保持一定的频率间隔,信息的传递在两个方面上同时进行。水上VHF通信中,船与岸台间并通过岸台转接到公众通信网上用户时的通信只能使用双工方式。例如20频道工作的船台用157.000 MHz发射,接收频率为161.600 MHz,此时与船台通信的岸台发射频率为161.600 MHz,接收频率为157.000 MHz,收发频率间隔4.6 MHz。因而船台与岸台设备在双工方式工作时,频道号与对应的收方频率不同,船台的VHF设备与岸台的VHF设备是不同的。双工方式工作时,天线不应受到VHF的PTT键控制,所以需用一个双工滤波器连在VHF设备与天线之间,以使收发频道分开。但由于实际使用的船用VHF设备,多数不带双工滤波器,天线仍受到话筒按钮的控制,因而成为采用双工频道的半双工方式:收时不发,发时不收。半双工方式可用于船岸通信。因此,船与岸之间为港口工作或船舶动态业务而进行的通信,可以使用同频单工方式,也可使用半双工方式。船舶间的通信只能采用同频单工方式,如果岸台采用船台设备时,只能使用同频单工方式与船通信。

2.船用VHF通信的工作种类

在GMDSS中,VHF收发机的终端设备有送受话器(TP Handest)和数字选择性呼叫终端(DSC)、窄带直接印字电报终端(NBDP),因此船用VHF通信设备是一种多功能通信机。其通信种类主要有:

(1)调频(调相)单路无线电话用F3E或G3E表示　水上VHF无线电话规定使用角度

调制，实际上，调频与调相是一致的并可相互转换。

(2)利用副载波调制的单路调频(调相)自动接收报用 F2B 或 G2B 表示　它是 DSC 或 NBDP 终端与 VHF 收发机之间相连以便进行 DSC 呼叫或电传通信时选用的工作种类。按 CCIR 建议，此时终端设备送来的是副载波为 1 700 Hz，以 ±400 Hz 频移对应空号或传号，调制速率为 1200 波特的频率键控信号，然后通过 VHF 发射机以角度调制主载波的方式发出，故可用 F2B 或 G2B 表示。

二、VHF 设备的工作原理

(一)基本组成框图及各部分的作用

VHF 通信系统由岸台和船台组成，可用来实现船岸间或船舶间近距离通信，同时通过岸台的转接还可实现船台与陆地公众网用户间的通信。VHF 电台无论岸台或船台都包括发射机、接收机和天线。船台的收发机合在一起，岸台可以分设。图 2－19 所示为 JHS－31VHF 无线电话设备的组成方框图。它包括双工器、发射机单元、接收机单元、控制单元、DSC 单元(带有打印机)、电源单元，及作为控制器或遥控器的面板单元、显示单元、外围设备(扬声器、受送话器、键盘)等。

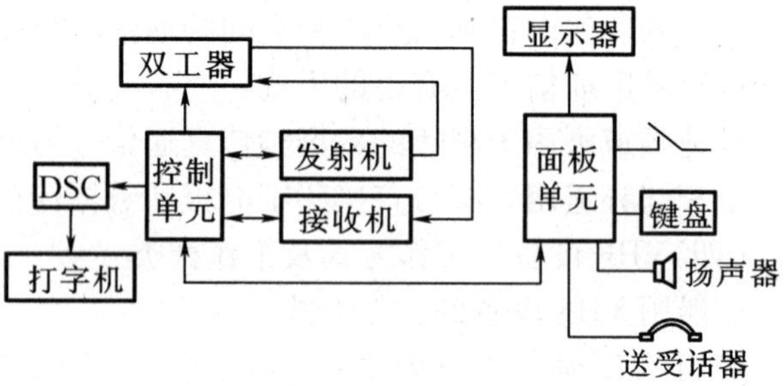

图 2－19　JHS－31 VHF 组成框图

1. 双工器

双工器连接在 VHF 设备发射机单元和接收机单元之间。当采用双工工作方式时，其作用是使收、发相互隔离而使用同一天线，以保证接收时不受发射机的干扰，发射时不影响接收机。

2. 发射机单元

发射机单元的作用是对话音信号进行调制倍频，将频谱搬移到发射频率，再经功率放大通过双工器馈送到天线，由天线将已调高频波发射出去。

在 VHF 发射机单元内，话音信号的调制采用调频(调相)方式，一般有三种基本类型，即间接调频方式、直接调频方式和锁相调频方式。

话音信号在调制前经过音频电路进行话音处理。对话音的处理是采用预加重技术，即提高话音中的高音频分量，其目的是为了防止高音频信号在传输过程中丢失，从而改善信噪比，提高话音传输质量。

3. 接收机单元

接收机单元的作用是将来自天线的已调高频波进行变频、中频放大后解调还原为话音信号。解调还原后的话音信号经过静噪电路控制和去加重处理后进行低频放大去推动 VHF 设备终端工作。

4. 控制单元

控制单元由 CPU 和音频电路组成。控制单元的 CPU 电路与面板单元中的 CPU，利用通信接口进行串行通信。同时控制单元与 DSC 单元和收、发机单元相连接，当控制单元中的 CPU 收到面板单元的键盘信息就控制接收机、发射机、双工器和其他单元工作。

5. DSC 单元

DSC 单元由 CPU 电路和调制解调器电路组成，完成 VHF DSC 呼叫序列的发送和接收。DSC 单元由 CPU 控制，该 CPU 有两个串行通信口，其一用于与控制单元内的 CPU 间进行 FSK 数据通信；另一用于从 GPS 接收机中获取位置信息。

6. 面板单元

面板单元内主要由单片机和 AF 电路组成，它与显示器、键盘、扬声器、受送话器等外设构成整个 VHF 设备的控制或遥控。

(二)工作原理和信号流程

VHF 无线电话设备在单工时，收发采用同一频率、同一天线轮流工作，因此必须通过受送话器上的 PTT 按压开关控制继电器实现收发转换。当发射时，按下受送话器按压开关，使发射机工作，并将天线接到发射机。此时，发话人的话音经受送话器转变为话音信号，经面板单元、控制单元传送至发射机单元，由发射机单元进行调频、放大、预加重等处理后经天线发射出去。此时，受 PTT 开关控制接收机不工作。当要接收时，释放 PTT 按压开关，则切断发射机电源，接通接收机电源，并将天线接至接收机。此时，由天线将空间传播的无线电波感应为接收信号，经接收机进行变频、放大、解调、去加重处理后还原为话音信号，由控制单元经面板单元将话音信号传送到受送话器而变成声音。此时，受 PPT 开关控制发射机不工作。

在双工方式时，如果收发采用各自的天线，则不需双工器而收、发机在两个不同的频率上同时工作，发射机工作于发射频率，而接收机工作于接收频率，实现双向同时通话。如果收发采用同一天线，则必须采用双工器才能保证收发同时工作。双工器起着收发相互隔离、互不干扰的作用。船用 VHF 采用双工方式，同时收发受到受送话器上的 PTT 控制，则实现的是准双工方式。VHF 设备还可以传输 DSC，NBDP 数字信号，由 DSC 单元或由键盘、显示器通过面板单元输出频率为(1 700 ± 400) Hz、速率为 1 200 波特的 FSK 数字信号，经控制单元由发射机发送。或者被接收机接收的 FSK 数字信号经控制单元传送给 DSC 单元或经面板单元进行解调。

三、VHF 设备中双值守电路

双值守电路又称双信道守听电路。其功能是使接收机可以同时守听两个或两个以上的信道。根据 SOLAS 公约要求，设置 VHF 无线电话设备的船舶，应在 CH16 上保持连续守听。因此船用 VHF 设备必须具备双值守功能。

(一)对双值守电路的技术要求

1. 对双信道或任意个信道顺序接收。

2. 关断双信道守听电路，接收机能自动转换到与发射机相应的信道上。

3. 具有选择优先信道(通常为 CH16)的特性，即在双信道守听时，每隔 1s 或更短的时间间隔，应检查优先信道；如优先信道出现信号，接收机即刻锁定至此信道。

(二)双值守电路的组成

双值守电路的组成框图如图 2 – 20 所示，为某型号 VHF 电台双值守电路框图，它由启动门(开关电路)、多谐振荡器和反相器组成。该多谐振荡器输出有两个状态：一个为 0.9 s，另一个为 0.1 s，以 1 s 为周期振荡。K 断开时，双值守电路不工作；K 闭合时，多谐振荡器起振。依次扫描 CH16 和预置的主频道。当 VHF 电台进行双值守工作时，在每秒内利用 0.9 s 时间守听预置的主频道，0.1 s 时间守听 CH16。如果 CH16 无信号，则守听主频道时，每秒的 0.1 s 的间隙不会影响接收的可懂度。一旦 CH16 上出现信号，电路自动锁定在 CH16 上守听，与主频道有无信号无关。

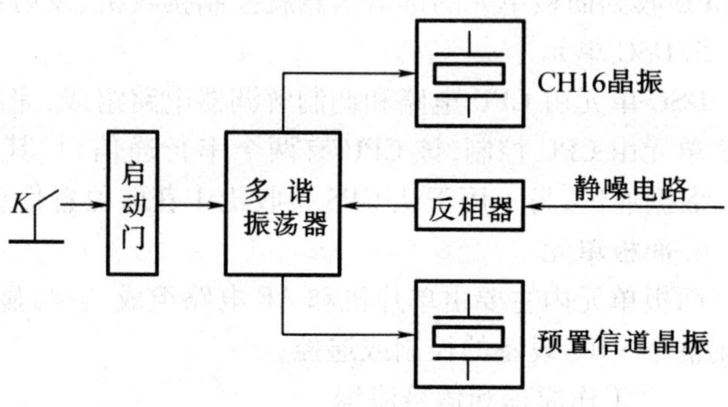

图 2－20 VHF 电台双值守电路框图

（三）VHF EPIRB 简介

按照 GMDSS 系统对船载通信设备的配备要求，仅航行于 A1 海区的各类船舶，可配备 VHF EPIRB 一台，并包括用于寻位目的的 9 GHz 之 SART。VHF EPIRB 是一台只在 VHF70 信道上发射 DSC 遇险报警序列的专用报警设备。其操作性能与其他 EPIRB 一样，能在浸入海水后自动浮起至海面并自动启动发射，也可由人工启动发射。其自带电池容量至少能使其工作 48 h。

VHF EPIRB 发射的遇险报警序列中，自识别由销售商根据船舶分配的识别预先写入，遇险性质固定用 112 功能代码表示该序列由 VHF EPIRB 发射，电文中后续通信方式用 100 功能代码表示使用 VHF16 频道进行随后的电话通信，而遇险位置和时间由 GPS 自动输入，如没有与 GPS 连接，则分别用 10 个“9”和 4 个“8”代替。

思 考 题

2－1 单边带信号有何特点？

2－2 单边带通信的优点是什么？

2－3 工作种类 J3E，R3E，H3E，F1B 及 J2B 的含义是什么？

2－4 单边带发射机都有哪些技术指标？

2－5 画出单边带发射机基本组成框图，并简述其各组成部分的作用。

2－6 简述单边带发射机的工作原理及信号流程。

2－7 简述单边带发射机的变频方案。

2－8 单边带发射机的功放电路有何特点？

2－9 简述自动调谐的工作原理。

2－10 简述键控电路和工作种类选择电路的作用。

2－11 单边带接收机的基本功能是什么，主要技术指标有哪些？

2－12 画出单边带接收机基本组成框图，并简述其各组成部分的作用。

2－13 输入保护电路的作用是什么，都有哪些保护措施？

2－14 输入选频电路可分为哪两种，各有什么特点？

2－15 NBDP 通信有什么优点？

2－16 试述 NBDP 通信系统的组成。

2－17　NBDP 终端使用什么码元，有什么特点？

2－18　NBDP A 方式如何对信息进行检纠错？

2－19　SFEC 和 CFEC 有何不同？

2－20　DSC 在 GMDSS 中的作用是什么？

2－21　DSC 设备接收 DSC 序列时，采取了哪些检错和纠错措施？

2－22　船用 VHF 设备有多少个国际信道，信道间隔是多少？

2－23　船用 VHF 设备在单工、双工或半双工工作时，其工作频率、设备的工作状态有什么不同？

2－24　简述船用 VHF 设备的组成及作用。

2－25　什么叫双值守，如何实现双值守？

2－26　VHF EPIRB 的工作频率是什么，它的发射内容和方式各是什么，一般能连续工作几小时？

第三章　卫星通信系统

作为一种先进的通信手段，卫星通信系统在 GMDSS 中起着重要的作用。该系统具有通信容量大、信息质量高、作用范围广、通信速度快等特点，是工作在 MF/HF 波段的地面频率无线电通信系统所无法比拟的。本章主要介绍 INMARSAT 系统和 C 船站以及卫星通信系统中的主要设备。

第一节　卫星通信简介

在卫星通信被引入通信领域之前，常以短波通信和微波中继通信方式实现远距离通信。短波通信使用短波频率，利用电离层反射短波无线电波这一特性实现远距离通信。微波中继通信的优点是一种比较先进的通信方式，它具有发射功率小、传输容量大、工作稳定可靠等优点。局限性为：(1)微波不能像短波那样利用电离层发射，它将穿透电离层射入宇宙空间而不被电离层反射回地面；(2)微波不能像长波一样靠地波传播，沿着具有一定的曲率且有各种障碍物的地球表面远距离传播。微波像光波一样是直线传播，若要远距离通信，必须每隔一定距离设置一中继站，像接力赛一样，中继站接收前站发来的无线电信号，放大和处理后转发至下一站，这样一站接一站，将信号传向远方，实现了远距离通信。

微波中继通信的发展：若要增大每一中继站的通信距离，可由增大该站的天线高度，但天线铁塔架设越高则投资越高，考虑到经济因素，微波中继通信系统每隔 50 km 左右设置一中继站。若将中继站的天线提高到35 700 km的高空，由于天线大大提高，因而通信距离大大增加。人造地球卫星出现以后，把天线置于距地球表面35 700 km高空的卫星上便成为可能。

在卫星通信系统中，各种通信业务都是通过空中卫星的中继得以实现的，因此我们有必要对卫星通信有个初步了解。

一、什么是卫星通信

卫星通信是指利用人造地球卫星作为空间中继站，对微波信号进行中继转发，以实现两个或多个地球站之间的通信。地球站是指设在地面、海洋或大气层中的各种固定的或移动的通信站。换句话讲，卫星通信就是利用空间技术，将地面微波通信作了进一步发展。

在实际应用中，已开发出了多种卫星，对卫星的分类方法也不尽相同：按卫星所在的轨道平面与地球赤道平面的夹角即轨道倾角划分，可以分为赤道轨道卫星（轨道倾角等于0°）、极轨道卫星（轨道倾角等于90°）、倾斜轨道卫星（轨道倾角大于0°小于90°）；按卫星离地面的最大高度划分，可以分为低轨道卫星（$h_{max} < 5\,000$ km，运行周期 $T = 1 \sim 4$ h）、中轨道卫星（5 000 km $< h_{max} < 20\,000$ km，运行周期 $T = 4 \sim 12$ h）、高轨道卫星（$h_{max} < 20\,000$ km，运行周期 $T > 12$ h）；按卫星相对地球的运动状态，可分为运动卫星（或叫非同步卫星）和静止卫星（或叫同步卫星）两类。

运动卫星的轨道高度一般在 1 000 ~ 20 000 km，而静止卫星的轨道高度约为 36 000 km。

对于静止卫星而言，其天线辐射的波束可覆盖地表面积的 1/3 以上。只要等间隔地配置 3 颗静止卫星彼此相隔 120°，相距 72 000 km，便可实现除南北两极外的全球范围的通信。但存在盲区（所谓盲区，是指三颗卫星都覆盖不到的地方），因此采用四颗静止卫星。图 3 - 1 示出了卫星覆盖（卫星在地球上的投影）示意图。其中，阴影部分为对应的两个极区，而黑色部分为相邻两颗卫星的重叠区。重叠区对于实现卫星全球通信是非常必要的。若无重叠区，则只能在一颗卫星的覆盖区内进行通信了。

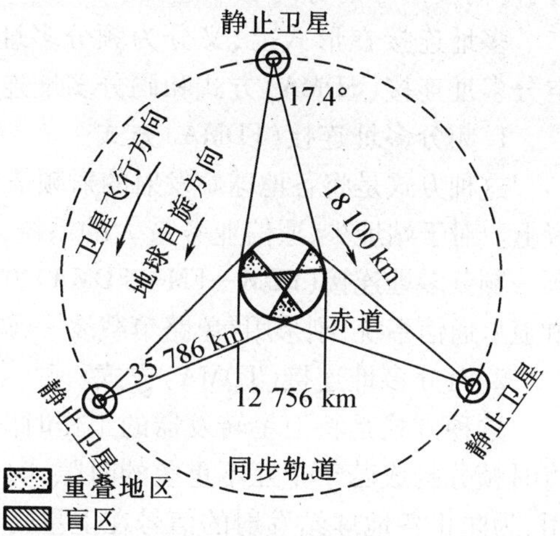

图 3 - 1　卫星覆盖示意图

卫星通信的实现解决了地面微波接力通信中遇到的各种难题，使微波通信得到了更广泛的应用。卫星通信的飞速发展，正在逐步影响着人们的生活，转变着人们的某些观念。

二、卫星通信线路的信道复用与多址连接

为了提高卫星通信的容量，使微波资源得到充分的利用，卫星通信采用了独特的线路体制。这种体制包括线路的多路复用方式、信息对载波的调制方式、多个地球站利用同一颗卫星同时进行双边或多边通信的多址连接方式，以及多址连接的分配制度，可简要概括为多路复用方式—调制方式—多址连接方式—分配制度。

（一）多路复用方式

所谓多路复用方式，是指利用同一信道，同时互不干扰地传送多路信息的一种工作方式。在实际应用中，多路复用方式又分为频分多路复用（FDM）方式和时分多路复用（TDM）方式。

1. 频分多路复用（FDM）方式

这种方式就是通过副载波进行频谱搬移，将多路信息依次安排在基带信号频域的不同位置上，然后去对同一发射载波进行调制，这样只使用一个载波就可完成多路信息的传输。

2. 时分多路复用（TDM）方式

这种方式是按时间次序依次循环地控制各路信息对同一载波进行调制，以实现多路通信。

（二）调制方式

调制方式是指载波如何携带信息，或信息以什么方式寄存于载波的某一参量之中。在卫星通信中，早期设备一般对话音信号，采用调频（FM）方式进行调制；而对电传信号，一般采用相移键控（PSK）方式进行调制。

（三）多址连接方式

多址连接方式是指在卫星覆盖区内的多个地球站利用同一卫星，同时进行双边或多边通信的一种连接方式。多址连接与多路复用均为信道复用技术。不同的是多路复用是指由一个地球站，将送来的多个信号在基带频域上进行复用或依次循环地将这些信号安排到时帧的各个分帧中，使用的是同一载波，而多址连接则是将多个地球站发射的已调信号，在卫

星转发器中进行射频信道的复用,使用的是多个载波,两种复用方式均包含多个信号的复合、传输及信号的分离三个过程。

多址连接在形式上,又分为频分多址连接(FDMA)方式、时分多址连接(TDMA)方式、空分多址连接(SDMA)方式和码分多址连接(CDMA)方式。

1. 频分多址连接(FDMA)方式

这种方式是将各地球站发射的射频信号,按频率的高低,配置在卫星工作频带内的某个位置上。对于站址少、通信业务量大的系统,如国际卫星通信系统,常采用“频分多路复用—调频—频分多址连接(FDM—FM—FDMA)方式”。对于站址多、通信业务量小的系统,如国际海事卫星通信系统,刚采用“单路单载波 —调频—频分多址(SCPC—FM—FDMA)方式”。

2. 时分多址连接(TDMA)方式

这种方式是将卫星转发器的工作时间进行周期性的分割,每个周期叫做一个时帧。再将时帧分割成若干个互不重叠的时隙,叫做分帧。最后,把时隙作为信道分配给各地球站使用,为防止各地球站发射的信号在卫星转发器中重叠,需建立精确的同步关系。这就需要确定一个地球站,作为基准站来进行通信的控制。各地球站在基准站发出的定时信号和同步信号的控制下,在规定的时隙内向卫星发射信号,卫星转发器再将这些信号按时间顺序转发出去。在 INMARSAT 系统中,一般都是以岸站来作为基准站使用的。

3. 空分多址连接(SDMA)方式

这种方式是在空间上进行信道的划分。首先,在卫星上装有多副窄波束天线,并且让这些天线分别指向不同区域的地面站。由于各区域的地面站发出的信号,在空间上互不重叠,因而即使多个地面站在同一时间同一频率上进行发射,也不会造成相互干扰。

4. 码分多址连接(CDMA)方式

这种连接方式是利用不同的地址码来区分地球站的地址来实现通信的一种复用技术。在这种方式下,各站的工作频率和发送时间都可以互相重叠,而信号的分送是依据各站的码型不同来实现的。各站发射的载波,既受基带数字信号调制,也受地址码的调制。通信时,只有确知其地址码的接收机,才能解调出相应的基带信号。

(四)信道分配方式

进行信道分配的目的,是为了提高卫星转发器的信道利用率,对于单路单载波(SCPC)通信,在信道分配上,一般有以下两种基本方式。

1. 预分配方式

这种方式就是对每个地球站都预分配一些固定的信道,以用来与其他站进行通信。在 FDMA 方式中,预分配给各地球站的是频率信道;而在 TDMA 方式中,预分配给各地球站的则是卫星转发器时帧中的分帧。采用信道预分配的方式,简化了接续控制,但信道利用率较低。

2. 按需分配方式

这种方式是所有的通信信道均不预分给某站专用,而是按各站的需要,根据其申请来分配信道。一旦通信结束,马上又可分配给其他站使用。采用这种方式,虽然提高了信道利用率,却使接续控制变得复杂了。

三、卫星通信的优缺点

1. 卫星通信的优点

(1)覆盖范围大,可实现全球通信。由于利用卫星在很高的空中距离上,对信号进行中继转发,因而通信基本上不受地理环境的限制,只要卫星的数量能满足全球覆盖的要求,便可实现全球通信。

(2)可实现多址接续。卫星通信网所属地球站,可同时和其他地球站建立各自的通信线路,形成多向、多点的通信。

(3)通信容量大。卫星通信使用微波波段,可供使用的频带很宽,同时还应用了各种复用技术,因而具有很大的通信容量,有的卫星可用频带宽度高达 1 000 MHz 以上,与之相对应的通信容量超过了 33 000 条话路。

(4)信号质量好。在微波波段,大气噪声的影响非常小,加之卫星的高度远在大气层之上,信号主要在近乎真空的自由空间传播,且只经卫星中转一次,因此所受外部干扰很小,同时,还由于中转产生的噪声积累也很小,以至信号相对比较纯净。

(5)所需能量小,有利于设备小型化。微波信号在传播过程中,能量的损耗非常小,同时卫星还具有中转放大功能,因而不需很大的发射功率,便可达到理想的通信效果,便于设备向小型化发展。卫星手提电话只需几百毫瓦的发射功率,就足以进行正常通信。

(6)通信所需成本及费用都相对较低。

2. 卫星通信的缺陷

(1)开发卫星通信,必须依赖高科技。没有先进的空间技术和电子技术,很难制造出满足需要的设备和卫星,也就不能确保通信的质量。

(2)信号存在一定的延时。这主要是由于信号远距离传播所造成的。在静止卫星通信系统中,卫星与地球站相距近 40 000 km,信号以光速从一个地球站经卫星传播到另一个地球站便需 0.27 s 的时间,因此等收到对方的应答信号就需 0.54 s 的时间,因此会给人一种很不自然的感觉。

(3)卫星寿命短,需经常更新。卫星远在太空,环境复杂,再加无人值守及维护,很可能由于某种原因造成通信卫星失效。一般卫星的设计寿命为 3 ~ 10 年。另外,随着通信业务的增加,需要容量更大,功能更全的新一代卫星通信系统,所以每隔 3 ~5 年便需发射新一代卫星。

(4)存在因雨雪等产生的衰减现象,尤其是“雨衰”现象,严重时会导致通信中断。

四、卫星通信系统的发展趋势

未来卫星通信系统主要有以下的发展趋势:

(1)地球同步轨道通信卫星向多波束、大容量、智能化发展;

(2)低轨卫星群与蜂窝通信技术相结合、实现全球个人通信;

(3)小型卫星通信地面站将得到广泛应用;

(4)通过卫星通信系统承载数字视频直播(DVB)和数字音频广播(DAB);

(5)卫星通信系统将与 IP 技术结合,用于提供多媒体通信和因特网接入,既包括用于国际、国内的骨干网络,也包括用于提供用户直接接入;

(6)微小卫星和纳卫星将广泛应用于数据存储转发通信以及星间组网通信。

第二节 INMARSAT 通信系统

一、INMARSAT 简介

INMARSAT 是英语"The International Maritime Satellite Organization"的缩写,意为"国际海事卫星组织"。该组织是一个提供全球范围内卫星移动通信业务的政府间合作组织。始创于 1979 年,我国是创始成员国之一。

创建该组织的最初目的是通过空中人造卫星,为航行在全球海域内的各国船舶,提供便利可靠的通信服务。但随着人们对通信需求的日益增长,近几年来,INMARSAT 已逐渐将其服务的范围,扩大到了陆上的移动车辆和空中的飞机等。并在 1994 年 12 月召开的第 10 次特别大会上,改名为"国际移动卫星组织",其英文缩写仍为 INMARSAT。这样一来,该组织便成了全球唯一的能够为海、陆、空商用及遇险与安全卫星移动通信提供服务的国际组织。

INMARSAT 在组织形式上,由全体成员国代表大会、理事会和执行局三个部分组成。各签字者也均为投资者,他们参与决策,并在本国范围内提供 INMARSAT 通信业务。许多签字者都是本国的电信管理机构,其中一部分经营者提供一种或几种 INMARSAT 系统的地面站。INMARSAT 中国的签字者为中华人民共和国交通通信中心。

二、INMARSAT 系统的组成及作用

INMARSAT 系统属静止卫星通信系统。经过多年的发展,现已有多个通信分系统投入使用。尽管备份系统的通信功能有所不同,但系统的组成却基本相同。它的通信系统总体来讲可分为三个组成部分,即空间段、地面站和移动地球站。

(一)空间段

INMARSAT 系统的空间段,包括卫星控制中心(SCC)、地面卫星测控站(TTC)和通信卫星。卫星控制中心(SCC)设在英国伦敦 INMARSAT 总部,负责对通信卫星的控制,以确保它们能够正常运行。卫星控制中心所需的各种有关卫星的数据及信息,由地面卫星测控站(TTC)来提供。地面卫星测控站(TTC)分设几处,负责控制卫星的工作状态,并根据卫星控制中心的指示,对通信卫星进行相应的调整及控制。必要时还可替代卫星控制中心来控制卫星,起到备用控制中心的作用。

通信卫星主要由 4 颗(AOR－E,AOR－W,POR,IOR)正在工作中的同步卫星和 4 颗在轨道上运行并可随时启用的备用同步卫星组成。这 4 颗同步卫星充分覆盖了除南北两个极区以外的全球区域。通信卫星的作用就是中继转发,因此每颗卫星均由接收部分、发射部分、频率变换部分及双工器组成。

由于 INMARSAT 系统的海岸地球站(CES,简称岸站)对通信卫星采用 6 GHz 波段发射,4 GHz 波段接收,属微波 C 波段,而船舶地球站(SES,简称船站)则采用 1.6 GHz 波段对卫星发射,1.5 GHz 波段进行接收,属微波 L 波段,因此要实现船站与岸站之间的通信,必须由卫星完成频率的转换。每颗通信卫星都具有 C/L 波段和 L/C 波段两个转发器。C/L 波段转发器将来自岸站的 C 波段信号转换成适于船站接收的 L 波段信号;而 L/C 波段转发器则将来自船站的 L 波段信号转换成适于岸站接收的 C 波段信号。

（二）地面站

地面站泛指各种固定的地球站。就海事通信而言，INMARSAT 系统的地面站包括岸站、网络协调站（NCS）和网络控制中心（NCC）。INMARSAT 系统设有多个岸站，分别由各国政府指定的签字者建设和进行经营管理。

岸站作为移动地球站与陆上公众通信网的接口，具有通信管理职能。每个岸站至少被分配一对通信信道，岸站随时监测信道状态，如空闲、占线、排队或正在受理申请等，以便按需进行分配并建立信道；同时，岸站还可受理船站的启用测试，并承担核收通信费用、监收遇险报警信号等任务；另外，还具有备用网络协调站的功能。岸站工作在两个波段上，除使用 C 波段与卫星通信外，还使用 L 波段与网络协调站进行通信。众多岸站分布在各个洋区，为协调和控制每个洋区内的岸站与船站之间的通信，INMARSAT 系统在每个洋区各设了一个网络协调站，一般由各洋区内的一个岸站兼任。

网络协调站与本洋区内的岸站、其他洋区的网络协调站以及网络控制中心进行联系和协调，以确保移动通信的顺利进行。另外，网络协调站还负责分配电话及高速数据通信信道，在一个公共载波上转发来自岸站的电传信道的分配信息，向船站发布业务广播。同时，还不断地发送公共 TDM 载波，供船站跟踪卫星，保持同步并及时得到有关信息使用。网络控制中心（NCC）与卫星控制中心（SCC）合称为操作控制中心（OCC），设在英国伦敦的 INMARSAT 总部。NCC 通过四个网络协调站，对整个 INMARSAT 系统的通信情况进行监管、协调和控制；也可通过网络协调站为某个洋区内的船站或部分选定的船站发送有关 INMARSAT 系统的信息。

（三）移动地球站

移动地球站作为 INMARSAT 通信系统的用户终端，包括各种船载、车载和机载等卫星通信设备。它可以通过卫星、岸站和国际国内的通信交换网，实现与陆上用户之间的相互通信，也可实现移动地球站间的相互通信。就海事通信而言，INMARSAT 系统的移动地球站泛指安装在各种船舶上的各种类型的船站。这些船站均工作在微波波段，它对卫星的发射频率，称为上行频率；它对卫星的接收频率，则称为下行频率。目前，在海事卫星通信中，各类船站承担了大量的通信业务。

综上所述，在 INMARSAT 系统中，船站与陆地用户之间或船站与船站之间的通信，都离不开岸站和卫星。关于这两种不同路径的通信线路的构成见图 3－2、图 3－3。

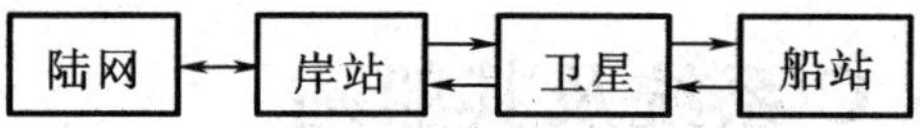

图 3－2　船站与陆地用户间通信线路

图 3－3　船站间通信线路

三、INMARSAT 系统在 GMDSS 中的作用

通过前述对 INMARSAT 系统的介绍，我们已经了解到，该系统在海上遇险与安全通信及常规通信方面，起到了非常重要的作用。GMDSS 各项通信功能的实现，主要依赖于具有可靠性、及时性和高效性的 INMARSAT 系统。归纳一下，INMARSAT 系统作为 GMDSS 的一个重要组成部分，在 GMDSS 中所起的重要作用，主要体现在以下几个方面。

1. 可实现船至岸遇险报警

船站在遭遇重大的险情时,可随时启动遇险呼叫。岸站对遇险呼叫可自动识别,并以最高优先权指配给船站卫星通信信道。遇险呼叫的过程是自动完成的。船站在进行遇险呼叫时,只需按动"遇险"功能键,或键入简单的操作指令,即可完成。岸站收到报警后,会立即将报警信息传送给 RCC,每个岸站与 RCC 都有可靠的通信联系。RCC 收到报警信息后,负责协调营救。同时,为确保"遇险"申请得到正确及时的处理,每个洋区都有一个岸站,自动监听其他岸站处理遇险申请的情况。若有异常情况,该岸站会采取适当措施,以保证接通遇险申请线路。

2. 可实现岸至船遇险报警

岸至船的遇险报警是指有关的 RCC,在收到船站遇险报警后,为便于顺利进行搜救工作,向遇险船附近的某一船舶或一组船舶进行的报警。这种报警有以下几种方式。

(1)对所有船呼叫方式。

(2)区域性呼叫方式 即对航行在某一特定海区的船舶,进行呼叫。IMO 和 IHO(国际航道组织)将全球海域分为 16 个航行警告区,不同洋区的卫星可以覆盖不同的航行警告区。再将各区采用 2 位十进制数字进行编码,只要船站输入区域编码,便可自动接收对该区域发出的区域性呼叫。

(3)群呼方式。

(4)增强群呼(EGC)方式。

3. 可实现搜救协调通信

在成功报警之后,需要对救助工作进行协调指挥。参与救助的船舶和遇险船舶,使用本船的 INMARSAT 船站与 RCC 进行通信,是非常及时而有效的,可使救助工作得以有序、及时地进行。利用 INMARSAT 系统进行的搜救协调通信,可有两种路由:一种是依靠 RCC 与岸站有畅通的陆地网通信;另一种是 RCC 装备船站,从而实现船站→岸站→船站的通信联系。

4. 可实现常规通信

海上通信中,大量的还是常规通信。INMARSAT 系统除在遇险通信中起着重要的作用外,更为日常的船舶通信,提供了非常灵活而迅捷的通信手段。它可以进行电话、电传、传真及数据传输等各种功能的通信。实践证明,INMARSAT 系统在完成海上通信方面要比地面频率通信系统更具优势,更能赢得用户的欢迎。

第三节 INMARSAT-C 系统及其船站

一、INMARSAT-C 系统简介

INMARSAT-C 系统于 1991 年投入使用,该系统采用数字通信技术,可传输任何采用数字技术进行编码的信息。与 INMARSAT-A 系统相比,INMARSAT-C 系统无电话通信功能,但可为用户提供低费用的电传通信业务和数据传输业务以及增强群呼(EGC)业务等。该系统投入使用以来,深受用户欢迎,目前 C 型船站已大量装船使用。

(一)INMARSAT-C 系统的组成

INMARSAT-C 系统由空间段、网络协调站、岸站(或称陆地站 LES)和船站(或称移动

地面站 MES)组成。网络协调站的作用,主要是协调和控制岸站与船站之间的通信网络。它是整个系统通信控制的中枢,控制着系统的正常运行,C 系统也同样在每个洋区设有一个 NCS。岸站在 C 系统中习惯上称为陆地站,用 LES 来表示。C 系统在每个洋区设有多个岸站。目前,投入使用的INMARSAT - C岸站很多,其主要功能有:为船站连接空间段与陆地通信网络之间的线路,保证船站的电文和数据信息传至用户;向 NCS 传送 EGC 及报警信息,再由 NCS 进行播发;完成岸站开放的其他业务。图 3 - 4 所示为 INMARSAT - C 实物图。

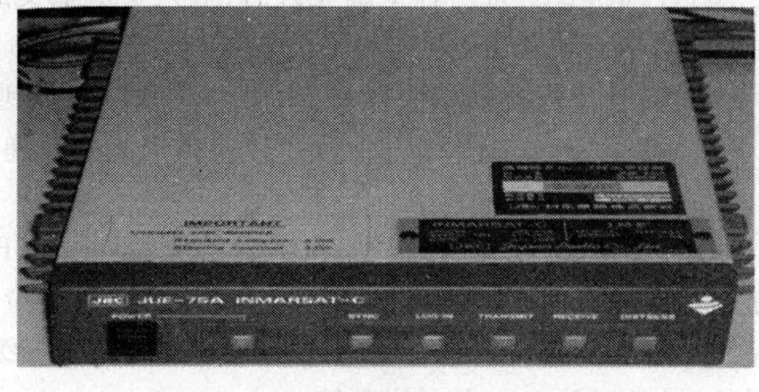

图 3 - 4　INMARSAT - C 站实物图

(二)INMARSAT - C 系统的通信体制

在 INMARSAT - C 系统中,电传信息是采用存储 - 转发方式传输的。所谓存储 - 转发,是指无论陆上用户发往船站的电传,还是船站发往陆上用户的电传都要在岸站稍作存储,然后再送往最后的目的地。显而易见,这种方式并非实时通信。至于延时的时间长短,主要取决于通信路径。一般船岸间的电报自发送时起,到目的地完整无误地收到为止,需延时 3 ~ 6 min;而船至船的电报,需延时 5 ~ 10 min。

(三)INMARSAT - C 系统的主要业务种类

1. 存储 - 转发电报业务

该业务具体包括电传业务、传真业务(仅适用于由船站发往陆上用户的传真机)、计算机数据业务、电子邮件业务。下面介绍电传业务:

使用船站进行电传通信前的准备:①洋区登记(LOG - IN);②选择洋区和地面站;③自动扫描(SCAN)洋区登记功能。使用 SCAN 这一功能时特别应注意,关闭船站电源前必须退出登记(LOG - OUT)。

INMARSAT - C 电传通信程序:

(1)准备报文。

(2)选择发送方式(或菜单)。

(3)输入目的地地址。

①船至岸 TELEX 通信:国家电传码 + 用户电传码。例如:8534007。如需要还输入用户的应答码。

②船至岸传真通信:电话国家码 + 地区码 + 用户传真码。例如:865133534921。

③船至岸计算机通信:电话国家码 + 地区码 + 计算机终端电话号码。例如:862168668783。

④船至船通信

A. 电传洋区码 + 船站(或移动终端)识别码。例如:582441212340。

B. 电话洋区码 + 船站(或移动终端)识别码。例如:872341212340。

(4)选择本洋区的地面站。

(5)选择通信等级。

(6)根据需要,选择是否需要投递确认通知。

(7)选择电文发送时间。

(8)仔细检查所有内容正确无误后,输入发送电文的指令。

(9)船站自动发送电文。

(10)如要求投递确认通知的,一段时间后将会收到此通知。

(11)如 10 min 之内,没有收到地面站的"无法投递通知"(NDN),一般认为已送妥。

2. 遇险报警和安全业务

船站进行遇险报警,可根据具体情况向救助中心(RCC),发送两种类型的遇险呼叫:一种是通过遥控按钮启动的,仅含有限的有关船位和遇险性质信息的遇险报警;另一种是通过船站终端进行的包含详细有关遇险情况的遇险优先等级的电报。安全业务主要是为船站提供导航、气象以及海上安全信息等。

遇险通信的一般程序:

(1)准备好你的船站;

(2)常规检查;

(3)发出遇险报警或遇险优先等级电传。

遇险通信注意事项:

(1)在时间允许情况下,应尽可能多地向 RCC 提供遇险性质;

(2)最好选择船舶所在洋区中离船最近的岸站;

(3)如果在 5 min 内未收到岸站和 RCC 的收妥通知,需重复发送遇险报警;

(4)即使船站在(LOG - OUT)状态,也可进行"遇险报警",但不可发送"遇险优先等级的电传";

(5)遇险报警后,船站应值守在初始遇险报警的洋区;

(6)如属误报警,应当等候救助机构的收妥确认通知,然后应向 RCC 发送一份取消该项报警的电文。

安全通信业务主要是船站通过请求或接收广播可以获得各种导航、气象和其他安全信息业务。

(1)使用两位码请求陆上有关部门提供安去业务。

如:医疗指导请求 - 32,海事援助请求 - 39 等等。

(2)接收 EGC 安全通信网播发的海上安全信息。

3. EGC 安全通信网和船队通信网业务

EGC 安全通信网业务是由国际海事组织指定的信息提供部门,播发岸至船海上安全信息的一种业务。EGC 船队通信网业务主要向在 EGC 闭路网络中的船站发布经商业新闻发布机构、船公司和政府机构核准的信息。

4. 数据报告、寻呼以及监控和数据采集业务

数据报告业务允许船站将简短的数据报告发往操作中心供分析用。询呼业务可使操作中心通过 C 系统向任何选择的船站发出寻呼或控制指令,指示他们执行某项规定的任务。监控和数据采集业务是将数据报告和询呼业务结合在一起。船站必须通过合适的控制设施与受控的系统连接,并对船站进行编程,以便执行预先规定的任务。

5. 操作人员帮助业务和增值业务

（四）C 系统的工作方式及通信网

C 系统主要采用单工方式工作，其收发频率并非成对使用。其船站工作在 L 波段，其发射频率范围为 1 626.500 ~ 1 646.500 MHz，而接收频率范围为 1530.000 ~ 1545.000 MHz，信道间隔为 5 kHz。所有信道统一由 NCS 进行分配。

C 系统的信道形式和工作种类都比较复杂，全部信道可分为四类，即 TDM 信道、信令信道、信息信道和站际信令信道。实际通信中，由这四类信道，NCS，LES，MES，陆网及陆上用户，便构成了一个完整的通信网。如图 3 – 5 所示，这里需要指出一点，C 系统的通信网中，各种信道所传递的信息都要经卫星中继，并非如图所示的那样直接传递。

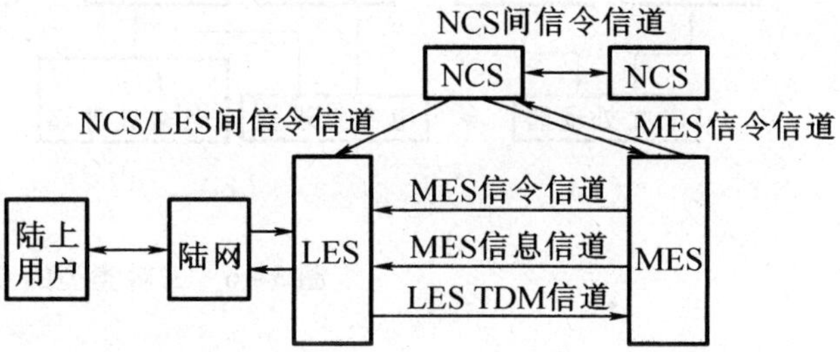

图 3 – 5　C 系统的通信网

二、C 系统的船站

C 船站是一种小型船站，它采用数字通信处理技术，能够满足 GMDSS 对船舶通信设备的技术要求，具有体积小、质量小、使用小巧轻便的全向天线、价格低廉、安装简单、耗电小、通信费低和操作简单等优点。C 标准船站常用于小型船舶，例如渔船和游艇；也作为大型船站（如 A 站、B 站）的补充而被广泛应用。

（一）C 船站的组成

由室外安装设备（EME）和室内安装设备（IME）两部分组成。

1. 室外安装设备

又称天线射频单元，主要包括：2 个中间放大器、功率放大器、低噪声放大器、天线分离老板器等。其作用是收发设备的前端和末端电路，它完成船站信号的频率转换和信号的收发。

2. 室内安装设备

数据线路终端设备（其主要作用进行信号处理及接口信号转换）、数据终端设备（DTE）EGC 报文处理器、电源设备、任选单元。

（二）C 站的分类

（1）仅能实现船岸间电文和数据的收发。

（2）除具备第一类功能外，还可在非通信时接收 EGC 信息，而正在进行通信时，则不能接收。

（3）除具备第一类功能外，还可以连续地接收 EGC 信息，不受通信的影响。

以上三种类型的 C 站，目前都有产品销售，以满足不同用户不同用途的需要。这三种类型的 C 站的功能示意图，如图 3 – 6 所示。

（三）C 站的主要技术指标

（1）发射频率范围为 1 626.5 ~ 1 646.6 MHz。

（2）接收频率范围为 1 530.0 ~ 1 545.0 MHz。

（3）调制方式为双相相移键控法。

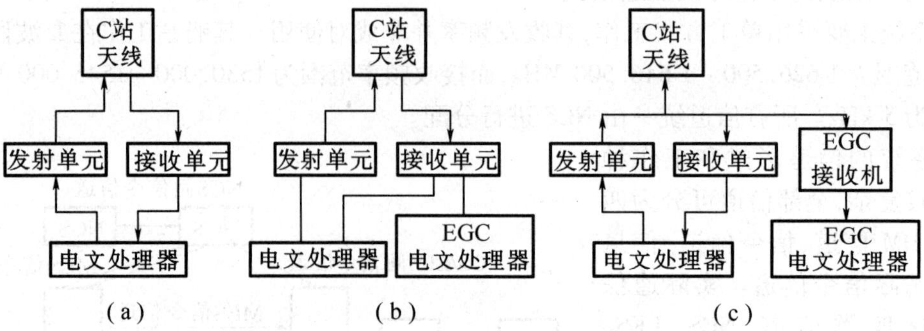

图 3-6 三种类型的 C 站

(4)传输速率为 600 bit/s。

(5)天线类型为高 15 cm 左右 4 根混绕的螺旋天线,全方向性。

(四)C 站的特点

(1)在通信功能上,只能进行电传及数据传输,没有电话通信功能。

(2)在通信操作上,普遍使用软盘操作。

(3)采用单工方式通信,且不能进行实时传输。

(4)由于采用了卷积编码及交织技术,因而具有很强的抗干扰及纠错能力。

(5)采用全方向性的小型天线,便于安装和控制。

(6)既能使用交流供电,又能使用 24 V 直流供电。

(7)设备小型化、体积小、质量轻,便于安装及携带。适用于海、陆、空各种大小的运输工具进行移动通信使用。

(五)C 站的安装

(1)安装外部设备应充分考虑到与 HF、VHF、卫导及雷达天线的距离;同时,还要与磁罗经保持适当的距离,并避开雷达扫描区。

(2)安装外部设备还应避开热源及大量灰尘区,周围不要有遮挡物;应保持良好的接地;同时,要考虑具有一定的可维修性,避免严重振动和打击。

(3)安装内部设备应保持良好的接地,并与 HF 天线的馈线保持一定距离;同时,所选择的安装场所应便于设备的维修。

第四节 增强群呼(EGC)系统

一、基本概念

增强群呼(EGC)系统是 C 系统的一个组成部分,是对 NAVTEX 系统的补充。所有具有 EGC 接收功能的 C 站或独立的 EGC 接收机,均可接收到安全通信网播发的海上安全信息。但若要接收船队通信网播发的信息,则要求 C 站必须具备船队通信网的选择功能,并且还应在船队通信网信息的提供部门事先进行登记,以成为其网络中的一个用户。

EGC 系统提供两种基本业务:安全网业务(SafetyNET^{SM}),用于播发海上安全信息;船队网业务(FleetNET[SM]),用于向一个船队或一组船舶发送船队管理和一般公共信息。

1.安全网业务

EGC的安全网业务主要是使用英文进行海上安全信息的广播,安全网业务播发的海上安全信息包括航行警告信息、气象信息、搜救信息、海图更新信息、海盗防范信息。

EGC电文的报头分两部分:一是地面站收到该信息后加上的解释信息,主要包括信息的流水号、发射该信息的地面站名称、信息的性质(优先权)、信息的大小和地面站接收到该信息的日期和时间;另一部分是信息的正式报头,有主管机关编号、主管机关给岸站的指示以及如何按专门的地址报头格式来处理电文,正式报头包含5个“C”码。由5个“C”码控制广播参数,这些“C”码组合成通用电文正式报头:C1:C2:C3:C4:C5(这些“C”码之间还要有一些空格、冒号或其他定义符号,这些因发往不同的海岸地球站(CES)而异)。

每个“C”码控制不同的广播参数,并根据下面所列的含义给每个“C”码规定一个数值,如果广播信息是发送给在一个以上的洋区运行的岸站,需要一个附加码来指定洋区,“C”码的具体含义如下:

C1是优先等级码,只有一位数字组成,具体含义:C1=0日常;C1=1安全;C1=2紧急;C1=3遇险。

C2是业务类别码,由两位数字组成。

C3是地址码,小于或等于12个字母或字符。一般情况下,C2码和C3码相互组合使用,确定一个完整的含义。

C4是规定信息播发重复码,两位数字,按照实际情况有两种重复方式,要求以有限次数进行重复的重复码C4。

01 收到后播发一次收到后播发接着6 min后重播。

首次播发后1 h重播(二次)。

首次播发后2 h重播(二次)。

首次播发后3 h重播(二次)。

首次播发后4 h重播(二次)。

65 首次播发后12 h重播(二次)。

66 首次播发后24 h重播(二次)。

67 首次播发后12 h播第二次,第二次播发后12 h播发第三次(三次)。

68 首次播发后24 h播第二次,第二次播发后24 h播发第三次(三次)。

重复码C4允许电文无限地重复或直到发报人提出取消为止。

C5是显示码,两位数字,表示发送的电文和打印使用的字符型号。在安全网业务中,C5始终为00(国际5号字母,奇偶校验)。

目前,在EGC信息播发的过程中,有的地面站使用上述的标准报头,但是有的地面站不使用上面的编码。

2.船队网业务

船队网业务可依据用户的不同需要确保接收不同业务信息来源的电文;船队网业务还可应用用户群和特殊接收机地址将地面信息提供者的电文可靠地传送给需要这种业务的接收者。船队网业务也可用于播发通电。所提供的信息内容包括船队或公司发布的信息、新闻报道、政府机构为本国注册的所有船发布的信息、商业气象服务、市场信息等。

3. 移动站的分类

INMARSAT - C 移动站根据 EGC 接收方式的不同分为三类，无 EGC 接收能力的 INMARSAT - C 标准移动站称作一类 INMARSAT - C 移动站；具有 EGC 接收能力，但是 EGC 与 C 站共用一个信息处理通道就习惯称作二类 INMARSAT - C 型标准移动站；所谓的三类 INMARSAT - C 型标准移动站是指既有 EGC 接收能力，且 EGC 信息具有独立的信息处理通道。就目前来看，几乎所有船舶的 C 移动站全是二类 C 移动站。独立的 EGC 接收机我们称为 0 类移动站，有两种配置方式，方式一指的是 EGC 接收机是完全独立的，包括天线、接收机和信息处理与打印单元；方式二是指附加在 INMARSAT 移动站上的 EGC 接收机，只有信息处理和打印单元。

二、EGC 系统的组成

EGC 系统由信息提供部门、C 系统和 EGC 接收设备构成，如图 3 - 7 所示。

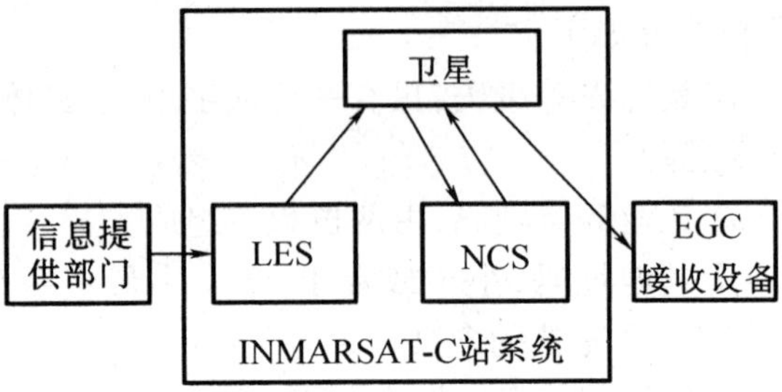

图 3 - 7　EGC 系统的组成框图

（一）信息提供部门

信息提供部门分为两类：一类负责提供安全网信息；一类负责提供船队通信网信息。

提供安全网信息的部门，必须经 IMO 和 INMARSAT 批准注册，这些部门可以是国家航道测量部门、国家气象部门、搜救协调中心以及国际冰况监测部门。

提供船队通信网信息的部门可以是商业新闻发布机构、船舶运输公司等有关航运和陆运的管理部门。

（二）C 系统

C 系统是 EGC 信息的传输媒体，与其他通信一样，EGC 信息的传输也是采用存储 - 转发方式。

（三）EGC 接收设备

EGC 接收设备可以是前面提到过的两种类型的 C 站，也可以是专用的 EGC 接收机或挂接在 A 站或 B 站上的 EGC 接收机。

三、EGC 信息的传输

地面的有关机构和组织，如 WMO，IHO，NAVTEX，NAVAREA，用电传的方式把相关信息送到某一岸站（LES），岸站将报文首先进行处理，然后再送到网络协调站（NCS），最后通过 NCS 的公共 TDM 载波发送出去。

EGC 系统的两种业务均使用灵活的地址技术，能够满足用户提出的各种特殊要求，发送各种业务报文，海上安全网业务使用区域地址技术（对某一区域的呼叫）直接把电文送到某一限定海域内的移动站，船队业务使用封闭用户组呼叫和唯一接收地址技术，把地面信息用报文形式可靠地传输给用户，具体工作情况见图 3 - 8。

EGC 信息的播发也分 16 个区，区域的划分与 NAVAREA 完全相同，但是对于航行警告、气象警告和气象信息的发布进行具体的分工。例如，对于Ⅺ区，在Ⅺ - IOR 的气象警告

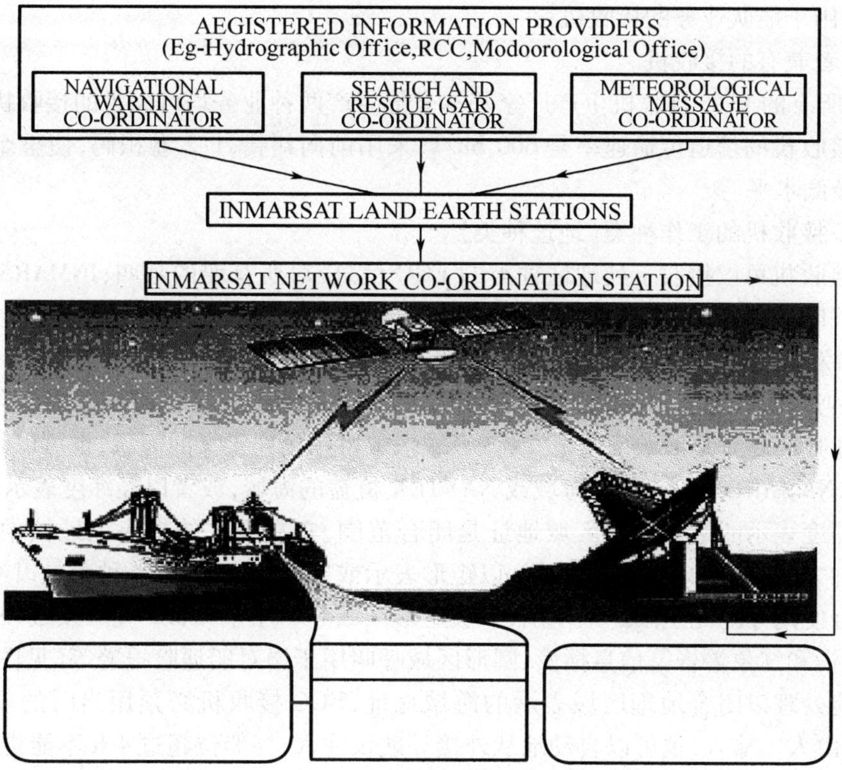

图 3－8　EGC 系统信息提供与发射示意图

(High Seas)由中国负责发布,播发的地面站是北京;XI－POR 的气象警告由日本负责发布,播发地面站是山口(Yamaguchi);航行警告在第XI区由日本负责协调,而气象信息则由中国和日本共同负责。

四、EGC 系统的性能要求和技术指标

1. EGC 接收机的功能

能连续在 EGC 公共信道上接收信息,并按 EGC 报文格式处理这些信息,能自动识别指向固定用户的用户码和有操作员选定海域范围的用户码。

用于船队业务要求的接收机还要具有下列功能:

能自动识别指向某一特定 EGC 接收机的唯一地址电文,能自动识别指向由操作员选定的用户组的电文,能自动响应组用户识别码及不断更新的用户组识别码,并按命令可增加或删除组呼的用户码。

EGC 接收机可以以 5 kHz 步进调谐到 1 530～1 540 MHz 波段的任一信道,EGC 接收机能存储 20 个 NCS 信道,其中 NCS 的四个信道永久地存储在 ROM 中,不可更改。其他备用的 NCS 公共信道在频率受到干扰时使用或扩展时使用;EGC 接收机在天线结构、天线增益、极化图、输入端的增益与噪声温度比(G/T)、接收信号电平、带外寄生信号等方面要求,与 INMARSAT－C 型标准移动站相同。

厂家生产 EGC 接收机时,按用户要求分为三类:

(1)仅用于海上安全业务的接收机；

(2)仅用于船队业务的接收机；

(3)两者兼有的接收机。

目前，所有的EGC接收机生产厂家基本全部生产两种业务均可满足的接收机。

EGC接收机的信道传输速率是600 bit/s，采用前向纠错，1/2卷积码，使整个系统的误码率减到最低水平。

2. EGC接收机的工作种类(地址种类)

EGC接收机可以接收下列地址种类的EGC信息：对所有船的呼叫；INMARSAT系统报文；组呼(群呼)；单台呼叫；区域性呼叫；EGC系统电文；电子海图的修改。

岸站所发射信息的地址种类识别在EGC报文的前面，即报头中，它由业务码唯一地址决定。分为区域性呼叫和群呼。安全网业务一般用区域性呼叫的方式，船队网业务一般用群呼。

区域性呼叫是对某海域发射电文，该区域限定可用预先定义的海域，也可以是已划定的海域，例如NAVAREA区、WMO海域或NAVTEX覆盖的海域，或者以经纬度表示的海域。

以经纬度表示的绝对地理区域地址是闭合范围，它在报文的报头地址帧中给出，EGC可识别两种方式表示的闭合海域范围，以矩形表示或以圆形表示，每一种都是以经纬度和其他参数配合使用才能完全限定该范围，一般矩形区域呼叫用于WMO气象预报、NAVTEX重播、航行警告和气象警告等信息播发，圆形区域呼叫用于岸对船遇险报警等(见图3－10)。

为了能处理以闭合地理区域表示的海域地址，EGC接收机必须用当时的船位进行编程，船位可由人工输入，也可以自动地从外接导航仪注入，当船位超过4 h不能更新时，接收机提醒操作员；如果船位超过12 h还不能更新，或者由于断电而不知道船位时，所有的区域性呼叫和安全电文都从高于日常通信的优先级别显示或打印出来。

区域呼叫对于船舶离开限定的地理区域，或者在限定的边界上，都是有效的，允许船舶接收感兴趣的指向另一海域的报文，例如船舶要航行到下一海域，此时感兴趣的是它所驶向的海域的有关报文。

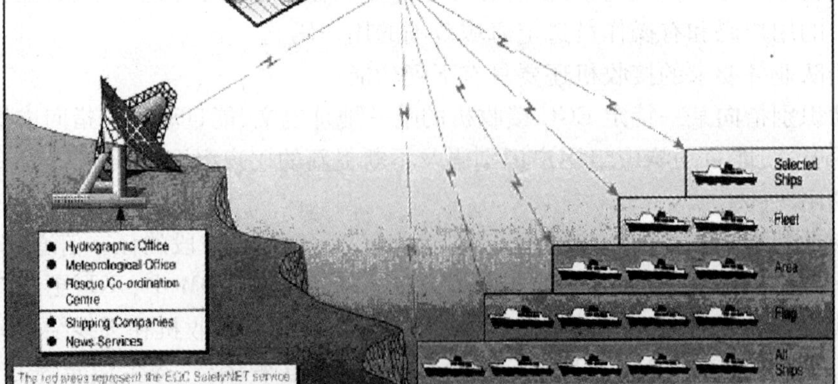

图3－9　EGC系统信息发送示意图

群呼的报文有两种：一种是对单台呼叫；另一种是选择某一组电台进行呼叫（群呼）。

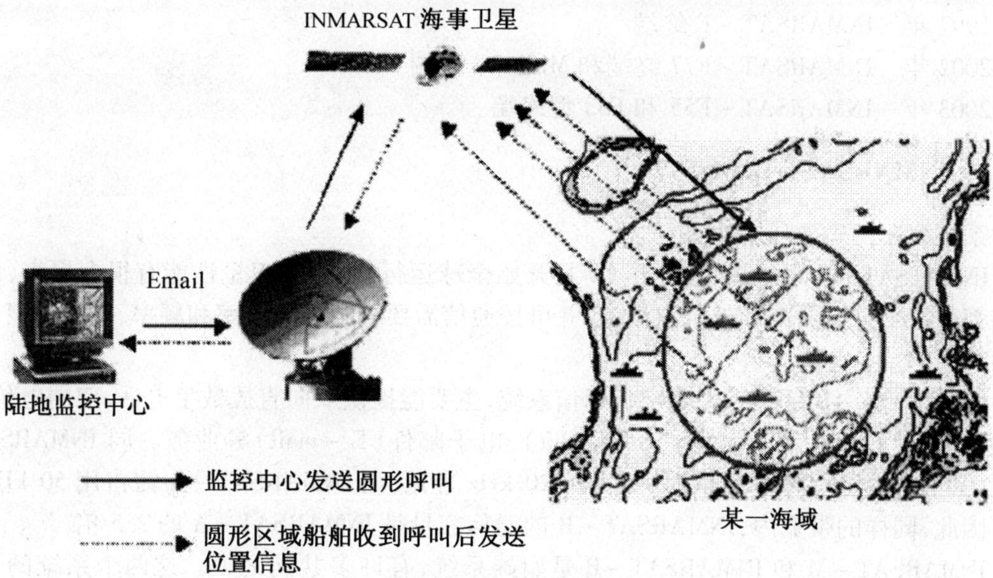

圆形区域呼叫示意图

图 3-10　EGC 系统圆形呼叫示意图

3. EGC 报文

所有的 EGC 报文都有一个固定的编号，编号是按照岸台收到报文的顺序，即采用流水方式编号，该编号是唯一的。对同一岸站发射的报文，若后来的报文编号识别码与以前的相同，EGC 接收机不打印，当接收的报文没有错误时，把如下信息记录下来：

（1）报文顺序编号；

（2）岸站识别码；

（3）报文的业务编号。

上述信息存于存储器中，以便接收机核对，对同一报文识别符的报文不再打印。若接收的报文识别符超过存储器的存储能力，旧的报文识别符自动溢出。

第五节　INMARSAT 其他分系统

国际移动卫星通信组织（INMARSAT）分为多个系统，为水上通信提供了包括遇险通信在内的多种通信方式。由于卫星通信提供业务的种类多、质量高，因此在水上通信中得到广泛的应用。随着通信的发展，以模拟通信为主的 A 系统将不再提供服务，为此，这里只介绍除 A 系统外的其他移动站的通信方式。

船用移动卫星通信终端的发展时间表：

1982 年　INMARSAT - A 终端

1989 年　INMARSAT - C 终端

1993 年　INMARSAT - M 终端

1994 年　INMARSAT－B 终端
1996 年　INMARSAT－Mm(Mini－M)终端
1997 年　INMARSAT－E 终端
2002 年　INMARSAT－F77 终端和 Mini－C 终端
2003 年　INMARSAT－F55 和 F33 型终端

一、INMARSAT－B/M/F77

系统简介:

INMATSAT－B 系统于 1993 年 10 月开始全球运行,采用的卫星性能有很大提高,每颗卫星都有一个全球波束和五个点波束,并可按通信需要重新分配功率和频率,提高了卫星资源的利用率。

INMATSAT－B 系统为全数字化通信系统,主要能提供双向直拨数字电话、双向电传、话音频带传真(数据)、高速数据(56/64 Kbit)、电子邮件(E－mail)等业务。同 INMARSATA 相比,其话音、数据、传真通信时,只占用 20 kHz 带宽,而 INMARSAT－A 需占用 50 kHz 带宽。因此,同样的带宽内,INMARSAT－B 的通信容量是 INMARSAT－A 的 2.5 倍。

INMARSAT－M 和 INMARSAT－B 是姐妹系统,有许多共同之处。这两个系统的地面段和空间段的组成是相同的。M 系统的性能指标略低于 B 系统的性能指标,但其性能仍然是令人满意的。INMARSAT－M 系统提供遇险通信、双工电话、传真等业务。其通信程序与 INMARSAT－B 系统的通信程序基本相同,只是 INMARSAT－M 系统不提供电传业务。INMARSAT－M 虽然提供遇险功能,但是目前尚不满足 GMDSS 的要求。

INMARSAT－F 系统是国际移动卫星组织推出的最新一代移动数字多媒体海事信息通信系统,北京 F 站几乎与世界上少数几个发达国家同步推出(世界第六、亚洲第二),我国是发展中国家第一个建设 F 站的国家。

INMARSAT－F 系统确保兼容 INMARSAT 第 4 代卫星以及新型呼叫优先级划分计划,改善遇险呼叫处理功能。除此之外,它使用改善后的卫星连接,以更先进的 EPIRP 控制和点波束选择,在海事环境下实现更高的通信安全性和效率。

INMARSAT－F 系列(包括 F77,F55,F33)是 2002 年以后 INMARSAT 贡献给海事领域的新产品,其后面的数字代表天线直径的尺寸,比如 77 表示天线直径约为 77 cm。

为适应和满足海上遇险安全救助通信的需要,F77 终端是移动多媒体在海事领域的延伸,其功能十分强大。F77 设置了 4 个通信级别:遇险、紧急、安全、日常。遇险级别最高,日常通信最低,高级别通信可以中断低级别的通信,从而保障了遇险优先的要求。

F 系统一方面为海上救助通信提供了宽带多媒体手段,可实时传送海上船舶遇险实际图像,便于陆地指挥机构根据情况组织适当的救助力量,真实了解救助的全过程,实现了全球、全程、全网的船舶安全监控与遇险救助"可视化";另一方面,通过 F 系统提供的宽带通道,可实现船舶与陆地发达的信息网络互联,完成船舶信息的全球漫游、覆盖和交换,既可协助救助方迅速掌握涉及船舶的各种综合信息,便于定位、跟踪、联系和施救,也为寻求和组织海难附近船舶进行快速救助提供了可能。

二、INMARSAT－B/M/F77 移动站遇险通信程序

在使用 INMARSAT－B/M/F 移动站前,必须完成在每个洋区选择一个用于遇险呼叫的

缺省地面站,以便使得在发出遇险呼叫时,无须再具体指明某一地面站而会自动经由事先确定的该缺省地面站连至相关的 RCC。图 3 - 11 所示为 INMARSAT - F 实物图。

图 3 - 11 INMARSAT - F 站实物图

选择缺省地面站时应考虑:

(1)所选择地面站是否具有遇险处理能力;

(2)尽可能选择一距你船所处地理位置较近的地面站;

(3)若有必要,选择一能用你的母语或你熟悉的语言为你提供帮助的地面站,如何设置缺省地面站请参考相关移动站制造厂商的操作说明。

1. INMARSAT - B/M/F77

当船舶遇险时,可使用移动站发出电话遇险告警,电话遇险呼叫将自动经由一个地面站发至相应岸基救助协调中心(RCC)。发出遇险告警的程序如下:

(1)摘机并听有无拨音号;

(2)掀开遇险扭上面的护罩,按下遇险按钮并持续至少 6 s,参见图 3 - 12 所示;

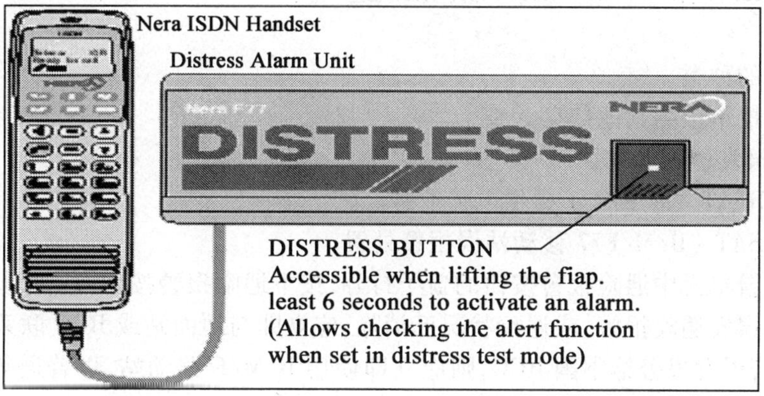

图 3 - 12 NERA F77 移动站遇险报警单元

(3)按下#键发出遇险呼叫;

(4)当 RCC 值班员应答时,应清晰地给出下列信息:

MAYDAY MAYDAY MAYDAY

THIS IS (船名/呼号)CALLING ON INMARSAT

TIME:(时间)

POSITION:(经纬度或相关陆地点的名称)

MY INMARSAT MOBILE NUMBER IS (你的移动站电话信道的 IMN)

USING

THE(洋区) SATELLITE

MY COURSE AND SPEED ARE(航向及航速)

遇险性质,如:失火/爆炸、进水、碰撞、搁浅、倾斜、下沉、失控或漂浮、弃船、海盗袭击、需要的援助、有助于救援单位的其他信息等。

(5)按 RCC 值班员的指示,以及当需要时,挂机等候以后的呼叫;

(6)放下电话机后,保持移动站开启,并保持与遇险呼叫时所选择的洋区一致,RCC 必要时可以回叫你。

2. INMARSAT - B 移动站遇险电传通信程序

当船舶遇险时,亦可使用移动站发出电传遇险告警,电传遇险呼叫将自动经由一个地面站发至相应岸基救助协调中心(RCC)。发出遇险告警的程序如下:

(1)按下遇险按钮并持续至少 6 s;

(2)等候自动连接 RCC;

(3)使用下列格式编辑遇险电报:

MAYDAY MAYDAY MAYDAY

THIS IS (船名/呼号)CALLING ON INMARSAT

TIME:(时间)

POSITION:(经纬度或相关陆地点的名称)

MY INMARSAT MOBILE NUMBER IS(你的移动站电话信道的 IMN)。

USING THE(洋区)SATELLITE

MY COURSE AND SPEED ARE(航向及航速)

遇险性质

需要援助的种类

有助于救援单位的其他信息。

(4)将电报发送到 RCC。

注:INMARSAT - M/F77 不提供电传业务。

3. INMARSAT - B/M/F77 移动站误报警处置

将遇险报警单元中遇险报警按钮的盖子打开,按下遇险报警按钮 6 s 以上,即可启动报警。若不小心误发遇险报警,或遇险状况已消除,应立即与地面站或 RCC 联系,通知他们取消报警。例:若误发报警给中国 RCC,则应立即使用 B/M/F 移动站,以普通等级给 RCC 打电话,通知他们取消遇险报警。中国 RCC 电话号码为:010 - 65292221,可从英版《Admiralty list of radiosignals》信号书中查到。

三、INMARSAT - B/M/F77 移动站日常电话通信程序

进行 INMARSAT - B/M/F77 电话通信前,应检查移动站是否已准备发送(或接收)呼叫,简单的方法是拿起电话手机听到拨号音,也可以检查移动站是否显示“READY”。

要进行电话通信,必须选择一个洋区和地面站。INMARSAT - B/M/F77 移动站可经岸站与任何连至国际或国内电话网的任一电话终端进行通信。选择洋区及地面站的操作请参考相关移动站制造厂商的操作说明。

1. 移动用户呼叫普通陆地用户电话通信程序

(1)选择电话通信方式(通常只需拿起电话话筒)。

(2)选择日常通信等级(有些设备操作省略此步,可参考具体设备操作说明书)。

(3)选择并输入本洋区的一个地面站号码(3 位),然后按#键。听到拨号音后,表明已

与地面站接通，应立即输入下列号码（与打国际直拨电话相同）：通常约在 15 s 内听到回铃音，表明移动站与被呼用户间链路已建立；当被叫用户摘机时计时开始。

（4）通话结束，挂机，计时停止。例如：使用 INMARSAT－F77 移动站呼叫青岛某电话号码是 0532－85752167 的用户时，则呼叫码组成为：[0][0][8][6][5][3][2][8][5][7][5][2][1][6][7][#]。

2. 移动用户呼叫移动用户电话通信程序

船与船间电话程序与船至岸电话通信程序类似，只是被呼移动站的电话号码的组成是这样的：自动业务代码 00＋电话洋区码＋被叫移动站＋识别码＋结束符号#。

号码组成为：

对方移动站在印度洋区：00＋873＋移动站号码；

对方移动站在太度洋区：00＋872＋移动站号码；

对方移动站在大西洋东区：00＋871＋移动站号码；

对方移动站在大西洋西区：00＋874＋移动站号码；

统一拨号：00＋870＋移动站号码。

例如：使用 INMARSAT－B 移动站电话终端呼叫一航行于太平洋的船舶，其 INMARSAT－F77 移动站识别码为 764121234，则呼叫码组成为：[0][0][8][7][2[7][6][4][1][2][1][2][3][4][#]或[0][0][8][7][0[7][6][4][1][2][1][2][3][4][#]。

3. INMARSAT－B/M/F77 传真通信程序

先将传真放好，然后输入业务代码（00）＋国家电话码＋长途区号（省略前缀 0）＋用户传真码＋#，或业务代码（00）＋洋区码＋被呼移动站识别码＋#。

例如：给青岛某用户发传真，用户的传真号码为 0532－85752167，则根据上面的说明，输入号码组成为：[0][0][8][6][5][3][2][8][5][7][5][2][1][6][7][#][START]。

4. INMARSAT－B 移动站日常电传通信程序

通常电传通信文件具有法律效力，且通信费用比电话低。在进行电传通信前，应确认移动站参数已设置正确并准备好电文。

（1）船－岸自动电传通信程序

①选择电传工作方式。

②选择日常通信等级（通常不需特殊选择，用“缺省”即可获得）。

③选择并输入合适的地面站识别码和“＋”号。

④启动呼叫，申请电传信道。

大约在 10 s 内，移动站与地面站建立连接；显示器显示出地面站的名称、日期、移动站的应答码；随后会收到地面站发来的 GA＋。

⑤收到地面站发来的 GA＋时，立即键入：自动业务代码 00＋电传国家码＋用户电传号码＋结束符号。大约 15 s 内，应收到被叫用户的应答码，表明移动站与被呼叫用户的电传链路已经建立。

⑥发送电文。

⑦交换应答码，相互识别。

⑧通信结束时键入 5 个英文句点（·····），随后会收到地面站发来的日期时间和通信计费时间。

例如：使用 INMARSAT－B 电传终端经北京地面站同青岛某电传用户（32237）进行电传

通信的拨号方式为：

①呼叫北京地面站，接通后会收到地面站发来的 GA + ；

②输入 008532237 + 呼叫青岛远洋运输公司电传机；

③收到 32237COSCOQD（电传应答码）表明已接通青岛远洋运输公司电传机；

④发送电文；

⑤相互识别；

⑥输入五个英文句点（·····）结束通信。

（2）船－船自动电传通信程序

船与船间电传程序与船至岸电传通信程序类似，只是被呼叫移动站的电传号码的组成是这样的：自动业务代码 00 + 电传洋区码 + 被叫移动站识别码 + 结束符号。

即号码组成为：

对方移动站在印度洋区：00 + 583 + 移动站号码；

对方移动站在太度洋区：00 + 582 + 移动站号码；

对方移动站在大西洋东区：00 + 581 + 移动站号码；

对方移动站在大西洋西区：00 + 584 + 移动站号码。

被呼移动站识别码为 B 移动站识别码，也可为 F 移动站、C 移动站识别码。

例如：使用 INMARSAT－B 移动站电传终端呼叫一航行于太平洋的船舶，其 INMARSAT－B 移动站识别码为 341212345，则呼叫码组成为：[0][0][5][8][2][7][6][4][1][2][1][2][3][4][+]。

四、INMARSAT－E 系统

E 系统是 INMARSAT 的遇险与安全系统。它利用现在工作中的 4 颗静止卫星，确保高可靠性地实现船至岸遇险报警。

该系统允许 L 波段紧急指位无线电示标（1.6 GHz EPIRB）连续地接入 INMARSAT－E 遇险报警网，并非常迅速地将遇险信息送至 RCC，典型时间为 1min。INMARSAT－E 系统可以克服由于信号功率低及 EPIRB 移动引起的多普勒频移等现象的影响，及时通过分组交换网或常规电传网将信息传送到 RCC，以便及时组织营救。

INMARSAT－E 系统共由 8 个 INMARSAT－E 岸站和 4 个 INMARSAT－E 搜救协调中心构成，该系统一年可处理 42 500 个全报警周期的 EPIRB 信号，确保了 100% 的成功率。

五、INMARSAT－P 系统

INMARSAT－P 系统属于高级星基个人移动通信系统，是 INMARSAT 组织 21 世纪的主要开发项目。其目标是通过手提的或可置于衣袋内的小型卫星终端，向全球用户提供一系列的与陆地蜂窝和陆基个人通信/个人通信服务系统综合的话音、数据传真和寻呼业务。

第六节　卫星搜救系统及 EPIRB

随着社会的发展，人们对海、陆、空各种行为中有关人命及财产安全方面，给予更多的关注，并为此作出了很大的努力。国际海事组织也已经在 GMDSS 系统中，建立了由卫星通信系统和地面频率通信系统相互配合的、行之有效的遇险与安全通信网络。在这一节中，着重介绍卫星通信系统中的搜救系统及卫星 EPIRB，VHF EPIRB 的内容见第二章。

一、卫星搜救系统

卫星搜救系统也叫 COSPAS/SARSAT 系统。该系统是一个国际间联合的卫星援救系统，最早由美国、前苏联、加拿大和法国联合开发，以后又有其他国家陆续参加。

COSPAS/SARSAT 系统是利用近极轨道卫星进行搜救定位的系统，适用于海、陆、空遇险事件的搜救业务。COSPAS 是俄语的译音，意为“搜救遇险载体的空间系统”；而 SARSAT 是英文缩写，意为“搜救卫星救助跟踪系统”。该系统于 1982 年投入运行，面向全世界开放，利用卫星应急示位标（S－EPIRB）进行遇险报警与定位，能及时有效地采取救助行动。

（一）COSPAS/SARSAT 系统的组成

COSPA/SARSAT 系统由示位标、极轨道卫星、区域用户终端和执行控制中心四个部分组成。其定位原理是利用卫星与示位标之间相对运动产生的多普勒频移来计算示位标的位置。当运载体处于遇险状态时，便可利用其携带的示位标发出遇险报警信号。卫星收到报警信号后，将其转发给区域用户终端，由区域用户终端根据测定的多普勒频移来确定遇险目标的位置及识别，然后再将所得信息传送到有关的执行控制中心，由其将这些信息存储并立即传送给有关的 RCC，从而实现报警。这一报警过程如图 3－13 所示。由图可见，这一报警过程属于单向信息传输过程，因而当报警成功之后，必须利用其他通信手段，如卫星船站、MF/HF 无线电设备等进行搜救通信工作。

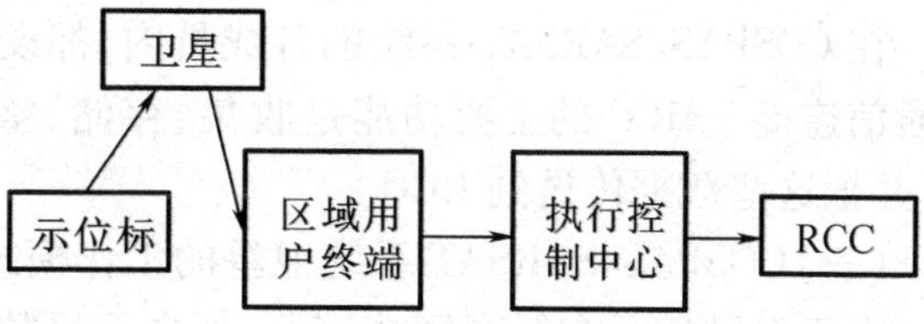

图 3－13　COSPAS/SARSAT 系统报警过程示意图

COSPAS/SARSAT 系统还有一个特点，就是可以对遇险目标连续跟踪定位，这对处于复杂海况中的船舶而言，是非常重要的。

（二）COSPAS/SARSAT 系统的各组成部分

1. 示位标

按业务范围，COSPAS/SARSAT 系统具有 3 种类型的示位标。每种在紧急或遇险情况下，都能人工或自动启动发射报警信号。3 种示位标的工作频率分别为 121.5 MHz，406 MHz，243 MHz。位标为：

（1）航空示位标（ELT）　工作在 121.5 MHz，用于飞机遇险时报警使用；

（2）船用示位标（EPIRB）　工作在 121.5 MHz/406 MHz，用于船舶遇险时报警使用，为船舶必配设备；

（3）个人陆用示位标（PLB）　主要用于野外作业、森林开采以及其他用途的遇险报警。

2. 极轨道卫星

目前，COSPAS/SARSAT 系统共有 7 颗卫星，兼容使用。其轨道高度为 850～1 000 km，运行周期约为100 min，每颗卫星的共视区为一条宽约 4 000 km 的带状地面。而从地面上看卫星，其飞过时间为 10～15 min，COSPAS/ARSAT 系统卫星的运行轨迹如图3－14 所示。由图可见，只要合理分配卫星的轨道位置，就可达到对地球表面的有效覆盖。

卫星对遇险报警信号起中继作用，每颗卫星均由 4 个基本部分组成，包括 121.5 MHz 接收机、406 MHz 接收机及其信号处理器、406 MHz 示位标数据存储器和1 554.5 MHz 发射机。

3. 区域用户终端(LUT)

区域用户终端也称本地用户终端,用 LUT 表示。LUT 相当于一个地面站,其作用是接收卫星转发的示位标的位置及识别,之后将数据传送给执行控制中心。

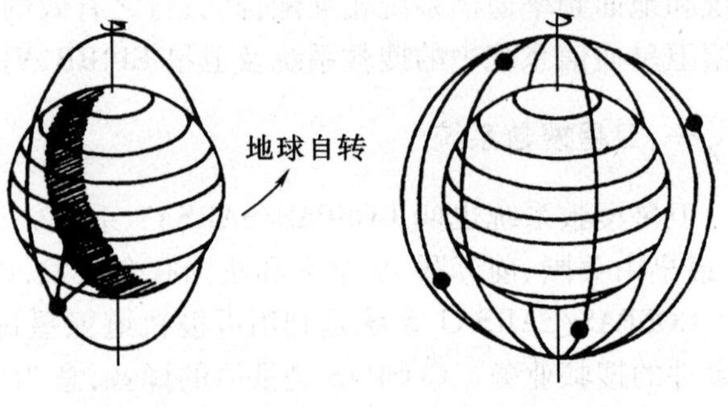

图 3-14 极轨道卫星的运行轨道示意图

为提高系统的定位精度,LUT 还具有跟踪卫星及修正卫星轨道参数的任务。实践证明,系统中设置的 LUT 数量愈多,报警的成功率也愈高。目前,整个系统已有的 LUT 主要分布在加拿大、法国、挪威、英国、美国、前苏联、巴西、印度、印尼、澳大利亚等国,每个 LUT 部与执行控制中心有着可靠的通信联系。

4. 执行控制中心(MCC)

在 COSPAS/SARSAT 系统的各成员内,都设有 MCC,每个 MCC 至少与一个 LUT 有可靠的通信连接。MCC 的主要功能是收集、存储、整理和分类从 LUT 以及其他 MCC 送来的数据,并把这些数据传送到 RCC。

(三)COSPAS/SARSAT 系统卫星的工作模式

由于卫星运行在低高度轨道上,加之卫星数目又较少,因此 COSPAS/SARSAT 系统的卫星不可能完全实现实时转播,而是采用了两种工作模式对示位标信号进行检测与定位,一种是实时模式,另一种是全球覆盖模式或称存储转发模式。

1. 实时模式

实时模式是指卫星在收到示位标发射的报警信号后,立即转发给地面上的 LUT,不对信号作任何处理。处理工作由与示位标处于共视区内的 LUT 来完成。该模式适用于121.5 MHz/243 MHz 和 406 MHz 的示位标。对于 121.5 MHz/243 MHz 示位标,仅具上述实时工作模式;而对于 406 MHz 示位标,除具上述实时工作模式外,还增加了存储转发模式。

2. 存储转发模式

这种模式只适用于 406 MHz 示位标。这种方式实际上是一种延时报警方式,卫星收到报警信号后,先进行数据处理,从中恢复出信息数据,然后再重新按时间定标并将数据发送给卫星共视区内的 LUT。如暂时共视区内无 LUT,则随着卫星的运行,待找到 LUT 后,再把所存储的遇险信息发送到这一 LUT。这样运行的结果,实现了全球覆盖。

二、COSPAS/SARSAT 系统的 EPIRB

前面讲过,COSPAS/SARSAT 系统在海难搜救工作中,已充分发挥了它独特的作用。卫星示位标作为该系统的一个组成部分,也具有重要的作用。

按规定,符合 GMDSS 要求的 EPIRB 有三种,分别是:用于 COSPAS/SARSAT 系统的 406 MHz EPIRB;用于 INMARSAT-E 静止卫星系统的 L 波段 EPIRB;用于 VHF70 信道的报警的 VHF EPIRB。

(一)406 MHz EPIRB 的组成

实际上 406 MHz 的 EPIRB(见图 3－15)同时含有载波为121.5/243 MHz、周期为 1/3 s 的 300～1 600 Hz 的滑音信号。目前船舶使用的 EPIRB 型号很多,在外形及电路设计上各有不同。但基本上都由三部分组成,即主机部分、接口部分和固定释放部分。

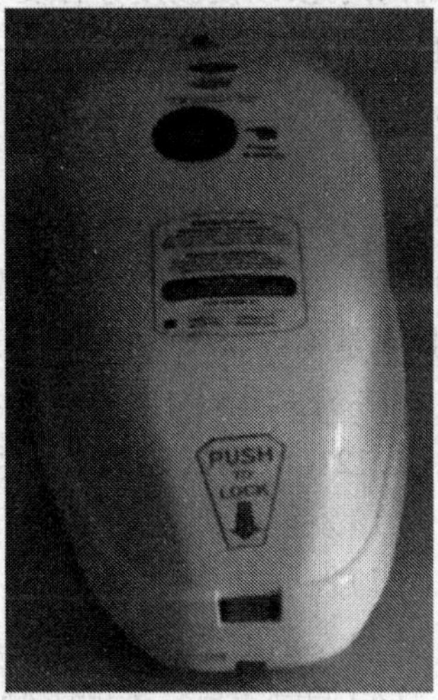

图 3－15　406 MHz EPIRB 实物图

1. 主机部分

主机部分即 EPIRB 的本体,包括以下内容。

(1)电源　为整机供电,大都采用高效能的锂电池;具有较长的工作寿命。一般要求电池每两年检查维护一次,每四年更换一次。

(2)存储器　用于存储本船的识别码、协议标志及其他编码信息,并在需要时能完成船位等信息的存入与更新。

(3)编码器与程控器　对存储器的内容。按 EPIRB 信号的发射格式进行编码,并赋予一定的纠错能力,这部分功能通常由一个微处理器来完成。

(4)406 MHz 发射单元　主要包括锁相调制电路、功放等部分,采用相移调制技术。

(5)121.5 MHz 发射单元　主要包括晶振电路、调制电路和功放等部分,采用调幅技术,调制信号为 300～1 600 Hz 的滑音(有些 EFIRB 也包括 243 MHz 的发射单元)。

2. 接口部分

其作用是完成 EPIRB 与导航设备及船用电源的连接。目前,船用卫星 EPIRB 一般采用锂电池供电,而不连接船用电源及导航仪。

3. 固定释放部分

其作用是完成 EPIRB 与船体的固定,并能在遇险时自动或手动脱离船体,进行报警。

(二)406 MHz EPIRB 的工作方式

EPIRB 作为一种报警设备,可在船舶遇险时自行启动,也可人工手动启动。平时将 EPIRB 倒立安放在释放架上,释放架有人工释放支架与自动释放式支架两种。在自动释放式支架上,有一块固定的磁铁,它控制 EPIRB 内的磁控开关。EPIRB 安放时,要将开关置于“自动”位置,并将磁控开关位置与释放架上的磁铁正对,使磁控开关被吸开,不能发射。这样,当船体倾覆或下沉,使 EPIRE 没入水中 2～3 m 时,海水的压力便使支架上的 EPIRB 脱落。同时,内部磁控开关闭合,海水也使电池接通,EPIRB 即自动发射。人工启动时,只需将 EPIRB 从释放架上取下,将其顶部开关打到“发射”位置即可。实际中多采用自动释放方式。

EPIRB 中 406 MHz 发射单元,每隔 50 s 发射一次含有自识别信息的射频脉冲。持续时间约 0.5 s,发射功率为 5 W。同时,每 50 s 内指示灯亮约 4 s。而 121.5 MHz/243 MHz 信号发射时,指示灯约按 1 Hz 的频率闪动。由于这种 EPIRB 定位精度差,一般为 9 n mile 在右,因此,它的发射中不含自识别信息。但这种 EPIRB 检测概率高,可供飞机寻位,因而在 406 MHz EPIRB 中,一般都含有 121.5 MHz EPIRB。

EPIRB 的顶部,具有很强的反射与透射能力。其结构为电池在下,天线部分在上。由于电池部分较重,入水后可保证EPIRB正立于水中。这样,其顶部在白天可反射阳光,而在夜晚则可透射内部的闪光,以便被搜寻者发现。其内部的闪光,来自两个闪光灯,每个为1.5 W,每分钟闪光20次,作用距离可达10 km,闪光灯与发射单元共用一个电池,依靠感光控制,白天自动关闭。

图3－16示出了日本JRC公司生产的JQE－2A型卫星EPIRB的基本组成。它的发射频率是406 MHz和121.5 MHz。

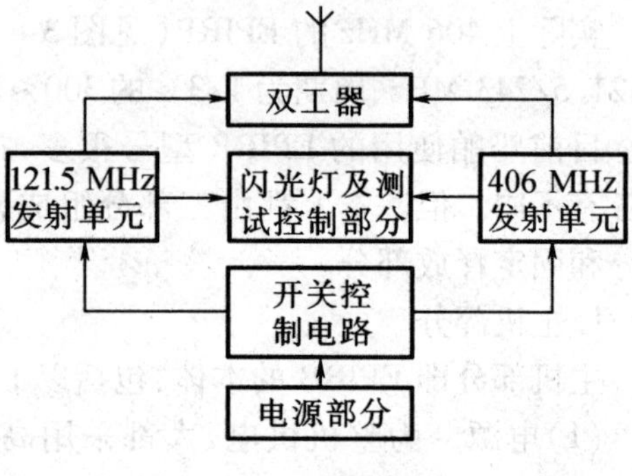

图3－16 JQE－2A型EPIRB组成框图

(三)EFIRB的主要性能指标

1.121.5 MHz EPIRB的主要性能指标

(1)发射频率 121.5 MHz±6 kHz。

(2)发射功率 50~100 mW。

(3)发射时间 累计48 h。

(4)调制方式 调幅(AM)。

(5)调制频率 300~1 600 Hz。

(6)调制深度 大于85%。

2.406 MHz EPIRB的主要性能指标

(1)工作频率 406.025±0.002 MHz。

(2)发射功率 5 W。

(3)调制方式 相位调制。

(4)工作时间 累计48 h。

(四)INMARSAT系统中的EPIRB

INMARSAT系统中的EPIRB,工作在1.6 GHz波段上。因此,一般称其为L波段EPIRB。L波段EPIRB是通过INMARSAT系统的静止卫星,进行中继报警的。

在INMARSAT静止卫星所能覆盖的A1,A2和A3海区内,它可以替代406 MHz EPIRB。

1. L波段EPIRB的组成

L波段EPIRB由天线、发射单元、微处理器、接口电路、控制部分、电源、SART部分和闪光灯组成,如图3－17所示。其中发射单元完成对信号的调制和放大;微处理器部分主要产生遇险报文;SART和闪光灯主要是为搜救提供引导。

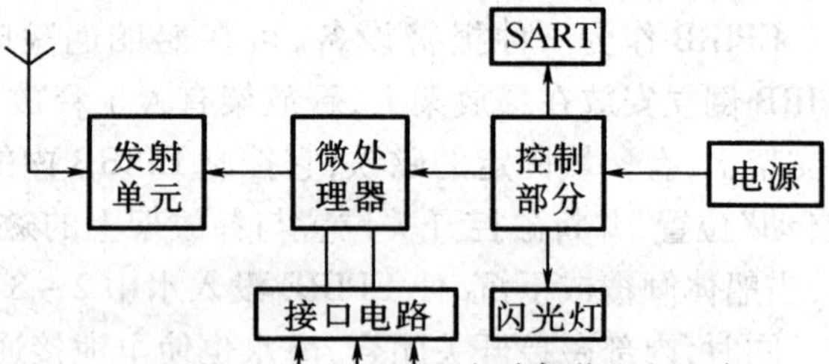

图3－17 L波段EPIRB的基本组成

2. L波段EPIRB的工作方式

L波段的EPIRB可自动启动,也可人工启动。启动后总共可发射4次,每次持续10 min。一旦启动,即开始第一次发射,启动后第45 min进行第二次发射,第130 min进行第三次发射,第240 min进行第四次发射。

启动后发射的遇险电文中,包括本船识别、船位、航向、航速等有助于搜救的信息。同时,内部的搜救雷达应答器(SART)装置也开始工作,发出寻位信号。因此说,L波段的EPIRB具有报警、识别、定位和寻位功能。

L波段EPIRB的特点是位置信息,需人工或由导航仪自动注入,以便启动报警时发射。

因此,接收解码所获得的位置信息不一定就是 EPIRB 当前所处的位置。这就是说,L 波段的 EPIRB 不具有连续跟踪定位的功能。但由于使用静止卫星,所以遇险信号的中继是实时的。

3. L 波段 EPIRB 的主要特性

(1)发射频率　1 644.3 ~1 644.5 MHz(第 1 代卫星);
1645.5 ~1646.5 MHz(第 2 代卫星)。

(2)调制方式　移频键控(FSK)。

(3)发射功率　1 W。

(4)帧长　160 bit。

(5)调制速率　32 bit/s。

(6)总发射时间　40 min。

(7)总发射次数　4 次。

(8)电池寿命　48 h 以上。

(五)各种 EPIRB 使用维护注意事项

(1)各种 EPIRB 必须在旗帜国有关的政府机构注册,以确保需要时可将有关细节提供给救助机构。

(2)各种 EPIRB 应固定安装,以防被乱动或误报警。

(3)各种 EPIRB 装备的绳索,一定不能与船体系在一起。

(4)损坏或废弃的各种 EPIRB,应拿掉电池。

(5)船舶转卖时,各种 EPIRB 应重新注册。

(6)应按要求对各种 EPIRB 定期进行测试检查。

(7)对各种 EPIRB 的电池,应按要求两年维护一次,四年更换。

(8)一旦出现误报警,应马上通知最近的海岸电台或海岸地面站或有关的 RCC,声明是误报警并要求予以取消。

思　考　题

3 - 1　什么是卫星通信?

3 - 2　简述 INMARSAT 系统的含义。

3 - 3　INMARSAT 系统由哪几部分组成?

3 - 4　C 系统有哪些主要特点?

3 - 5　EGC 系统由哪几部分组成?

3 - 6　INMARSAT 系统有哪些分系统?

3 - 7　COSPAS/SARSAT 系统的含义是什么?

3 - 8　简述 COSPAS/SARSAT 系统的工作模式。

3 - 9　406 MHz EPIRB 由几个主要部分组成?

3 - 10　L 波段 EPIRB 由哪些部分组成?

第四章　海上安全信息系统

第一节　概　　述

海上安全信息播发系统是 GMDSS 的分系统之一，为了保证航行安全，国际海事组织（IMO）意识到，及时地向船舶提供海上安全信息（MSI）对于航行安全是非常重要的，为此在 GMDSS 系统中，专门建立了海上安全信息播发系统，向航行在海上的船舶播发海上安全信息。其主要的工作过程是把有关方面提供的船舶航行安全的信息汇集起来，通过各种有效的途径，向航行于世界各有关海域的船舶进行播发，确保航行安全。

一、海上安全信息的播发

海上安全信息（MSI - Maritime Safety Information）的定义是航行和气象警告、气象预报和其他与航行有关的紧急信息。GMDSS 系统中，用于播发海上安全信息（MSI）的系统是由三个分系统所构成：

（1）国际 NAVTEX 系统；

（2）INMARSAT 系统中 EGC 安全网系统（Safety NET）；

（3）可用来扩充这些系统的高频（HF）窄带直接印字电报系统（NBDP）。

二、海上安全信息业务的分类

海上安全信息业务种类很多，但是根据信息的来源和内容可分成两大类，即全球航行警告业务和海上气象业务。

1. 全球航行警告业务（WWNWS World - wide Navigational Warning Service）

本业务是由国际海事组织（IMO）和国际航道测量组织（IHO）协作为海上航行的船舶提供的全球航行警告业务；为了使船舶有选择、有目的地接收，全球航行警告业务根据地理位置和电波可能覆盖的范围把全球划分为 16 个航行警告区，用（NAVAREA）后加罗马数字命名，例如：我国处于第Ⅺ航行警告区，则我国所在的航行警告区域的名字就是（NAVAREA Ⅺ）；具体划分见（图 4 - 1），为了便于协调，每一个航行警告区专门指定一个协调国，负责收集、协调并播发所在区域的航行警告，位于这一区域的其他国家，把相关信息传送到区域协调国进行播发，当然各国还应当各自播发本国的航行警告，满足不同船舶的需要。

根据航行警告性质、影响和涉及的范围不同，在进行发射时采用不同的方式，国际上通用的做法是把航行警告分成三类：

（1）远距离（航行警告区域）航行警告业务（NAVAREA Warnings）

远距离航行警告业务也叫航行警告区域警告业务，涉及的区域一般在公海或是商船经常经过的区域。内容主要与航行安全有关，如军事演习、航行标志的变更、不明漂浮物等。但也有一些与船舶搜救有关，例如某个区域人员落水、失踪、接收到遇险报警信号等需要过往船舶协助搜索的一类业务，由该航行警告区的协调国发送。该项业务的发送一般使用

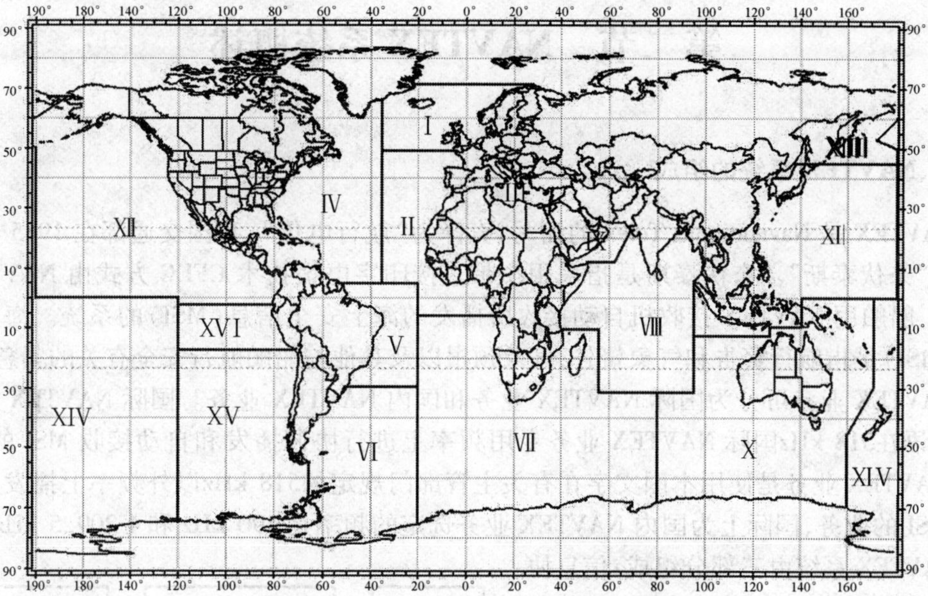

图 4－1　国际航行警告/气象服务分区图

EGC 系统的安全网业务(SafetyNET)发送。

(2)沿海警告业务(Coastal Warnings)

沿岸航行警告主要使用 NAVTEX 系统播发,信息覆盖范围一般距海岸 100～200 n mile。但是对于海域范围比较大或受客观条件限制无法建立 NAVTEX 台的区域(例如中国南海),就需要使用 HF(高频)无线电传(Radio Telex)方式发送,用来弥补 NAVTEX 台的覆盖范围的缺陷,我国广州、上海和天津海岸电台除用 NAVTEX 台播发安全信息外,还用高频无线电传方式播发相关信息。

(3)本地警告业务(Local Warnings)

一般是指在港区范围内的临时警告,例如港区大雾,能见度下降等,通常在 VHF 波段播发。当船舶航行在近岸、江河中或者在锚地,应注意接收附近 VHF 海岸电台播发的海上安全信息。

2. 海上气象业务

海上气象信息服务主要是指对船舶提供天气预报、气象警告的气象信息服务,服务方式与全球航行警告业务基本相同,同样也划分了气象服务区(METAREA),划分方式与航行警告区(NAVAREA)完全相同,在一个区域内分气象信息发布国和提供国或地区,例如在第XI气象服务区(METAREA XI),中国负责本区域印度洋(IOR)区域的气象信息的发送,信息提供国或地区是中国及中国香港特别行政区,日本负责本区域太平洋(POR)区域的气象信息的发送,信息提供国或地区是日本、中国香港和澳大利亚。分类及发送方式与全球航行警告业务完全相同,就不再重复了。

第二节 NAVTEX 系统概述

一、NAVTEX 系统的组成

NAVTEX 是 Navigational Telex 的缩写，直译为“航行电传”，我国交通部在 1985 年将其命名为“奈伏泰斯”。奈伏泰斯是指采用窄带直接印字电报技术 CFEC 方式由 NAVTEX 岸台播发、船舶用 NAVTEX 接收机自动接收所播发的海上安全信息（MSI）的系统。海上安全信息（MSI）是指航行警告和气象警告，气象预报以及其他与船舶航行安全有关的紧急信息。

NAVTEX 业务可分为国际 NAVTEX 业务和国内 NAVTEX 业务。国际 NAVTEX 业务是使用英语在518 kHz国际 NAVTEX 业务专用频率上进行协调播发和自动接收 MSI 的业务；国内 NAVTEX 业务是使用本国文字在有关主管部门规定的518 kHz以外频率上播发和自动接收 MSI 的业务，国际上为国内 NAVTEX 业务选定的频率是 490 kHz 和 4 209.5 kHz。

NAVTEX 系统由三部分组成：信息协调提供机构、NAVTEX 发射岸台和船舶上的 NAVTEX 接收机，见图 4－2。NAVTEX 系统播发的海上安全信息主要有三个：航行警告、遇险信息和气象资料。各种海上安全信息的有效性除与时间有关，还与区域有关。海上安全信息送到航行警告协调机构、搜救协调机构和气象协调机构进行各自信息的协调，如信息需在 EGC 系统覆盖区播发，则这些协调机构将信息送到 EGC 系统；如信息需在 NAVTEX 播发区内广播，则将信息送至 NAVTEX 协调机构进行协调，将信息送到相应的 NAVTEX 播发台进行区域广播。船上的 NAVTEX 接收机可自动接收、选择所需的信息并打印。

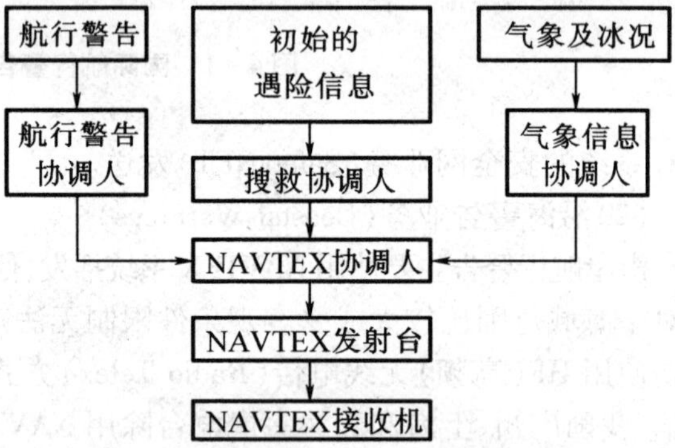

图 4－2 NAVTEX 系统 MSI 播发框图

二、系统的工作方式

各 NAVTEX 播发台的服务范围在以播发台为中心、半径为 400 n mile 以内，因此一个播发台的覆盖范围是有限的。国际海事组织（IMO）将全世界 16 个航行警告业务区作为 NAVTEX 播发岸台设立的 16 个基本区，我国属第Ⅺ区。每个区内最多可设立 24 个 NAVTEX 播发岸台，用 A～X 中一个英文字母识别。

由于各 NAVTEX 播发台和接收机都工作于518 kHz，为防止 NAVTEX 接收机同时收到两个或两个以上播发台的信号而产生相互干扰，NAVTEX 系统采用了两种方法。

1. 每个航行警告业务区内的各播发台分时工作

具体方法是每个 NAVTEX 播发台每次工作时间不超过 10 min，以世界标准时间（UTC，Universal Time Coordinated）00 时 00 分作为起始播发时间，按各台的识别字母 A，B，C，…顺序播发。这样每个小时可有 6 个台播发，将这 6 个台作为一组，共有 4 组。而每个区内最高 24 个台轮流工作一次，用时 4 h，那么每台最短播发间隔为 4 h。第一组的 6 个台在每天的

00,04,08,12,16,20 时工作,第二组的 6 个台在每天的 01,05,09,13,17,21 时工作,第三组的 6 个台在 02,06,10,14,18,22 时工作,第四组的 6 个台在 03,07,11,15,19,23 时工作。每组各台每小时的分钟工作时间是:

每组第 1 个台在每小时的 00 ~ 10 min 工作;

每组第 2 个台在每小时的 10 ~ 20 min 工作;

每组第 3 个台在每小时的 20 ~ 30 min 工作;

每组第 4 个台在每小时的 30 ~ 40 min 工作;

每组第 5 个台在每小时的 40 ~ 50 min 工作;

每组第 6 个台在每小时的 50 ~ 60 min 工作。

这样,每个航行警告区内在任何时间内最多只有一个播发台在工作,避免了区内各播出台间相互干扰。

2. 在相邻航行警告业务区内具有相同识别字母的 NAVTEX 播发台最近距离必须保证接收机不会同时处于这两个台的发射范围内。这样,即使识别字母相同的播发台工作时间、工作频率都相同,但接收机在任何时间及任何位置只能收到一个播发台发出的信号而不会形成干扰。为达到这一要求,每个航行警告业务区内各播发台识别字母的分配秩序必须按 IMO 要求分配。NAVTEX 发射台的信号覆盖范围取决于发射机的功率和当地的无线电波传播条件,通常白天的发射功率在 100 ~ 1 000 W 范围内可达到所要求的 250 ~ 400 n mile 距离。因此,每个发射台的发射机应有合适的发射功率以保证其所在地区的覆盖范围要求,并且其实际范围也不能超出要求,以免相邻区内相同识别字母台间相互干扰,发射台的发射功率在夜间通常可降低 60%,以不使覆盖范围因在夜间电波传播条件变化而超出要求。

三、NAVTEX 发射台的电报播发

发射台的广播时间间隔不超过 8 h,且要进行协调,以免相互干扰。发射台广播的电报分三个优先级,以确定一个新的电报首次播发时间,其优先等级顺序如下。

1. VITAI(极其重要)

在频率未被占用时,发射台收到该等级电文后立即播发。如频率被占用,电台操作员立即确定是哪个台在广播,并通过各种方法与该台联系,要求该台停止正在进行的发射,以便立即播出"极其重要"等级的电报。当发射台"极其重要"的电报广播完毕后,原先工作台可恢复正常广播。

2. IMPORTANT(重要)

当频率未被占用时,"重要"等级的电报可在下一个可用的广播时间内播发。发射台有监听设施,可确定所用频率是否被占用,另一方面还可监听自己发射信号的质量及格式。

3. ROUTINE(常规)

发射台在收到"常规"等级的电报后,在下一个规定的发射时间内播发。

"极其重要"和"重要"等级的电报通常都要重发,至少在下一个规定时间内重播。

销号电报只应播发一遍。如果一个电报需在同一 NAVTEX 区域内由另一发射台重播,以扩大该电报发播区域,应使用该电文原技术编码。

第三节 NAVTEX 接收机

一、基本组成及工作原理

NAVTEX 接收机工作于518 kHz,专门用于接收 NAVTEX 发射台广播的海上安全信息。它由有源天线、518 kHz 单一接收频率的接收单元、信号处理单元和打印机组成,如图 4-3 所示。

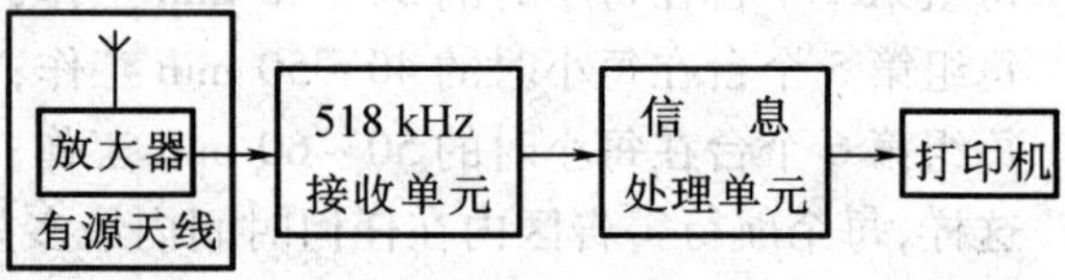

图 4-3 NAVTEX 接收机框图

NAVTEX 系统的电报广播采用窄带直接印字电报技术 CFEC 方式,发射台所有发射字符采用 4B/3Y 恒比码编码,传输速率 100 波特,发射类别 F1B,调制方式是 FSK,按 FEC 方式每个字符以 4 个字符间隔发两遍。

NAVTEX 的接收机天线感应的(518 000 ± 85) Hz F1B 信号经天线放大器放大后送入 518 kHz接收单元,接收单元抑制无用干扰信号、放大(518 000 ± 85) Hz 有用信号并解调输出(1 700 ± 85) Hz,分别代表“0”(1 785 Hz)和“1”(1 615 Hz)的音频送至信息处理器。信息处理器将音频还原为二进制编码,并按 4B/3Y 恒比码检错及 FEC 方式纠错。

NAVTEX 接收机的信息处理器具有对整机各个组成部分电路进行自检功能,并由打印机打印出自检结果清单,操作人员由清单可知 NAVTEX 接收机各部分工作是否正常。如接收机有故障,则可从清单上了解故障出现在哪个部分。自检程序由人工启动。

二、使用时的注意事项

工作于 518kHz 的 NAVTEX 接收机是在 GMDSS 中船舶必须配置的接收设备, NAVTEX 接收机应在开航前至少 8 h 开机,船舶在航行中应 24 h 开机。这样可防止丢失立即广播和重要广播的海上安全信息,以保证收到全部必需的海上安全信息。

NAVTEX 接收机应固定在台子上或舱壁上,保证机器电源正确连接及接地良好。一般随机配置的天线都是有源天线(天线本身附带 518 kHz 信号放大器,天线正常工作必须有电源,因此称之为有源天线)。一般天线在工作时,不需电源,这时应将天线接至接收机有源天线输入端,这样才能保证有源天线中放大器的电源供应。如接普通天线,则需根据天线的阻抗接至相应的高阻抗或低阻抗天线输入端。

在 NAVTEX 接收机打印机中的纸用完时,所装入的新打印纸应与原打印纸类型一致。一般 NAVTEX 打印机使用热头打印机,相应使用热敏打印纸,这种打印机在需打印处靠打印头瞬间发热使热敏打印纸变黑打印出文字,如打印的字过淡,可用设备中的加热开关予以加浓。因此,该种热敏打印纸存放时应防潮,不能放在过热的场所。

至于其他的 MSI 系统的相关知识,请参阅本书其他章节。

第四节　远程安全信息播发系统

一、概述

远程海岸信息播发业务是利用高频（HF）自动印字电报（NBDP）技术对A3，A4海域进行安全信息播发；根据SOLAS公约1988年修正案规定，如果配备了高频（HF）海上安全信息的接收设备，可以免除对INMARSAT EGC设备配备的要求，但是根据设备配备的实际情况，几乎所有的远洋船舶均配备INMARSAT－C移动站，因此协调国在播发区域安全信息时，基本全用EGC的方式播发，高频安全信息播发系统主要用于播发沿海安全信息，对国际NAVTEX系统进行补充，例如我国广州海岸电台，除在518 kHz进行正常的NAVTEX播发外，还在4 219 kHz，6 329 kHz，8 431 kHz，12 622.5 kHz，16 854 kHz等频率上播发海上安全信息，补充518 kHz不能覆盖我国南海海域的实际情况。上海、天津等岸台也在高频播发相应的安全信息。

国际上规定用HF播发海上安全信息直接印字电报所用的频率是：4 210 kHz，6 314 kHz，8 416.5 kHz，12 579 kHz，16 806.5 kHz，19 680.5 kHz，22 376 kHz，26 100.5 kHz。

同时，4 209.5 kHz用于NAVTEX类型的发射。管理当局也可以使用核定以外的频率。

二、系统对于专用接收机的记录要求与性能要求如下

（1）该设备应对接收到的信号进行处理、打印，并能自动或人工控制接收。

（2）覆盖区域和值机员不予接收的电报类别的情况，随时获得。

（3）接收机应在上述规定的频率上工作。

（4）设备具有自检功能。

（5）接收机至少要存255条电文识别，经60～72 h后，电文识别自动被删除，如果收到电文的识别超出存储器的存储能力，最早收到的电文识别应自动删除。

（6）只有良好接收的电文识别才能被存储，信号误差率4%以下的算良好接收电文。

（7）收到搜救信息发出报警，并且只能用手动方式才能复位。

（8）应有一台精度不低于1 s的世界协调时时钟，再加上含有所有台站的频率顺序和世界协调时广播时间表的可变程序存储器，控制高频接收机，使其自动接收海上安全信息。

思　考　题

4－1　NAVTEX系统如何防止工作于518 kHz的发射台之间对MSI广播的干扰？

4－2　使用NAVTEX接收机应主要注意什么问题？

第五章　搜救雷达应答器及船用天线

第一节　搜救雷达应答器(SART)概述

按SOLAS公约1988年修正案规定,每艘客船和500总吨及其以上的货船,应配备两只9GHz搜救雷达应答器;300总吨到500总吨的货船至少应配备一只9 GHz搜救雷达应答器。该项要求对于1992年2月1日以后建造的船舶建造时配备;对于1992年2月1日以前建造的船舶,在1995年2月1日必须完成该设备的配备。

一、搜救雷达应答器的功能

在GMDSS系统中,遇险船可利用各种手段进行遇险报警,报警信息中,包含遇险船舶的位置信息,但是由于受到客观原因的制约,例如遇险船舶使用的定位系统的精度等因素的影响,遇险船舶或幸存者报告的位置与实际的位置可能存在一定的误差和变化,考虑到遇上恶劣海况、浓雾或黑夜,现场搜救幸存者的工作难度很大。为尽快发现幸存者,在GMDSS系统中,公约船都按要求配备了搜救雷达应答器(SART, Search and Rescue Radar Transponder),解决了现场搜救不易发现失事地点或幸存者的问题,使得遇险船舶、救生艇或幸存者可能被迅速发现和获救。搜救雷达应答器是GMDSS系统中用来近距离确定遇难船舶、救生艇筏及幸存者位置的主要方式。SART是遇险现场使用的设备,能引导搜救飞机或搜救船舶尽快地搜寻到遇险者,并可让持有SART的幸存者知道是否有救助飞机,或救助船舶在靠近他们。

SART工作在9 GHz频段(X波段),与救助船或直升机上的X波段导航雷达构成一个寻位系统。SART的作用是发射示位信号,而船或飞机上的导航雷达则是发现SART和测量SART的位置。9 GHz SART与X波段导航雷达互相配合,使遇险幸存者的示位效果非常明显。该寻位系统的工作不受能见度限制,尤其在暗夜和浓雾等能见度不良、肉眼搜索困难的情况下,充分利用雷达的功能,在雷达的视野范围内(大于5 mile)搜寻到并测出SART的具体方位和距离,大大提高了搜救的成功率。SART发射的示位信号独特,易于辨别,且具有声响、视觉指示功能。幸存者可以从SART指示灯闪烁速度的加快、声响频率的增高来判断救助船、飞机正在接近,增强求生的信心。

二、搜救雷达应答器的组成及各部分作用

搜救雷达应答器实际上是一个被动触发式的雷达信号产生器,该设备开启后,在没有被雷达信号触发前,设备处于接收状态,当被3 cm导航雷达波触发以后,应答一个雷达信号,在导航雷达上显示一连串的点,使搜救船舶和飞机非常容易就能够发现和辨别。

设备共有天线、环行器(环路器)、接收机、扫频器和发射机组成,组成图见5－1。

接收机实际上是一个宽带接收机,工作在9 GHz,可以接收3 cm雷达(9 GHz雷达)的脉冲波,接收机接收到雷达脉冲后,产生100 μs左右的方波,控制扫频器和发射机工作。发

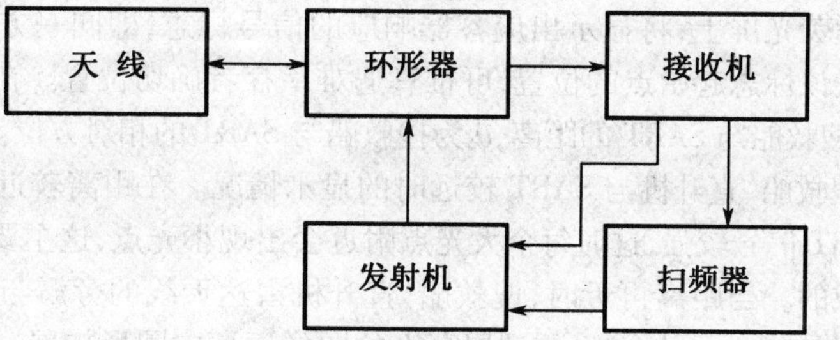

图 5－1　SART 组成方框图

射机采用的是扫频发射机，在扫描器的锯齿脉冲和接收机方波控制下工作，发射频率范围在 9 200～9 500 MHz的调频波，使雷达接收机很容易地接收到此信号。

扫频器就是一个锯齿波产生器，用于产生锯齿波电压，控制扫描频率发射机工作。

环路器的作用是把 SART 的发射机和接收机隔离，在发射时不至于把接收机损坏。

搜救雷达应答器各部分的波形图见图 5－2 所示，其中(a)是雷达脉冲，(b)是接收机被雷达触发后产生的 100 μs 的方波，(c)扫频器产生的锯齿脉冲，(d)是发射机发出的调频信号，(e)导航雷达接收的示意图，(f)是导航雷达形成光点的脉冲图。

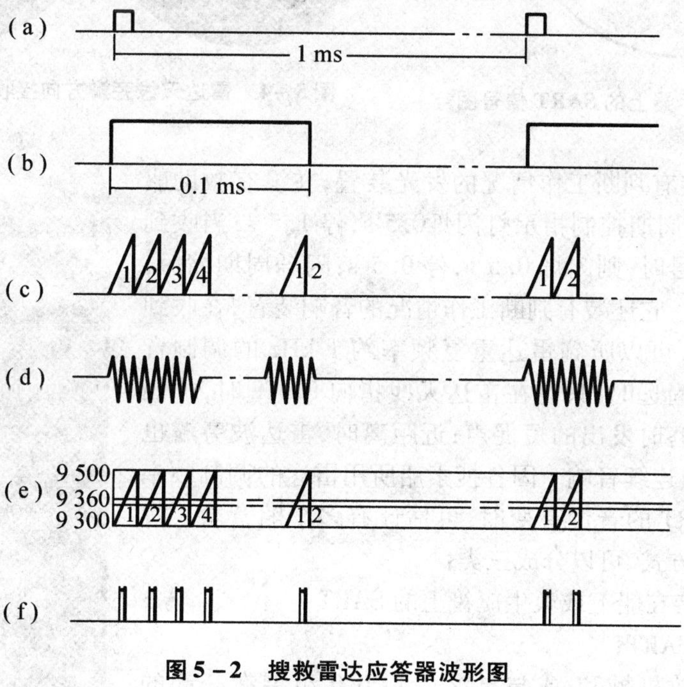

图 5－2　搜救雷达应答器波形图

三、工作原理

SART 可以安装在驾驶室内，也可以装在船舷或救生艇上，并可方便地由落水者携带。一旦发生海难，可人工操作，或被抛出海面自动启动，以进入待命状态。此时，SART 的接收机单元工作，守候 9 GHz 导航雷达询问信号，如图 5－3 所示。如果有救助船或直升机前来营救，雷达应答器收到其所发的询问信号后，立即在同一波段发射一连串脉冲信号。于是在救助船或直升机的导航雷达荧光屏上，将显示出应答器响应的信号标志，即同一方向上有 12 个光点。光点间距相同。从该标志起始点的位置，可推算遇难幸存者确切位置。在图 5－3 中，圆心表示雷达位置，R 为搜救船与 SART 的距离，θ 为搜救船与 SART 的相对方位。

以上情况是搜救船、直升机与 SART 较远时的显示情况。在距离较近时，搜救船、直升机雷达所接收的 SART 信号较强，这时每个大光点附近会出现小光点，这主要是 SART 发射雷达波的回扫信号造成的。当距离再近时，搜救船、直升机雷达天线的旁瓣与后瓣方向也能接收 SART 的信号，这样依靠显示的余辉，雷达屏幕上的图像逐渐向圆形扩展。这时可知遇险目标在很近的距离，如果把雷达增益下降，则可使荧光屏图像重新减点状排列，如图 5－4所示。

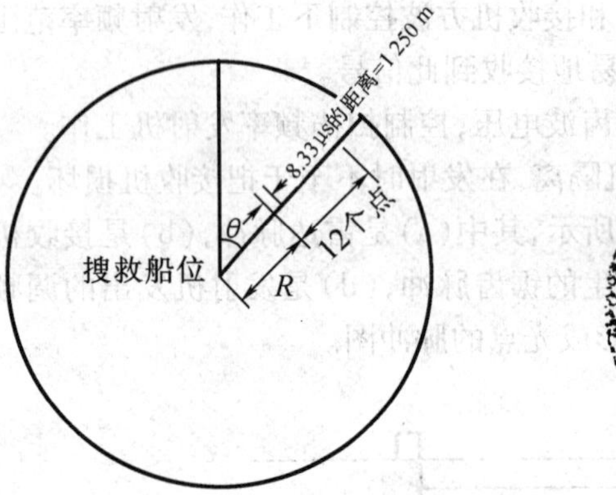

图 5－3　雷达显示器上的 SART 信号图

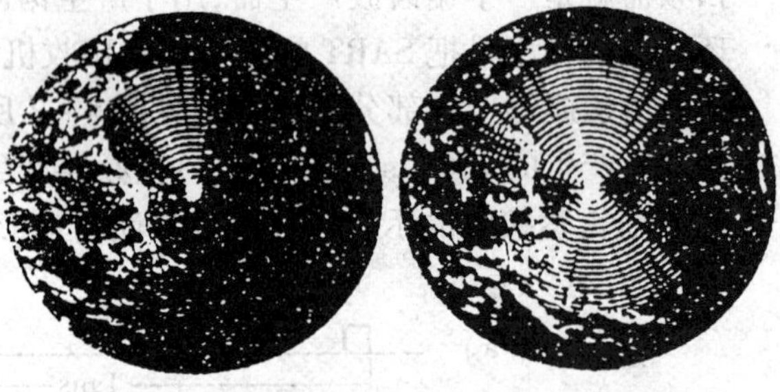

图 5－4　雷达天线旁瓣方向接收的信号图

SART 一般装有判断工作情况的发光装置，在没有救助船时，定时器以 2 s 周期控制指示灯闪烁0.5 s，停 1.5 s；当收到救助船的询问信号时，则闪烁 0.5 s，停 0.5 s，闪烁周期缩短，也表示有望救助。它还装有判断工作情况的音响装置，在收到雷达询问信号时，可以听到雷达重复频率约 1 kHz 的调制音响。当雷达距离尚远时，只有在雷达天线指向 SART 时，才能周期性地听到应答时发出的短促声；近距离时，雷达波旁瓣也能触发，逐渐变成连续音响。因各搜索船所用雷达的调制频率有差异，则当 SART 的音调有变时，可估计有多个船营救。按照 SART 的安装方式，可以分成三类：

(1)固定安装在船上或救生艇筏上的 SART；

(2)便携式 SART；

(3)装有释放机械和/或与自浮式 EPIRB 组装在一起的 SART。

图 5－5　SART 实物图

四、SART 的主要特性

SART 有多种型号，其外形结构也各不相同，SART 的实物图见图 5－5、图 5－6。但尽管如此，它们都必须满足一定的技术要求和操作使用性能，才能保证其在现场寻位中的可靠工作，以实现搜救寻位的目的。

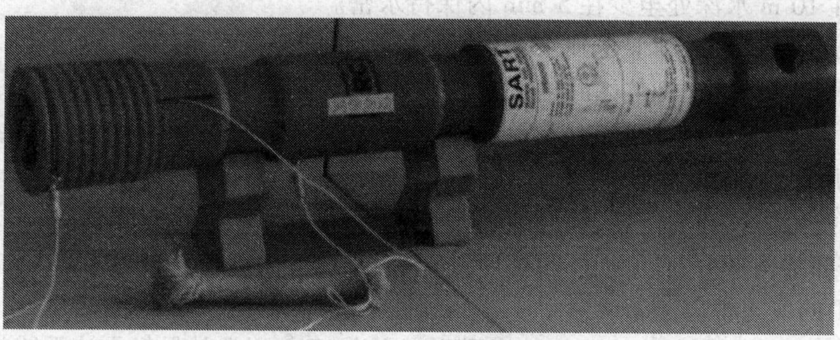

图 5-6　SART 实物图

（一）SART 的主要技术特性

（1）接收与发射的频率范围　9 200 ~ 9 500 MHz。

（2）天线极化方式　水平极化。

（3）扫描速率　每 200 MHz　5 μs。

（4）响应信号应由 12 个扫描线组成。

（5）扫描形式　锯齿形

正扫时间　(7.5 ± 1) μs

回扫时间　(0.4 ± 0.1) μs

响应应以回扫开始。

（6）脉冲辐射　100 μs。

（7）等效全向辐射功率 e.i.r.p　不低于 400 mW。

（8）有效的接收机灵敏度　优于 -50 dBm。

（9）使用持续时间　可 96 h 处于预备状态，此后在被以重复频率为 1 kHz 的脉冲询问期间进行 8 h 的应答器发射。

（10）温度范围　工作环境为 -20 ~ 55 ℃，储藏为 -30 ~ 65 ℃。

（11）后随激励的恢复时间　10 μs 或更小。

（12）天线有效高度　≥1 m。

（13）接收雷达信号和开始发射之间的延迟时间　0.5 μs 或更小。

（14）天线垂直波束宽度　相当于雷达应答器水平面，至少为 ±12.5°。

（15）天线方位波束宽度　全方向性，在 ±2 dB 以内。

（二）设备特点

1. SART 设备使用特点

（1）能容易地由非熟悉人员启动。

（2）装有防止意外启动的装置。

（3）装有视觉装置或听觉装置或视听装置来指示正确的操作，并提醒幸存者SART已被搜救雷达触发。

（4）能人工启动和关闭，也包括自动启动装置。

（5）具有待命状态的指示功能。

(6)能从 20 m 高处落下水中不致损坏。

(7)能在 10 m 水深处至少在 5 min 内保持水密。

(8)在规定的浸水条件下受到 45 ℃热冲击时,仍能保持水密。

(9)如果不是救生艇筏整体的一个组成部分,落入水中时,应能正向浮起。

(10)若设计成浮起工作,应有一根不短于 20 m 适合系绳的可浮短索,提供遇难幸存者系在身上使用。

(11)能抗海水和油的侵蚀,长时间曝露在阳光下,技术指标不应降低。

(12)外部结构平滑,以免损坏救生艇筏,表面颜色应为黄色或橙色。

2. SART 的应答距离

SART 天线应至少高出海平面 1 m,当受到高度为 15 m 以上的导航雷达天线扫射时,SART 能正常响应雷达的询问发送应答信号的距离不小于 5 n mile;当峰值输出功率至少为 10 kW 的飞机雷达在 2 500 m 上空相距不少于 30 n mile 处对 SART 进行询问时,SART 能正常响应。

3. SART 电池寿命

SART 的电池容量应足以在待命状态下工作 96 h,能在 1 kHz 的脉冲重复频率的连续触发下进行 8 h 应答发射,电池的寿命不短于 3 年,装入 SART 2 年不需更换。

4. SART 的试验

应定期对船上或救生艇筏上装备的 SART 进行试验,试验步骤为:

(1)将 RADAR 量程置于 10 n mile 挡;

(2)将 SART 开关置 SART,启动 SART;

(3)观察雷达显示屏,应有 12 个回波信号显示。

SART 的启动试验时间尽可能短,以免对其他雷达造成干扰。

五、SART 的使用

1. SART 的作用距离

SART 的作用距离,主要与 SART 的安装高度和搜救者雷达的天线高度有关。一般情况下,如果 SART 的安装高度离海面 1.5 m,雷达天线高度离海平面 15 m 以上,搜救船在至少 5 n mile 远处就能探询到 SART 信号;飞行高度 3 000 ft 雷达峰值功率 10 kW 的搜救飞机能在 40 n mile 远处探询到 SART 信号。影响探询 SART 信号距离还有以下几方面的因素:首先,雷达天线的高度和雷达的类型有关,一般来说,大型船舶的雷达有较高的天线增益,离海平面也比较高,探询 SART 的距离也远;其次,受到天气和海况的影响,对于平静的海面因电波多径传输可影响到 SART 的接收;相反在大浪时,搜救雷达和 SART 仰角要发生变化,可能导致更远距离的接收;但是在波谷时也会降低探测距离,SART 的安装高度也同样会影响发现 SART 的距离,实际使用 SART 时,应当将 SART 启动后安装在尽可能高的地方,并注意不要对 SART 有任何遮挡。

IMO 建议 SART 的性能标准为:当 SART 安装在离海平面 1 m 以上,搜救雷达天线高 15 m 时,能达到至少 5 n mile 的探测距离,实际上,对于远洋船舶,雷达天线的高度一般在 30 m 左右,SART 安装的高度也在 2 m 以上,因此在 10 n mile 以外的范围内,就可以发现幸存者。

实验得知:将 SART 平放在地板上时,作用距离 1.8 n mile;垂直放在地板上时,作用距离 2.5 n mile;当 SART 漂浮在水中时,作用距离为 2.0 n mile。一般天气情况下,适当地安装 SART,对大船雷达,发现距离要 10 n mile 以上。如果安装不好,或者在救生艇筏内使用,或者漂浮在水中,发现距离甚至比视距还要近。

2. SART 使用

携式 SART 应安装在驾驶室两侧容易接触到的地方。在船舶遇险时,应有专人把它带到救生艇上,或者由幸存者手持,或者按放在遇险船的船舷上,作为出事点的标志。SART 启动后应尽量安装在高处,以提高作用距离。

SART 平时是以关机状态保存,船舶遇险时要从 SART 的安装容器中取出,开机使其处在待机(接收)状态,尽可能地安装在高处,准备应答搜救船舶或者搜救飞机的雷达的触发信号。具体的 SART 的使用方法,请参照设备的使用说明书。

3. 搜寻 SART 信号应注意的问题

在海上救助时,使用雷达搜寻遇险者的 SART 信号应注意以下几个问题:

(1)雷达量程的选择

在使用雷达低量程挡时,仅能显示 SART 的几个亮点,例如在 3 n mile 量程仅能显示出 SART 信号的 4 个亮点。在恶劣海况下,杂波干扰非常严重,经常不能看到完整的 12 个点的 SART 信号。一般情况下,海浪干扰最严重可延至 4 n mile,不会完全淹没整个 SART 信号。因此,由两亮点间大约 0.65 n mile,可推算出遇险者的位置。

从以上分析看,开始进入搜救区时,应尽量用远量程,以在大范围内搜寻到遇险者的 SART 信号。当搜寻到遇险者的 SART 信号后,最好使用雷达的 6 ~ 12 n mile 之内的量程。这些量程中,能看到完整的或多个 SART 亮点,易区别其他回波和确定 SART 的位置。

(2)SART 的距离误差

在 SART 距搜救者雷达相距 6 n mile 左右时,距离误差 150 m 以上;而在接近 SART 时,由于雷达能接收到 SART 的正向扫描信号和返回扫描信号,所以会出现两个不同形状的亮点,第一个亮点的距离延迟不大于 150 m。

(3)选择合适的雷达带宽

小于 5 MHz 的雷达带宽将对 SART 的信号稍有衰减。最好是使用中等带宽以确保获得 SART 的最佳信号。一般雷达的远距离量程,采用宽脉冲和窄带滤波器,带宽在 3 ~ 5 MHz 间;雷达的近距离量程,采用短脉冲和宽带滤波器,带宽在 10 ~ 25 MHz 间,应根据具体情况,灵活选用。

(4)接近 SART 时注意

在接近 SART 时,来自雷达天线的旁瓣波束,可能使 SART 的信号在雷达的荧光屏上变成一串圆弧或同心圆。这种情况,可用反海浪旋钮来消除。出现这种情况,证明 SART 在船附近,应减速并注意搜索。

(5)恶劣的海况下使用的注意事项

在海况不好的情况下,为增加 SART 信号的可见度,可失谐雷达,以减小海浪回波的影响。自动频率控制雷达不允许手动失谐设备。注意在失谐的情况下,一些需要的信息比如航行和避碰船舶信息可能被取消,因此可能的情况下,要尽快回到正常调谐状态。

(6)导航雷达的调整

在搜救过程中,要合理地调整雷达增益,最好使雷达显示器出现轻微背景噪声,但是还不至于干扰到正常信号的辨别,以获得对 SART 信号的最大范围的搜寻。

为获得最佳探测距离,海浪抑制旋钮应放在最小。注意在受到海浪杂波干扰时,不使用反海浪控钮,最近的 SART 回波可能被淹没。这种情况下,可从 SART 回波的最后亮点推算出本船船位。如海浪抑制旋钮有自动/人工选择,选择人工方式。注意和自动方式比较一下,看选择哪种方式效果更好。

在搜寻 SART 时,应将抗雨雪干扰旋钮放在人工位置上,直到搜寻到 SART 信号。如此钮有自动/人工雨雪抑制功能,选择人工方式。注意和自动方式比较一下,看选择哪种方式效果更好。

如果海浪抑制和抗雨雪干扰用一个旋钮控制,建议选择手动搜寻 SART 信号。注意和自动方式比较一下,看选择哪种方式效果更好。

注意:SART 和雷达反射器不能在同一救生艇筏上使用,因为雷达反射器可能阻挡 SART 的信号。

第二节 船用天线

一、天线的作用

天线是辐射或接收电磁波的装置。根据天线辐射或接收电磁波的不同,一般分为发射天线和接收天线。发射天线的作用是把已调高频电流的能量转换成电磁波能量向空间辐射出去;接收天线的作用是将来自空间的电磁波能量转换为高频电流能量,因此发射天线与接收天线都是一种能量转换装置,并且可以证明它们具有互易性,即收发天线可以互换使用,其参数基本不变。

二、天线的主要参数

(一)天线的方向性

天线最主要的特性是它的辐射图或方向性图。所谓方向性图是指天线从不同角度方向辐射出去的功率或场强在空间所形成的图。它是立体图,画起来十分困难,因此常取两个互相垂直的平面内的图形表示天线的方向性图,常用子午面(包含天线轴的面)和赤道面(过天线中点与天线垂直的面)这两个平面来画天线方向性图。有时也用水平面和垂直面来画天线方向性图。如图 5-7 所示为一个长为 $\lambda/2$ 的驻波天线的方向性图。

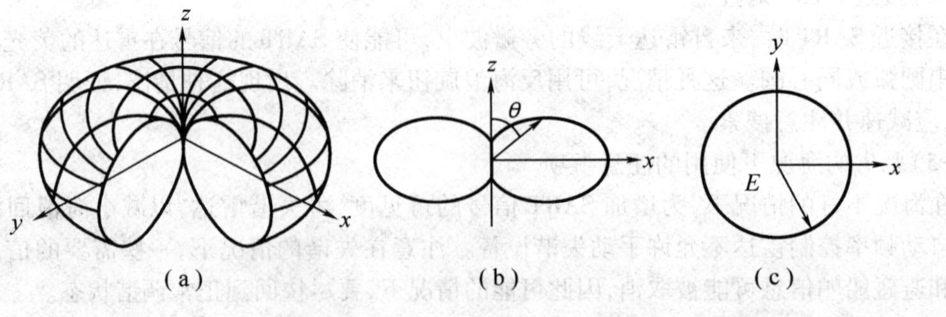

图 5-7 $L=\lambda/2$ 天线方向性图

(a)立体图;(b)子午图;(c)赤道图

从图 5-7 可以看出,该天线在子午面内辐射是不均匀的,在 $\theta=90°$方向辐射最强,$\theta=$

0°方向辐射为0,而在赤道面各方向辐射相同。不同的天线具有不同的方向性,为了表示它们的集中辐射度,通常引用方向性系数来表示辐射程度的参量。

方向性系数的定义:在相同的电场强度条件下,点源天线在某点产生的总辐射功率 P_0 与某天线在该点产生的总辐射功率 P 的比值称为该天线在该点方向性系数,即

$$D=\frac{P_0}{P}\text{(同一电场强度)}$$

方向性系数一般指天线最大辐射方向的方向性系数。

(二)天线效率 η_A

天线的辐射功率 P_0 与馈送到天线上的总功率 P_i 之比为 η_A,即

$$\eta_A=\frac{P_0}{P_i}=\frac{P_0}{P_0+P_n}$$

式中 P_n 为天线损耗电阻上消耗的功率。

(三)天线增益 G

天线效率与其方向性系数之积为天线的增益 G,即

$$G=\eta_A\cdot D$$

天线增益比方向性系数更全面反映了天线的性质。它不但反映了天线方向性引起的变化,而且考虑了天线损耗对场强的影响。

(四)天线的辐射电阻 R_r

天线作为一个辐射器向空间辐射电磁波,辐射的能量可以等效为电路的损耗。该损耗可以认为是在一个假想的电阻 R_r 上的损耗,该电阻就是辐射电阻,因此辐射电阻可定义为天线向外辐射的功率 P_0 与天线上电流 I 的平方之比,为天线的辐射电阻 R_r,即

$$R_r=\frac{P_0}{I^2}$$

当 I 一定时,R_r 越大,P_0 越大,向外辐射的功率越大。可见 R_r 是表征天线辐射能力的参数。应当指出,由于天线上电流分布是不均匀的,因此在讲辐射电阻时,一定要指明是天线哪一点电流的辐射电阻。

(五)天线的输入阻抗 Z_{in}

天线输入端的电压 V_{in} 与电流 I_{in} 之比为天线输入阻抗,即

$$Z_{in}=\frac{V_{in}}{I_{in}}$$

对于天线而言,输入阻抗十分重要。知道了天线的输入阻抗,就可以采用适当的匹配方法使天线与传输线相匹配。

(六)天线的有效高度 h_e

天线上的电流分布是不均匀的,天线顶端的电流为零,电流从顶端到底部按正弦规律逐渐变化,因此,在考虑天线的辐射效果时,最好把天线上各部分电流分布设想为均匀分布。如图5-8所示,设想用曲线 AC 表示垂直天线 AB 的电流分布,考虑相当于底部电流 BC 的分布是均匀的,求出

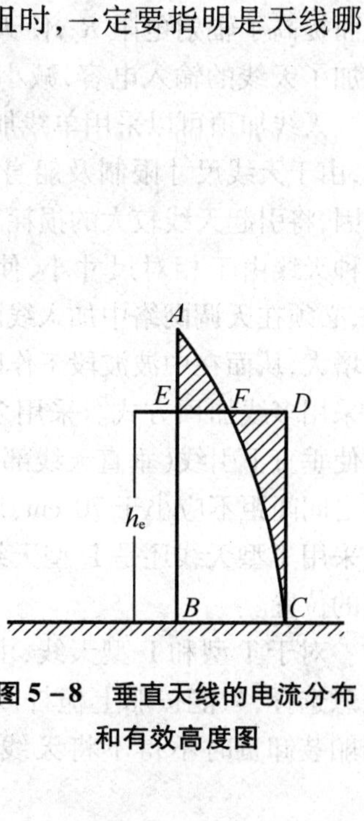

图5-8　垂直天线的电流分布和有效高度图

与 ABC 面积相等的长方形 $BCDE$，则其一边长度 BE 就称作该天线的有效高度 h_e。天线的有效高度增加，则天线的辐射能力和接收能力局限性相应增加。通常垂直天线的有效高度 h_e 为其实际高度 h 的 0.5～0.6 倍；Γ 型天线的 h_e 为 0.6～1.0h；T 型天线的 h_e 为 1h。

三、各种常见船用天线

船用天线种类很多，一艘远洋船舶往往配备有十几副天线，每副天线都有其特殊用途。船用天线从长波到微波几乎都有，其形状各异，这里简要介绍几种常见的长中波天线。

船用单边带(SSB)电台的工作频率覆盖了整个中波及短波波段(1.6～27.5 MHz)。由于船上空间有限，不可能对每个波段都配置一副专用天线，因此船用单边带发射机通常只配一副主天线，而地波传播一般采用垂直极化方式，中波天线一般采用垂直天线。

(一)T 型和 Γ 型天线

船用单边带电台的天线通常采用 T 型和 Γ 型加顶天线，如图 5－9 所示。我们知道，天线要能有效地辐射电磁波，其天线长度 L 与辐射的电磁波波长 λ 应相比拟，即 L/λ 应尽可能大。由于中波的波长较长，而在船上架设垂直天线由于空间条件限制不能架得太高，因此天线长度与波长之比 L/λ 就会很小，天线的辐射电阻 R_r 就会很小，从而引起天线辐射效率极低和天线过压。对垂直天线加顶(即加上水平天线)后，垂直天线的有效高度 h_e 将大大增加，提高了 L/λ 比值，从而提高了辐射电阻 R_r，使天线辐射效率增加。同时，加上水平天线后能产生较大的电容，增加了天线的输入电容，减小了容抗，从而减小了天线的过压。

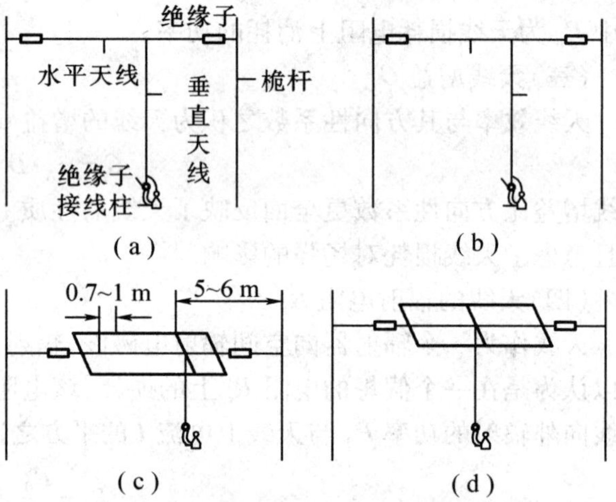

图 5－9 T 型和 Γ 型天线

天线加顶可以采用单线加顶或多线(一般为 3 线)加顶。对于单线加顶的 T 型和 Γ 型天线，由于天线尺寸限制及船身、海水损耗、绝缘子潮湿漏电等原因，将引起天线较大的损耗。特别是当工作在中波波段时，这种天线由于相对尺寸小，使天线呈较大容性，为使天线谐振，必须在天调网络中加入线圈来平衡，又导致了天调网络损耗增大，从而在中波波段工作时辐射效率极低。为提高效率，常采用多线加顶方式。采用多线加顶方式，在安装时注意必须使垂直下引线(垂直天线部分)至少离桅杆 5～6 m，水平天线之间间距不应小于 70 cm，以避免辐射电阻的 R_r 减小。至于采用 T 型天线还是 Γ 型天线，主要取决于无线电报房距桅杆的位置。

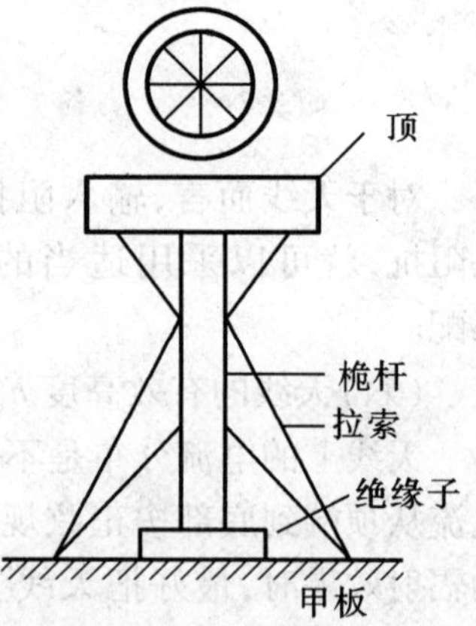

图 5－10 直立桅杆式天线

对于 T 型和 Γ 型天线，由于空间限制，天线的尺寸不能任意选择，只能按船上桅杆高度及其间距进行配置，加之在船舶装卸货时不得不将天线经常放下、吊上，不仅麻烦，而且极易损坏，因此出现了直立桅杆式天线。

（二）直立桅杆式天线

直立桅杆式天线也称带拉索的桅杆天线，如图 5－10 所示。它基本上由以下 4 部分组成：

（1）高频绝缘子，在天线底座，用于支撑天线；

（2）桅杆，它是底部绝缘的空心桅杆，电流沿外表面流到顶部，辐射高频能量，内表面没有电流流过；

（3）加顶电容圈，起加顶作用；

（4）拉索，起固定天线作用。

这种天线与 T 型、Γ 型相比有以下优点：

（1）不影响船舶装卸货，无须拆卸天线；

（2）T 型、Γ 型天线遇雨或结冰时，绝缘子附挂的冰水将会使天线与桅杆短路，而直立天线无此问题；

（3）可进行标准化设计，不受具体船体限制。

为此，有改进型的顶馈接地桅杆式天线和立式桅杆天线（也称自立式竖笼天线）。

（三）鞭状天线和垂直天线

主要用于接收机和导航系统中。对于鞭状天线，由于天线长度一般小于工作波长，天线呈较大容性，通常经由天线耦合器再接入接收机。天线耦合器中的负载线圈可抵消天线。

（四）垂直半波偶极天线

垂直安装的半波偶极天线属于宽频带天线，常用于 VHF 通信，工作频率可扩展到 144～165 MHz。该天线每臂长 $\lambda/4$，馈电点在其中心处。

（五）环形天线

如图 5－11 所示，环形天线是把铜线绕成框形，形状有三角形、正方形、长方形、圆形等，而根据绕法又有平绕、螺线绕等。环形天线可用作测向。

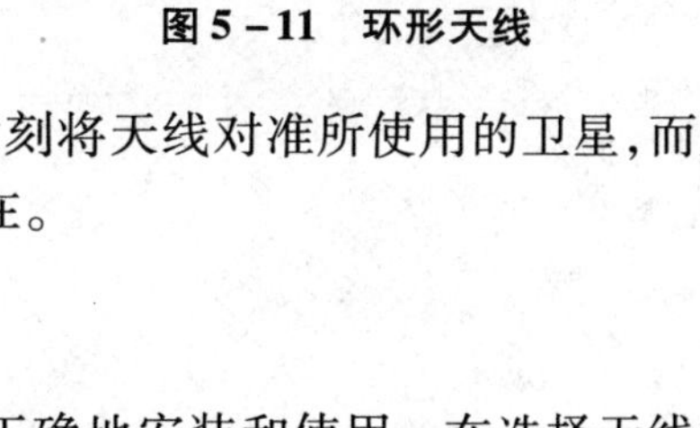

图 5－11　环形天线

（六）抛物面天线

抛物面天线用于微波通信。目前，船舶上安装的 A 型船站和 B 型船站，都采用抛物面天线，这种天线是在抛物面的焦点上设有电波的发射源，它具有极强的方向性。因此，使用这种天线进行通信时，要求必须时刻将天线对准所使用的卫星，而且在天线与卫星之间必须保持通透，不能有任何障碍物存在。

四、船用天线的安装和使用

船用天线能否有效地工作，很多情况下取决于是否正确地安装和使用。在选择天线的安装位置时，应该遵循的原则是，选出的位置能够得到船舶条件所允许的最佳天线参数，这些参数与上甲板构件的构造方法、无线电报房的位置、桅杆及上层建筑物有关。

发射天线最好集中在直接靠近无线电报房的区域内，而接收天线则应尽可能远些。T 型、Γ 型天线的水平部分通常都挂在两根桅杆之间。天线的垂直下引线必须离金属桅杆尽可能远，距离一般不小于 5～6 m（与桅杆高度有关）。在安装天线时还应注意以下几点：

（1）天线装置的结构，应能承受 11 级的风力；

(2)每根天线应由一整根绞合线构成。在天线与下引线必须打结时,应予以编织,且可靠焊接;

(3)天线装置应选远离高烟囱、通风筒、桅杆及上层建筑其他金属物体,其距离不小于1m;

(4)天线绝缘子应采用高压高频绝缘材料,并能承受一定的机械强度和很高的放电电压;

(5)在人员易于通过之处,装设垂直位置的发射天线引入线时,应有防护措施,以人手碰不到引线为安全。

在使用中对天线应保持定期维护,及时清除天线绝缘子表面的污秽。在雨雪天气,要防止因冰水附挂在绝缘子上造成天线短路现象。

思　考　题

5－1　简述SART在GMDSS中的功能和作用。

5－2　简述SART的寻位过程。

5－3　描述天线性能的主要参数有哪些?

5－4　船用中短波天线有几种,各有什么特点?

5－5　船用天线安装和使用时应注意什么?

第六章　船用磁罗经

第一节　地磁场与地磁极

一、地磁场与地磁极

地球可以认为是一个均匀磁化的球体，周围空间存在着磁场。它好像是由置于地球内部的一块巨大磁铁形成的。实际观测表明，地磁极位于地球深处，并把靠近地球北极的地磁极称为磁北极，靠近地球南极的磁极称为磁南极。地磁极的地理位置是变化的，地磁南北极与地理南北极并不重合。

二、地磁要素

1. 磁差 V_{ar}

地面上任意一点的地磁方向，可以用一自由悬挂的磁针来测定，如图 6－1 所示。磁针北极指向地磁总力 T，通过磁针磁轴的垂直面称为“磁子午面”。磁子午面与地面的交线是该地磁子线。磁子午面与地理子午面之间的夹角称为“磁差”。当磁北（N_M）偏在真北（N_T）之东时，称东磁差，当磁北偏在真北之西时称西磁差。

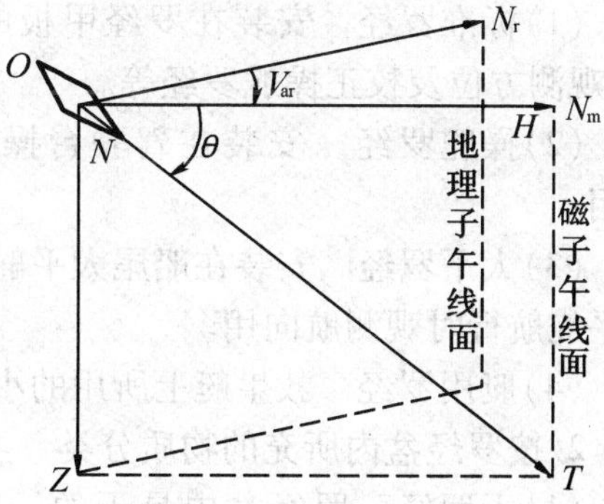

图 6－1

地磁极围绕地轴缓慢地作椭圆运动，因而同一地点的磁差也因时而异，这种变化一般被折算为年差标注在海图上。

地磁场是弱磁场，且磁场强度变化也是基本有规律的，但是某些地方的磁差会有异常变化，其产生的主要原因有“磁暴”“磁扰”和“地磁异常”等。这些资料在海图和航路指南中有记载，航行中应加以注意。

2. 磁倾角 θ

在地球上，自由悬挂的磁针与水平面之间构成夹角，也就是水平分量 H 和地磁总力之间的夹角称为磁倾角 θ。磁针北端下倾，θ 为“＋”；磁针北端上倾，θ 为“－”。

地面上由磁倾角等于零的各点连接而成的曲线叫做磁赤道，它是一条不规则曲线。磁赤道与地球赤道是不一致的。在磁赤道以北的倾角都是正的，以南都是负的。由倾角值相等的各点所连成的曲线称为磁纬度，磁纬度与地理纬度也是不一致的。

3. 地磁水平分量 H

地磁力 T 是沿着地磁磁力线在某点的切线方向作用的，它可以分为水平和垂直方向两分力，分别用 H 和 Z 表示，地磁水平分力使磁针北极指向磁北，磁罗经就是由此力而指向磁北的，垂直分力不起作用。由此可见，在磁赤道上，$\theta = 0°$，地磁水平分力 H 最大，而在极地附近 $\theta \approx 90°$，H 很小，磁罗经失去指北能力。

第二节 船用磁罗经结构

一、概述

(一)磁罗经指北原理及特点

磁罗经是依据磁针在地磁力作用下指向磁北的原理制成的一种指向仪器。磁罗经本身可看作一根磁针,因地磁北极具有负磁量,地磁南极具有正磁量,在异性相吸的作用下,磁针的北极指向地磁的北极,磁针的南极指向地磁的南极。磁罗经具有结构简单、性能可靠和不依赖于外界条件工作的优点,被作为现代化船舶重要的航海仪器之一。1977 年国际海事组织(IMO)通过决议,要求所有船舶安装一台标准磁罗经和一台操舵磁罗经,并应正确地校正自差和备有自差表或自差曲线。

(二)磁罗经的分类

1. 按用途和安装位置分类

(1)标准罗经 安装在罗经甲板的船首尾线上,并为水平视界最大之处,用以指示航向、观测方位及校正操舵罗经等。

(2)操舵罗经 安装在驾驶台操舵的正前方,并在船首尾线上,供航行时观测航向之用。

(3)太平罗经 安装在船尾太平舵(又称应急舵)前面的船首尾线上,供舵机失灵而用太平舵航行时观测航向用。

(4)艇用罗经 救生艇上所用的小型液体罗经。

2. 按罗经盆内所充的物质分类

(1)干罗经 罗经盆内是干的。这是一种比较陈旧的罗经,现已逐渐被液体罗经所代替。

(2)液体罗经 液体罗盘浸浮在盛满液体的罗盆内,因受液体的阻尼作用,故当船摇摆时,罗盘的指向稳定性好。另外,由于液体浮力的作用,可减少轴针与轴帽间的摩擦力,提高了罗盘的灵敏度。这种罗经目前已广泛使用。

3. 按磁罗经的构造形式分类

(1)反射式罗经 在标准罗经上加设反射装置并通到驾驶台,以代替操舵罗经供操舵用。反射式罗经目前已被广泛采用。

(2)立式磁罗经、台式磁罗经、可移式磁罗经。

二、磁罗经的结构

各种类型的船用磁罗经主要由罗经柜、罗盆和自差校正器组成,如图 6-2 所示。

1. 罗经柜

罗经柜有两个作用:一是放置罗经盆;二是放置消除自差用的磁铁和铁。罗经柜顶部有罗经帽,起保护罗盆的作用。罗经帽上有一玻璃窗口,供观察航向用。罗经柜正前方有一竖筒,筒内根据需要放置长短不一的佛氏铁块和补充长度的木块,用以消除自差。罗经柜左右正横两侧放有软铁球或软铁片盒的座架,软铁球或软铁片的中心位于磁针平面内。罗盆放置在水平环，以便在船体倾斜时仍保持水平。罗经柜的上部装有照明灯，以便夜航时观察航向。

在罗经柜内位于罗盆中心的正下方装一垂直铜管，其内部放置消除倾斜自差的垂直磁铁并由吊链拉动可上下移动。此外，罗经柜内还有放置纵横磁铁的架子，用以安装磁铁，从而改变其对罗经产生的纵向和横向的水平力的大小。

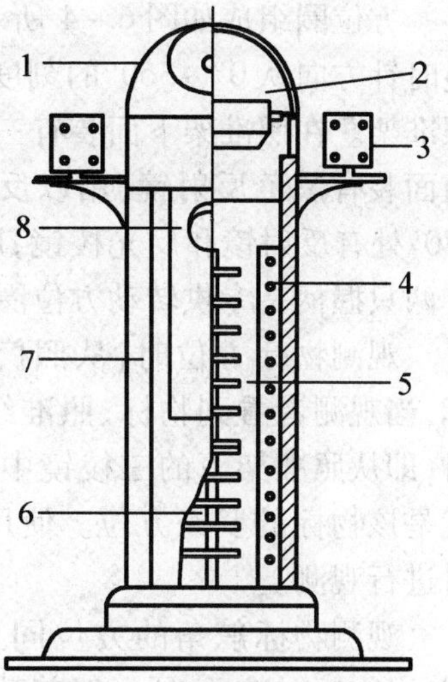

图 6-2　磁罗经示意图

1—罗经帽；2—罗盘；3—校正软铁盒；4—纵向磁铁架；5—横向磁铁架；6—垂直磁铁架；7—罗经柜；8—倾斜仪

2. 罗盆

罗盆是磁罗经的指向部分。罗盆由罗盆本体和罗盘两部分组成。罗盆系铜制，罗盆顶部有一玻璃盖，其边缘有橡皮圈，并用一铜环压紧以保持水密。罗盆底部以铅作为压重，降低罗盆重心，使罗盆保持水平。罗盆侧壁设有注液孔，用以注入液体和排除气泡。在罗盆内的前后，各装有一根垂直金属线，直立于罗经刻度盘边缘处，为基线。位于船首方向的称为艏基线，供读取航向用。罗盘内充满酒精与蒸馏水的混合液，通常酒精占 45%，蒸馏水占 55%；酒精用来降低冰点，该罗经液体的沸点为 +83 ℃，冰点为 -26 ℃。

罗盘是罗经指示的灵敏部分。它由刻度盘、浮子、磁钢和轴帽等组成。刻度盘由云母等非磁性材料制成，呈圆盘形，上面刻有 0 ~ 360°的刻度。罗盘中间有一呈半球形的水密空气室，称为浮子或浮室，用以增加罗盘在液体中的浮力，减小罗盘与轴针间的摩擦力，提高罗盘的灵敏度。在浮子的下部装有 2 ~ 3 对磁针或环形磁铁，须使磁针的 N，S 极与刻度盘的 0 ~ 180°轴线平行，并与刻度盘中心对称。有的罗经把磁针用铜皮密封，以防锈蚀。在浮子中心处为轴帽，其内嵌有宝石，罗盘通过轴帽支承在轴针上，轴针下端固定于罗盆内轴针横梁的中点上。

罗盆还采取了用以调节盆内液体热胀冷缩的措施，例如有的罗经在其罗盆底部装有铜皮压成的波浪形的缩片，用以调节膨胀与收缩；还有的罗经罗盆分上下两室，如图 6-3 所示。上室安放罗盘并充满液体，下室液体不灌满，留有一定的空间，用毛细管连通罗盆的上下两室。当温度升高时，上室液体受热膨胀，一部分液体通过毛细管流到下室；反之，当温度降低时，液体收缩，由下室向上室补充一部分液体，于是起到调节盆内液体的膨胀和收缩作用。

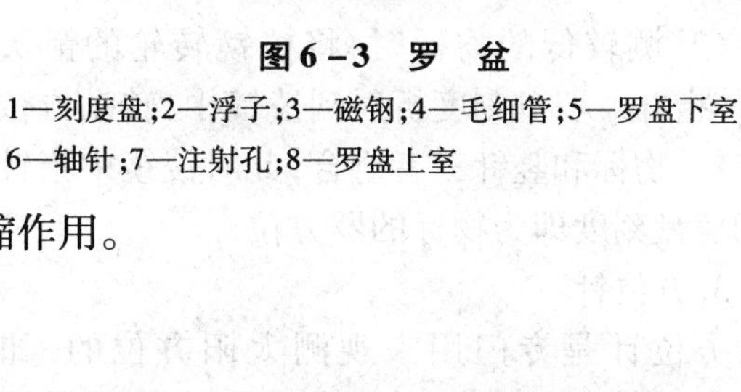

图 6-3　罗　盆

1—刻度盘；2—浮子；3—磁钢；4—毛细管；5—罗盘下室；6—轴针；7—注射孔；8—罗盘上室

三、方位仪

方位仪是一种配合罗经来观测物标方位的仪器，通常有方位镜、方位圈和方位针三种。

1. 方位圈

方位圈组成如图 6－4 所示。方位圈底盘上刻有逆时针方向从 0°～360°的刻度，供测舷角用。0°装有照准架。在照准架下面装有三棱镜和水准仪，照准架前面装有黑色反射镜，用以反射明亮的天体。90°和 270°处有反射镜和反光棱镜，用来观测太阳方位。还有两只握柄是专供转动方位圈时使用的。

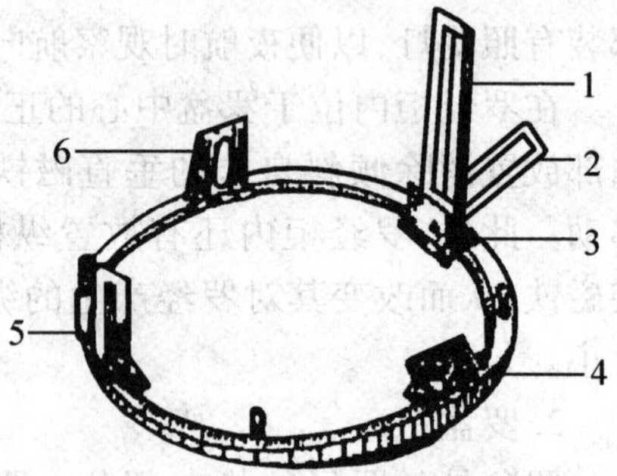

图 6－4 方位圈

1—目标照准架；2—天体反射镜；3—棱镜；4—凹面天体反射镜；5—目视照准架；6—棱镜

观测物标方位时，从照门孔通过照准线观测物标，当观测者看到物标、照准线和照门孔三者一线上时，即从照准架下的三棱镜中读出黑线所对的度数，就是该物标的罗经方位。使用时注意在方位圈水平时进行观测。

观测物标舷角的方位同上，但看读数的地方不同，当物标对准后，罗经船首基线所对准的方位圈底盘上的刻度数，就是该物标的舷角。

观测太阳方位，应转动方位圈使反射镜对准太阳，然后俯视反射镜，使太阳反射到反光棱镜中，太阳光通过光棱镜将罗盘上出现一道很细的光线，该光线所指的刻度就是太阳方位。测星或测月亮方位时则应转动方位圈，使照门孔、照准线与黑色反射镜反射的天体成一直线后，在照准架下棱镜中读出方位。

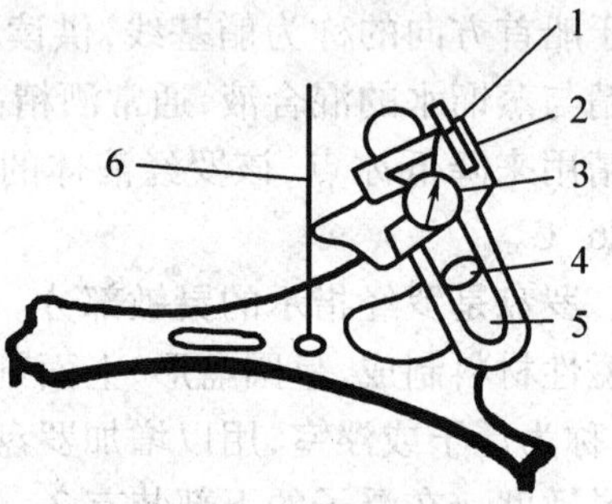

图 6－5 方位镜

1—棱镜；2—色镜；3—转轮；4—凸透镜；5—斜圆筒；6—竖针

2. 方位镜

方位镜由一个三棱镜和凸透镜组成，如图 6－5 所示。凸透镜位于斜圆筒的中间，它可把斜圆筒下面的指针和罗盘刻度折射到圆筒上部可旋转的棱镜中。棱镜由刻有箭头的转轮来转动。方位镜中有一根竖针，棱镜侧旁有色镜，用以遮蔽强太阳光的照射。

用方位镜观测物标方位的方法有下面两种。

(1)测较高的物标时，将棱镜转轮箭头朝上，使物标折射到棱镜中，用眼睛从斜圆筒中的凸透镜中看到指针和罗盘刻度；将凸透镜中的指针、棱镜中的物标影像和竖针三者重合，再看此时指针所指的罗盘刻度，即为物标的罗方位。

(2)测较低的物标时，将棱镜转轮的箭头朝下，使指针及罗盘刻度折射到棱镜中，转动方位镜使指针、物标和竖针三者重合，此时棱镜中指针所指的罗盘刻度即为物标的罗方位。

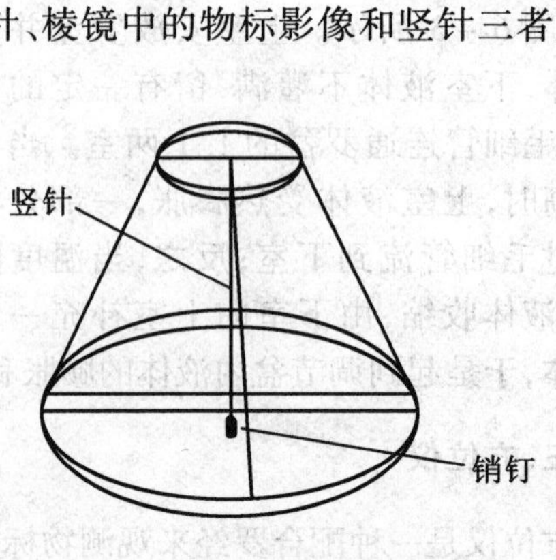

图 6－6 方位针

3. 方位针

方位针是专门用来观测太阳方位的，如图 6－6 所示。它由一根垂直放置在罗盘中心的竖针组成，当阳光照在竖针上时，便在罗盘上留有一道影子，把影子的方位反 180°向后即得太阳的罗方位。在各种方位仪上均装有水准仪，测方位时，必须使水准仪的气泡处于中间位置，亦即保持方位仪处于水平状态。否则将会产生方位误差。尤其是当太阳高度较高时，因方位仪不水平，将会引起较大的方位误差。

第三节　船用磁罗经的自差及其校正

船体是许多钢板和钢材按一定线型组装的集合体，在船上还装置有主机、发电机、舵机、起货机和起锚机等钢铁材料，这些钢铁材料都是强磁性材料。在地球磁场那样大小的弱磁场的范围内，船体钢材的磁导率通常为 150 ~ 250 H/m。船舶在船坞建造时间内，船上硬铁部分受地磁磁化而变成了磁体。由于硬铁的保留性强，硬铁部分所获得的磁性虽有一部分因航行中震动而消失，但大部分仍保留下来，这部分称永久船磁。船上的软铁部分，虽受地磁磁化而获得磁性，但它没有保留性，它随磁场的变化而变化，称为感应船磁。永久船磁和感应船磁统称为船磁。罗经在船磁力的作用下产生了“自差”。

作用于罗经上的力除了地磁外还有船磁力，使罗经的磁针偏离磁子午线的方向，罗经针的北极（简称罗北 N_C）偏离磁北的角度，称为磁罗经自差（Deviation），并用代号 δ 或 Dev 表示。罗北偏于磁北之东时，称为东自差；偏于磁北之西时，称为西自差。显然，由船磁对罗经作用所产生的自差的大小和性质，与船所在的地理位置、船舶的航向以及船舶有否倾斜均有密切的联系。

一、船铁的磁化

1. 地磁力的分解

为了研究船铁受地磁所磁化的情况方便起见，我们以罗经中心为原点，船首尾线为纵轴，左右舷为横轴，垂直于甲板的为垂直轴，建立坐标系。地磁力按三个船轴方向分解，如图 6 - 7 所示。

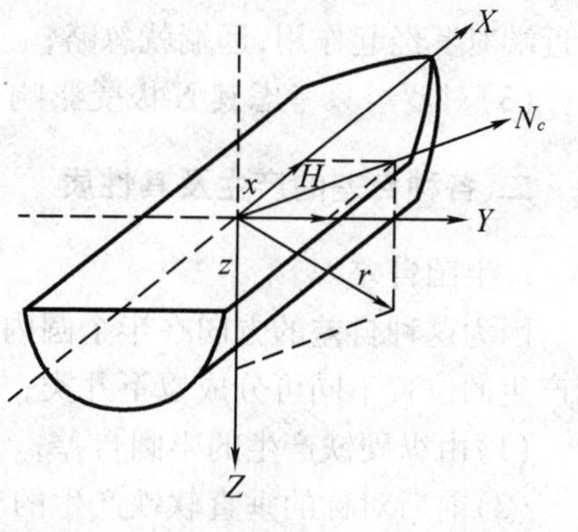

图 6 - 7　地磁全力（T）按船轴分解

N_C—磁北线；H—地磁水平分量；X—地磁纵分量；Y—地磁横分量；Z—地磁垂直分量

地磁水平分量 H 可分解为：(1)船首尾方向的分量，叫做地磁纵分量，并规定船首方向为正，船尾方向为负；(2)左右舷方向的分量，叫做地磁横分量，并规定向右舷方向为正，向左舷方向为负；(3)地磁垂直分量，规定向下为正，向上为负。在北半球总是向下的。

2. 船铁的分解和被地磁分力磁化

组成船体的钢铁，无论是硬铁或软铁，都可以分解成纵向、横向、垂直三种条材。一般大件有：

(1)纵向硬铁、纵向软铁，如龙骨、纵梁、纵甲板、纵隔墙等；

(2)横向硬铁、横向软铁，如横梁、横隔墙、肋骨等；

(3)垂直硬铁、垂直软铁，如大桅、烟囱、单杆重吊杆、各种支柱等。

船软铁在地磁场中相应地受地磁分力磁化，即横软铁受地磁横分量磁化、纵软铁受地磁纵分量磁化，垂直软铁受地磁垂直分量磁化。硬铁就当做已被磁化了的磁铁。

3. 磁铁受磁化的极性

船在不同航向和南、北半球上受地磁磁化的情况如图 6－8 所示。为了分析、讨论问题方便和简化起见，船磁对磁罗经的影响作了如下规定：

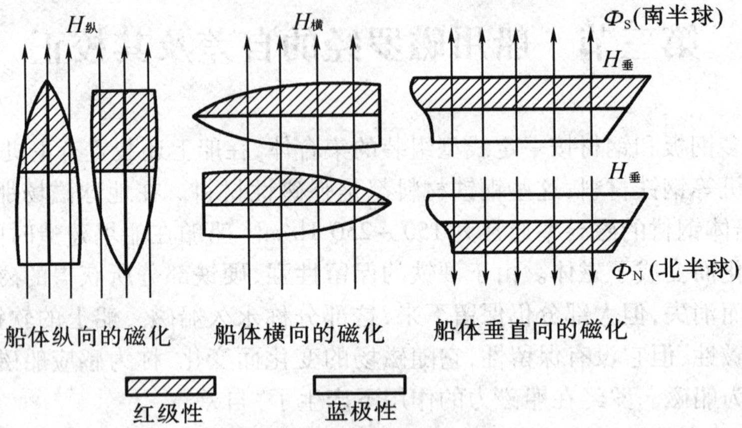

图 6－8 船体磁化情况

(1)假设磁罗经安装在艏艉面上并在船的中央；

(2)被磁化的软铁其两端与磁罗经等距离，两端都对罗经起作用，但如果不等距，则认为近端对罗经起作用，远端就忽略；

(3)对罗经只考虑其 N 极受影响，并用"n"表示(S 极的作用方向相反)。

二、各种自差的产生及其性质

1. 半圆自差

因为这种自差的方向在半个圆内产生符号相反、大小相等的自差，故称为半圆自差。根据产生的位置不同可分成以下几类：

(1)由纵硬铁产生的半圆自差；

(2)前后对称的垂直软铁产生的半圆自差；

(3)由横硬铁产生的半圆自差；

(4)左右不对称垂直软铁产生的半圆自差。

2. 象限自差

隅点航向上(NE,SE,SW,NW)，自差为最大(D_a)；在其他中间航向上，自差变化于 0°与最大值 D_a 之间，其正负号随四个象限变换四次，这种自差叫做象限自差。根据产生的位置不同可分成以下几类：

(1)纵软铁产生的象限自差；

(2)横软铁产生的象限自差。

3. 纵、横不对称软铁产生的自差

分为两种情况：

(1)左右不对称纵软铁产生的自差；

(2)左右不对称横软铁产生的自差。

4. 倾斜自差

当船体发生了倾斜以后，原来不产生自差的垂直力，这时也导致产生自差了，这种由于船体倾斜而产生的自差叫做倾斜自差。

三、自差的校正

(一)消除自差的必要性及原则

假定船用磁罗经的自差很大而没有消除，不但对航行工作带来很大的不便，而且对船舶航行有很大的危险。罗经之所以有很大的自差，是因为作用于罗盘的船磁力中某些力较大。这样，当船在某些航向上时，船磁力的矢量和可能接近罗经指北力且与其反向，这时的罗盘就失去指向性能。在另一些航向上，由于自差很大，当船改变航向时会引起罗盘很大的摆幅。在某些情况下，会产生船舶实际已经改向而罗盘上却看不出改向的情况，这样的罗经实际上是不能使用的，因而当自差很大或自差变化较大时，必须消除自差，即进行罗经自差的校正工作。

消除自差就是设法抵消自差力，从而使罗经自差值减至最小。一般要求，标准罗经的自差在 ±3°以内，操舵罗经自差在 ±5°以内。消除自差的原则是由永久船磁产生的自差力，应用永久磁铁产生的与自差力大小相等、方向相反的永久磁力去抵消；由感应船磁产生的自差力，就用软铁产生的与自差力大小相等、方向相反的感应磁力去抵消。船磁力在罗盘中心处可分解为沿船纵向、横向和垂直的三个分力。因而，抵消沿船纵向的船磁分力，应用产生纵向力的校正器；抵消沿船横向的船磁分力，应用产生横向力的校正器；抵消沿船垂直向的船磁分力，应用产生垂直力的校正器。

对于商船上罗经，一般都是正装罗经(罗经位于船首尾面上)，所以罗经的固定自差一般很小，不予消除，主要消除倾斜自差、半圆自差和象限自差。

(二)罗经校正前的准备工作

为了能准确迅速地校正罗经自差，事先应做好必要的准备工作：

(1)根据海图，确定校正自差的区域，量出校正区域的经纬度及磁差；

(2)算好在校正自差期间内的太阳磁方位表，并画出叠标线，标清磁方位；

(3)在海港附近，用倾针仪北端指北，离地 1 m 以上，测出地磁力的滑重格数 n；

(4)检查罗经的艏艉基线是位于船首尾面内；

(5)检查罗经的灵敏度和半周期；

(6)若罗盆内有气泡应予以排除；

(7)准备好备用的软硬铁校正器，以防校正自差时需要增加校正器；

(8)消除自差时，应保持船舶正平，船上尤其是靠近罗经附近的船舶设备，如吊杆等，均应按航行状态放好；

(9)准备好消除自差时应悬挂的信号旗“OQ”。

(三)实用的消除自差方法

1. 消除倾斜自差

将船首稳定在磁东(或磁西)航向上，用倾针仪消除倾斜自差。

2. 消除半圆自差

(1)倾斜自差消除后，即可在原航向上测出自差(δ_E 或 δ_W)，放置并调整纵向磁铁使 δ_E(或 δ_W) = 0。

(2)船舶转过 90°,稳定于磁南(或磁北)航向上,测出 δ_S(或 δ_N),放置并调整横磁铁使 δ_S(或 δ_N) = 0。

(3)将船转过 90°,稳定于磁西(或磁东)航向上,测出 δ_W(或 δ_E),调整纵向磁铁消除一半自差。

(4)船舶转过 90°,稳定于磁北(或磁南)航向上,测出 δ_N(或 δ_S),调整横磁铁消除一半自差。

3. 消除象限自差

(1)将船顺时针或逆时针转过 45°,稳定于某一隅点航向,设 MC = 45°(或 315°),测出自差 δ_{NE}(或 δ_{NW}),调整软铁球与罗经的距离,使 δ_{NE}(或 δ_{NW}) = 0。

(2)将船转过 90°,稳定于相邻隅点航向上,即 MC = 135°(或 225°),测出自差 δ_{SE}(或 δ_{SW}),调整软铁球消除一半自差。

4. 测出八个主航向上的剩余自差,计算出五个自差系数,编制自差表或绘画自差曲线。

八个主航向即 0°,45°,90°,135°,180°,225°,270°,315°。自差系数的计算公式为

$$A = \frac{\delta_N + \delta_{NE} + \cdots + \delta_{NW}}{8} = \frac{\sum \delta}{8}$$

$$B = \frac{(\delta_E - \delta_W) + (\delta_{NE} - \delta_{SW}) \cdot S_{45} + (\delta_{NE} - \delta_{SW}) \cdot S_{45}}{4}$$

或取

$$B = \frac{\delta_E - \delta_W}{2}$$

$$C = \frac{(\delta_N - \delta_S) + (\delta_{NE} - \delta_{SW}) \cdot S_{45} + (\delta_{SE} - \delta_{NW}) \cdot S_{45}}{4}$$

或取

$$C = \frac{\delta_N - \delta_W}{2}$$

$$D = \frac{(\delta_{NE} + \delta_{SW}) - (\delta_{SE} + \delta_{NW})}{4}$$

$$E = \frac{(\delta_N + \delta_S) - (\delta_E + \delta_W)}{4}$$

在求出 A,B,C,D 和 E 以后,可以应用自差基本公式

$$\delta = A + B\sin CC + C\cos CC + D\sin 2CC + E\cos 2CC$$

计算出任意航向上的自差。然后根据所计算的自差绘制曲线或自差表,如求得的自差系数太大(一般操舵罗经自差小于 5°,标准罗经应小于 3°),应再一次进行自差消除,最后将各校正器的数量、长度、位置、极性记录下来。

第四节 磁罗经的使用及保养

一、磁罗经的维护保养

磁罗经的维护和保养是否妥当,直接影响到船舶的航行安全和仪器的使用寿命。因此平时应认真做好维护和保养工作。

(1)平时磁罗经应盖上罗经帽和套上罗经套,以免受风吹雨淋致使刻度盘变形、罗经垫木被腐蚀。

(2)平时应注意检查罗经的半周期和灵敏度。

(3)保持液体无色透明,消除罗盆内的气泡。

(4)应定期对罗盆轴和常平环轴等加润滑油。

(5)各种校正器(包括备用的)不得生锈;软铁校正器不用时,不得将其靠近永久磁铁;保存校正磁棒时,应异名极相靠,并避免高温、振动和恒定磁场的影响。

(6)方位仪应保持处于完好状态,棱镜面必须与照准面垂直,旋转轴应与罗盘中心轴针相重合。

(7)投影或反射型罗经,应保持其光学透镜面的清洁,使罗盘刻度清晰可见。

(8)罗经附近不得放置或安装磁性物体。

二、磁罗经使用注意事项

(1)使用磁罗经时,不得随身携带铁器,并应检查磁罗经附近有无增减铁器物品,以免影响磁罗经的指向。

(2)改航向时,应在罗经正后方看船首基线所对罗经卡的度数,以提高观看度数的准确性。在风浪中航行,罗经卡两边摆动时应读平均值。

(3)在风浪中观测物标方位时,应在涌浪间隙中当罗经保持水平时,读出方位度数。

(4)航行中应经常校对标准罗经和操舵罗经。船舶在长航线上航行,因船体钢铁受地磁感应已久,船舶转向后需经 5 ~ 10 min 才能进行定位。

思　考　题

6 - 1　何谓地磁极、磁纬度和地磁三要素?

6 - 2　简述磁罗经的种类、结构及主要部件的作用。

6 - 3　磁罗经的自差有哪几种?

第七章　航海陀螺罗经

第一节　陀螺仪特性及视运动

陀螺罗经也叫电罗经，是利用陀螺仪的特性制成的指向仪器。陀螺罗经基本不受外界磁场的影响，指向具有较高的准确性和稳定性，正常工作时只有固定误差，它不随航向地点改变而变化，并且能把航向传送到船上任何地方和送给自动舵、雷达等需要航向信号的仪器。为了更好地了解和使用陀螺罗经，首先要对陀螺仪的结构和特性有一个简单的了解。

一、陀螺仪的结构及其特性

（一）陀螺仪的结构

陀螺仪是绕定点高速旋转的刚体及其悬挂装置的总称。如图 7－1 所示，陀螺仪由一个高速旋转的转子、支承转子的内环和外环及基座组成。

陀螺仪具有三个自由度：一是转子绕 OX 轴（亦称主轴）转动；二是转子连同内环绕 OY 轴（亦称水平轴）转动，可改变主轴指向的高度角；三是转子连同内环和外环一起绕 OZ 轴（亦称垂直轴）转动，可改变主轴指向的方位角。三轴的交点 O，称为陀螺仪的中心点。这种转子可绕 X,Y,Z 三个轴任意转动。主轴可指向空间任何方向的陀螺仪称为三自由度陀螺仪。当三自由度陀螺仪的重心（包括内环和外环）和中心 O 重合时，这种陀螺仪称为平衡陀螺仪。不受任何外力矩作用的三自由度平衡陀螺仪称为自由陀螺仪。

（二）陀螺仪的特性

1. 定轴性（又叫稳定性）

自由陀螺仪在转子不作高速旋转时，若转动其基座，则主轴将随基座一起转动。当转子绕其主轴高速旋转时，若再转动陀螺仪的基座，则可发现主轴 OX 并不随基座一起转动，而是保持它原有的空间指向不变，如图 7－2 所示，这种现象称自由陀螺仪的定轴性，也叫稳定性。可叙述为：在不受外力矩作用时，自由陀螺仪主轴保持它在空间的初始方向不变。

2. 进动性（又叫旋进性）

当陀螺仪受到外力矩作用时，若转子不绕主轴高速旋转，则陀螺仪将和一般刚体一样，绕外力矩的作用轴转动。当转子绕主轴高速旋转时，如在 OX 轴上有一个常值作用力 $\boldsymbol{F}$，则沿 OY 轴方向有一个常力矩 M_x 作用在陀螺仪上时，陀螺仪主轴并不绕 OY 轴转动，而是绕 OZ 旋转，这种现象称为陀螺仪的进动性，也叫旋进性，可叙述为：在外力矩作用下，陀螺仪主轴的动量矩 H 矢端以捷径（小于 180°）方向趋向力矩 M 矢端作进动。可记为 $H \rightarrow M$。

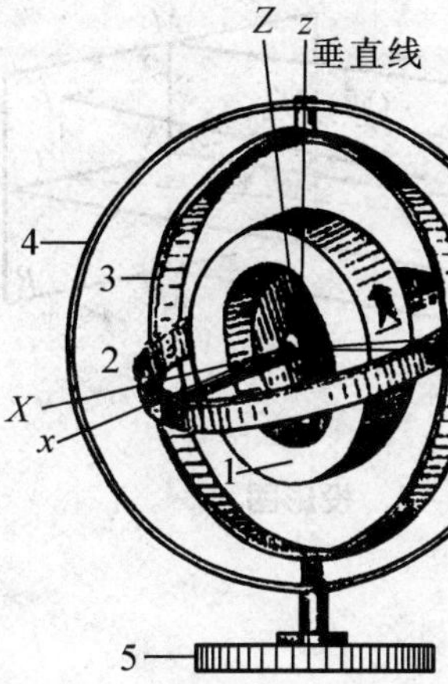

图 7－1　陀螺仪

1—转子;2—内环;3—外环;4—固定环;5—基座

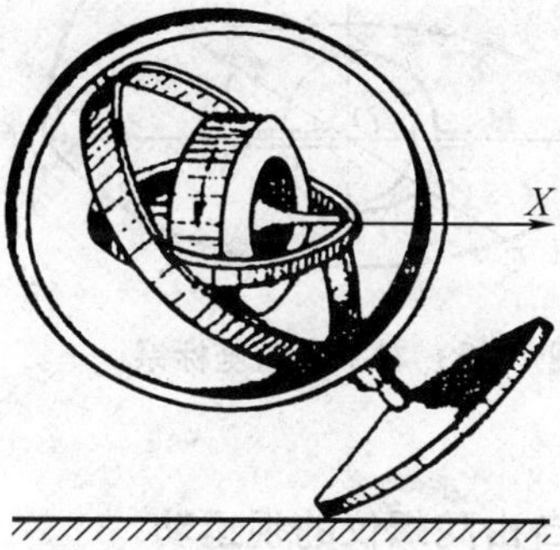

图 7－2　自由陀螺仪的定轴性

二、陀螺仪运动的参考坐标

1. 陀螺仪主轴在地球坐标系中的指向

为研究陀螺仪主轴在地球上的指向和主轴相对于地球的运动规律,必须建立一个参考坐标系统。以陀螺仪中心点 O 为原点作一个与地球相固连的右手直角坐标系 $ONWZ_0$,ON 轴水平指北,OW 轴水平指西,OZ_0 轴垂直向上,如图 7－3 所示。图 7－1 所示陀螺仪能绕三个互相垂直的轴 OX,OY 和 OZ 旋转,若在初始时刻,让 OX 与 ON 重合,OY 与 OW 重合,则 OZ 与 OZ_0 重合,而后若转子连同内环和外环一起绕 OZ 轴以角速度 ω_Z 转过 α 角,转子连同内环绕 OY 轴以角速度 ω_Y 转过 θ 角,则 α 角是陀螺仪主轴 OX 与子午面 ONZ_0S 的夹角,表示陀螺仪主轴在子午面之西或之东的角度,α 角称陀螺仪主轴的方位角。θ 角是陀螺仪主轴与水平面 $ONWSE$ 之间的夹角,表示陀螺仪主轴偏在水平面之下或之上的角度,θ 角称陀螺仪主轴的高度角。

方位角 α 和高度角 θ 在坐标系 $ONWZ_0$ 中的符号用“右手法则”判断:主轴指向北端偏在子午面之西时,$\alpha>0$;主轴指向北端偏在子午面之东时,$\alpha<0$;主轴指向北端偏在水平面之下时,$\theta>0$;主轴指向北端偏在水平面之上时,$\theta<0$。显然,当陀螺仪主轴指北端相对于地球坐标系 $ONWZ_0$ 的方位角和高度角确定后,陀螺仪主轴在地球上的指向就能确定。

2. 陀螺仪主轴指向的投影表示法

陀螺仪主轴在地球上指向的方位角和高度角也可以采用投影法来描述,如图 7－4 所示,在陀螺仪主轴指北端竖立一东西方向的垂直平面 R,子午面与垂直面 R 的交线为 MM',称为真北线。地平面与垂直平面 R 的交线为 HH',称为地平线(水平线)。MM' 与 HH' 的交点为 N,主轴延长线交垂直面 R 于 P 点,称为主轴的投影点。显然当主轴水平指北时,P 点即与 N 点相重合。P 点与真北线 MM' 之间的距离代表方位角的大小,P 点与地平线 HH' 之间的距离代表高度角 θ 的大小。

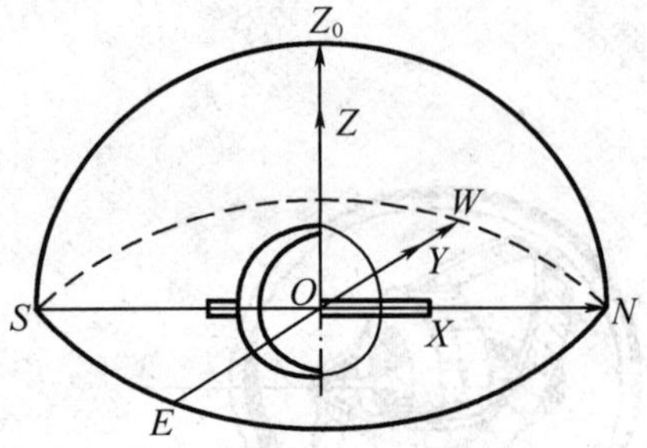

图 7－3 右手直角坐标系

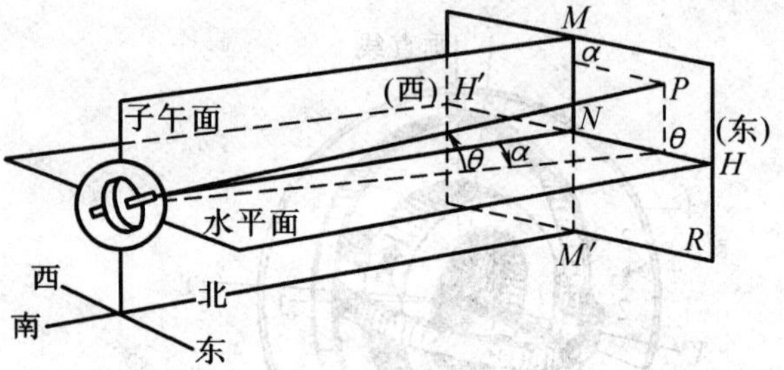

图 7－4 投影图

三、自由陀螺仪的视运动

自由陀螺仪主轴指向的稳定性是相对于宇宙空间的。由于地球的自转，子午面和水平面在空间旋转。人在地球上感觉不到子午面和水平面的旋转，相反却看到了指向宇宙空间方向不变的陀螺仪主轴相对于子午面的方位角和相对于水平面的高度角在不断变化。这种由于地球自转产生的陀螺仪主轴相对于地理坐标系的运动，称为陀螺仪在地球上的视运动。

第二节 陀螺罗经基本原理及误差分析

一、陀螺罗经基本原理

要想把陀螺仪变为航海罗经，必须使其满足航海罗经的两个基本要求：一是主轴相对于地球具有稳定位置；二是当主轴受到干扰偏离稳定位置后，应能自动返回稳定位置。显然，自由陀螺仪不满足这两个要求，因此不能作罗经用。要想使自由陀螺仪满足航海罗经的要求，还必须利用其进动性，对其施加控制力矩和阻尼力矩。

（一）陀螺罗经的控制力矩

1. 什么是控制力矩

要想把陀螺仪变为航海罗经，首先要克服陀螺仪的视运动，使陀螺仪主轴指向相对于地球具有稳定位置。在陀螺罗经中，向陀螺仪 OY 轴施加的用来抵消陀螺仪方位视运动的力矩叫做陀螺罗经的控制力矩，用 M_y 表示。

2. 获得控制力矩的方法和罗经的分类

陀螺罗经有三种方法获得控制力矩，并因此将罗经分为三大系列。

（1）安许茨系列陀螺罗经　该系列罗经采用下重法获得控制力矩，又叫下重式罗经，即将陀螺仪的重心沿 OZ 轴下移一段距离，形成陀螺摆而产生摆性力矩——重力控制力矩。较为著名的型号有国产航海 I 型、德国安许茨（ANSCHUTS）型。该系列陀螺罗经的陀螺球内有两个陀螺马达，所以又称为双转子陀螺罗经。

（2）斯伯利系列陀螺罗经　该系列罗经采用液体连通器法产生控制力矩，又称液体连通器罗经。产生控制力矩的设备是在陀螺仪上挂着盛有水银的容器，利用水银的流动产生多余的水银而产生摆性力矩。这种摆性力矩的作用效果与下重法产生的摆性力矩的作用效果相反，它相当于重心上移，所以液体连通器罗经又称为上重式罗经。此类罗经的代表型号有美国的斯伯利－37 型、日本的 TG－100 型等。无论是下重式还是液体连通器式罗经，它们都是利用摆的效应，即直接利用地球重力作用来产生控制力矩而制成罗经的，所以又称重力摆式陀螺罗经。

(3)阿玛－勃朗系列陀螺罗经　该系列陀螺罗经采用力矩器和电磁摆结构，用电磁感应方法产生电磁控制力矩，因此又称此类罗经为电磁控制式罗经。国产代号 CLP－2 型、美国的阿玛－勃朗型属此类陀螺罗经。

3. 在北纬摆式罗经的等幅摆动

在北纬，影响摆式罗经主轴 OX 高度角和方位角变化的因素有：东升西降的高度视运动，在投影图上用 v_1 表示；向东偏的方位视运动，用 v_2 表示；控制力矩引起主轴 OX 的进动是主轴高于水平面时向西进动，主轴低于水平面时向东进动，用 u_2 表示。图 7－5 中，r 点为主轴 OX 的稳定位置。这时主轴在子午面内，高度视运动 $v_1=0$；主轴高于水平面 θ_r 角，控制力矩引起的主轴 OX 向西运动速度 u_2 等于主轴向东偏的方位视运动速度 v_2，抵消了方位视运动，所以主轴相对于地球是稳定的。

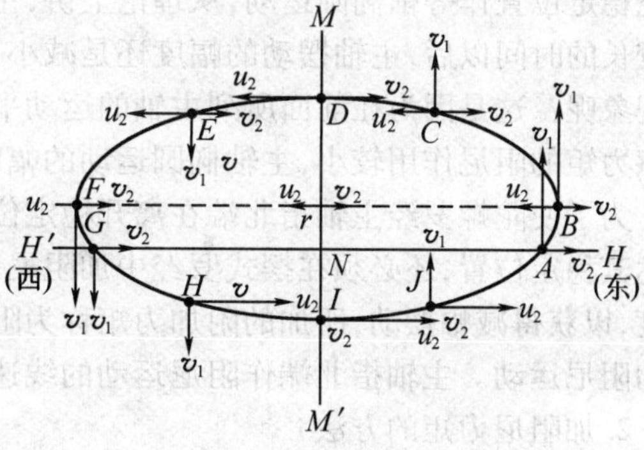

图 7－5　控制力矩作用下主轴指北端的运动轨迹图

若由于某种干扰，比如在启动时刻，摆式罗经主轴指北端水平偏东，投影点在位置 A。此时，投影点以线速度 v_1 向上运动，同时又以线速度 v_2 向东，这样投影点沿 v_1 和 v_2 的合成方向运动。当主轴指北端上升以后，产生向西的进动线速度 u_2，u_2 随高度角 θ 的增大而增大。当主轴高度角上升到 θ_r 时，$u_2=v_2$，此时主轴偏离子午面的方位角 α 最大，如图 7－5 中 B 点。在位置 B 时，u_2 和 v_2 等值反向互相抵消，但此时因方位角 α 最大，所以主轴指北端上升的线速度 v_1 也最大。主轴继续上升，将使控制力矩产生的 u_2 增大，主轴将在 v_1 和 u_2-v_2 的合成方向上上升并向子午面靠拢运动到 C 点。在 C 位置时，由于方位角 α 的减小使 v_1 的值也减小；而高度角 θ 的逐渐增大，使 u_2 随高度角 θ 的增大而逐渐增大，使投影点沿扁平曲线达到位置 D，即进入子午面。在位置 D，即子午面上，方位角 $\alpha=0$，$v_1=0$，主轴指北端停止上升，此时高度角 θ 最大，向西进动的 u_2 也最大，则主轴指北端以 $(u_{2最大}-v_2)$ 的速度偏离开子午面向西运动。主轴向西偏离子午面后，v_1 是下降的，同时 $u_2>v_2$，故主轴指北端向西向下接近水平面。

在位置 D，E 至 F 的过程中，高度角 θ 逐渐减小，而方位角 α 却逐渐增大，因此 u_2 逐渐减小，v_1 却逐渐增大，直至 F 点时，$u_2=v_2$，方位角 α 又为最大，则向下线速度 v_1 最大。其后，由于 $u_2<v_2$，则投影点向下向东接近水平面，逐渐到达水平面 G 点。当主轴北端来到水平面以下时，u_2 的方向也向东，与 v_2 方向一致，使投影点向下向东沿扁平线经 H 点到达子午面 I 点。在 I 点，方位角 $\alpha=0$，$v_1=0$，主轴下倾角 θ 最大，u_2 也最大，主轴指北端以 $(u_{2最大}+v_2)$ 的速度向东偏离子午面。主轴向东偏离子午面后，又产生 v_1 向上，u_2 逐渐减小，在 v_1，v_2 和 u_2 的共同作用下，投影点沿向上向东的扁平曲线经 J 点回到水平面 A 点，完成了一个周期的摆动，以后周而复始地重复上述运动过程，投影点运动的轨迹为一椭圆。

由以上分析可见,仅加控制力矩的摆式陀螺罗经,虽然具有稳定位置,但是当主轴受到干扰离开稳定位置以后,主轴 OX 仅具有找北的性能,即主轴围绕稳定位置作椭圆等幅摆动,不能进入稳定位置,显然不满足前述航海罗经的第二个要求,所以仅加控制力矩的陀螺罗经还不能当航海罗经用。

(二)陀螺罗经的阻尼力矩

1. 什么是阻尼力矩

如前所述,摆式陀螺罗经仅在控制力矩作用下,当主轴受干扰离开稳定位置后,主轴将围绕稳定位置作等幅椭圆运动,从理论上讲,主轴将一直等幅地运动下去。然而实际上,经过较长的时间以后,主轴摆动的幅度还是减小了,并且最终进入稳定位置。为什么会产生这种现象呢?这是因为在前面所列主轴的运动平衡方程式时没有考虑摩擦力矩的作用。由于摩擦力矩的阻尼作用较小,主轴椭圆运动的幅度减小很慢,短时间可认为是椭圆等幅摆动。

为了使陀螺罗经主轴指北端在离开稳定位置后的椭圆等幅摆动变为减幅摆动,并较快抵达其稳定位置,还必须在摆式罗经中加阻尼设备,产生一个附加力矩,改变主轴运动的角速度,以获得减幅摆动,所加的附加力矩称为阻尼力矩。由阻尼力矩引起的罗经主轴的运动称为阻尼运动。主轴指北端作阻尼运动的线速度用 u_3 表示。

2. 加阻尼力矩的方法

对阻尼力矩的要求是它所引起的罗经主轴的阻尼运动应能加快主轴趋向稳定位置,并阻碍其偏离稳定位置。

(1)水平轴阻尼法(又叫长轴阻尼法)　水平轴阻尼法即由阻尼设备产生的阻尼力矩作用于陀螺仪的水平轴 OY 上,该阻尼力矩使陀螺仪主轴产生绕 OZ 轴的阻尼运动,主轴指北端作阻尼运动的线速度用 u_3 表示。为获得减幅摆动,u_3 的方向总是指向子午面,如图 7-6 所示,当主轴位于子午面之东时,u_3 的方向指向西;当主轴位于子午面之西时,u_3 的方向指向东。在Ⅰ,Ⅲ象限内,u_3 将促使主轴加快抵达子午面,因而使高度角 θ 减小了,主轴抵达子午面时其高度角 θ 将小于等幅摆动时椭圆轨迹的 θ 值。在Ⅱ,Ⅳ象限内,u_3 将减弱主轴偏离子午面的速度,因而使方位角 α 减小了,主轴抵达水平面时其方位角 α 将小于等幅摆动时椭圆轨迹的 α 值。这样就使摆式罗经作等幅摆动时的椭圆轨迹变为收敛的螺旋线轨迹,亦即摆式罗经主轴的方位角 α 和高度角 θ 都渐渐衰减,最后使罗经主轴位于其稳定位置上。

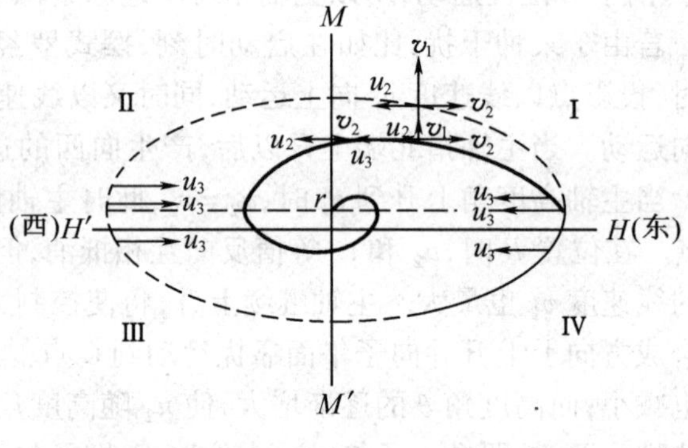

图 7-6　水平轴阻尼法的减幅摆动

正由于水平轴阻尼法的阻尼力矩相对于陀螺仪的水平轴 OY 作用,阻尼运动线速度表现为缩短椭圆的长半轴,与此同时,相应地按比例缩短椭圆的短半轴,因此,水平轴阻尼法又称为长轴阻尼法。具有液体阻尼器的下重式罗经均采用水平轴阻尼法。

(2)垂直轴阻尼法(又叫短轴阻尼法)　垂直轴阻尼法即由阻尼设备产生的阻尼力矩作用于陀螺仪垂直轴上,该阻尼力矩使罗经主轴产生绕水平轴的阻尼运动,主轴指北端作阻尼运动的线速度仍以符号 u_3 表示。为获得减幅摆动的方向总是指向水平面,如图 7-7 所示,当主轴位于水平面之上时，指向下方；当主轴位于水平面之下时，u_3 指向上方。这样，在Ⅰ，Ⅲ象限内，u_3 将减弱主轴偏离水平面的速度，因而使高度角 θ 小了，主轴抵达子午面时的高度角 θ 将小于等幅摆动时椭圆轨迹的 θ 值。在Ⅱ，Ⅳ象限内，u_3 将促使主轴加快抵达水平面，因而使方位角 α 减小了，主轴抵达水平面时的方位角 α 角小于等幅摆动时椭圆轨迹的 α 值。因此使摆式罗经作等幅摆动时的椭圆轨迹变为收敛的螺旋线轨迹。即：方位角 α 和高度角 θ 都渐次衰减，最后使罗经主轴位于其稳定位置 r。

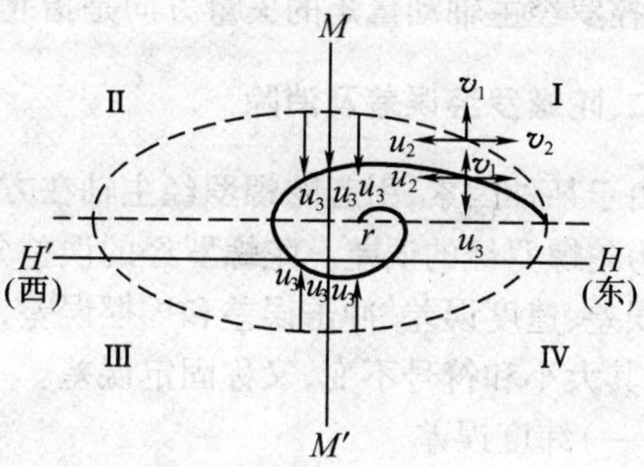

图 7-7　垂直轴阻尼法的减幅摆动

正由于垂直轴阻尼法的阻尼力矩相对于陀螺仪的 OZ 轴作用，阻尼运动线速度 u_3 表现为缩短椭圆的短半轴，与此同时，相应地按比例缩短椭圆的长半轴，因此垂直轴阻尼法又称为短轴阻尼法。液体连通器罗经均采用垂直轴阻尼法。

（三）电磁控制式罗经原理

1. 结构原理

电磁控制式罗经是在平衡陀螺仪结构上设置一套电磁控制装置，即以电磁摆和力矩器替代机械摆和液体连通器及阻尼配重，如图 7-8 所示。电磁摆 1 为控制元件，当陀螺仪主轴 OX 相对水平面倾斜时，电磁摆也倾斜一个 θ 角，感应出正比于倾斜角 θ 大小的摆信号输出，其相位取决于摆倾斜的方向，即取决于主轴是上仰还是下倾。电磁摆信号一路经方位放大器 2 放大后送至水平力矩器 3，产生控制力矩 $M_Y=-K_Y\theta$；一路经倾斜放大器 4 放大后送至垂直力矩器 5，产生垂直轴阻尼力矩 $M_Z=K_Z\theta$。上面两式中 K_Y 称为水平轴比例系数，K_Z 称为垂直轴比例系数，K_Y 和 K_Z 值可根据罗经工作状态进行电控。与加阻尼配重的液体连通器罗经相似，M_Y 使电磁控制式罗经主轴指北端，具有找北的性能；M_Z 使主轴指北端的等幅摆动变为衰减运动。

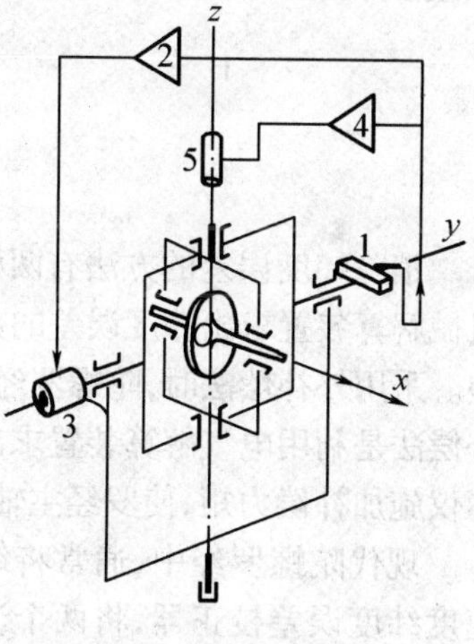

图 7-8　电磁控制式罗经

1—电磁摆；2—方位放大器；
3—水平力矩器；4—倾斜放大器；
5—垂直力矩器

2. 电磁罗经的稳定位置

由上述分析，电磁控制式陀螺罗经属单转子，垂直轴阻尼方案，给陀螺仪施加力矩的方式是采用电磁摆和力矩器，以代替液体连通器罗经中的水银连通器和阻尼重物。因此电控陀螺罗经主轴指北端的运动轨迹与液体连通器罗经相同，其稳定位置坐标为

$$\alpha_Y=-\frac{K_Z}{K_Y}\tan\varphi$$

$$\theta_\gamma=-\frac{H\omega_2}{K_Y}$$

注意电控罗经当主轴上仰时控制力矩 $M_Y=-K_Y\theta$ 向西，阻尼力矩 $M_Z=K_Z\theta$ 向下，这与液体

连通器罗经主轴上仰时产生的控制力矩和阻尼力矩的方向相反。为了得到相同的进动方向,电控罗经主轴动量矩的矢量方向是指北的。

二、陀螺罗经误差及消除

由于某种因素,引起陀螺罗经主轴在方位上偏离真北方向的罗经主轴与真北方向的夹角称为陀螺罗经的误差。陀螺罗经的误差分为两类:一类由陀螺罗经原理决定的误差,包括纬度误差、速度误差、冲击误差和摇摆误差,称为原理误差;另一类由安装引起的误差称基线误差,其大小和符号不变,又称固定误差。

(一)纬度误差

采用垂直轴阻尼的陀螺罗经,其主轴指北端的稳定位置偏离子午面一个角度,有阻尼重物的液体连通器罗经和电磁控制式罗经主轴偏离稳定位置的方位角分别见式(7-1)。由公式可以看出,对于结构参数已经确定的陀螺罗经,其偏离稳定位置方位角的大小仅与纬度 φ 的正切成正比,故称纬度误差。

$$\left.\begin{aligned}\alpha_{\gamma\varphi} &= -\frac{M_D}{M}\tan\varphi \\ \alpha_{\gamma\varphi} &= -\frac{K_Z}{K_Y}\tan\varphi\end{aligned}\right\} \tag{7-1}$$

消除纬度误差的方法有两种:一种称为外补偿法;另一种称为内补偿法。外补偿法是利用机械解算装置求出纬度误差的数值和符号,移动主罗经的基线,从而在罗经的示度中消除该误差。采用外补偿法时,陀螺罗经主轴在方位上的稳定位置不变,即仍偏离子午面一个角度。内补偿法是利用电气解算装置求出与纬度误差的数值和符号相对应的电信号,输至力矩器,给陀螺仪施加补偿力矩,使罗经主轴和稳定位置回到子午面内,从根本上消除纬度误差。

现代陀螺罗经中,通常将纬度误差校正机构与速度误差校正机构有机结合成一体,组成速度纬度误差校正器,将两个误差同时消除。

(二)速度误差

1. 速度误差的概念

速度误差是指船舶作恒速恒向航行时,陀螺罗经主轴的稳定位置与船速为零时陀螺罗经主轴的稳定位置在方位上的夹角,用 $\alpha_{\gamma v}$ 表示。经推导

$$\alpha_{\gamma v} = \frac{V\cos C}{R_e\omega_e\cos\varphi + V\sin C} \tag{7-2}$$

由于 $V\sin C$ 与 $R_e\omega_e\cos\varphi$ 相比很小,可略去不计,因此式(7-2)可简化为

$$\alpha_{\gamma v} = V\cos C/R_e\omega_e\cos\varphi \tag{7-3}$$

上式精度基本满足海上航行要求,但对于航行在高纬度区的船舶来讲,由于 $R_e\omega_e\cos\varphi$ 随纬度增高速度减小,因而 $V\sin C$ 的影响就不能忽略,此时应用式(7-2)计算速度误差。

2. 速度误差的消除

(1)外补偿法　主罗经上设置一套机械解算装置,即速度误差机械校正器,采用人工输入速度 V 和纬度 φ,由罗经自动输入航向,通过机械模拟解算装置移动罗经的基线,从罗经示度中消除速度误差,而陀螺罗经主轴的指向仍为航速为 V 时主轴的指向。误差校正器应根据航速、航向的变化加以调节,当纬度变化大于5°或航速变化大于5 kn时,均须进行重新调整,停航以后,应调整至“0”。

(2)内补偿法 现代陀螺罗经常用内补偿法消除速度误差。内补偿法通常采用人工输入航速和纬度,由罗经自动输入航向,通过速度误差校正电路,将校正信号输至力矩器,由力矩器给陀螺罗经施加补偿力矩,使主轴位于子午面内,从根本上消除速度误差。

(3)查表法 有些机械摆式罗经为了简化机构,不设速度误差校正器,而用速度误差表来代替,驾驶员可根据本船航速、航向和所在纬度从速度误差表中查取速度误差值和符号,然后按公式

$$真航向 = 罗经航向 \pm 速度误差$$

计算真航向。

(三)冲击误差

船舶作机动航行(变速或变航向航行)时,有加速度产生,它使陀螺罗经受到惯性力的作用,因而对罗经施加了一个惯性力矩,引起罗经主轴偏离其稳定位置而形成误差。因为船舶作机动运动的持续时间通常较罗经摆动周期短暂得多,机动时出现的惯性力相当于一个冲击,所以该误差称为冲击误差。机动航行期间,罗经控制设备受到惯性力的作用产生的冲击误差称为第一类冲击误差。机动航行期间,罗经阻尼设备受到惯性力的作用产生的冲击误差称为第二类冲击误差。

(四)摇摆误差

1. 摇摆误差的概念

船舶在风浪中摇摆时,会有周期性的加速度出现,陀螺罗经就受到惯性力的作用,使罗经示度出现误差,这种误差称为摇摆误差。理论分析,摇摆误差随纬度的升高而增大,当波浪方向与南北线和东西线成45°角时,摇摆误差为最大。

2. 克服摇摆误差的方法

(1)安许茨系列罗经采用陀螺球内装两个转子的方法,这样使陀螺球除南北方向有动量矩外,还有东西方向的动量矩,但其方向相反,矢量和为零,这样使陀螺球在南北轴和东西轴具有稳定性,可以认为它不随船舶的摇摆而改变,有效地消减了摇摆误差。

(2)斯伯利系列罗经中,液体在连通器内盛有部分黏性液体,当主轴绕水平轴摇摆时,液体在连通器内南北流动,约落后于主轴摇摆1/4周期,从而大大减小了摇摆误差。

(3)阿玛-勃朗系列罗经中,采用强阻尼摆,即把阻尼摆的摆锤置放在高黏度的硅油中;锤在硅油中的运动呈强阻尼而不随船舶摇摆,对消减摇摆误差效果很好。

(五)基线误差

1. 基线误差的产生

陀螺罗经安装在船舶上,其主罗经和分罗经都设有读取航向的基准线,称为基线。安装罗经时,应使基线与船首尾线平行,否则会产生基线误差。由于基线误差的大小和符号不随时间和航向等因素而改变,因此基线误差属于固定误差。主罗经的基线误差会反映到各个分罗经上,在利用方位分罗经读取航向和测定物标方位时,必然存在着基线误差。

2. 基线误差的测定及消除

一般在船舶上当罗经稳定后,在船舶停泊或航行中,测取岸标或天体的罗经方位,然后根据岸标或天体的真方位计算陀螺罗经误差

$$陀螺罗经误差 = 真方位 - 罗经方位$$

当基线误差的值大于±0.5°时,应予以消除。

经过多次测定,发现陀螺罗经误差的大小和符号基本不变,则可认为此误差为基线误

差,必须移动基线予以消除,在校正主罗经的基线误差之前,应先消除分罗经的基线误差使分罗经的基线与船首尾线平行。之后在船舶靠码头并在主罗经工作稳定后,移动主罗经座的基线来消除主罗经的基线误差。

第三节 安许茨型陀螺罗经

一、安许茨型陀螺罗经的结构组成

任何一种系列的陀螺罗经均由主罗经及其附属装置组成。安许茨Ⅳ型陀螺罗经的整套设备如图7-9所示。安许茨型陀螺罗经已经发展到22型,无论从外观到内部结构都有了较大变化,但其最基本的组成相差不多,所以仍以安许茨Ⅳ型为例,介绍其结构组成。

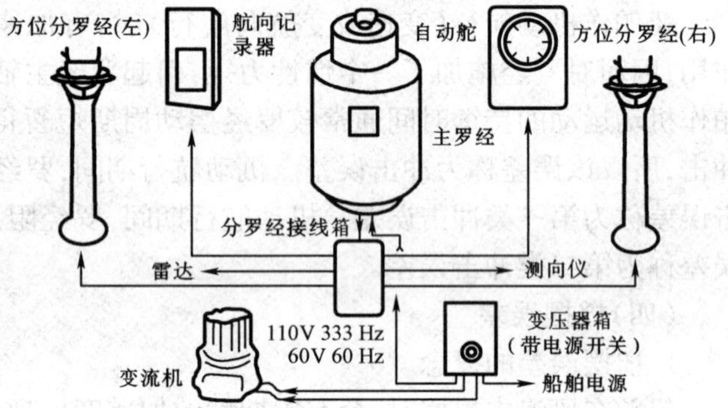

图7-9 安许茨标准Ⅳ型陀螺罗经整套设备图

1. 主罗经

主罗经是陀螺罗经的核心部分,通常安装在船舶的驾驶台或海图室,有的船舶还专设有主罗经房。主罗经由指北的基准部分(陀螺球)、随动部分、固定部分和温度控制部分组成,如图7-10所示,该图为安许茨Ⅳ型主罗经结构图。

(1)指北基准部分 安许茨型陀螺罗经为液浮支承的双转子摆式罗经。其指北基准部分(灵敏部分)为陀螺球。球内装有两个相同的陀螺马达,它们的动量矩合成指北,陀螺球的重心位于球内垂直向下约8 mm处(陀螺球的直径约250 mm,质量约8.7 kg)。南北向的油液阻尼器也位于陀螺球内,球内还设有电磁上托线圈,其作用是使陀螺球居中。整个球位于随动球内,并浸浮于支持液体中。储液缸与支持液体构成了陀螺球的"万向支架"。由于陀螺球与随动球(用于跟踪陀螺球,并将陀螺球的北反映到刻度盘上)之间的空间不多,因此要求支持液体要有一定的密度,以满足陀螺球在储液缸中的位置要求。此外,陀螺马达电源是从外部供电线路以及随动球内部引线等通过支持液体进入陀螺球内的,因此又要求支持液体具有一定的导电能力。支持液体的主要成分是蒸馏水(约10 L)、甘油(约2 L,以增加液体的密度,保证陀螺球的位置高度)和苯甲酸(约10 g,用以加强液体的导电能力,使三相陀螺马达电流符合技术要求)。

陀螺球壳的构造如图7-11所示。整个陀螺球壳是由较小的上半球和较大的下半球用黄铜压制后合成。球壳的外表面除导电的石墨硬橡胶电极外,其余部分均覆盖一层绝缘硬橡胶,表面十分光洁。顶、底电极与球壳是绝缘的,它们分别是陀螺马达三相交流电源的第一相和第二相电流的通路,宽、窄赤道电极与球壳是不绝缘的,它是陀螺马达的第三相电流的通路。在宽赤道电极两端的随动电极(其夹角为175°)是随动信号的电气通路。在两组窄赤道电极的断开处(即刻度180°)与球壳绝缘的圆形阻尼电极是油液阻尼器的开闭器的电源通路。当接通无阻尼开关(如阻尼/无阻尼转换开关)时便使阻尼器南北油室的油液停止流动,以避免船舶机动时产生第二类冲击误差(安许茨型陀螺罗经也有不设无阻尼开关的)。

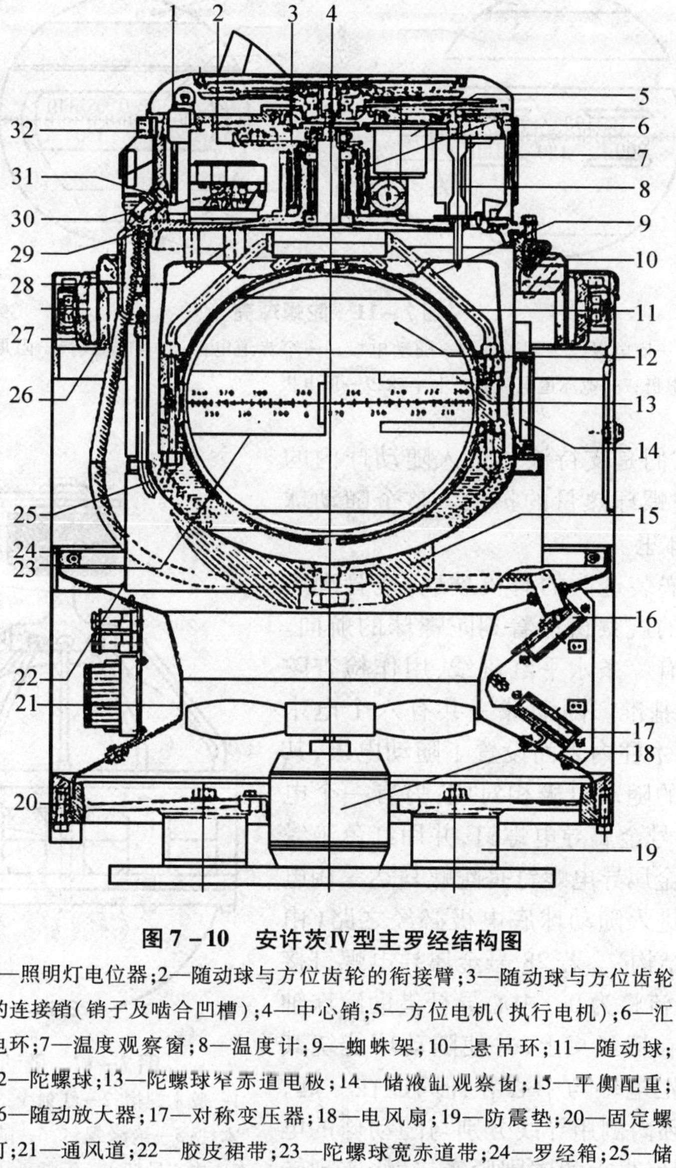

图 7－10　安许茨Ⅳ型主罗经结构图

1—照明灯电位器；2—随动球与方位齿轮的衔接臂；3—随动球与方位齿轮的连接销（销子及啮合凹槽）；4—中心销；5—方位电机（执行电机）；6—汇电环；7—温度观察窗；8—温度计；9—蜘蛛架；10—悬吊环；11—随动球；12—陀螺球；13—陀螺球窄赤道电极；14—储液缸观察窗；15—平衡配重；16—随动放大器；17—对称变压器；18—电风扇；19—防震垫；20—固定螺钉；21—通风道；22—胶皮裙带；23—陀螺球宽赤道带；24—罗经箱；25—储液缸；26—内平衡环；27—外平衡环；28—自动调温器；29—罗经桌；30—自动调温器微动开关；31—电缆及加热器插头；32—照明亮度调节旋钮

（2）随动部分　随动部分是在随动系统投入工作后跟踪陀螺球，使航向刻度盘上的 0°和 180°刻度线与陀螺球主轴南北线始终保持平行，即陀螺球主轴指北时，航向刻度盘的 0°刻度线也指北。也就是前面所提到的，将陀螺球的“北”反映在外部的航向刻度上。

随动部分由随动球及其结构附件、方位齿轮、航向刻度盘（三者通过机械联动）、随动放大器（包括随动开关）和方位电机（执行电机）等组成。随动球的构造如图 7－12 所示，随动球由上、下两个铝质并覆盖着绝缘硬橡胶的半球、电木柱、有机玻璃、蜘蛛架和中心导杆等组成。随动球上也有若干与陀螺球相对应的电极，各对应电极间的支持液体形成给陀螺球供电的通路。随动球不是密封的，除了每小块有机玻璃的四个缺角外，随动球的上部和底部还

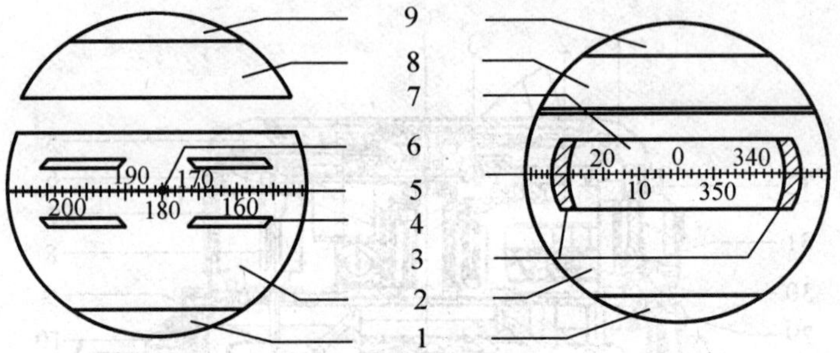

图7-11 陀螺球壳

1—底电极;2—下半球;3—随动电极;4—窄赤道电极;5—红刻线;6—阻尼电极;7—宽赤道电极;8—上半球;9—顶电极

分别开有小孔,它们是支持液体进入随动球内的通道,并可加速陀螺球热量的扩散。整个随动球也浸没在支持液体里。

电木柱之间嵌装透明的有机玻璃,使管理人员可以从罗经箱的观察窗口看到陀螺球的航向。有机玻璃的中央有一条水平红刻线,用作检查陀螺球高度位置的基准。随动球一共有六个电木柱,其中有一对电木柱内表面设置了随动电极,其位置与陀螺球上的随动电极相对应;另有一个电木柱中间设有28号金属导电螺钉,并用红色绝缘螺钉封住。28号金属导电螺钉是陀螺马达三相电流的第二相电流进入随动球底电极必经之路(由于随动球为上下结构)。若28号金属导电螺钉接触不良,第二相电流将为0。中心导杆借助滚珠轴承使随动球固连在罗经桌上,并使随动球能绕其中心轴线转动。汇电环与中心导杆固连在一起,其上的导电金属环内侧用导线分别与随动球的电极连接;外侧与罗经桌上的碳刷紧密接触,实现转动部分与非转动部分之间的电气连接。

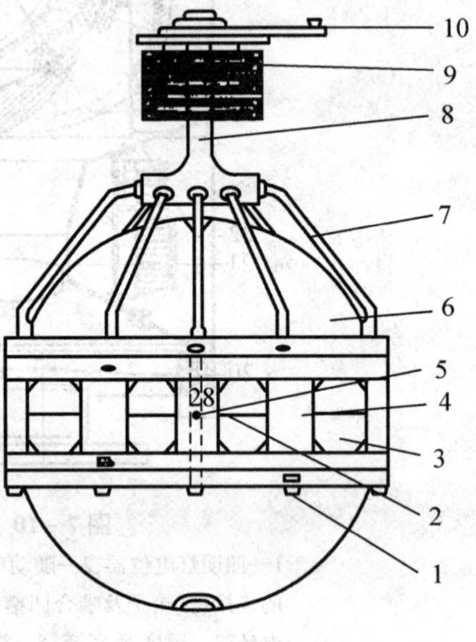

图7-12 随动球的构造

1—胶木螺帽;2—红刻线;3—有机玻璃;4—电木柱;5—绝缘螺钉;6—随动球;7—蜘蛛架;8—中心导杆;9—汇电环;10—栓

随动部分在罗经启动后的工作概况可以简述如下:当随动开关接通时,由于此时随动球的南北刻度线与陀螺球的南北刻度线不平行(确切地说,不在同一垂直面内),随动电极便有一个正比于该失配角的随动电信号输出,通过放大器(如晶体管放大器)放大后去推动执行电机转动,执行电机的转动带动方位齿轮、随动球和航向刻度盘一起转动,直到失配角消失,此时随动球与陀螺球匹配。

(3)固定部分　固定部分是主罗经的基础设施,由罗经箱、平衡环系统、罗经桌及金属托架等组成。罗经箱由底部、中部和罗经盖组成。底部(底座)用螺栓紧固在甲板上,中部用紧固螺钉安装在底座上,松开紧固螺钉,中部可以在底座上转动一定角度。转动中部的目的在于使读取航向的基线(标志)与船舶首尾线平行。安许茨Ⅳ型主罗经的罗经箱中部设有三个小门：船尾方向的小门用以观察（必要时）罗经工作中陀螺球高度和航向；左侧小门内装有陀螺马达三相电流指示灯和随动开关等；右侧小门内装有放大器等。

平衡环系统由悬吊环、内平衡环、外平衡环和减震弹簧等组成。平衡环系统悬吊在罗经箱中部。储液缸支承在内平衡环内，以减小船舶摇摆和振动对罗经的影响。

罗经桌是储液缸的盖，并用12个螺钉与储液缸固连，它们之间有一水密橡胶垫圈。罗经桌中央有一中空的套筒，其中有两个滚珠轴承。随动球的中心导杆借助于轴承支承在罗经桌的套筒上。罗经桌上设有加液孔、装有自动调温器的微动开关、电缆插座及加热器插座、馈电碳刷及其组件等。

罗经盖平时盖着罗经桌，盖的中央有透明玻璃，可供观察航向；盖的后部设有可供观察监测支持液体温度（由温度计提供）的小窗。

金属托架用三根支柱安装在罗经桌上，其中一根支柱的脚根处设有调整螺钉，用以消除罗经的微小固定误差（与转动罗经箱中部的效果相同）。金属托架上安装着方位电机和航向同步发送机（发送机带动若干接收机，以实现将主罗经航向传送到附属设备或其他需要罗经航向的设备上）。

（4）温度控制部分　温度控制部分确保罗经在工作中支持液体的温度始终保持在所谓的“工作温度”范围内（安许茨型罗经支持液体的工作温度通常为（52 ±3）℃；温控效果也保障陀螺球高度的变化量在2 mm范围内）。温控部分为陀螺球提供一个良好的工作环境，从而保证其具有良好的指北性能。

温控部分由加热器、电风扇、蜂鸣器、微动开关和乙醚管等组成。加热器安装在储液缸的外围，电风扇装于罗经箱底座的中央，蜂鸣器置于罗经箱中部右侧小门内，位于放大器附近，微动开关固定在罗经桌上，该开关设置了三个电气触头，它们的接通与否受控于乙醚管的导杆，乙醚管与微动开关固连在一起，并伸浸在支持液体中。若液温低于49 ℃，则微动开关的第一个电气触头闭合，此时接通了加热器电路，加热器给支持液体加温。当液温上升到49 ℃时，由于乙醚管的导杆上升，（利用乙醚的热胀冷缩特性）使微动开关的第一个电气触头断开，加热器的电源被切断，停止对支持液体加温。当液温上升到52 ℃时，因乙醚管导杆继续上升，使微动开关的第二个电气触头闭合，接通电风扇，风扇对储液缸进行冷却，使液温降低，当液温低于52 ℃时，风扇停止工作。若风扇出现故障或环境温度较高等因素所致，液温继续升高到55 ℃时，微动开关的第二个、第三个触头均闭合，第三个触头接通蜂鸣器电源，蜂鸣器发出报警响声，表明液温失控，使管理人员应采取相应措施，使温控恢复到正常状态。

温控装置又称作自动调温器。微动开关三个电气触头的动作时间是可以进行调整的。当微动开关的动作程序未能严格按照液体温度的变化时，则应对微动开关进行调整。

2. 分罗经

分罗经是复示主罗经航向的装置。分罗经安装在船上需要罗经航向的地方和其他航海仪器设备中，例如驾驶台、机舱、船长室等。根据分罗经的不同用途，可分为航向分罗经和方位分罗经等。航向分罗经用于操舵、监测船舶航向等，方位分罗经用于测定物标方位、舷角等。航向分罗经与方位分罗经的内部结构大体相同，其结构如图7 - 13所示。

分罗经的核心部分为一同步接收器，其三相整步绕组与主罗经上的同步发送器的三相整步绕组按相序连接，并联的单向激磁绕组接单相交流电源。同步接收器与同步发送器组成的系统装置通常称为同步传向装置。同步传向装置与随动装置有机地联系在一起，以达到随时随刻将主罗经的航向精确地传送到分罗经上。安许茨型罗经的同步传向装置是基于自整角机的工作原理工作的。每当主罗经的航向刻度盘和航向读数改变 1°时，同步发送器的转轴相应地转一圈，分罗经中的同步接收器的转轴也同步地转一圈，经齿轮传动，分罗经刻度盘的航向读数也改变 1°。分罗经设有手调匹配器，用于校正分罗经航向示度。使用时，旋下分罗经外壳上的保护螺盖，插入专用的匹配手柄，用力往里按，转动匹配手柄，即可转动分罗经刻度盘，使分罗经的航向读数与主罗经的航向示度一致（此项工作通常在罗经启动之前完成）。分罗经内还装有照明灯，可通过分罗经外壳上的旋钮调节照明亮度。

3. 航向记录器

航向记录器是自动按照时间记录船舶航向的装置，结构上由航向记录和时间记录两部分组成。航向记录部分主要由同步接收器、嵌有金属螺旋线的记录滚筒、航向刻度尺和记录纸等组成（记录纸部分包括放纸筒和收纸筒）。时间记录部分主要由计时电机、钟表机构等组成。计时电机能自动为钟表装置上发条，钟表装置通过其传动机构使航向记录纸以每小时 30 mm 的速度均匀地往下移动。

航向记录器的结构如图 7－14 所示。同步接收器 1 通过齿轮装置带动记录滚筒 3 转动，航向刻度尺 2 借助弹簧压力将记录纸压在记录滚筒上，使得记录纸面仅有一点与滚筒上的金属螺旋线接触，由于记录纸的底面涂有蜡，因此记录纸与金属螺旋线的接触处在纸上会显示出一色点。接触点的位置会随时间、航向而变化。记录纸上色点的“轨迹”便描绘出船舶航向变化的曲线。航向记录器记录的航向可以归入船舶航行档案，以备查考；在罗经启动阶段，记录的航向就是罗经的阻尼曲线，因此可以用来判断罗经工作是否正常。

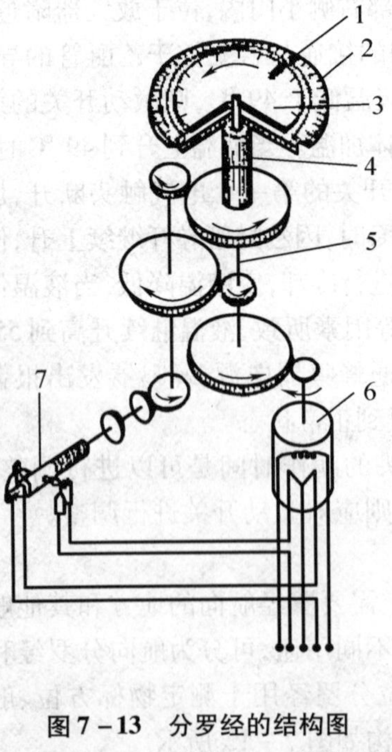

图 7－13 分罗经的结构图

1—基线；2—粗读刻度盘；3—精读刻度盘；4—粗读刻度盘轴；5—精读刻度盘轴；6—同步接收器；7—手调匹配器

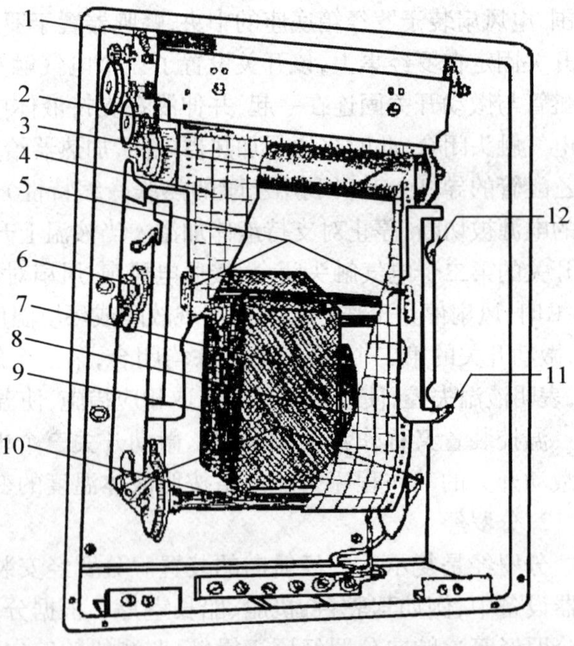

图 7－14 航向记录器的结构图

1—同步接收器；2—刻度尺；3—记录滚筒；4—记录纸；5—棘齿轮；6—离合螺丝；7—钟表装置；8—时间电动机；9—释放杆；10—卷纸滚筒；11—钟表开关；12—释放杆

4. 分罗经接线箱

同步发送器能带动12个分罗经或与分罗经相当的其他复示器，分罗经接线箱便成为同步传向系统的“中转站”。同步发送器的激磁、整步绕组的5根外引线接到分罗经接线箱中，与汇总到接线箱中的所有复示器的同步接收器的绕组外引线分别通过保险丝连接起来。保险丝共有12组(每组5根)，因此分罗经接线箱又有保险丝箱之称。

5. 变压器箱与变流机

变压器箱控制变流机(电动－发电机组)的运行，并将交流船电经变压器变换成60 V，60 Hz或50 V，50 Hz单相交流电输出，向同步传向机构、加热器、电风扇及照明灯等供电。变流机内的三相异步电动机启动后，同轴带动三相交流发电机发出110 V，330 Hz三相交流电，向主罗经供电。变流机输出的三相交流电压的大小是可以调整的，必要时可沿变流机的轴向移动转子，改变其相对于定子的位置。调整时，只要松下变流机的轴承帽，转动中心六角螺母即可。

随着科学技术的发展，目前已有相当厂家用逆变器替代变流机。

6. 警报器箱

某些型号的安许茨型陀螺罗经还设有警报器箱，作为在主罗经之外地方进行温度报警和陀螺马达电源报警用。当支持液体温度升到57 ℃时，警报器箱的蜂鸣器与主罗经上的蜂鸣器同时发出报警响声；若陀螺马达的三相电流超出正常工作电流值时，警报器箱的指示灯亮。

二、安许茨Ⅳ型陀螺罗经的使用

1. 罗经启动前的检查

(1)检查变压器箱上的电源开关、主罗经左侧小门内配电板上的随动开关，均应置于“切断”位置。

(2)检查支持液体的分量。取下加液孔的球形橡皮塞，用细木笺检查液面至加液孔顶部的距离，应不大于4～5 cm。如液量不够，则应添加。

(3)检查所有分罗经的航向，并校对到与主罗经的航向相一致。

(4)检查航向记录器，其航向是否与主罗经的航向一致，记录纸是否够用，记录纸左侧的时间标志是否与船时一致，均应关注。

2. 罗经的开机步骤

通常应在开航前4～6 h启动罗经。若前次关机时，船舶停靠在码头，且“航向”未曾改变，则可在开航前2～3 h启动罗经。

(1)接通船电开关(若有此开关的话)。

(2)接通变压器箱上的电源开关。

(3)约20 min后(通常应视位于主罗经左侧小门内配电板上的三个电流指示灯的亮度而定。由于接通变压器箱上的电源开关后，陀螺马达的启动电流较大，为15～25 A，三个指示灯较亮；陀螺马达启动约20 min后，其转速达到20 000 r/min，三个电流指示灯也逐渐暗淡下来。因三相电流不等，故指示灯的亮度也不相同，第一相电流最大，灯较亮；第三相次之；第二相电流最小，灯较暗。三相陀螺马达的正常工作电流为0.6～1.1 A。)接通随动开关，此时操作者可以看到，主、分罗经的航向刻度盘朝同一方向快速转过一定角度，随后有两三下小角度的摆动。

(4)经2~6 h,陀螺球稳定指北,此时可借助航向记录器检查罗经在启动阶段工作是否正常。

注意:船舶开航后,应根据罗经航向、船舶航行纬度以及船舶航行速度进行船速误差的校正。本型罗经采用查表法求出船舶真航向。

3.罗经的关机步骤

(1)将随动开关置于“关”的位置。

(2)将变压器箱上的电源开关置于“关”的位置。

(3)必要时,可将罗经的“船电开关”置于“关”位置。

第四节　斯伯利型陀螺罗经

斯伯利型罗经是陀螺罗经三大系列产品之一。它已逐渐向小型化发展,可将主罗经直接安装在驾驶台内,作为操舵罗经使用。MK-37罗经具有体积小、质量轻和使用寿命较长等优点,但指向精度不高,特别是在船舶摇摆和环境温度偏高或偏低时所出现的误差较大,仅适用于民用船舶导航。

一、MK-37罗经的结构

整套罗经由主罗经、电子控制器、发送器和速度、纬度误差补偿器等组成。

(一)主罗经

1.陀螺球(指北基准部分)

陀螺球是一个内充氦气的密封球体,由两个半球和中间环组成,直径约165 mm。球壳外有8组配重,供平衡之用。球的西侧有一方形凹槽,装着随动变压器的衔铁。如图7-15所示。

陀螺球内装有陀螺马达,它是一个三相异步感应电动机。当定子绕组接通115 V,400 Hz的三相交流电时,转子将以12 000 r/min的转速旋转,动量矩矢量指南。位于陀螺球南北两端的液体连通器又称液体修正装置,它是由两个黄铜制的瓶组成,呈圆柱形,瓶中盛有硅油,顶部用空气管连通,底部亦用连通管连接。之所以采用硅油,是由于硅油的黏度较大,其流动周期远大于船舶的摇摆周期,因此对船舶的摇摆惯性力的反应不甚敏感,从而使罗经的摇摆误差得到消减。

阻尼重物安装在陀螺球的西侧,质量约为30 g。由于采用垂直轴阻尼,MK-37罗经采用E形力矩器对纬度误差,同时也对速度误差进行补偿。

2.支架系统

斯伯利MK-37罗经的支架系统,由垂直环、叉形随动环、支承板和罗经座等组成,如图7-16所示(该图未画出罗经座)。陀螺球可绕垂直环内的垂直轴转动。垂直环水平地支承在叉形随动环上,因此陀螺球连同垂直环一起可绕水平轴作俯仰运动。叉形随动环又通过枢轴和轴承安装在支承板上。陀螺球及其支架组合件,在罗经座壳体的硅油中呈中性悬浮状态。这样,垂直轴承和水平轴承不承受载荷,仅起导向作用。罗经座壳体安装在防震的底座上。

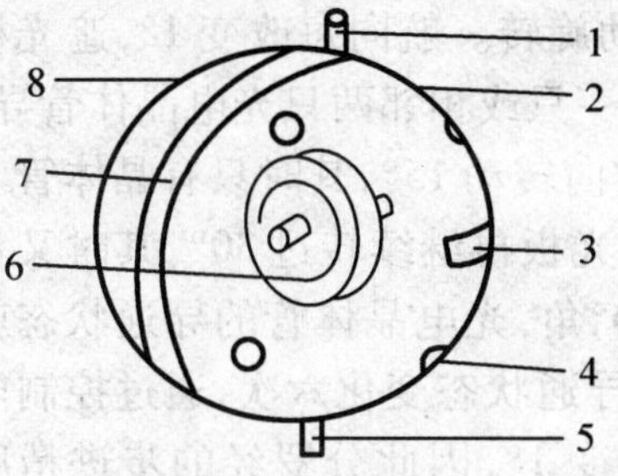

图 7－15　陀螺球

1—上垂直轴；2—陀螺球；3—随动变压器衔接；4—平衡配重；5—下垂直轴；6—陀螺马达；7—中间环；8—球壳

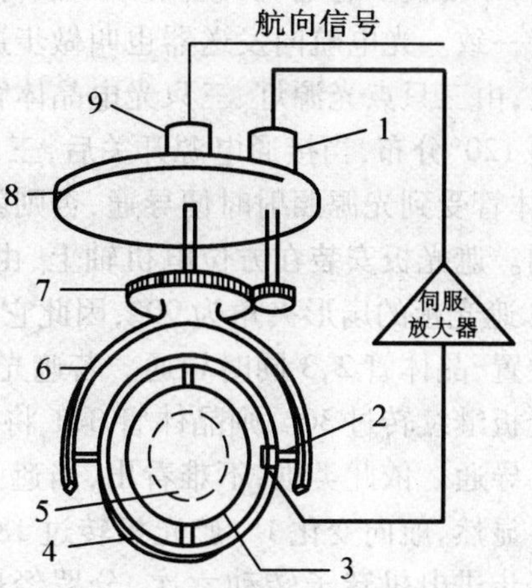

图 7－16　斯伯利 MK－37 罗经的支架系统

1—方位电机；2—随动变压器；3—陀螺球；4—垂直环；5—陀螺马达；6—叉形随动环；7—方位齿轮；8—支承板；9—同步发送器

(1)垂直环　垂直环呈圆环形。在其东侧安装 E 形力矩器，西侧安装 E 状随动变压器，与陀螺球上的衔铁相对应，当陀螺球与垂直环相对位置不一致时，随动变压器的工作绕组则产生随动信号，经放大后驱动方位电机，又通过方位齿轮使叉形随动环、垂直环跟踪陀螺球一起运动。随动变压器是用以产生随动信号的装置，它由 E 形铁芯和衔铁两部分组成，激磁绕组绕于中间铁芯，如图 7－17 所示，并由 115 V，400 Hz 的三相交流电的其中两相经降压后供电。两组工作绕组分别绕于两侧铁芯，二者匝数相等，首尾相连，形成一串联相减电路。垂直环的顶部安装有电解液水准器，用以在罗经启动时感知陀螺球主轴的高度角。它输出的电信号经放大后驱动方位电机，带动随动环转动，并对陀螺球施加垂直力矩，使主轴回至水平，该功能在罗经启动过程中，当转换开关置于“自动校正”位置时生效。

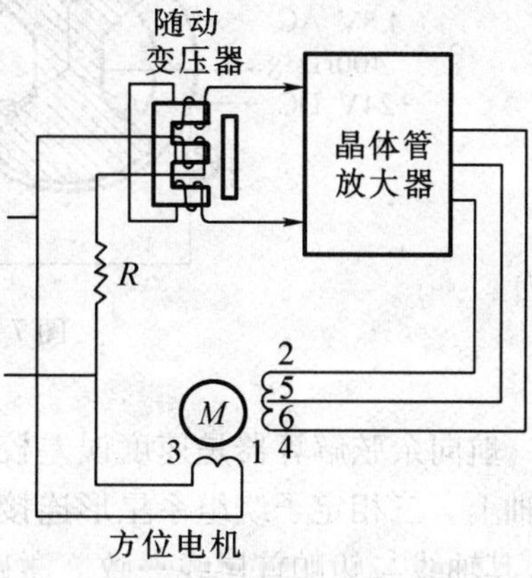

图 7－17　随动变压器

(2)叉形随动环　叉形随动环通过水平轴支承垂直环和陀螺球，并垂直地支承在支承板上，可绕垂直轴在方位上作 360°转动，叉形随动环上面装有方位齿轮，并用轴承空套一航向刻度盘。叉形随动环与垂直环之间的电气连接采用中心触点式输电装置，分别安装在水平轴的两端，每组共有五对触点。

(3)支承板　支承板安装在罗经座内的凹缘上。它除支承叉形随动环外，尚兼作安装托架，上面安装有方位电机、齿轮装置、光电航向发送器、航向余弦解算器、导向滑环和照明灯等。

光电航向发送器是传向系统的航向发送器。它利用光电原理将罗经的航向信息传递至控制电路,最终使步进电机(航向接收器,即分罗经)转动,使分罗经的航向始终与主罗经的航向保持一致。光电航向发送器也叫做步进发送器,它是一种光电开关装置,直接安装在方位电机上,由三只点光源灯、三只光电晶体管和一块遮光板组成,如图 7-18 所示。三只点光源灯呈 120°分布,当接通电源开关后,三只灯泡始终发亮。与灯泡相应,有三只光电晶体管,当晶体管受到光源照射时便导通,否则就先处于截止状态。光电晶体管导通的时间受遮光板控制。遮光板安装在方位电机轴上,由方位电机带动旋转。航向每改变 1°,遮光板转动 180°。遮光板的扇形夹角为 90°,因此它可以控制其中一只或相邻两只光电晶体管导通。如图示位置,晶体管 2,3 同时导通。若遮光板向逆时针方向转动 15°,其时只有晶体管 3 导通。遮光板继续转过 30°,则晶体管 3,1 将同时导通。遮光板再继续转过 30°,其时又只有晶体管 1 导通。依此类推,不难看出,当遮光板每转过 30°角,光电晶体管的导通状态就变化一次。显然,航向变化 1°,遮光板转过 180°,晶体管的导通状态变化六次,通过控制电路使分罗经步进电机转子转动六次,分罗经航向刻度盘改变 1°,因此分罗经的步进精度为 1/6°。

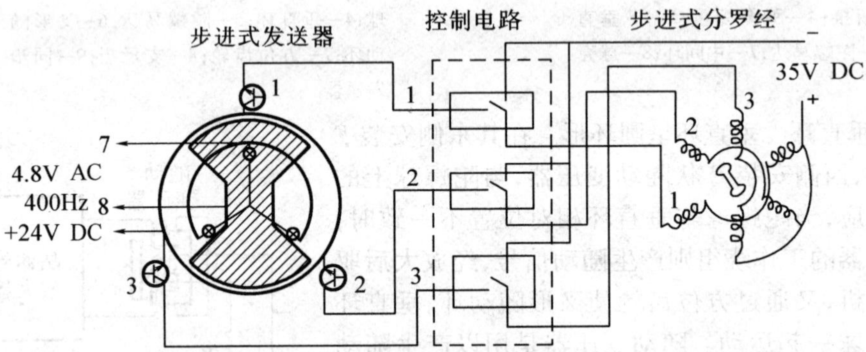

图 7-18 光电航向发送器原理图

航向余弦解算器是速度误差校正电路的一部分,其转子在定子中央并固定在随动环的枢轴上。三相定子绕组系星形连接,其中有一相绕组断路,其他两相绕组串联可视为一个绕组,其轴线与船舶首尾线一致。激磁绕组安装在转子上,由三相交流电中的两相供电。当随动环带动余弦解算器转子转动时,激磁绕组轴线与定子绕组轴线间的夹角保持与船舶航向 C 一致。若用 e 表示定子绕组所感应的电压,则

$$e = E_m \cos C$$

式中 E_m 为当航向 C 为零度时,定子绕组感应电压的最大值。利用速度旋钮(电位器)取出上述电压的一部分,加到力矩控制绕组上。

(4)罗经座 罗经座由壳体和顶盖组成。盖上有观察窗,用以读取航向。顶部有锁紧手柄,当它位于锁紧位置时,借助机械装置将垂直环锁住。

采用上述支架系统,该型罗经在船舶摇摆时,刻度盘将始终与甲板保持平行,所指示的只是甲板平面内的航向,而不是水平面内的航向。二者之间的差值称作罗经框架误差。经计算,当船舶的横摇幅度分别为 10°,20°,30°时,误差可达到 0.5°,1.8°,4.1°,最大的误差将出现在 45°,135°,225°和 315°航向上,而在 0°,90°,180°,270°航向上误差为零。由于存在框架误差,故该型罗经仅适用于民用船舶。

（二）电子控制器

电子控制器内安装着电源系统的全部元件以及随动放大器等。面板上设置有罗经的电源指示灯和保险丝等。该型罗经采用静止型逆变器，将经降压、整流后的船电变成115 V，400 Hz的三相交流电源，向陀螺马达供电。随动放大器采用晶体管伺服放大器，除对随动信号进行放大外，还对“旋转”信号和“自动校平”信号进行放大。

转换开关是罗经启动阶段的程序开关。它共有六个功能位置，分别为“关断”“旋转”（可使罗经刻度盘在陀螺马达未启动时旋转）“启动”（接通陀螺马达电）“自动校平”（使陀螺主轴大致处于水平位置）“运转”（随动系统进入正常工作状态）和“运转/旋转”（容许罗经刻度盘在陀螺马达运转状态下旋转）。旋转开关用以控制罗经刻度盘顺时针或逆时针方向旋转。它有三个功能位置分别为“关断”（中间位置）“顺时针”（CW）和“逆时针”（CCW）。电源开关从“关断”位置转至“接通”位置后，电源指示灯亮，表示罗经逆变器有输出。

（三）发送器

发送器安装着传向系统的电源开关、分罗经开关及其保险丝等。每一个分罗经都有单独的开关和保险丝。

（四）速度、纬度误差补偿器

速、纬误差补偿器面板上装有纬度开关、纬度控制旋钮和速度控制旋钮。

（五）分罗经

分罗经的主要组成部分之一为步进电机。步进电机有三组定子绕组，每组绕组的一端分别用导线接至传向系统的控制电路，另一端则接至直流电源的正端。在定子绕组的中央有一“工”字形软铁转子，其转轴通过齿轮与航向刻度盘相连。如前所述，由于分罗经的步进精度为1/6°，所以分罗经的航向刻度盘在跟踪主罗经航向时是跳跃式的。

二、MK－37罗经的使用

1. 正常启动

这是最常用的启动方式。当船舶摇摆的幅度不超过10°，陀螺马达未转动时，采用这种方式启动罗经。

（1）检查下列各项：主罗经上的锁紧杠杆应位于锁紧位置（CAGED），电子控制器上的转换开关和旋转开关应处于关闭位置（OFF），发送器上所有开关均应位于关闭位置。

（2）将电子控制器上的电源开关（POWER SWITCH）置于接通（ON）位置。

（3）将转换开关置于旋转（SLEW）位置。

（4）将旋转开关置于顺时针（CW）或逆时针（CCW）位置，使主罗经刻度盘指示船舶航向。

（5）将转换开关放到启动（START）位置，等待10 min，让陀螺马达转速上升。

（6）将锁紧杠杆转至非锁紧（UNCADE）位置。

（7）将转换开关放到自动校平（AUTO LEVEL）位置，等待10 s，直到刻度盘停止转动或出现微小振动为止。

（8）将转换开关放到运转（RUN）位置。

（9）接通发送器上的电源开关，校对所有分罗经的航向与主罗经一致，接通各分罗经开关。

（10）将补偿器上的纬度旋钮调整到与船舶航行纬度相差不超过5°的范围内。速度旋钮调整在航速值上。

2. 关闭罗经

(1)将电子控制器上的转换开关放到断开位置。

(2)将主罗经上的锁紧杠杆转至锁紧位置。

(3)将发送器上的所有开关放到断开位置。

(4)将电子控制器上的电源开关放到断开位置。

3. 陀螺运转后的航向匹配

陀螺马达一旦旋转,就不能应用正常启动方式时所采用的方法匹配航向。若在陀螺运转后需对航向进行匹配,可借助转换开关的备用功能挡(运转/旋转),并按下述程序操作。

(1)主罗经上的锁紧杠杆转至锁紧位置。

(2)将转换开关放到运转/旋转位置(RUN/SLEW)。

(3)按船舶航向要求,使用旋转开关,使主罗经刻度盘读数尽可能接近真航向。

(4)将锁紧杠杆转至非锁紧位置,其后按正常启动程序(7)~(10)操作。

4. 恶劣气候条件下启动

若船舶摇摆幅度超过10°,在此恶劣海况下启动罗经,应比正常启动略有差异,如下所述。

(1)当转换开关放到启动位置后,只需等待30~50 s,即可将锁紧杠杆放到非锁紧位置。否则锁紧装置会使罗经航向急速偏离,从而延长稳定时间。将锁紧杠杆转至非锁紧位置的时间,宜在船舶摇摆至水平之瞬间。

(2)转换开关置于运转位置后10~15 min,校正分罗经航向与主罗经一致。因为此时主罗经航向变化比较缓慢,便于同步。

第五节 阿玛-勃朗型陀螺罗经

阿玛-勃朗型陀螺罗经属于电磁控制式罗经。阿玛-勃朗10型罗经是由美国阿玛公司与英国勃朗公司联合研制的产品。我国研制的电磁控制式罗经有DH-II型、CLP-2型等。

本节将以阿玛-勃朗10型罗经为主,介绍其主罗经结构、简单工作原理以及使用维护等内容。

一、阿玛-勃朗10型陀螺罗经的结构

阿玛-勃朗10型罗经由主罗经及其附属装置所组成,如图7-19所示。主罗经由指北基准部分(灵敏部分)、随动部分和固定部分组成。下面分别叙述罗经各部分的结构及其作用。

1. 指北基准部分

指北基准部分由陀螺球、水平金属扭丝、垂直金属扭丝以及浮动平衡环等组成,如图7-20所示。陀螺球是一个密封的球形壳体,球壳由两个紫铜的空心半球组成,并用短圆筒连接成一体,形如哑铃状。球内装有陀螺马达,由26 V,400 Hz三相交流电驱动,转速约为12 000 r/min。转子直径为2.2 cm,其两端设有直径为7.6 cm的飞轮,以增大转动惯量。转子重仅0.23 kg。陀螺球内抽真空并充氦气,以利散热防锈。

陀螺球采用液浮扭丝组合支承。在陀螺球赤道部分的凹槽中装有浮动平衡环,其平面与陀螺转子轴垂直。陀螺球内有两根水平扭丝支承在浮动平衡环上,构成陀螺球的水平轴。陀螺球与浮动平衡环可作小角度的运动而不致受浮动平衡环的干扰。浮动平衡环本身又有两根垂直扭丝悬挂于储液缸的内壁,构成陀螺球的垂直轴。

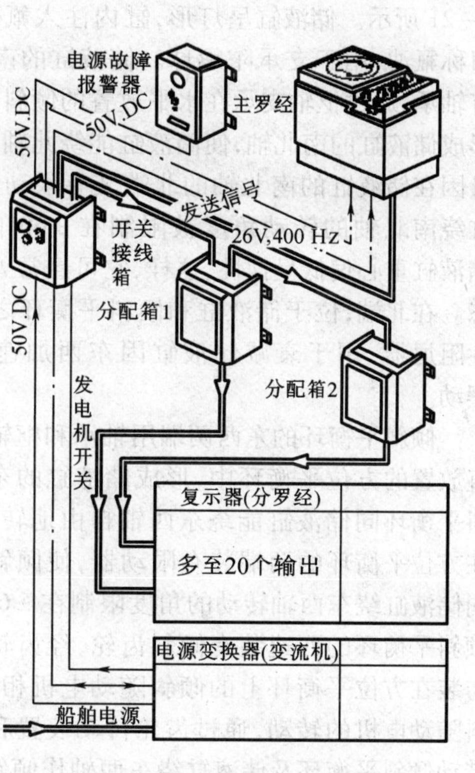

图 7－19　阿玛－勃朗 10 型主罗经及其附属装置图

储液缸内充以高密度的氟油。在正常工作温度时,整个陀螺球和浮动平衡环组合件的密度与氟油相等。因此,该组合件在储液缸内呈中性悬浮状态。这样,水平及垂直扭丝对陀螺球不起悬吊作用,可看作无摩擦的轴承支承,仅对陀螺球在储液缸内起定位作用。当陀螺球相对于浮动平衡环在倾斜方向上有小角度位移时,水平扭丝受扭转而产生扭矩作用于陀螺球,该水平扭矩的大小根据对陀螺球进行控制使其成为罗经的具体要求而定,因此水平扭丝起到对陀螺球施加水平控制力矩的作用。当储液缸相对于浮动平衡环在方位上有一个不大的角位移时,其时垂直扭丝受扭转而产生扭矩作用于陀螺球。垂直扭矩的大小,也根据对陀螺球进行控制使其成为罗经的具体要求而定,因此垂直扭丝起到对陀螺球施加垂直力矩(阻尼力矩)的作用。

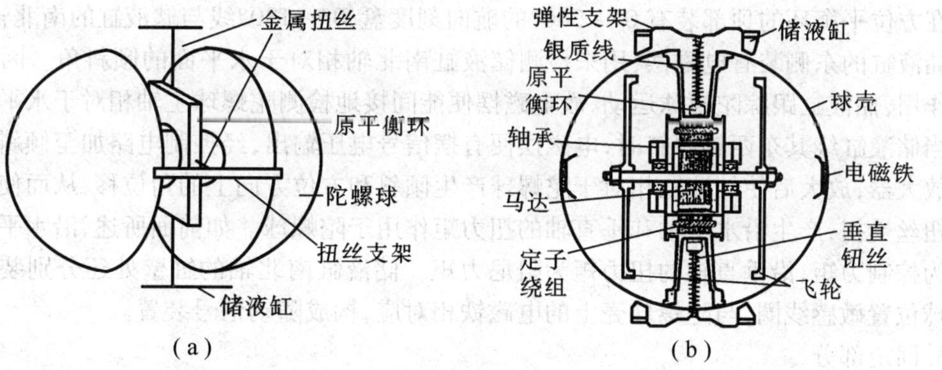

图 7－20　主螺经的指北基准部分示意图

陀螺球的外壳沿陀螺转子轴方向,即在陀螺球主轴的南、北两端处各装有一个电磁铁,分别对准储液缸上的陀螺位置敏感线圈。电磁铁和陀螺球位置敏感线圈共同组成随动系统的随动信号产生器用以检测陀螺球相对于储液缸在方位和倾斜方向上的方位角及高度角。

2. 随动部分

随动部分由储液缸、倾斜平衡环、方位平衡环及其顶部的航向刻度盘等组成,如图

7-21 所示。储液缸呈灯形,缸内注入氟碳润滑剂,简称氟油,用于支承陀螺球。储液缸的南北两端装有轴承,通过枢轴支承在水平放置的倾斜平衡环内,形成储液缸的南北轴,使储液缸能绕此轴自由转动。又因在储液缸的南北轴的北端装有限动器,故储液缸绕南北轴的转动角度被限制在 ±60°的范围内。储液缸重心偏低呈摆性,这样,它可经常处于垂直状态。在北端,位于储液缸和倾斜平衡环之间装一黏性阻尼器,用于衰减储液缸因东西加速所引起的摆动。

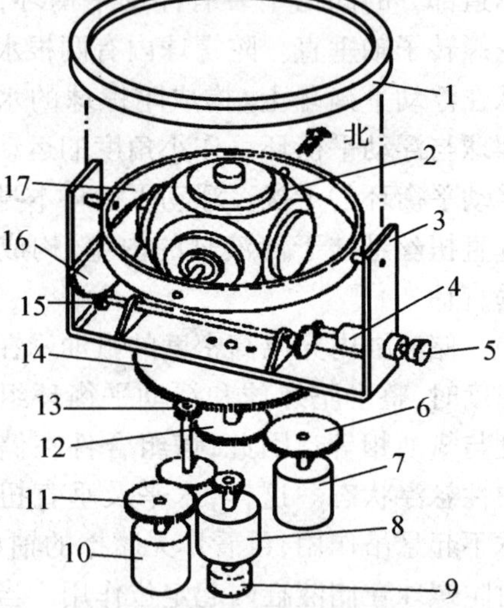

图 7-21 主螺经的随动部分示意图

1—航向刻度盘;2—储液缸;3—方位平衡环;4—倾斜随动电机;5—黏性阻尼器;6—1∶1 同步驱动齿轮;7—同步发送器(粗);8—方位随动电机;9—黏性阻尼器;10—同步发送器(细);11—36∶1 同步驱动齿轮;12—同步驱动齿轮;13—可调齿侧间隙小齿轮;14—方位齿轮;15—可调齿侧间隙小齿轮;16—扇形齿轮(倾斜齿轮);17—倾斜平衡环

倾斜平衡环的东西两端用轴承和枢轴支承在垂直放置的方位平衡环中,形成储液缸的东西轴。倾斜平衡环同储液缸能绕东西轴自由地转动。同样,在方位平衡环的两端装有限动器,使倾斜平衡环连同储液缸绕东西轴转动的角度限制在 ±60°范围内。倾斜平衡环的西边装有倾斜齿轮,经齿轮传动装置与装在方位平衡环上的倾斜随动电机相连,因此倾斜随动电机的转动,通过齿轮传动装置和倾斜齿轮带动倾斜平衡环及储液缸绕东西轴作倾斜转动。倾斜平衡环上装有酒精水准器,用来观察储液缸绕东西轴作倾斜转动的高度角。

方位平衡环上装有方位齿轮和齿轮传动装置,与装在固定部分上的方位随动电机相连。同样,方位随动电机的转动,通过齿轮带动方位平衡环、倾斜平衡环和储液缸绕垂直轴作方位上的传动。在方位平衡环的顶部装有 0°~360°的航向刻度盘,0°~180°线与储液缸的南北轴一致。

储液缸的东侧装有电磁摆,用来检测储液缸南北轴相对于水平面的倾斜角。因随动系统的作用,储液缸跟踪陀螺球运动,故电磁摆便能间接地检测陀螺球主轴相对于水平面的倾角。当储液缸绕其东西轴倾斜时,电磁摆便有摆信号电压输出,经控制电路加至倾斜和方位随动放大器,放大后使储液缸相对于陀螺球产生倾斜和方位方向上的角位移,从而使水平和垂直扭丝受扭,产生沿水平轴和垂直轴的扭力矩作用于陀螺球。如前面所述,沿水平轴的扭力矩为控制力矩,沿垂直轴的扭力矩为阻尼力矩。储液缸南北轴的缸壁处还分别装有两组陀螺球位置敏感线圈,与陀螺球壳上的电磁铁相对应,构成随动信号装置。

3. 固定部分

固定部分由罗经座、罗经顶盖和控制板等组成,如图 7-22 所示。罗经座与船体相固连。

拆下罗经底座四周的边板,松动底板四个紧固螺栓,少量移动罗经座,即可调整主罗经基线,使其与船首尾线平行。罗经座下部的驱动平板又称罗经桌,用以支承罗经的指北基准部分和随动部分。驱动平板的下面除装有方位随动电机外,还装有两个同步发送器 SG1 和 SG2,它们均通过齿轮传动装置与方位齿轮相啮合。SG1 为单速同步发送器,作为速度误差校正电路的余弦解算器,提供航向余弦变化量。SG2 为航向同步发送器,将主罗经航向准确地传至分罗经。罗经顶盖安装在罗经座的上部，其上有艏艉线组件和控制板等。控制板是罗经的控制面板，其上装有电源开关、照明灯、方位按钮、倾斜按钮、旋转速率钮、纬度误差校正旋钮和速度误差校正旋钮。电子控制组件位于罗经座的右侧，取下罗经顶盖，旋松固定螺钉，可将电子控制组件提起。电路连接采用插件形式，以利于维修。

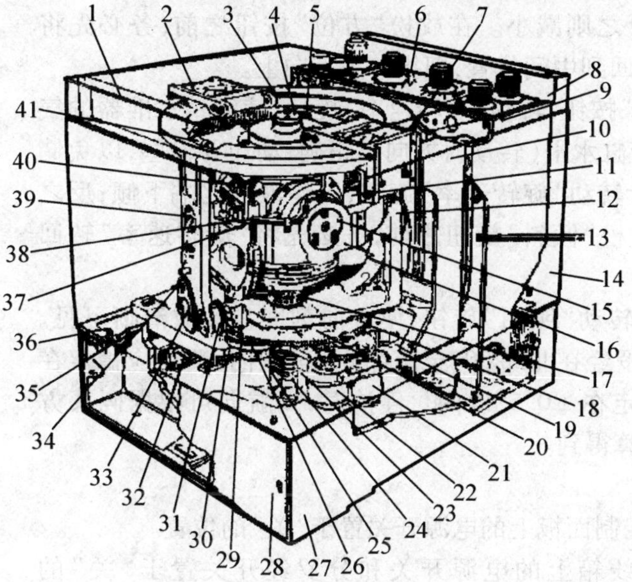

图 7－22　主螺经的固定部分

1—顶盖；2—首尾线组件；3—航向刻度盘；4—灵敏元件；5—检测插座；6—控制板；7—首尾线支架；8—电子单元组件；9—倾斜变压电位器；10—支架；11—电磁摆；12—方位平衡环；13—底板组合件；14—边板；15—北端轴承；16—倾斜平衡环；17—汇电环接线柱；18—方位齿轮；19—方位传动齿轮；20—小方位齿轮；21—方位随动电机；22—步进式发送器；23—汇电环；24—电刷组件；25—单速同步发送器；26—同步发送器齿轮；27—罗经底座；28—边板；29—倾斜齿轮；30—二极管 D_1；31—倾斜随动电机；32—插头 PL_1；33—倾斜传动齿轮；34—倾斜传动齿轮保护销；35—罗经盖锁紧螺杆；36—驱动平板；37—灵敏元件止挡；38—插头 SK_1/PL_1；39—偏心联结轴；40—平衡配重；41—酒精水准器

二、阿玛－勃朗 10 型陀螺罗经的使用

阿玛－勃朗 10 型陀螺罗经控制面板如图 7－23 所示。

1. 启动步骤

（1）接通开关接线箱上的电源开关，交流机开始工作。

（2）校对所有分罗经的航向应与主罗经的航向一致。接通开关接线箱上的分罗经开关。

（3）接通主罗经控制面板上的电源开关，此时其右上侧的红色电源指示灯发亮。若看到主罗经储液缸的顶盖有向西“突跳”现象，则表明陀螺马达的转向正确。

（4）等 10 min 后，再按下述步骤进行操作，因此时陀螺球马达已抵达其额定转速，在压降保护电路作用下，倾斜和方位随动系统已自动地投入工作。

(5)调整纬度旋钮,使其置于与船舶所在纬度相差不超过5°的刻度范围内。

(6)调整速度旋钮,使其置于与船速相差不超过5 kN的刻度范围内。若船速为零,则应将其置于零。

(7)按下“方位”按钮,转动“旋转速率”旋钮,使主罗经航向刻度盘读数尽可能接近真航向。顺时针转动“旋转速率”旋钮,则使航向刻度盘读数增大,反之则减小。在放松“方位”按钮之前,务必先将“旋钮速率”旋钮转回到中间位置,即指针垂直向上。

(8)按下“倾斜”按钮,转动“旋转速率”旋钮,使酒精水准器的气泡居中,即校准储液缸水平(转动时方向要正确,动作要慢些,以免储液缸翻倒)。顺时针转动“旋转速率”旋钮,则储液缸北端下倾;反之则上升。同样,在放松“倾斜”旋钮之前,务必先将“旋转速率”转回到中间位置。

(9)根据需要,转动“照明”旋钮,使方向刻度盘读数清晰可见。按照上述步骤启动罗经在北纬80°至南纬80°范围内,罗经应稳定在±2°以内,3 h后稳定在±0.5°以内。停泊时,真航向可根据码头方位或磁罗经航向推算得到。

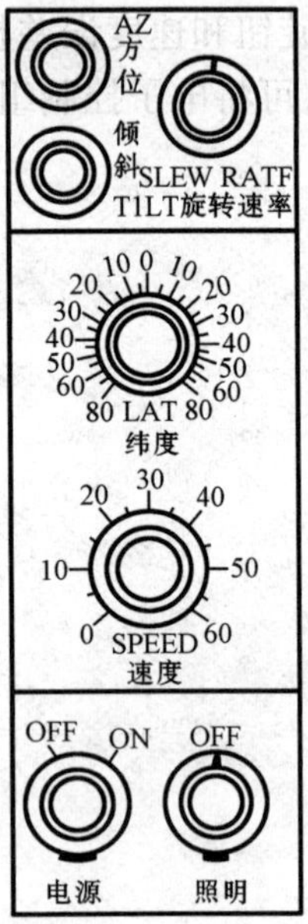

图7-23 罗经控制面板

2.关机步骤

(1)将主罗经控制面板上的电源开关置于“关”的位置。

(2)将开关接线箱上的电源开关和分罗经开关置于“关”的位置。

思考题

7-1 试述陀螺仪的基本特性,并解释之。

7-2 变自由陀螺仪为陀螺罗经的方案是什么,如何实现?

7-3 试解释纬度误差、速度误差、冲击误差、摇摆误差、基线误差。

7-4 试述安许茨系列陀螺罗经的结构特点。

7-5 简述安许茨Ⅳ型陀螺罗经灵敏部分的结构和支承方式。

7-6 试述安许茨Ⅳ型陀螺罗经随动部分的结构及各部件的作用。

7-7 试述斯伯利MK37型陀螺罗经的特点。

7-8 试述斯伯利MK37型主罗经的灵敏部分和随动部分的主要部件及其作用。

7-9 简述阿玛-勃朗型陀螺罗经灵敏部分的结构及支承方式的特点。

7-10 阿玛-勃朗型陀螺罗经的随动部分包括哪些部件,为什么采用这种支承方式?

第八章 船用回声测深仪

回声测深仪(Echo Sounder)是一种测量水深的船用水声导航仪器,在船舶航运中,水深对于航线拟定和保证船舶的安全航行起着重要的作用。回声测深仪的用途有:在特殊情况下,可通过测量水深来辨认船位;在开辟新航区或浅水航区航行时,可用于导航,以确保船舶航行安全;在航道及港口测量方面,它可提供准确可靠的水深资料,因此回声测深仪是船舶必不可少的导航设备。

回声测深仪是应用声波在水中传播的物理特性而制成的。众所周知,在海水介质中,声波的传播性能是电磁波和光波所无法取代的。利用声波在水中传播速度基本恒定这一原理,采用测量声波自发射经海底反射至接收的时间间隔,便可计算得到水深。

第一节 回声测深仪的基本原理

一、声波在水中的传播

1. 声波及其物理特性

在任何弹性介质中放一个振动的物体,其周围的介质将受影响而产生压力的变化,这种压力的变化使介质的质点发生振动,质点振动将由邻近的质点开始逐个地传递至远处的质点。这种质点振动的传播就是声波。振动的物体叫做声源。每秒钟内质点振动的次数叫做声波的频率f,处在同一振动状态的两个相邻质点间的距离叫做声波的波长λ,每秒钟声波传播的距离叫做声波的传播速度C。显然,它们三者之间的关系应为$C=\lambda f$。

根据介质性质的不同,声波传播的形式是不同的。声波的传播形式有纵波、横波和表面波三种。

声波在介质中传播时,介质质点的振动方向与波的传播方向一致,这种波称为纵波。纵波的外部特征是具有“稀疏”和“稠密”的不同区域。纵波在介质中传播时,介质产生压缩或扩张变形,固体、液体和气体都能产生恢复这种形变的弹性力,因此纵波在固体、液体和气体中都可以传播。声波在介质中传播时,介质质点的振动方向与波的传播方向互相垂直,这种波称为横波。横波的外部特征是具有凸起的波峰和凹下的波谷。横波只能发生在固体中,因为横波在介质中传播时,一层介质相对于另一层介质发生平移(切变),固体能够产生恢复这一切变的弹性力,从而使振动传播出去。液体和气体则不然,因此它们不能传播横波。

声波在两种介质分界面处进行传播的波称为表面波,这时介质质点作椭圆运动。物体振动的频率在20~20 kHz范围内的声波称为可闻声波;频率低于20 Hz的声波称为次声波;高于20 kHz的声波称为超声波。回声测深仪通常采用频率为20~200 kHz的超声波。声波与其他种类的波一样,在介质中传播将会表现出其固有的物理特性。声波在介质中传播的物理特性可归纳为以下几点:

(1)声波在水介质中的传播形式为纵波,其传播途径为直线;

(2)声波在同一介质中的传播速度基本恒定,而在不同介质中的传播速度不同;

(3)声波从一种介质进入另一种介质时,将产生反射、折射、散射和绕射等物理现象;

(4)声波在介质中传播过程中,由于扩散和吸收的作用,声波能量将逐渐衰减。

2.声波在海水中的传播速度

声波在水中的传播速度是回声测深仪进行测量水深的主要参数。从物理学中得知声波在介质中的传播速度可以用下列公式表示

$$C=\sqrt{\frac{E}{\rho}}=\sqrt{\frac{1}{K\rho}} \tag{8-1}$$

式中 E——介质的弹性系数,即介质所受到的压强与体积相对变化量之比;

K——介质的压缩系数,即介质的体积相对变化量与所受到的压强之比;

ρ——介质的密度。

由上式可知,声波的传播速度只取决于介质的物理参数,而与声源的振动频率无关。

对于海水介质,其密度 ρ 和压缩系数 K 并不是一个常数值,它们是随着海水的温度、含盐量和静压力的不同而变化,其中以温度的影响最为显著。显然,海水中的声速不可能用一个统一的公式表达,只能通过大量的实测数据,分析总结有足够精度的经验公式。

根据实测资料得知,海水温度每增加 1 ℃,声速增加约 3.3 m/s;含盐量每增加 1‰,声速增加约 1.5 m/s;海水的静压力是随着水深的增加而增大,水深每增加 100 m,由于静压力的增大而引起声速增加约 3.3 m/s。而在通常情况下,海水温度是随水深的增加而降低,所以由于水深的增加引起的静压力增大及温度降低而影响声速的变化量几乎相互抵消,因而在计算海水中的声速时,往往不计及海水深度变化引起的声速变化量,只需将海水表面温度和含盐量代入经验公式进行计算,所获得的结果足以满足航海的要求。我国港口工程测量规范中所使用的经验公式为

$$C=1\,450+4.206t-0.036\,6t^2+1.137(\delta-35)+\cdots \tag{8-2}$$

国际上比较普遍采用的威尔逊经验公式为

$$C=1\,449.2+4.623t+0.054\,6t^2+1.391(\delta-35)+\cdots \tag{8-3}$$

式中 C——海水中的声速,m/s;

t——海水表面温度,℃;

δ——含盐量,‰。

现设某海区的海水表面温度为 15 ℃,平均含盐量为35‰,代入式(8-2)和式(8-3)计算,分别得到声速值 1 503.8 m/s 和 1 506.26 m/s。两个数值比较接近。这可以证实经验公式的可靠性。

船用水声导航仪器如回声测深仪、多普勒计程仪和声相关计程仪等通常以 1 500 m/s 作为标准声速,然而在不同海区或季节,由于实际声速与标准声速不一致,将产生仪器测量误差,我们称它为声速误差。通常回声测深仪不进行声速修正,而多普勒计程仪则需要进行修正。

二、回声测深原理

回声测深仪是应用声波在水中传播时所具有的直线传播、传播速度基本恒定以及反射性等物理特性来测量水深的,其原理如图 8-1 所示。

在船底装有发射换能器 A 和接收换能器 B,两个换能器中心距离为 S,称为基线。发射

换能器 A 以间歇脉冲方式垂直向下发射频率为 20～200 kHz 的超声波(Ultrasonic Wave),声波经海底反射,一部分能量被接收换能器 B 所接收,并变为回波信号用以显示水深。回声测深仪以1 500 m/s为标准声速,从图 8－1 中可以看出,只要测出声波自发射至接收所经历的时间,就可由下列的公式求出水深。

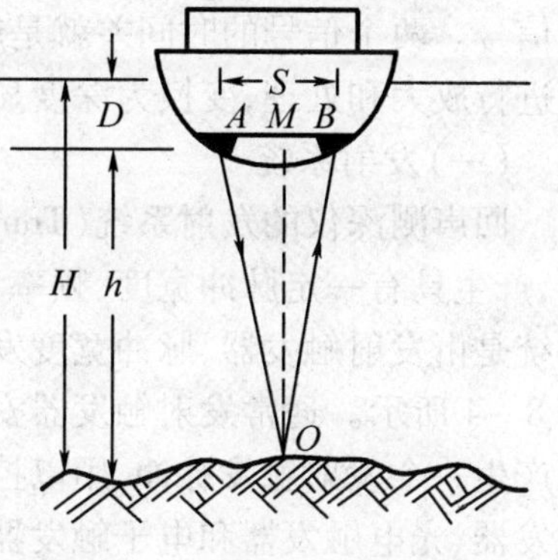

图 8－1　回声测深仪原理图

$$H = D + h = D + \sqrt{AO^2 - AM^2} = D + \sqrt{\left(\frac{Ct}{2}\right)^2 - \left(\frac{S}{2}\right)^2} \tag{8-4}$$

式中　H——水面至海底的深度;

D——水面至换能器表面之间的距离;

h——换能器表面至海底的距离即测量深度;

S——基线;

C——标准声速;

t——声波自发射至接收往返的时间。

在式(8－4)中,若忽略 $S/2$ 项则得

$$h = \frac{1}{2}Ct = 750t \tag{8-5}$$

三、回声测深仪各部分的功能

回声测深仪的整机构成如图 8－2 所示。现代的回声测深仪通常是将显示器、发射系统和接收系统都安装在一个称为中心仪器的机壳内。回声测深仪整机工作过程的时序关系如图 8－3 所示,现简要说明如下。

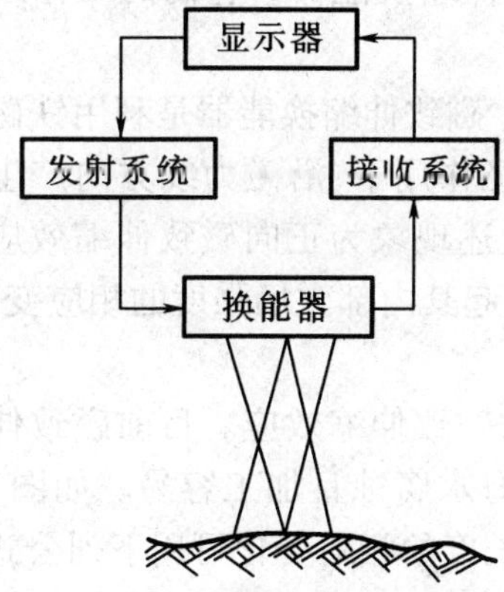

图 8－2　回声测深仪的整机构成图

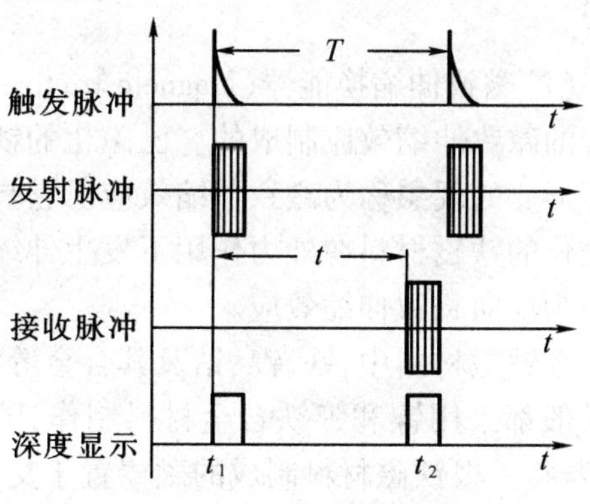

图 8－3　工作过程的时序关系图

首先,由显示器的发射触发器按一定的时间间隔 T 输出触发脉冲。发射系统在触发脉冲的控制下,产生具有脉冲宽度为 τ,工作频率为 20～200 kHz 和一定输出功率的电振荡发射脉冲。换能器将电振荡脉冲变换成机械振动,向水下发射超声波脉冲。在发射时刻,发射脉冲同时被送进接收系统,作为发射零点信号。经过一段时间后,换能器接收到由海底反射

回来的超声波脉冲并将其变为回波信号。所以接收系统所接收的脉冲信号有零点信号和回波信号。两个信号的时间差就是超声波从发射至接收的往返时间。接收系统将接收脉冲信号进行放大和处理，变换为深度显示脉冲，送到显示器加以显示。各组成部分的作用如下。

（一）发射系统

回声测深仪的发射系统（Transmit System）的功能是按照发射触发器输出的发射触发脉冲，产生具有一定脉冲宽度、频率和发射功率的电振荡脉冲，并以此推动发射换能器。发射系统是由发射触发器、脉冲宽度发生器、振荡器、放大器和功率输出器等组成，其系统框图如图 8－4 所示。通常发射触发器安装在显示器内。发射触发器的作用是按照一定的时间间隔产生一个发射触发脉冲，用以控制发射时间。根据触发原理，它可分为机械触发器、电磁触发器、光电触发器和电子触发器。

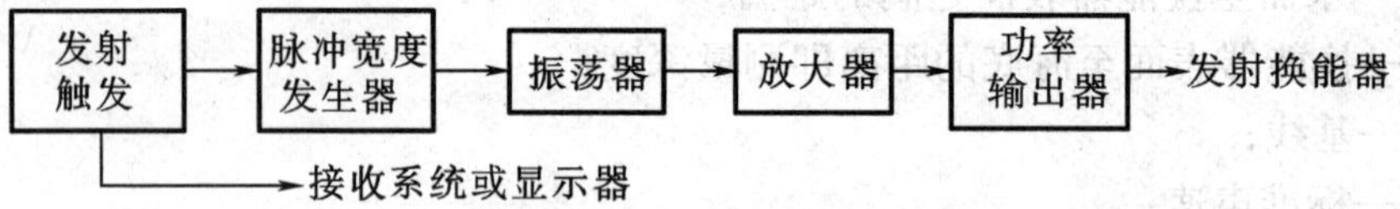

图 8－4　发射系统框图

（二）换能器

回声测深仪的换能器（Transducer）是实现电能和声能相互转换的器件。用于将发射系统输出的电振荡能量转换为向水下发射超声能量的换能器称为发射换能器。用于将海底反射回来的超声波能量转换为电振荡能量的换能器称为接收换能器。测深仪的换能器有收、发分开的，也有收、发分开但安装在同一壳体内的，有的测深仪则是收、发共用一个换能器。

1. 换能器的工作原理

目前回声测深仪的换能器有两种：一种是以镍或镍铁合金为材料的磁致伸缩换能器；另一种是以钛酸钡或锆钛酸铅等压电陶瓷为材料的电致伸缩换能器。它们的工作原理分述如下。

（1）磁致伸缩换能器（Magnetostrictive Transducer）　磁致伸缩换能器是利用铁磁材料所具有的磁致伸缩效应制成的。已磁化的铁磁材料在磁场作用下，沿磁力线方向产生相应的伸缩形变的现象称为磁致伸缩效应。它具有可逆性，上述现象为正向磁致伸缩效应；反之，已磁化的铁磁材料在外力作用下发生伸缩形变时，将引起其内部磁场强度的相应变化，此现象即为反向磁致伸缩效应。

在铁磁材料中，铁、镍、钴及其合金等都具有良好的磁致伸缩效应。目前磁致伸缩换能器一般都采用镍和镍铁合金材料制作，因为它不易受海水腐蚀且加工容易。如图 8－5 所示，若将一根铁磁材料制成的磁棒置于交变磁场中，其长度的相对变化可用下列公式表示：

$$\frac{\Delta l}{l_0} = bx^2H^2 \qquad (8-6)$$

式中　l_0——磁棒原始长度；

Δl——磁棒长度的变化量；

x——磁棒磁化率；

H——磁场强度；

b——固定系数，其数值依材料的种类及物理状态的不同而异。

从上式可知,铁磁材料的伸缩形变与磁场强度的平方成正比,而与磁场变化的方向无关。对于新的或长期不用的测深仪,在使用之前,必须对其换能器进行充磁,即对换能器绕组在很短的时间内通入直流电流,使其具有或恢复磁场。

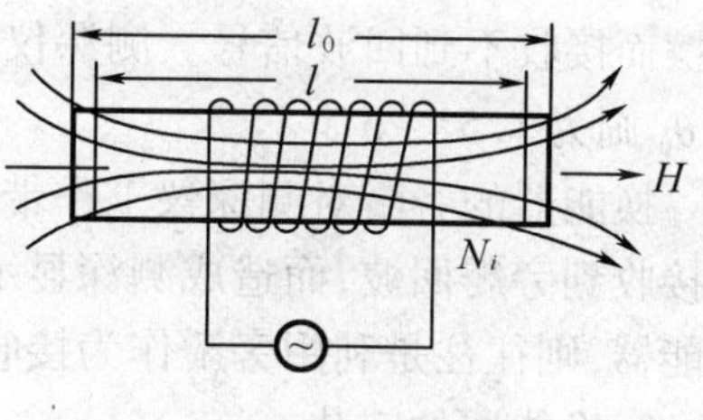

图 8-5　磁致伸缩效应

(2)电致伸缩换能器(Electrostrictive Transducer)

电致伸缩换能器是利用晶体的压电效应或压电陶瓷材料的电致伸缩效应制成的。

①晶体的压电效应　把某些晶体按照与晶轴成特定角度切割成薄片后,如在其表面施加作用力,则在晶体上、下表面将分别产生正、负电荷,呈现出电位差,电荷的多少正比于作用力的大小,电荷的极性取决于作用力的性质(压力或拉力),这种现象称为晶体的压电效应。压电效应是可逆的,上述为正向压电效应;反之,若在晶体上、下表面加电压时,晶体的厚度将产生微小的形变,其变化量正比于电场的大小,形变的方向(缩小或伸长)取决于外加电场的极性。这种现象称为晶体的反向压电效应。

常用的压电晶体材料有石英、酒石酸钾钠等,用石英晶体做成的换能器具有频率稳定、耗电小、效率高等优点,但因功率小、加工工艺复杂、机械强度低等缺点,故已很少用它制作测深仪换能器。

②电致伸缩效应　已极化的介电材料在外力的作用下,沿外力方向产生相对伸缩形变时,将引起其内部电场强度的变化;或是在外加电场的作用下,沿电场方向产生相对伸缩形变,上述现象统称为电致伸缩效应,前者为正向电致伸缩效应;后者为反向电致伸缩效应。

电致伸缩效应与压电效应所不同的是介电材料形变的相对变化量与电场的平方成正比,而与电场的极性无关,为了获得形变与电场成正比的线性关系,必须将具有电致伸缩效应的介电材料在强直流电场下进行极化,经过极化的介电材料称为压电陶瓷材料。较为普遍使用的压电陶瓷有钛酸钡和锆钛酸铅,由于锆钛酸铅材料来源丰富、成本低、压电性能优良、稳定性好,故目前选用锆钛酸铅压电陶瓷材料制成电致伸缩换能器极为普遍。

电致伸缩换能器的结构形状有圆形片状、管状和换能器基阵,换能器基阵是由一个位于中心的接收换能器和外围若干个发射换能器组成,并安装在同一个壳体内。若干个发射换能器按一定规律排列成基阵。使用换能器基阵可以增加测深仪测量深度和提高指向精度。

2. 换能器的指向性(Transducer Directivity)

回声测深仪的换能器必须具有指向性,才能经济地达到测量水深的目的。换能器的指向性是指换能器具有把辐射的声能集中在某些方向上,或者是指在某些方向上接收声能的灵敏度具有最大值的特性。换能器指向性通常用指向性图来描述,如图 8-6 所示。

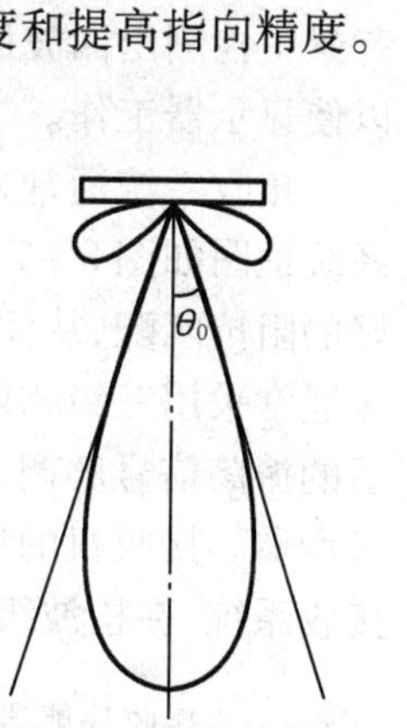

图 8-6　换能器指向性图

换能器所发射的波束呈一圆锥形,在它的中心轴上的声功率(或声压)最大,随着偏离中心轴的角度 θ 的增大,其声功率(或声压)逐渐减小;当 $\theta=\theta_0$ 时,声功率(或声压)降为零;其后逐渐增大,又到达某个最大值,继而又逐渐减小到零。绕中心轴在 θ_0 角度以内的声束部分,称为主波束或主瓣。在主波束两旁侧的波束称为次波束或旁瓣。θ_0 角称为半扩散角(或称半波束开角)。显然,θ_0 越小,波束就越尖锐,指向性越好。θ_0 的大小与声波的波长和换能器工作面(发射面和接收面)的几何尺寸有关。测深仪换能器的指向性一般不宜过于尖锐,否则会因为船舶摇摆而接收不到回波信号。测深仪和声相关计程仪的 θ_0 通常为 10°~15°,而多普勒计程仪的 θ_0 则为 1.5°~3°。

换能器的旁瓣对测深仪工作带来不利的影响,特别是当船舶在狭窄航道航行时,由于容易接收到旁瓣回波,而造成测深显示的错误。但是,在某些测深仪中,由于采用收、发分开的换能器,则往往是利用旁瓣作为接收回波的零点信号。

3. 换能器的安装

换能器是测深仪的重要部件,换能器安装得适当与否及安装质量的好坏,直接关系到测深仪能否正常工作以及工作的质量。驾驶员必须充分了解换能器的安装要求和有关的技术标准。在新船下水之前或者船舶进行坞修时,都必须严格检查。换能器的安装要求有如下几点。

(1)换能器的安装位置应选择在船底平坦、杂声干扰及紊流最小的地方。应尽量远离机舱、螺旋桨,也不要近于船首;换能器附近不应该有排水口、海底阀及其他有碍于水流平顺的凸出物。换能器一般装于离船首 1/3~1/2 船长处。安装时,要求换能器工作面应与船壳齐平,不可突出于船壳之外。对于舷挂式安装的换能器,则应加流线型的导流罩。

(2)换能器的安装不应影响船体结构强度和水密性能。换能器安装在船底,须在船底开洞,通常在开洞处需牢固地焊接一个法兰盘予以加固;在安装有换能器的船底处,通常需增设能够容纳两人入内进行维修的水密干隔舱,以防渗漏。换能器安装完毕后,必须按照规范进行水密试验。

(3)换能器的工作面应力求与水平面保持水平,其偏离角应符合船舶仪器安装规范和测深仪安装标准。

(4)换能器的工作面不准涂油漆。船舶下水或出坞前,必须对换能器工作面严格检查,如发现涂有油漆或其他油污,必须彻底予以清除干净。

(5)换能器的连接电缆必须使用屏蔽电缆,并穿于钢管内。换能器的两根引出导线之间应有良好的绝缘,屏蔽层和钢管应可靠接地。

(三)接收系统

接收系统(Receiver System)的作用是将来自接收换能器的电信号加以放大,并从干扰背景中检测出回波信号。经过处理,变换为脉冲信号,最后根据显示器的要求,使之达到足以使显示器工作。

接收系统通常采用具有高增益、良好的频率选择性和足够的抗干扰能力的放大电路,其系统框图如图 8-7 所示。输入电路一般采用变压器耦合,使接收放大器与换能器能获得良好的阻抗匹配,从而得到最大的输入信号和良好的频率特性来抑制外界的干扰。调谐放大级通常采用三级相同的调谐放大电路,其谐振频率均为测深仪的工作频率。检波级将放大后的振荡信号解调,输出一个方波脉冲,经过输出放大级进行电压(或功率)放大,最后输至显示器。接收机的增益控制,通常是接在第一或第二调谐放大电路上。具有记录式显示的接收系统,在检波级之后,又加入低频振荡级。其输出送到末级的功率放大器,或者将检波

图 8-7　接收系统框图

级改为混频级，采用外差式功率放大电路。

(四)显示器

显示器(Indicator)的任务是控制和协调整机的工作；测定超声波自发射之时至经海底反射回波被接收之时所经历的时间间隔，并将其换算为深度加以显示。根据显示测量深度的方式不同，显示器可分为下列4种：

(1)闪光式 利用氖灯闪光，在刻有深度的面板上显示水深；

(2)记录式 利用记录笔将水深信号显示在记录纸上，通过深度比例尺读出水深；

(3)数字式 由数码显示器直接显示水深数字；

(4)指示式 利用仪表指针指示水深。

闪光式显示器和记录式显示器均有一个定速的时间电机和机械传动装置，故称为机电显示器；而数字式显示器和指示式显示器则无需电机及其传动装置，仅有电气连接，故称为电气显示器。现代的回声测深仪显示器中，有的还增设了危险深度报警装置，利用灯光或音响报警。下面主要介绍深度显示装置。

深度显示装置是回声测深仪的终端，对其要求是显示清晰，读取示度方便。目前常见的深度显示装置有闪光式、记录式和数字式等数种，以记录式为主。

记录式显示装置由时间电机、变速箱、发射触发器、记录笔、记录纸及其传动机构和刻度比例尺等组成。记录式显示装置的工作原理基本上与闪光式显示装置类似。时间电机通过变速箱可得到与不同量程相对应的转速，经齿轮传动机构和皮带传动方式，分别带动记录笔、记录纸和发射触发器控制部分转动。每当发射触发器控制部分转动一周，触发器便输出一个触发脉冲，声波就发射一次，记录笔将在记录纸上记录一次零点信号标志和水深标志，在相对应的刻度比例尺上可直接读出水深数值。

记录纸通常采用干纸型，它是将锡、铝及石墨的粉末涂在记录纸的背面，使记录纸具有良好的导电性能。当信号电流通过记录笔及记录纸对地形成通路时，在记录纸上将留下黑色的痕迹，以表示零位和水深标志。

记录式显示装置根据记录笔的运动方式，可分为弧线记录式和直线记录式，如图8-8所示。目前测深仪多采用直线记录式显示装置。图8-9为记录纸上所出现的各种标志示意图。

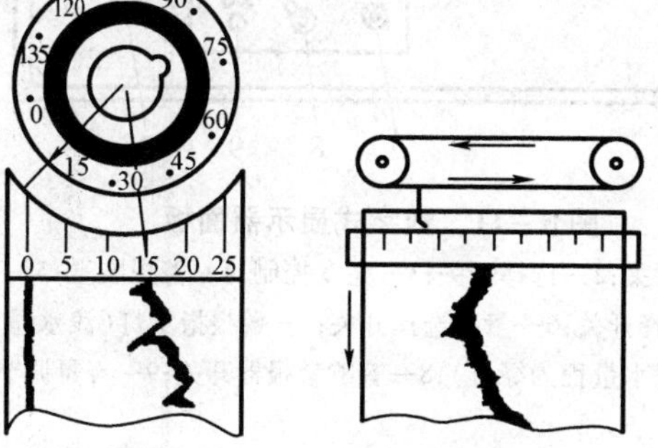

图8-8 记录式显示装置

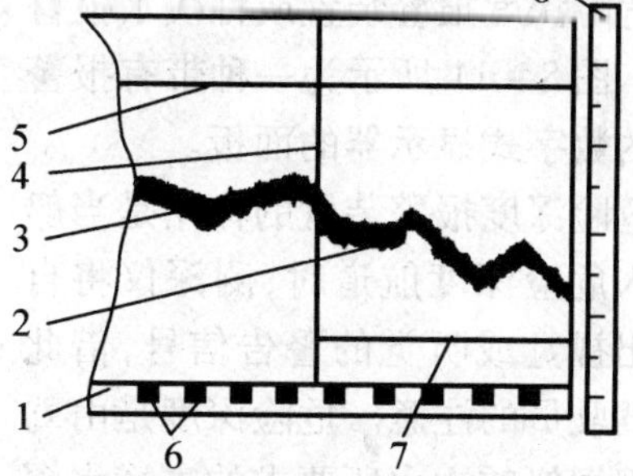

图8-9 记录纸上的标志示意图

1—固定深度标志线；2—固定标志线；3,4—水深标志线；5—发射零点标志线；6—时间间隔标志；7—发射零点标志线调整到船舶吃水深度；8—刻度比例尺

（五）数字式显示装置

数字式显示装置的原理框图如图 8－10（a）所示。时钟脉冲发生器是一个石英晶体振荡器，它将产生具有一定重复周期的时钟脉冲，提供给计数器用以计数，故亦称为计数脉冲。若时钟脉冲发生器振荡频率为 75 kHz，则其脉冲周期为 13.333 μs。显然，该脉冲周期相当于测量深度为 1 cm 所需的时间。换言之，频率为 75 kHz 的时钟脉冲，其每个脉冲相当于 1 cm的测量深度。若在超声波往返船与海底的时间内，由计数器计数的脉冲数目为 100 个，则所测得的深度即为 1 m。

控制器是当接收系统输出的发射零点信号到来时，把计数门打开，使时钟脉冲通过计数门进入计数器而开始计数；在接收系统输出反射回波信号时，控制器立即将计数门关闭，计数器停止计数。在这段时间内，计数器对进入的脉冲逐个计数，并通过编码、译码电路用数字显示器以数字形式直接显示所测量的深度。数字显示装置各组成部分的工作波形和相互之间的时间关系，如图 8－10（b）所示。

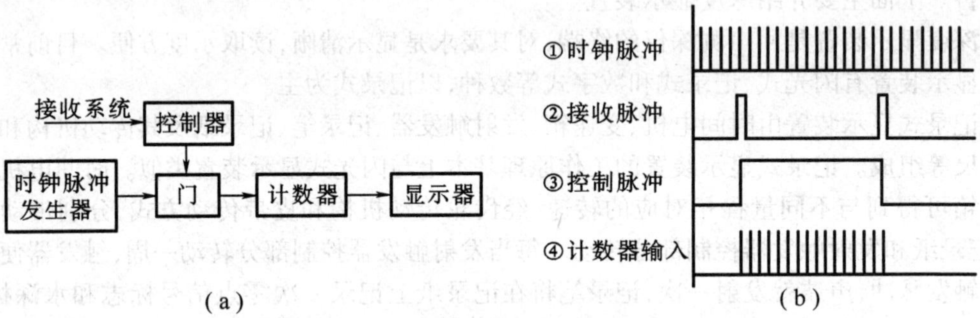

图 8－10 数字式显示装置

（a）原理框图；（b）工作波形

（六）危险深度报警装置

为了提供更加完善的功能，现代回声测深仪普遍地在其显示装置中增设了危险深度报警装置或称浅水报警装置。图 8－11 所示为一种带有报警装置的数字式显示器的面板。

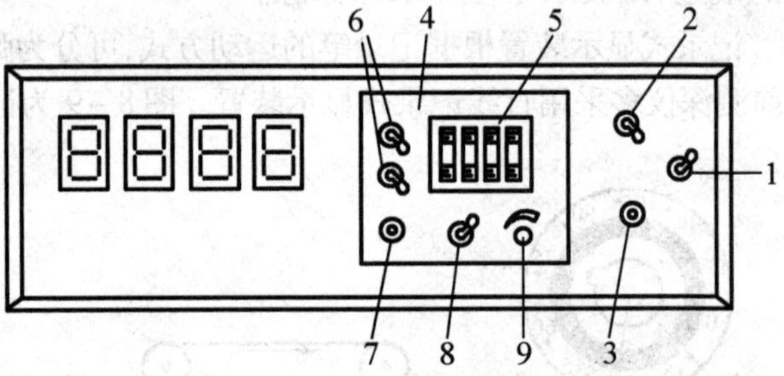

图 8－11 数字式显示器面板

1—电源开关；2—选择开关；3—亮度控制；4—警报装置；5—警报深度选择开关；6—量程选择开关；7—警报指示灯（浅水量程为红灯，深水量程为绿灯）；8—音响警报器开关；9—音量调节

危险深度报警装置的作用是当船舶进入危险深度航道时，测深仪将自动发出视觉或听觉的警告信号，借此引起驾驶员的注意。危险深度是由驾驶员根据船舶吃水所要求的富裕水深预先设定的。当测深仪所测水深小于所设定的危险深度时，警报逻辑电路输出警报信号，使指示灯发亮或者使警报器发出响声，以示警告。

四、回声测深仪主要技术指标

(1)最大测量深度(m)。

(2)最小测量深度(m)。

(3)工作频率(kHz)。

(4)脉冲宽度(ms)。

(5)脉冲重复频率(或周期)(1/s(s))。

(6)发射功率(W)。

(7)接收机增益(dB)。

(8)误差(m)。

(9)消耗功率(VA)。

(10)换能器:结构、材料及指向性。

(11)显示方式:闪光式、记录式或数字式。

上述技术指标虽然有其各自的意义,但它们又是互相关联、互相影响的,因而要了解测深仪的性能,应该综合分析其各个技术指标。

对测深仪的误差有两种要求:浅水范围允许误差为 ±1 m;深水范围允许误差为 5 m 或 ±5%。现代测深仪的显示方式一般要求兼有两种以上。IMO 标准规定记录式应为必须具备的显示方式,其他如闪光式或数字式显示方式可与之相配套。

五、回声测深仪误差

回声测深仪误差系指测深仪测量深度的误差,也就是测深仪显示的水深与实际水深之差值。测深仪误差主要有声速误差、基线误差、零点误差和时间电机转速误差等,此外,船舶摇摆、海水中的气泡、换能器工作面的附着物、船速以及海底的性质与坡度等因素对测深仪的工作都将产生一定的影响。

1. 声速误差

船舶所在海域的实际声速与测深仪的设计声速不一致,所产生的测量误差称为声速误差。商船用回声测深仪通常无须对声速误差进行修正。

2. 基线误差

发射换能器与接收换能器的安装位置相隔有一定的距离(称为基线),运用 $h=\frac{1}{2}Ct$ 公式设计的测深仪测量水深时所产生的误差,称为基线误差。船舶对换能器的安装距离是有要求的。浅水测深仪的基线一般不应大于 300 mm,深水测深仪的基线可以是 0.5 ~ 1 m。目前,许多测深仪采用收发共用的换能器,基线误差就不存在了。

3. 零点误差

测深仪发射零点的显示位置与刻度盘(或刻度标尺)的零位不一致,所产生的测量误差称为零点误差。应该指出,只有闪光式和记录式测深仪才有可能存在零点误差。消除零点误差的方法通常采用调整发射触发器的触发时间。

4. 时间电机转速误差

闪光式和记录式测深仪的时间电机的实际转速与其额定转速不一致所产生的测量误差,称为时间电机转速误差。

第二节 IES－10 型回声探测仪

一、IES－10 型测深仪主要特点介绍

IES－10 型回声测深仪是美国 Ocean Data 仪器公司生产的船用新型测深仪产品，该产品符合国际航道组织（IHO）技术要求和欧洲关于海上导航设备的电磁兼容（EMC）标准，其特点如下：

（1）采用了先进的数字处理技术，通过软件控制超声波的发射和接收；同时使用高清晰度的液晶显示器（LCD）和菜单式的人机友好界面，通过键盘操作来控制整机工作。

（2）显示器可连续提供回波图像、数字深度显示、深度报警、吃水调整等信号，还可通过其他导航设备的接入显示测量时的船位、船对地速度（SOG）、船对地航向（COG）等导航信息。

（3）本机硬盘可保存 24 h 的数字深度和船位数据、1 h 的回波图像和船位数据，并可随时调出或打印这些历史数据。

（4）本机通过 RS－232 或 RS－422 串行口可向其他外设输出 NMEA0183 标准的深度信号，并可直接连接最多 3 台复示器。

（5）接收机在较宽的动态范围内可实现自动增益控制，并对杂波干扰进行滤除。

（6）通过软件可进行系统故障诊断，机器内部采用可拆卸式印刷电路板（PCB），易于对硬件进行安装和维护。

二、整机组成框图及工作原理

IES－10 型测深仪的电路主要由主 CPU 板、收发电路板、电源电路板、母板、液晶显示电路板、接口、接线盒和换能器等组成。其整机组成框图如图 8－12 所示。

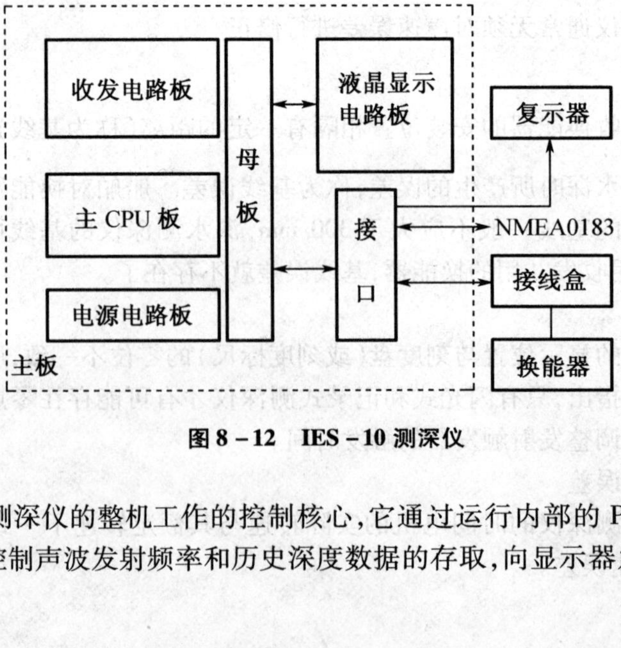

图 8－12 IES－10 测深仪

主 CPU 板是测深仪的整机工作的控制核心，它通过运行内部的 PROM（可编程只读存储器）程序，可以控制声波发射频率和历史深度数据的存取，向显示器发送深度及其他显示

信号，并控制数据的输入、输出与打印等功能。

收发电路有两个主要功能：产生发射脉冲、接收并处理回波脉冲信号。收发电路中的微处理器在每个发射周期的初始时接收来自主 CPU 的指令信号，然后产生发射脉冲，经过放大后送至换能器形成超声波向海底发射。发射的同时，主 CPU 板计时开始。回波经接收电路处理后转换为数字信号，送至主 CPU 计算深度结果。收发电路还有四种辅助功能：串行数据输入和输出、历史数据存储（闪存）、LCD 亮度与对比度控制、键盘编码和亮度控制。

电源电路板的作用是将船电（115 V 或 230 V AC）转换为各电路工作所需的直流电压（5 V，12 V，24 V DC）。液晶显示电路板的主要功能是显示深度数字信号、回波图像信号、系统状态信息等，还可通过键盘输入和菜单选择向主 CPU 板传输系统参数设置及各种指令。换能器的作用是实现电能和声能的相互转换，其工作频率从 12 kHz 到 200 kHz 不等。

三、使用与维护

1. LCD 屏幕显示信息

图 8 – 13 所示为显示器的显示界面，主要显示的信息有：

（1）回波图形　它是换能器收到的回波信号的动态反映，图形以一定的速率从右向左移动，通过回波图像的前沿可读取当前深度的大概数值。

（2）深度显示窗口　在屏幕的左下方，即“Depth”窗口，用以显示当前精确的数字水深值，每秒钟更新一次。同时还将显示深度的单位（英尺 – FT/米 – MT/英寻 – FA）、水深性质（换能器下水深 – DBT/海面下水深 – DBS/龙骨下水深 – DBK）。在该窗口的下方还有测深仪跟踪门限值（GATE）设定状态显示，跟踪门限是用来进行混响干扰抑制的，一般将门限值置于自动（AUTO）状态。窗口的最下方显示的是报警状态：浅水报警（SHALLOW ALARM）、深水报警（DEEP ALARM）或模拟报警（SIMULATOR ON）。

（3）导航信息　从其他导航仪器接入的信号，包括船位、对地航向（COG）、对地速度（SOG），还有系统时钟提供的日期和时间显示。

（4）系统状态　首先是自动（AUTO）状态显示，它包括增益（GAIN）、量程（RANGE）、图形平移速度（CHART SPEED）和跟踪门限（GATE）等，如果处于自动工作状态，则在 AUTO 的右侧将显示相应的英文名称。其次是吃水调整和龙骨深度预置值显示、浅水和深水报警值显示。最后是显示方式（STD 或 STD/NAV）、工作频率及水深单位的显示。

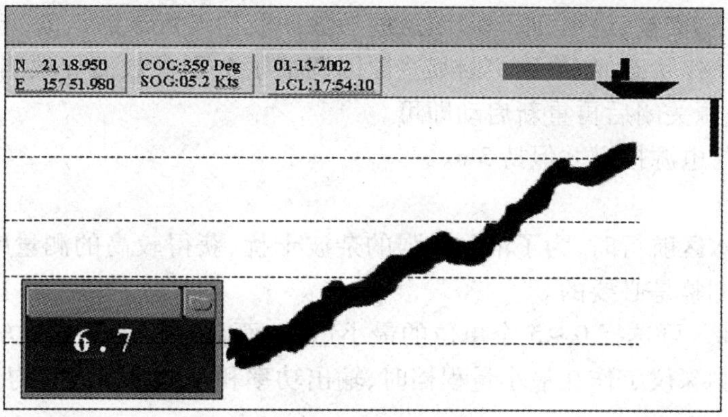

图 8 – 13　显示界面

(5)信息条　在显示屏的最上方,表示当前系统的显示状态和报警指示。例图显示的是“报警音频关闭”的信息。

2. 显示面板按键

IES－10 型测深仪的主要操作是通过显示面板的功能按键来完成的,图 8－14 所示为显示面板的所有功能按键。

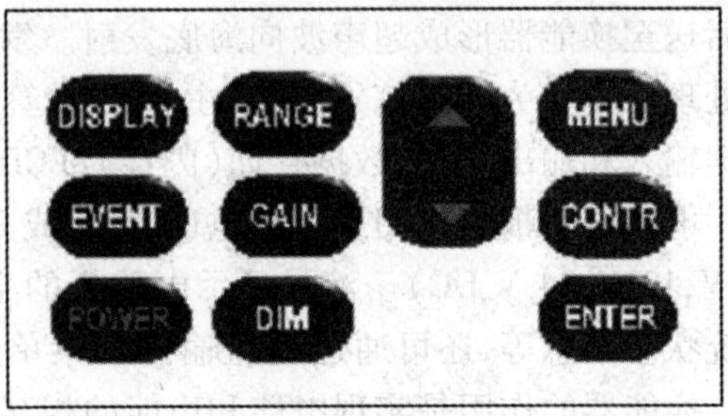

图 8－14　按键

DISPLAY　显示方式选择键,按此键调出显示方式菜单,用户可选择标准(STD)或标准/导航(STD/NAV)两种不同的显示方式。其区别是在导航(NAV)方式下附加了三个窗口显示船舶的经纬度、对地航向及速度、日期和船钟。

EVENT　时态键,用此键可以在存储的历史深度数据中插入实时的船位和时间数据。

POWER　电源键,按电源键一次可开启主机电源,按住并保持 3 s 则关机。开机工作后,若有音频报警,按电源键一次可消去报警声音。

RANGE　量程键,按此键一次可调出量程选择菜单,按住并保持 3 s 则选择“自动量程”工作方式。

GAIN　增益键,按此键一次可调出增益调节菜单,按住并保持 3 s 则选择“自动增益”工作方式。

DIM　亮度键,按此键一次可调出显示器亮度调节菜单,按住并保持 3 s 则选择中间亮度显示值。

CONTR　对比度键,按此键一次可调出显示器对比度调节菜单,按住并保持 3 s 则选择中间对比度值。

▲▼　上下键,用上下键可以在菜单选择时增加或减少设定值。

MENU　菜单键,用于调出主菜单,或者在菜单选择时退出当前显示菜单。

3. 正常的操作

按下显示面板上的电源按键,系统通电,所有重要的参数(如增益、量程、跟踪门限)都进入“自动”工作方式。如果测深仪搜索到海底,则在深度显示窗口显示当前水深值;如果未搜索到海底,则测深仪将自动调整其增益和量程,直至海底被搜索到为止。

需要注意的是,增益、量程、跟踪门限这些参数一般均设置于默认的“自动”状态时系统才能处于最佳的工作状态,如果用户因某些原因调整了个别参数而导致测深仪跟踪海底困难时,可将系统电源关闭后再重新启动即可。

关机时需按住电源按键并保持 3 s。

4. 浅水区操作

当船舶在浅水区航行时,为了消除较强的杂波干扰、获得较高的测量精度,对系统的某些参数进行手动调整是必要的。

(1)量程选择　可选择 0～5 个单位的最小量程,而在自动量程工作方式下不会用到这一最小量程档。测深仪工作在最小量程档时,输出功率和发射脉冲波长均最小,可获得最佳的显示精度。

(2)门限深度设置　手动设置测量深度门限值可以抑制浅水时较强的海面混响,获得正确的数字深度信号。门限值可根据回波图像的显示情况进行设定，门限值必须小于图像显示的真实海底深度值。

(3)增益设置　测深仪在浅水区工作时，一方面发射声波对回波干扰较强，同时杂波的幅度较大会使数字显示值错误，所以应用手动增益调整，使各种干扰最小。

5. 自检操作

IES－10 型测深仪提供了系统的自检功能，通过软件可对系统进行自动检测。操作方法是：先按显示面板上的 DISPLAY 键，然后按住 RANGE 键并保持 3 s，可进入系统自检菜单。检测的内容包括 RAM、ROM、发射频率、显示器亮度和对比度、收发单元、复示器、报警器。如果检测对象出现故障，对应的自检菜单上将显示“FAIL”的信息提示；如果正常，则菜单显示“PASS”。

出现上述硬件或软件故障时，可参考说明书的指示进行相应的故障排除，主要的方法包括重新启动机器、重新安装软件、更换收发单元或主 CPU 电路板等。

思　考　题

8－1　影响声波在海水中传播速度的因素有哪些？

8－2　试述回声测深原理。

8－3　试画出测深仪的整机组成框图，并说明各部分的作用及整机工作过程。

8－4　试画出发射系统的框图并说明各部分的作用。

8－5　试画出接收系统的框图并说明该系统的作用。

第九章　船用计程仪

船用计程仪(Ship's Log)是用来测定船舶航行速度和累计船舶航程的一种导航仪器。精确地测量船舶航行速度及航程,对船舶驾驶极为重要,在船舶导航定位中,只要有陀螺罗经或磁罗经提供船舶航向和计程仪提供航程,就可求得船舶的推算船位。此外,现代的导航系统及设备,如真运动雷达、ARPA 和自动综合导航仪等均需要输入船舶的速度信息才能进行工作。在大型或超大型船舶系靠码头的操纵中,还需要计程仪提供相对码头的纵向和横向速度,以确保船舶安全地靠泊码头。因此,计程仪是现代船舶必不可缺的重要的航海仪器之一。

船用计程仪可分为两类:相对计程仪和绝对计程仪。属于相对计程仪的有拖曳式、转轮式、水压式和电磁式等计程仪,它们只能测量船舶相对水的速度并累计其航程;属于绝对计程仪的有多普勒计程仪和声相关计程仪。它们在一定的跟踪深度范围内,能够测量船舶相对海底的速度并累计其航程,但是当水深超过其跟踪深度范围时,便转换为跟踪水层的相对计程仪。各种船用计程仪的性能和特点如表 9－1 所示。

表 9－1　船用计程仪的性能和特点

项目＼类型	电磁计程仪	多普勒计程仪	声相计程仪
类型	相对计程仪	绝对计程仪	绝对计程仪
参考坐标	相对于水层	相对于海底或水层	相对于海底或水层
测速计程原理	应用水流导体切割磁力线运动产生感应电动势的原理测速,通过脉冲计数以数字显示航程	应用声波的多普勒效应测速,经积分由数字显示器显示航程	应用相关技术测量回波信号的延时求得航速,经积分由数字显示器显示航程
原理公式	$E_g = BLV \cdot 10^{-8}(\mathrm{V})$	$\Delta f = \frac{2fV\cos\theta}{C}$ (单波束)	$\tau = \frac{1}{2} \cdot \frac{S}{V}$
测速门限	0.01 ~0.1 kn	0.01 kn	0.1 kn
测速精度	1% ~2% ,0.2 kn	0.2% ~0.5% , 0.1 kn	0.2% ,0.1 kn
特点	线性好,精度较高,可测纵向前进和后退速度,结构简单,使用方便	线性好,精度较高,可测纵向和横向速度,在跟踪深度范围内,可提供绝对速度,否则提供相对速度	精度高,测量精度与声速变化无关,在跟踪深度范围内,可提供绝对速度,否则提供相对速度,还可兼作测深仪

第一节　电磁计程仪

一、电磁计程仪的基本组成

电磁计程仪(Electromagnetic Log)是应用电磁感应原理测量船舶瞬时速度和累计航程的一种相对计程仪。它一般由传感器、放大器和指示器等组成,其原理如图 9－1 所示。

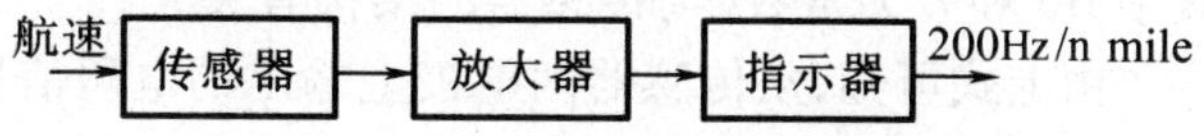

图 9－1　电磁计程仪组成框图

传感器是电磁计程仪的一个敏感元件,它是根据电磁感应原理,将非电量的船舶速度变换为与航速成正比的电信号。目前常用的传感器有两种:平面式传感器和导杆式传感器。平面式传感器固定安装在船底壳体上,传感器的底面与船底齐平;导杆式传感器是在一根圆柱形导杆的底端安装传感器,导杆借助一套升降机构可以自由升降。计程仪工作时,导杆伸出船底;不工作时,将导杆收起。

放大器的任务是将来自传感器的微弱的航速信号进行放大,并经相敏整流、干扰信号抑制和变换后,输出一个与航速成正比的直流信号,送至航速表指示相应航速。同时还将输出 100 Hz/n mile 和 200 Hz/n mile 的航速脉冲信号,送至指示器。此外,有的电磁计程仪在放大器中还设置自校电路,产生自校信号,用以自检仪器的工作性能。

指示器是计程仪的终端显示部件,它通常具有指示航速和指示航程两种显示装置。某些计程仪的航程显示又有两种方式,即数码显示计数器和机械数字计数器。其做法是将来自放大器的 100 Hz/n mile 航速脉冲信号送到指示器后分为两路:一路经分频计数、译码后由数码显示器累计并显示船舶航程;另一路经驱动器、推动步进电机转动,并带动机械计数器,累计并显示船舶航程。此外,指示器还具有 200 Hz/n mile 航速脉冲的标准输出接口,可输至真运动雷达和 ARPA 等其他导航仪器。

二、传感器的工作原理

电磁计程仪的传感器(Sensor)分为平面式和导杆式两种。虽然它们的结构形式不同,但其工作原理是完全相同的,即根据法拉第电磁感应定律,将船舶相对水的运动速度转换为感应电势,从而产生航速信号。图 9－2 所示为某平面式传感器的结构原理图。传感器内部是倒"山"字形铁芯,其中间柱上绕有激磁绕组。传感器的底部表面是环氧树脂及防腐涂层,在涂层表面上装有一对用不锈钢制成的电极,用来检测感应电势,电极之间及周围用非导磁性绝缘材料填封。当激磁绕组通入交流电时,便产生交变磁场,磁力线从铁芯的中间柱出发,经过船底海水介质和铁芯两侧边柱形成了回路,如图 9－2 中虚线所示。

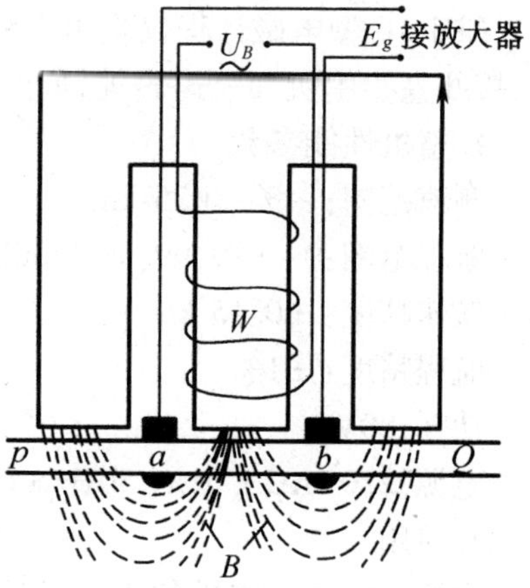

图 9－2　平面式传感器结构原理图

当船舶航行时,水流即以船舶航速相反的方向流过船底,两电极之间的海水流动可以看成无数根沿船舶横向排列的导体作平行移动,并切割传感器的磁力线。于是在两个电极之间便产生感应电动势 E_g,因为水流方向与磁力线方向相互垂直,所以 E_g 的表达式为

$$E_g = B_{\sim} LV \cdot 10^{-8} \qquad (9-1)$$

式中 $B_{\sim}$——交流磁感应强度,Gs;

L——两电极之间距离,cm;

V——水流速度,即船舶相对于水的速度,cm/s;

E_g 和 $B_{\sim}$ 皆为瞬时值,若以幅值表示,则可改写为

$$E_{gM} = B_M LV \cdot 10^{-8} \qquad (9-2)$$

其中 B_M 和 L 为常数(与传感器的结构有关)。

由上式可知,从传感器两电极上输出的电压信号 E_{gM} 与船舶航速 V 成正比。显然,只要测出 E_{gM},就可求得船舶航速 V。

传感器输出的电压信号通常仅有几毫伏,然而在实际测量中,传感器由于受到外界杂散磁场的干扰作用,还将会产生干扰信号,使其测量精度大大下降。传感器存在的干扰信号分为两种:其一是90°干扰信号,它与激磁电流的相位相差90°,产生原因主要是受到由海水介质引起的二次磁场的影响和传感器内部结构的"变压器效应"所致,当90°干扰信号超过某一数值时,将会引起电磁计程仪的放大器饱和,甚至不能正常工作,为此在电磁计程仪的放大器中专门设置90°干扰信号抑制电路,用来消除90°干扰信号的影响;其二是0°干扰信号,它与激磁电流的相位同相,产生原因主要由于传感器磁感应强度分布不均匀或不对称所致,因而当船舶在静水中且航速为零时,传感器仍然有微弱的电压信号输出,使得航速表指示偏离零位而产生零点误差,为此在安装传感器时,必须采取必要而有效的措施来消除干扰信号。所采取的措施有:

(1)传感器引出线的屏蔽层和传感器的外壳应可靠接地;

(2)降低激磁电压;

(3)保持电缆良好的绝缘。

三、CDJ-6 型电磁计程仪的使用与调整

CDJ-6 型电磁计程仪是由上海船舶仪器设备厂生产的,其设备组成主要有平面式传感器、接线盒、主机和航速表等,如图 9-3 所示。

1. 整机性能参数

测速范围:-5 ~ +25 kn。

航程范围:0 ~999,99.99 n mile。

航速精度:±0.15 kn。

航程精度:±1%。

功耗:80VA。

电源:220VAC±10%,50Hz±6%。

2. 使用

主要的操作功能键位于主机的面板之上,见图 9-4 所示。

(1)接通主机面板上的电源(Power)开关,指示灯亮,仪器开始工作。仪器将显示三位的速度数据××·×(节);速度为负值时,显示 -××·×(节)。同时仪器还显示上次关机时存储的七位航程数据×××××·××(海里)。

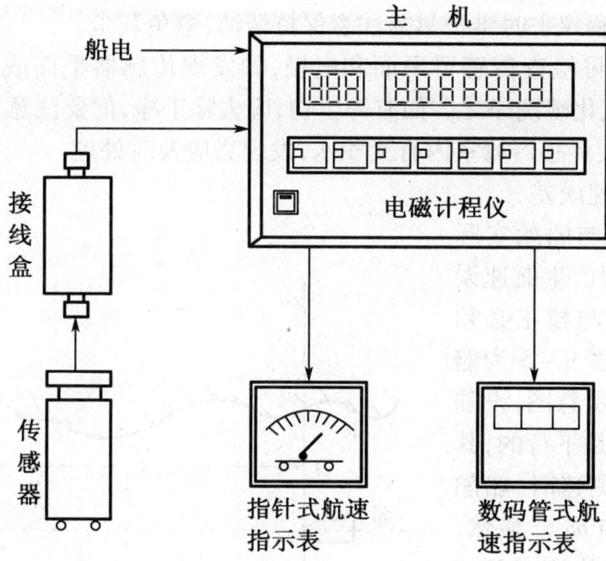

图 9-3　CDJ-6

(2)先按时间常数键 T(TIME),再同时按下清零键 C(CLEAR),航程清零,仪器将重新开始累计航程。

(3)按存储键 MEM(MEMORY),可将此时的航程数值存储在 EPROM 中。关机后,该值仍将长久保存;开机后,仪器即显示该值。

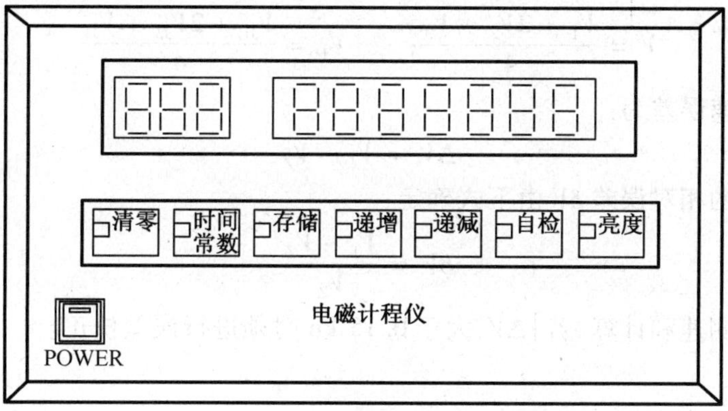

图 9-4　操作功能键

(4)递增键 INC(INCREASE)和递减键 DEC(DECREASE):按递增键(或递减键),预置航程将不断增加(或减少)0.01 海里,松开即停。

(5)自检键 BIT(BUILT-IN TEST):检查各功能键是否正常,按下此键,数码管依次显示从 0 到 9,然后 7 个功能键指示灯轮亮一次后回到正常显示功能。

(6)亮度键 B(BRIGHTNESS):控制数码管显示亮度,以适应白天、黑夜航行时不同的亮度要求。键指示灯有暗、橙、绿、红四种指示,分别表示四级亮度显示。

3. 维护

(1)CDJ－6 型计程仪平时维护只需注意保持清洁,避免灰尘。

(2)船舶坞修时,可检查传感器平面和电极,如发现传感器平面或电极表面附有污层时,应用肥皂水或四氯化碳洗净之。如有海生物,应去除干净,但要注意不得损伤表面橡胶。

(3)定期检查安装传感器舱室内有无积水,发现后应及时处理。

4. 叠标测速与航速误差

计程仪指示航速与船舶实际航速不一致,计程仪即产生航速误差。航速误差的测定与校正必须在叠标测速场进行。图 9－5 为船舶在测速场中测速的示意图,设陆地上的叠标 aa' 和 bb' 是平行的,其距离 S 和方位已知,测速时,船舶航向 AB 垂直于 aa' 和 bb'。显然,只需记录船舶每一次从 A 点到 B 点所需时间,便可求出船舶的实际航速 V_Z。计程仪测速应分低、中、高三种航速进行,为消除水流影响,各种航速应往返三次测量,连续三次记下船舶通过第一组和第二组叠标线的时间,求得三个实际航速 V_1, V_2, V_3,同时记录三次的计程仪的指示航速 V_{J1}, V_{J2} 和 V_{J3},于是可求得船舶实际航速的平均值 V 和计程仪显示航速的平均值 V_J。

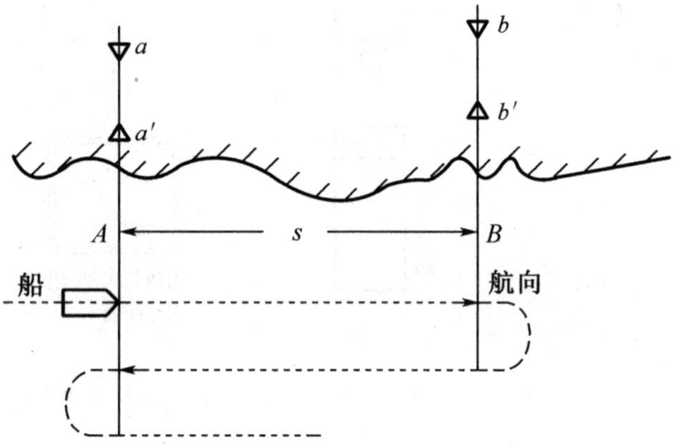

图 9－5 船舶在测速场中测速的示意图

$$V = \frac{V_1 + 2V_2 + V_3}{4}; \qquad V_J = \frac{V_{J1} + 2V_{J2} + V_{J3}}{4} \tag{9-3}$$

计程仪的航速误差为:

$$\Delta V = V_J - V_Z \tag{9-4}$$

计程仪测速的相对误差 δV 由下式确定:

$$\delta V = \frac{V_J - V_Z}{V_Z} \tag{9-5}$$

经过上述的测速和计算,若 $|\Delta V|$ 大于 0. 15 kn 时须进行误差校正。

第二节 多普勒计程仪

一、多普勒计程仪的测速计程原理

多普勒计程仪(Doppler Log)是应用多普勒效应进行测速和累计航程的一种水声导航仪器。多普勒效应是奥地利物理学家 C. J. Doppler 于 1842 年发现的一种物理现象:当声源与接收点存在相对运动时,接收点所接收到的声波频率与声源频率不相同,这种现象就叫做多普勒效应。两者相互靠近时,接收到的频率将升高;两者相互离开时,则接收到的频率将降低。接收频率与声源频率之差值 Δf 称为多普勒频移(Doppler Shift),亦称作多普勒频率。多普勒频移 Δf 的大小与声源频率 f_0,声波在介质中的传播速度 C 和声源与接收点之间的相对运动速度 V 有关,它们之间的关系可用下列表达式表示

$$\Delta f = \frac{V}{C} f_0 \tag{9-3}$$

从上式可以看出,若 f_0 与 C 为常数,则 Δf 与 V 成正比,因而可以通过测定多普勒频移来进行测速。

在船底装置一个发射与接收兼用的换能器,船舶以速度 V 向前航行。换能器以频率 f_0 向海底发射超声波脉冲。声波的发射方向与船舶速度方向成 θ 角,θ 角即称为波束发射俯角,一般取 60°,如图 9-6所示。超声波经海底反射后(海底可视为二次发射的声源),一小部分声波能量被换能器所接收。显然,接收到的反射回波经历了二次多普勒频移,所以测得多普勒频移 Δf 应为

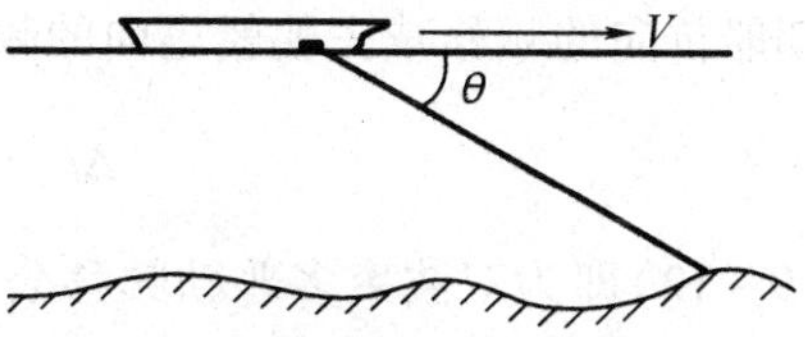

图 9-6　换能器发射脉冲示意图

$$\Delta f = \frac{2f_0 V\cos\theta}{C} \tag{9-7}$$

式中 $V\cos\theta$ 为船舶速度在声波发射方向上的分量,式(9-7)可改写为

$$V = \frac{1}{2} \cdot \frac{C}{f_0 V\cos\theta} \cdot \Delta f \tag{9-8}$$

若式中 C 取标准声速 1 500 m/s,发射频率 f_0 和发射俯角 θ 均为已知常量,那么只要测得多普勒频移 Δf,就能换算出船舶航速 V,再求船舶航速对时间的积分,即可得到航程。这就是多普勒计程仪测速计程原理。

上面所述是一种只有向前发射声波束的多普勒计程仪,称为单波束多普勒计程仪。在实际使用时,这种单波束多普勒计程仪因受船舶摇摆的影响,将会产生测量误差,故不能得到广泛的应用。船舶摇摆时,由于船舶上下颠簸和纵向摇摆会产生垂直方向上的运动速度。这个速度将随时间变化而改变其大小和方向。假设某瞬时船舶具有向上的运动速度 μ,如图 9-7 所示。速度 μ 在波束发射方向上的分量为 $\mu\sin\theta$。此时,在波束发射方向上的合成速度为 $V\cos\theta-\mu\sin\theta$,因此单波束多普勒频移公式应改写为

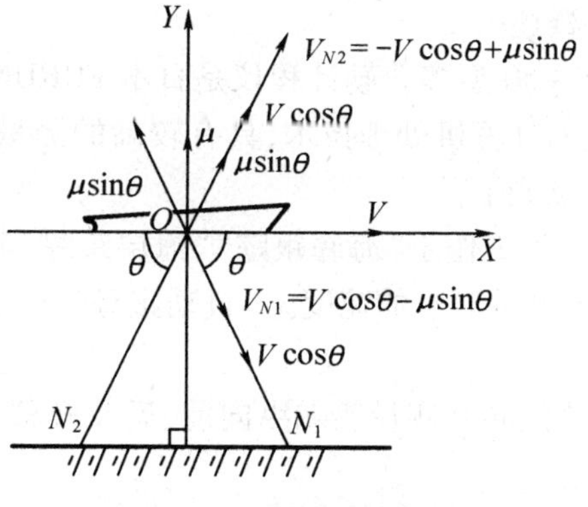

图 9-7　双波束原理示意图

$$\Delta f = \frac{2f_0}{C}(V\cos\theta - \mu\sin\theta) \tag{9-9}$$

比较式(9-9)与式(9-7)可知,在船舶上下颠簸和纵向摇摆时,若仍按式(9-9)进行测速计算,显然将产生测量误差。

为了消除船舶上下颠簸和纵向摇摆引起垂直方向的运动速度所产生的测速误差,目前

船用多普勒计程仪已普遍采用双波束系统（如图9－7所示），即两个前后对称的超声波波束，一个朝船首方向，另一个朝船尾方向，并以相同的发射俯角同时向海底发射和接收。按式（9－9），朝船首向波束的多普勒频移为

$$\Delta f_1 = \frac{2f_0}{C}(V\cos\theta - \mu\sin\theta) \quad (9-10)$$

而朝船尾向波束的多普勒频移为

$$\Delta f_2 = \frac{2f_0}{C}(-V\cos\theta - \mu\sin\theta) \quad (9-11)$$

将朝船首向的频移减去朝船尾向的频移，则得

$$\Delta f = \Delta f_1 - \Delta f_2 = \frac{4f_0 V\cos\theta}{C} \quad (9-12)$$

式（9－12）即为双波束多普勒频移公式，由此公式可以看出船舶摇摆时所引起的垂直运动速度分量的影响已完全消除。若将式（9－12）与式（9－9）作比较，可知双波束系统的测量精度要高于单波束系统。

目前船用多普勒计程仪有三种类型。第一种类型是双波束系统，又称一元多普勒计程仪。它只能测量船舶纵向速度并累计航程，通常是作为船舶导航之用。第二种类型是四波束系统，即换能器能向前后左右四个方向发射波束，又称二元多普勒计程仪。它除了能测量纵向速度之外，还能测量横向速度，可作为船位推算导航使用。上述两种多普勒计程仪的换能器一般均装在船首部位。第三种类型是六波束系统，即除在船首部装置四波束的换能器外，还在船尾部安装一对向左右方向发射波束的换能器，它又称为三元多普勒计程仪，因为它既能测量船舶纵向速度，又能测量船首部和船尾部的横向速度，能反映船舶运动的全貌，所以，可作船舶进出港、靠泊码头及锚泊之用。

二、DS－50型多普勒计程仪

1. 概述

DS－50型多普勒计程仪是日本FURUNO电器公司DS系列计程仪的典型产品，它采用了先进的计算机处理技术，具有较高的测量精度，完全符合IMO和IEC组织的规定。它的主要特点如下：

（1）可工作于“海底跟踪”“海层跟踪”和“自动跟踪”三种工作方式，既可测量对地的速度，又可测量对水的速度。“自动跟踪”可实现在“海底跟踪”和“海层跟踪”方式间的自动切换。

（2）能同时测量船舶纵向前、后及横移速度，可为船舶靠离码头、锚泊等作业的安全提供保证。

（3）浅水（最小达到船底下1 m）测量也有较高的测量精度；在1～200 m的水深范围内可精测对地的速度，超过200 m则计程仪自动转换为测量对水的速度。

（4）可输出模拟或数字的航速及航程数据至其他航海仪器，以实现船桥自动化功能。

（5）能同时测量船底下海水深度，为浅水航行时的船舶导航服务。

2. 整机框图及原理

DS－50型多普勒计程仪整机由主显示器、分显示器、处理器单元、接线盒、收发器及换能器等组成，如图9－8所示。

主显示器的功能是操纵控制整机工作并显示测量结果，包括船舶前进/后退速度、船首左/右横移速度、累计的航程、船舶龙骨下水深等数据。

处理器（Processor）的作用有：形成触发脉冲送至收发器单元，指挥收发器的工作；同时将收发器接收的回波信号变为航速信号送至主显示器或其他分显示器；提供各部分工作所需的电源。处理器内主要有电源电路、多普勒门电路和微处理机等。

收发器（Transceiver）的作用是产生电振荡脉冲，激励换能器向海底发射超声波，同时接收换能器的回波信号进行放大和变换为电信号送至处理器。DS-50 型计程仪某些机型将收发器和处理器合二为一，简化了安装程序。

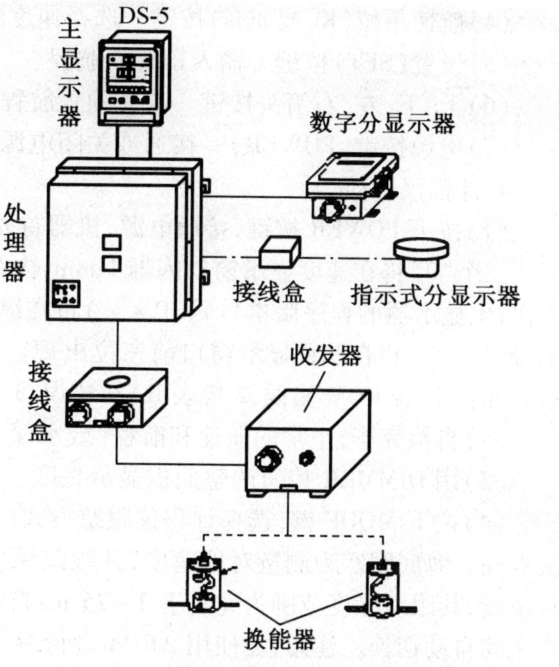

图 9-8　DS-50 型多普勒计程仪组成图

分显示器有数字式和指示式两种，其功能与主显示器相同，其信号来自处理器提供的串行数据或模拟数据。

3. 主显示器面板显示及按键功能介绍

图 9-9 所示为 DS-50 型多普勒计程仪的主显示器面板，从上至下有三个显示区。最上方为船首左/右横移速度显示区，正常显示时左箭头或右箭头的图标将被点亮，指示当前的船首横移方向。中间为船舶前进/后退速度显示区，显示窗左侧为跟踪方式指示（G—海底跟踪，W—水层跟踪，A—自动跟踪），右侧为速度单位、自检状态和速度报警显示。最下方为航程/龙骨下水深显示区，显示窗上方为显示状态指示（Distance 和 Keel Clearance），右方为航程单位显示。

主要的按键及其功能介绍如下：

（1）跟踪方式（MODE）按键　选择计程仪的跟踪方式，即海底跟踪、水层跟踪和自动跟踪。重复按此键，跟踪方式依次变化，选择的同时相应的指示灯（G，W 和 A）将被点亮。

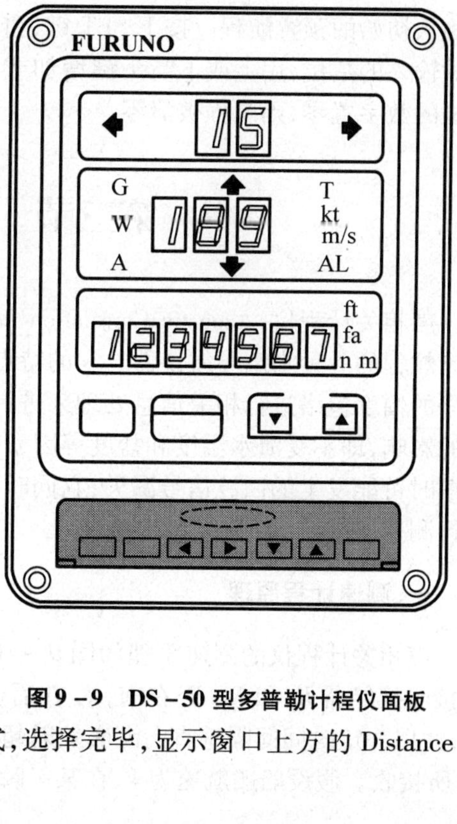

图 9-9　DS-50 型多普勒计程仪面板

（2）航程/龙骨下水深（Distance/Keel Clearance）按键　选择航程或龙骨下水深显示方式，选择完毕，显示窗口上方的 Distance 或 Keel Clearance 指示灯将被点亮。

(3)亮度(DIMMER)控制按键　用来调节面板显示亮度。

(4)航速单位(Kt 或 m/s)按键　选择速度测量的单位。

(5)设置(SET)按键　输入预置的航程。

(6)上/下/左/右箭头按键　改变预置航程的大小。

(7)电源按键(POWER)　接通或关闭电源。

4. 计程仪启动

(1)按下 POWER 按键,接通电源,机器首先进入自检工作状态。

三个“0”将在速度显示窗口闪烁 1 min,内存、发光二极管、蜂鸣器依次被检测。检测若正常,主显示器的程序版本号码(P××)将在纵向速度显示窗口出现,处理器单元的程序版本号(P××)将在航程显示窗口前三位出现。如果检测不正常,则将有相应的错误信息提示。如:1 代表 ROM 错误,2 代表 RAM 错误,3 代表 EPROM 错误。

(2)自检完毕,正常的航速和航程(或水深)显示出现。

(3)用 DIMMER 控钮调整面板显示亮度。

(4)按下 MODE 键,选择计程仪跟踪方式(海底/水层/自动),对应的指示灯 G,W,A 将被点亮。海底跟踪为测量对地速度,其跟踪深度范围为龙骨下 1 ~200 m;水层跟踪为测对水速度,其跟踪深度范围为龙骨下 2 ~25 m;自动跟踪将根据实际水深在海底和水层跟踪状态之间自动切换。注意,在使用 ARPA 进行避让操纵时,最好选择水层跟踪方式。

(5)按 Kt/m/s 键,选择速度测量的单位。

(6)按 Distance/Keel Clearance 键,选择航程显示或者是龙骨下水深显示。航程的显示单位是海里(n m),水深的显示单位是米、英尺或英寻(fathom)。

(7)预置初始航程:航程数据在关机后仍然可以保存,用设置(SET)键可以将航程清零或输入初始的预置航程。按下 SET 键,量程显示窗口的最高为将闪烁,用左或右箭头键选择欲输入的数位,用上或下箭头键增加或减少航程值,输入完毕按 SET 键即可。若将每个数位的数字置零,则航程被清零。

第三节　声相关计程仪

声相关计程仪(Acoustic Correlation Log)是应用相关技术处理水声信息测量船舶航速并累计航程的一种水声导航仪器。它的特点是采用垂直向发射和接收超声波信号,并对回波信号的幅度包络进行相关信息处理来进行测速;其测量精度不受声波在海水中传播速度变化的影响,即不受海水温度和盐度等因素的影响;换能器发射波束宽度比较宽,以减小船舶摇摆时可能发生的回波信号漏失;它同时可以测量水深,兼作测深仪。在安装使用时,无须进行测速试航。

一、测速计程原理

声相关计程仪的测速原理如图 9 - 10 所示。在船底沿纵向等间距安装有发射换能器 T,接收换能器 R_f 和 R_a,R_f 在前,R_a 在后,其间距为定值 S。T 位于 R_f 与 R_a 中心连线的中点,并以一定时间间隔垂直向海底发射超声波脉冲,经海底反射的回波被接收换能器 R_f 和 R_a 所接收。假设船舶航速为 V,在某一瞬间 $t = t_1$ 时,R_f 接收到来自海底散射源 A 的反射回

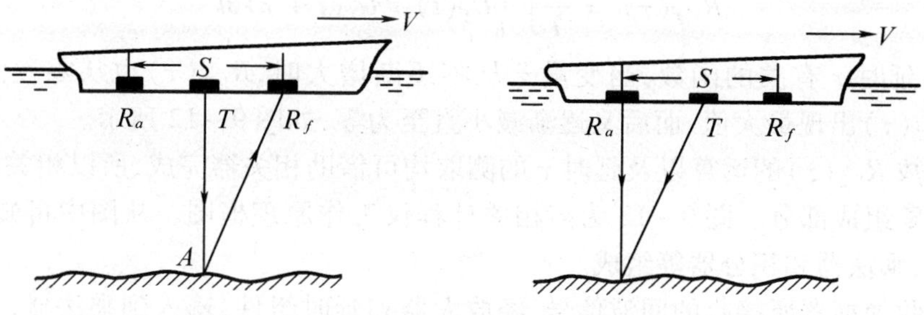

(a)　　　　　　　　(b)

图 9-10　声相关计程仪测速原理图

波。经过一段时间间隔 τ，即 $t=t_2$ 时，R_a 也接收到海底同一散射源 A 的反射回波。显然，R_f 和 R_a 所接收的回波幅值取决于超声波信号传播路径，即海底底质，水中悬浮微粒的散射和介质吸收等物理条件。因此可以认为这两个接收回波信号幅值包络是随机变量。在每个接收换能器的输出端，将产生除了时间间隔 τ 以外，几乎是相同的信号包络幅值和波形，故可以认为这两个信号是互相关的。R_f 与 R_a 接收信号包络波形如图 9-11 所示，它们唯一的区别是 R_a 接收信号 $U_2(t)$ 比 R_f 接收信号 $U_1(t)$ 滞后一个时间间隔 τ，τ 称之为延时，可以用下式表示

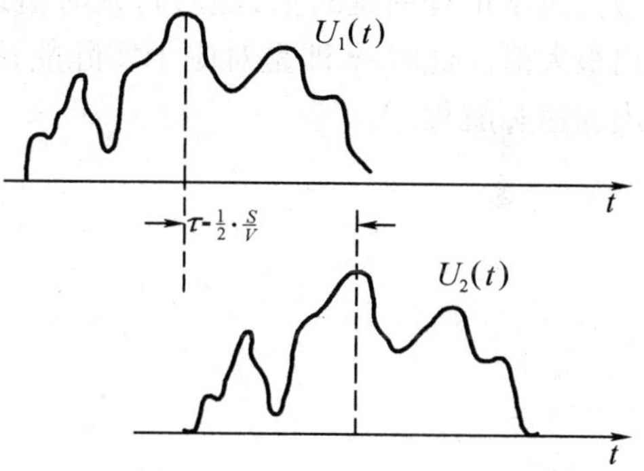

图 9-11　接收信号的包络波形图

$$\tau=\frac{1}{2}\cdot\frac{S}{V} \tag{9-13}$$

或

$$V=\frac{1}{2}\cdot\frac{S}{\tau} \tag{9-14}$$

式中　S——两接收换能器的间距；

V——船速；

τ——延时。

可见，由于 S 为定值，若应用相关技术测量得到接收信号的延时 τ，就可求得船速 V。将船速对时间积分，便得到船舶航程。

二、声相关计程仪的工作原理

如前所述，两个接收换能器所接收的回波信号除延时 τ 外，将是相同的电压幅值，而且信号幅值变化为船舶航行距离的函数。就某一定航线而言，该函数的图形记录是唯一的，亦即 $U_1(t)$ 和 $U_2(t)$ 波形几乎完全相同，所不同的是 $U_2(t)$ 比 $U_1(t)$ 在接收时间上推迟一个 τ，故可将 $U_2(t)$ 记作 $U_1(t+\tau)$。它们的相关函数 $\phi_{1,2}(\tau)$ 可写为

$$\phi_{1,2}(\tau)=\lim_{T\to\infty}\int_0^T U_1(t)\cdot U_1(t+\tau)\mathrm{d}t \tag{9-15}$$

在实际测量中，数据长度不能取无限大，而取某一有限值 T，因此式(9-12)可写为

$$R_{1,2}(\tau) = \frac{1}{T}\int_{0}^{T} U_1(t) \cdot U_1(t+\tau)\mathrm{d}t \tag{9-16}$$

$R_{1,2}(\tau)$是与延时τ有关的函数，当变量τ从零逐渐增大时，$R_{1,2}(\tau)$也从零逐渐增大。至$\tau=\tau_1$时$R_{1,2}(\tau)$出现最大值，而后又逐渐减小直至为零，如图9－12所示。

相关函数$R_{1,2}(\tau)$的运算以及延时τ的测取均可借助相关器完成，所以相关器是声相关计程仪的重要组成部分。图9－13为声相关计程仪工作原理框图。从图中可知，相关器是由延时组件、乘法器和积分器等组成。

两个接收换能器所接收的回波信号，经放大器和延时组件，输入到乘法器，经乘法运算后，输出$U_1(t)$与$U_1(t+\tau)$的乘积至积分器作积分运算求取它们的相关函数。当延时组件所取的延时$\tau=\tau_1$时，积分器输出的相关函数为最大值。在声相关计程仪电路中，延时组件可以选用移位寄存器。当电源接通后，移位寄存器将一路回波信号延时$\tau=\tau_n$。τ_n是对应于最大速度量程的延时值，然后将延时值逐渐减小，即$\tau=\tau_{n-1}$，$\tau=\tau_{n-2}$直至$\tau=\tau_1$，积分器输出最大值。此时，τ即是对应于实际船速的延时值。再经换算由显示器以模拟或数字显示出船速和航程。

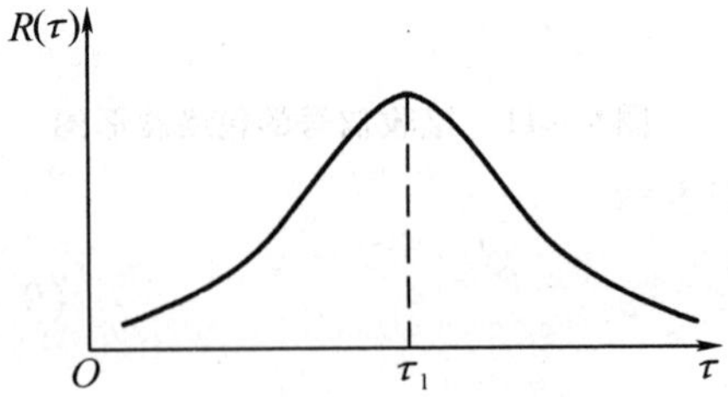

图9－12 相关函数波形图

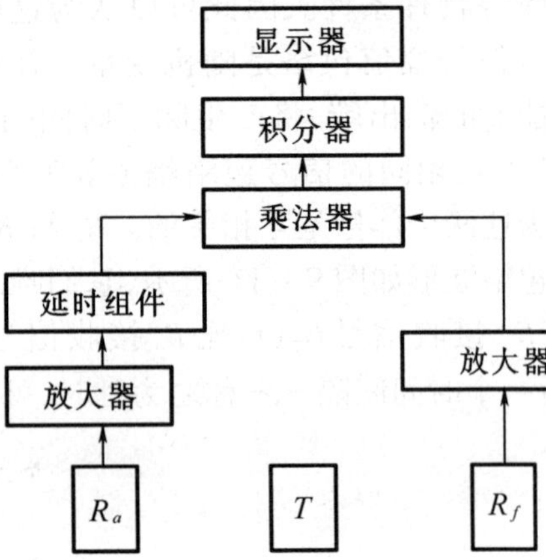

图9－13 声相关计程仪工作原理框图

三、SAL－R1型声相关计程仪

SAL－R1型声相关计程仪是瑞典CONSILIUM导航仪器公司生产的单轴水层跟踪的计程仪产品，SAL系列的声相关计程仪还包括双轴海底跟踪与单轴水层跟踪兼备的SAL－860R，SAL－860T型等。

1. 主要技术指标

测速范围：0～±50 kn。

测速精度：<1%或0.1 kn。

航程精度：<±1%。

最小跟踪深度：龙骨下3 m。

电源：230/115V AC，50 Hz/60 Hz。

功耗：正常30 VA。

速度输出标准:NMEA 0183/IEC 6112－1。

脉冲输出:200P/NM 或 20 000P/NM。

换能器:32 mm(直径)×160 mm(长度)。

2. 整机组成及主要操作控钮

SAL－R1 型声相关计程仪整机由海底阀、换能器、电子箱和显示器组成,其组成框图如图 9－14 所示。换能器采用导杆式结构并连接在海底阀上,其导杆可以借助调节装置伸出船底,可减小紊流对测速精度的影响。电子箱为密封的防水箱,内部装有电路板,其功能是发射、接收和进行信号处理。电子箱、海底阀和换能器都安装在船首部位。显示器有两种,即数字式的速度/航程显示器和模拟式的速度仪表指示器,显示器一般安装于驾驶台。

数字式速度/航程显示器的面板上的指示和控钮有:

(1)面板上方为船相对于水的速度显示(××.×kn),在该显示窗口上方和下方有当前速度方向(前进或后退)指示灯。

(2)面板中间为航程显示(××××××NM),在该显示窗口左方有长/短航程指示灯。

(3)长/短航程选择按钮(TOTAL/TRIP):选择长航程,TOTAL 灯亮,航程显示为××××××NM;选择短航程,TRIP 灯亮,航程显示为××××.××NM。

(4)航程复零按钮(RESET):将航程清零。

(5)面板亮度调节(DIMMER):调整显示亮度。

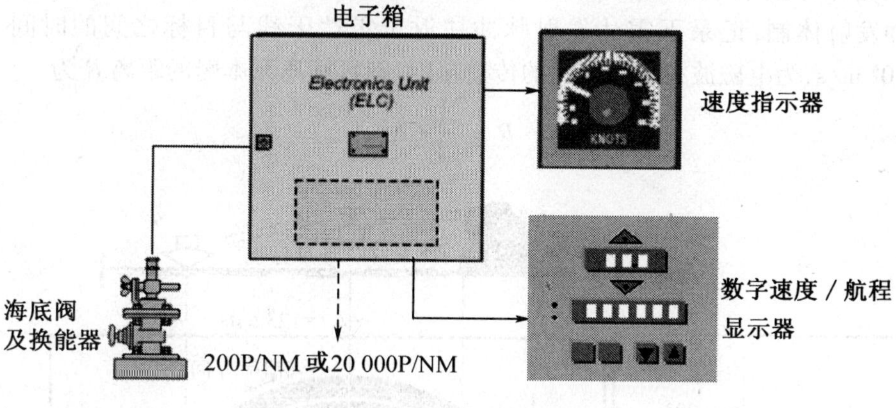

图 9－14　整机框图

思　考　题

9－1　目前船用计程仪分为哪几种类型,各类型计程仪有何特点?

9－2　试述单波束多普勒计程仪的测速计程原理。

9－3　试述声相关计程仪的测速计程原理。

第十章　船用导航雷达与 ARPA

第一节　雷达基本工作原理

安装在船舶上用于航行避让、船舶定位、狭水道引航的雷达，称为船用导航雷达。雷达能够及早地探测到远距离的目标，准确地测定目标的方位、距离以及计算出目标船的航向、航速和其他有用参数，在夜间尤其是在能见度不良时，雷达为驾驶员提供了必需的观测手段，是航海技术发展史上的重要里程碑。现代船用雷达多与自动雷达标绘仪（ARPA）合为一体，作为组合导航设备中的一个重要传感器，在船舶避碰和导航领域里占有不可取代的地位。

在船用雷达屏幕上，目标的位置通常以极坐标表示。如果以本船的位置为极点，以本船船首向为极轴，则本船周围任意一个目标的位置都能够用相对于本船的距离和方位表示。

1. 雷达测距原理

微波在自由空间以匀速直线传播，遇到目标时会发生反射。如图 10－1 所示，船用雷达采用脉冲发射体制，记录下雷达发射脉冲往返于雷达天线与目标之间的时间 Δt，如果 $C = 3 \times 10^8$ m/s，为电磁波在自由空间的传播速度，则目标离开本船的距离 R 为

$$R = \frac{1}{2}C\Delta t \qquad (10-1)$$

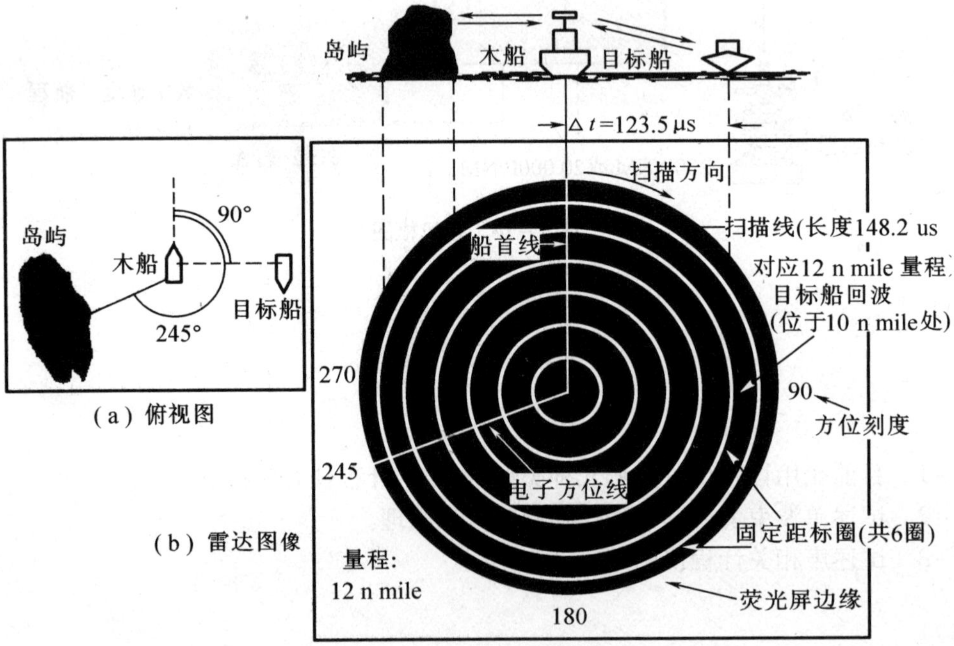

图 10－1　雷达测距方位原理图

在雷达设备中,发射机、接收机和显示器的工作是在触发脉冲的控制下同步进行的。图 10-1 是量程为 12 n mile 的雷达屏幕,屏幕的中心点即扫描起始点,代表了本船的位置。在触发脉冲的控制协调下,发射机发射探测脉冲,接收机同时开始接收,稍加延时之后,电子从扫描起始点起向屏幕边缘运动,在荧光屏上形成一条径向扫描线。扫描线形成的时间 148.2 μs对应为电磁波在空间往返 12 n mile 的时间跨度,于是距离本船 10 n mile 的目标船也对应地显示在屏幕 10 n mile 的位置点上。

2. 雷达测方位原理

雷达天线为定向扫描天线,在水平面的波束宽度只有 1°左右,天线在空间作水平 360°连续扫描。在某一个特定时刻,天线的指向是确定的,仅向这个方向发射和接收电磁波。也就是说,天线收到的每一个回波,都确定地对应着天线周围空间的某一个方位。在雷达设备中,天线转动的瞬时指向通过方位扫描系统准确地传递给显示器,雷达接收机也同时将回波信息送到显示器,所以雷达显示器在记录某个回波位置信息的同时,也记录了该回波的方位信息。

第二节　雷达的基本组成

雷达整机框图如图 10-2 所示,由触发电路、发射机、接收机、天线、收发开关(TR)、显示器和电源共七部分组成。在实际设备中,有各种组合方式。一般说来,触发电路、发射机、接收机和收发开关装在一个机箱里,称为收发机(Transceiver)。其余三部分各自一个独立机箱,所以常见的雷达设备有天线部件、收发机、显示器和中频电源四个机箱,这种雷达常称为三单元雷达(因在新型导航雷达中,中频电源都分散在各分机中,故电源部件不算基本单元)。也有些雷达,把收发机装在天线底座中,装在桅顶上,合称为天线收发机单元,则雷达设备由天线收发机单元及显示器两部分组成,这种雷达称为二单元雷达。

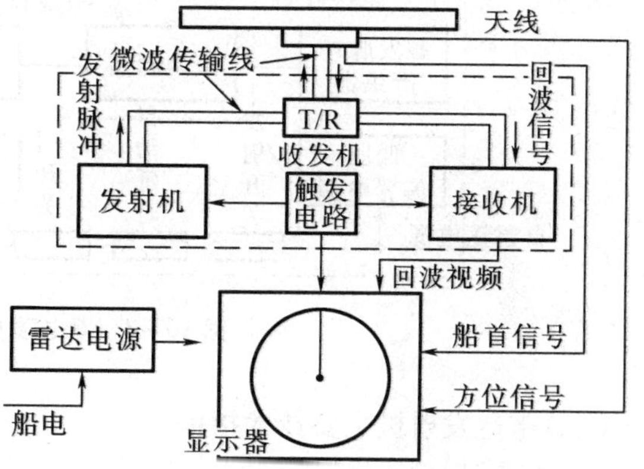

图 10-2　船用雷达基本组成原理框图

一、触发电路

触发电路产生具有一定重复频率的尖脉冲,叫做触发脉冲,分别送到发射机、接收机和显示器,使它们协调工作。触发脉冲前沿代表着发射机发射开始的时间,同时接收机的海浪杂波抑制电路开始工作,稍加延时后的触发脉冲控制显示器开始扫描。触发脉冲为非常短促的尖脉冲,有陡直的前沿,作为雷达精确测距的基准,后沿、宽度和波形不作要求。它的幅值一般为 TTL 电平或在 5 V 以内,脉冲重复频率在 400 ~ 4 000 Hz 之间。

二、雷达发射机

在触发脉冲的控制下,发射机产生一个具有一定波形要求的大功率超高频射频矩形脉冲信号,称为发射脉冲,经过收发开关和微波传输线送到天线向外辐射。

(一)雷达发射机的组成及其各部分作用

船用雷达发射机主要由脉冲调制器(一般包括预调制器和调制器)、磁控管振荡器和发射机电源组成,如图 10-3 所示。触发脉冲是雷达整机的基准定时信号。磁控管是能够产生大功率微波振荡的微波电子管,是雷达发射机的末级载波调制单元。船用导航雷达的磁控管必须外加 10 kV 左右的矩形脉冲电压信号才能正常工作,因此需要一个能够产生这个信号的电路单元,称为脉冲调制器。船用雷达发射机采用脉冲发射体制,发射脉冲短促,大多数时间处于不发射的状态,因此调制器的任务就是为磁控管振荡器产生一个具有一定幅值、一定宽度和一定前后沿要求的调制脉冲。调制器工作时需要高压电源,根据船用雷达发射机工作期短休止期长的特点,船用雷达高压电源采用充电式储能电源,在较长的休止期中充电储存能量,在较短的工作期里形成高压脉冲,这样就降低了设备对电源的要求。在高压电源供电电路中还设有各种自动或手动的控制开关,以保护磁控管延长其使用寿命和保证操作维修人员的人身安全。

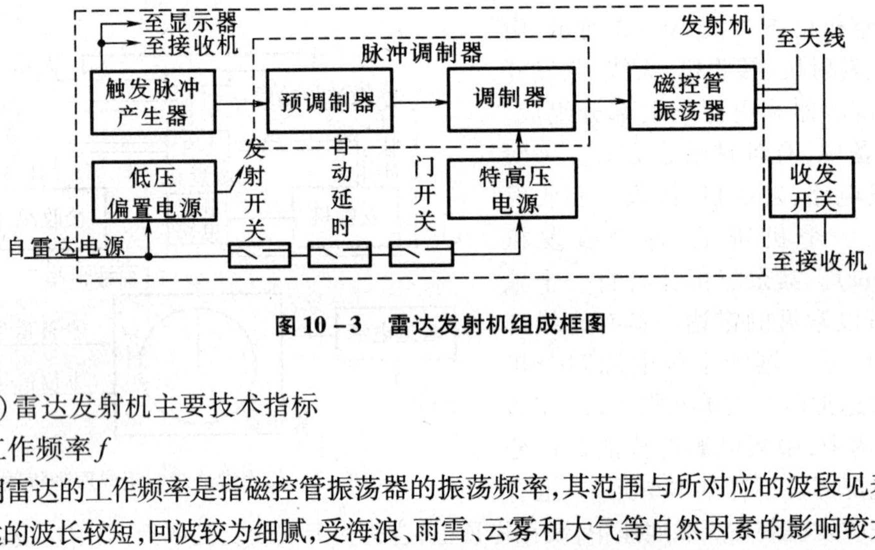

图 10-3 雷达发射机组成框图

(二)雷达发射机主要技术指标

1. 工作频率 f

船用雷达的工作频率是指磁控管振荡器的振荡频率,其范围与所对应的波段见表10-1。X 波段雷达的波长较短,回波较为细腻,受海浪、雨雪、云雾和大气等自然因素的影响较大,而 S 波段雷达则正相反。在晴好天气一般使用 X 波段雷达,而在大雨雪的恶劣天气则使用 S 波段雷达。因为 SART 工作在 X 波段,所以 3 cm 雷达属强制安装的船用雷达设备。

表 10-1 船用导航雷达的工作频率

波段代号	中心波长/cm	频率范围/MHz	船用雷达频率范围/MHz
S	10	2 000 ~ 4 000	2 900 ~ 3 100
X	3	8 000 ~ 12 500	9 300 ~ 9 500

2. 发射功率 P

船用雷达是脉冲体制雷达,一般以脉冲期间射频振荡的平均功率,即脉冲峰值功率 P_t

来表示雷达的发射功率,而我们把脉冲重复周期内输出功率的平均值称为平均功率 P_m。如果脉冲宽度为 τ,脉冲重复周期为 T,则平均功率与峰值功率之间的关系为

$$P_m = P_t \frac{\tau}{T} \tag{10-2}$$

雷达的发射功率越大,作用距离也越远。但是,海浪、雨雪等杂波干扰也将增加,而且要选用大功率元器件,电路结构复杂,工作可靠性降低。船用导航雷达的发射功率(峰值功率)一般在 100 kW 以下。

3. 脉冲宽度 τ

雷达发射脉冲的持续时间叫做脉冲宽度。脉冲宽度越宽,发射脉冲的能量越大,雷达的作用距离越远;脉冲宽度越窄,雷达的距离分辨力越高,最小作用距离越小,而且海浪杂波和雨雪杂波也越小。一般为了兼顾雷达的作用距离和距离分辨力,通常采用 2 ~ 3 种脉冲宽度,并随量程作相应转换。脉冲宽度一般在 0.05 ~ 1.2 μs 之间。

4. 脉冲重复频率 f_r(PPS)与脉冲重复周期 T

雷达每秒钟发射的脉冲数叫做脉冲重复频率;相邻两个发射脉冲间的时间间隔叫做脉冲周期 T。显然,$T = 1/f_r$。增加脉冲重复频率可使探测目标的脉冲积累数增加,接收机门限功率减小,从而增加雷达的作用距离。但是,重复频率也不能太高,由于脉冲重复周期必须大于所选量程的扫描时间,而且要有足够余量以保证电路的恢复时间并使远距离的回波能够大于所选量程的扫描时间,而且要有足够余量以保证电路的恢复时间并使远距离的回波能够回来。船用导航雷达的脉冲重复频率一般在 400 ~ 4 000 Hz 之间,而且随着脉冲宽度的转换也作相应变换,即宽脉冲时用低重复频率,窄脉冲时用高重复频率。

5. 脉冲波形

脉冲波形是指发射脉冲的外包络形状。一般说来,波形越接近矩形发射能量越大,作用距离越远,测距精度和距离分辨力高;矩形脉冲的顶部越平坦,脉冲持续期的发射功率和频率越稳定。通常脉冲前沿上升时间 t_r 为脉冲宽度的 0.1 ~ 0.2,后沿下降时间 t_f 为脉冲宽度的 0.2 ~ 0.4,顶部波动为 2% ~ 5%。

三、雷达接收机

雷达发射机产生的矩形射频脉冲通过天线向空间辐射,当电磁波遇到目标时,会产生散射现象。目标散射能量的一部分被天线接收,称为雷达目标回波信号,简称为回波信号或回波。在船用雷达目标环境中,除船舶、航标、岸线、高山等有用目标外,某些散射体如海浪、雨雪的回波或同波段其他雷达发射波使雷达屏幕图像变得杂乱,称为雷达杂波干扰。

雷达接收机通常为直接混频超外差式。它将天线收到的十分微弱的射频回波信号不失真地加工处理,使之最终能够显示在荧光屏上。雷达接收机对回波信号的加工处理也通常包括变频、放大、滤除杂波和检波等。因为海浪干扰杂波的强度与海浪回波的距离相关,所以海浪干扰抑制电路的工作需要受触发脉冲控制。

(一)雷达接收机的组成及各部分作用

船用雷达接收机一般可分为高频、中频和视频三个部分,组成方框图如图 10 - 4 所示。

1. 高频部分

高频部分主要由低噪声高频放大器和变频器组成。天线接收的回波信号,通过收发开关进入接收机。为了确保雷达接收机的低噪声性能,现代雷达采用了低噪声微波放大器作

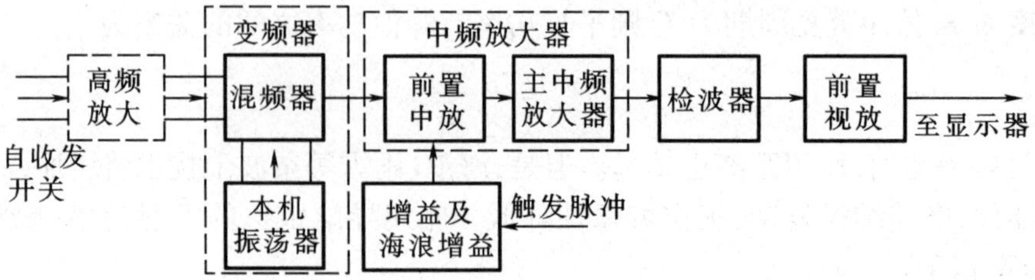

图 10－4 雷达接收机框图

为接收机的前端电路。高频放大器采用微波晶体管或场效应管作放大器,价格较贵。目前,多数船舶导航雷达把高频放大器作为选购件。变频器由混频器和本机振荡器组成。

2. 中频部分

中频部分包括前置中频放大器(前置中放)、主中频放大器(主中放)和辅助电路。

(1)中频放大器　船用雷达接收机的技术性能指标主要取决于中放的技术性能。中放要把变频器输出的只有微伏级的微弱的回波中频信号不失真地放大到伏特级,使检波器能正常工作。在放大的过程中,还要对回波中频信号进行滤波和加工,以便从噪声和杂波干扰背景中选取有用信号。

图 10－5 为典型船用雷达接收机中频放大器的组成框图,其特点主要有:中频的中心频率通常为 60 MHz 或 30 MHz,少数为 45 MHz;采用十级左右高增益放大器,中放增益一般为 120 左右;采用参差调谐宽带放大器,波形失真小,引入的噪声小,有较好的选择性;为了提高接收机动态范围,现代雷达采用了对数中放;通频带可随量程的转换而改变;在结构上,中放分为前置中放和主中放两部分,前置中放采用低噪声放大电路,其主要任务是抑制噪声。主中放由多级放大器组成,其主要任务是提高增益;设有特殊的抗杂波干扰电路,以满足船舶导航雷达的特殊工作环境要求;工作稳定、可靠。

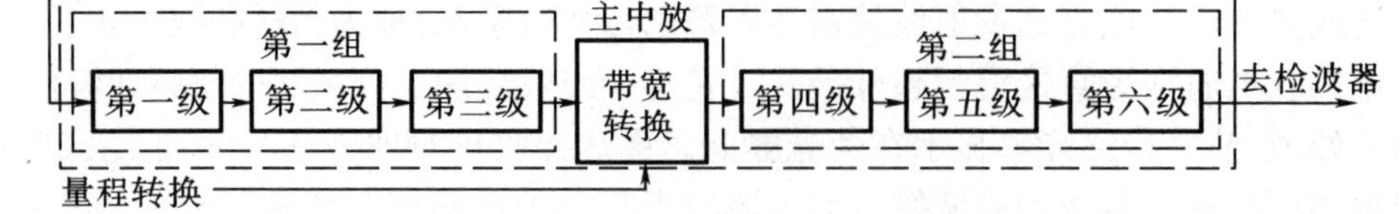

图 10－5 中频放大器的组成框图

(2)辅助电路

①增益控制电路　船用雷达目标回波强度受目标有效反射面积、目标距离和气象条件等因素的影响,变化很大。强回波易使接收机发生过载,需要接收机工作在低增益状态;弱小回波易被丢失,需要接收机工作在高增益状态。雷达目标复杂多变,因此设置了包括手动

增益在内的不同类型的增益控制电路来调节接收机的增益，以满足实际观测的需要。下面主要介绍海浪干扰抑制电路。

海浪干扰抑制电路又称为近程增益控制电路或灵敏度时间控制(STC)电路。它通过降低接收机近距离增益来抑制海浪反射杂波对雷达所造成的干扰。在风浪天，当海面上有浪涌时，雷达会受到海面浪涌反射杂波的干扰。干扰杂波分布在扫描中心(本船)周围，上风舷方向回波强且伸展得远，下风舷方向回波弱且分布较近。近处海浪回波非常强，但随距离增加强度按指数规律迅速减弱，如图10－6(b)所示。

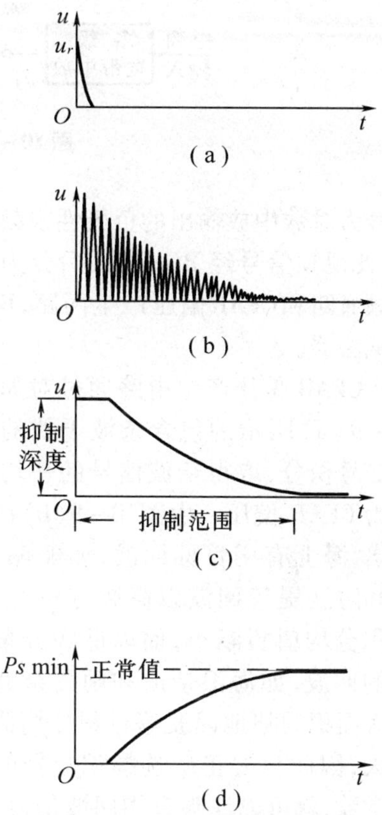

图 10－6　STC 电路原理波形

(a)触发脉冲；(b)海浪干扰规律；(c)海浪干扰抑制电压；(d)接收机灵敏度

雷达工作时，每发射一个搜索脉冲，根据显示器面板 STC 控制旋钮调节的位置不同，STC 电路产生一个与海浪干扰杂波变化规律相匹配的电压波形，如图10－6(c)所示。该波形起点的最大幅值由 STC 旋钮的位置决定，随雷达探测距离的增加，产生指数放电过程，放电的终点电位由雷达增益控制电位器决定。该波形去控制中放的增益，使得中放在近距离时增益大大降低，从而保证了接收机不会因过强的海浪干扰回波而饱和；随观测距离由近及远，海浪干扰强度成指数下降，而中放增益也成指数增长，接收机的灵敏度也会按此控制电压波形随时间而由低变高，直到恢复正常值(由增益旋钮控制)，如图10－6(d)所示。在此期间，海浪干扰得到抑制，抑制的深度和范围受观测者通过显示器面板的STC控制旋钮控制。为防止近量程增益抑制过深，控制电压的起始段可由直流电压叠加，形成一个平台电位。

②通频带宽度转换电路　船用雷达发射脉冲宽度随量程段的改变而有窄、中、宽三种不同的宽度。在近量程，发射窄脉冲，其频谱较宽。因此，为保证接收机波形失真小，使雷达有较高的测量精度和分辨力，要求接收机有较宽的通频带：在远量程，发射宽脉冲，其频谱较窄，因此，为保证接收机有较高的灵敏度，要求接收机有较窄的通频带。为了解决这个矛盾，在接收机中放电路中设置了带宽转换电路，使雷达通频带宽度随量程段不同而转换。船用雷达通常设有两种(或三种)不同宽度的通频带：在远量程观测时，通频带宽度3～5 MHz；在近量程观测时，通频带宽度为15～25 MHz。通频带宽度转换电路可以设在前置中放，也可以设在主中放。一种通频带宽度转换电路如图10－7所示。

③恒虚警率(CFAR)处理电路　雷达对信号的检测是在噪声和干扰背景下进行的。船用雷达的噪声主要来自接收机前端电路，干扰杂波主要来自于海浪、雨雪以及其他雷达的同频干扰。这些干扰常超过雷达接收机的噪声电平，淹没目标回波，或被雷达目标自动检测电路误判断为回波。所谓雷达的虚警概率(简称为虚警率)就是在雷达环境中没有目标的时候，雷达却认为有目标存在的概率。图10－8为CFAR处理典型电路原理框图。该电路输入

图 10-7　窄带滤波器实现通频带转换

信号为对数中放输出的负极性视频信号，此视频信号经 BG_1 放大后分为主视频通路和CFAR偏压产生两路，BG_3 为减法器。

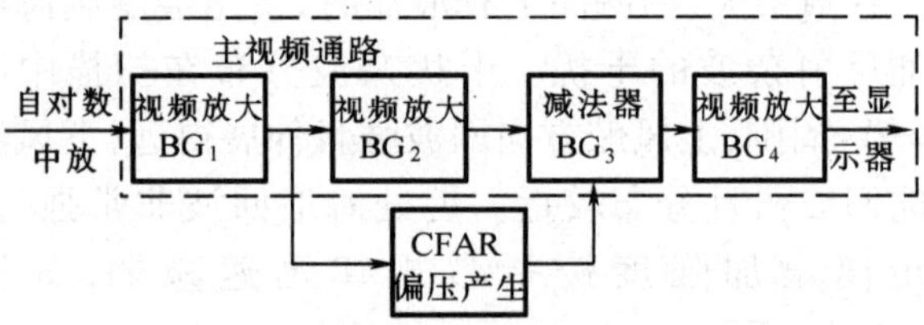

图 10-8　恒虚警率处理电路原理框图

CFAR 偏压产生电路通过对如图 10-9(a)所示的包含杂波干扰的视频信号积分，取得杂波信号的平均值作为 CFAR 偏压。由图10-9(b)可以看出，海上有用目标回波，如船舶、浮筒和防波堤等回波以高频分量为主，对积分均值贡献小，而以低频分量为主的回波，如海浪杂波和雨雪杂波以及大面积的陆地回波等对积分均值贡献大，因此只要正确选择积分器的时间常数，就可以滤除有用回波信号，得到干扰杂波和噪声的均值。在减法器中，原始视频信号与其积分均值相减，得到图10-9(c)的CFAR视频信号。经CFAR处理的视频信号由 BG_4 放大后输出到显示器。

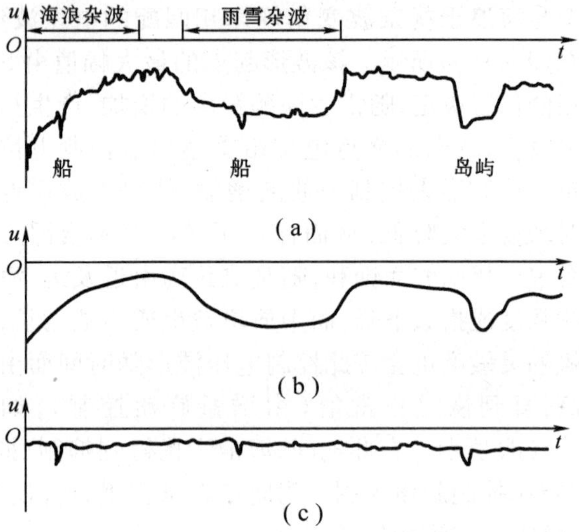

图 10-9　恒虚警率处理效果示意图

(a)原始对数视频；(b)恒虚警率偏压；(c)恒虚警率视频

3. 视频部分

视频部分主要由检波器和前置视频放大器组成。船用雷达接收机检波器为脉冲包络检波器。在检波器中，中频回波信号通过非线性频谱变换，滤除中频成分，输出视频脉冲。检波器输出的视频回波信号幅值只有 1 V 左右，必须经过视频放大后，才能显示在雷达荧光屏上。在船用雷达设备中，检波器在收发机内，视频放大器在显示器内。接收机与显示器有一定的距离，它们之间用同轴线连接。为使检波器高输出阻抗与同轴电缆低传输阻抗匹配和前后级更好地隔离，在检波器之后设置了前置视频放大器，一般为射极跟随器。

(二)接收机主要技术指标

雷达接收机的技术指标是衡量其工作性能的重要标志，主要有如下几项。

1. 灵敏度

灵敏度表征接收机检测微弱信号的能力。接收机的灵敏度越高，表示接收机对弱回波信号的检测能力越强，雷达作用距离越远。雷达接收机的灵敏度通常用最小可检测信号功

率 p_{smin} 表示。噪声是限制接收机灵敏度的主要因素。通常减小接收机通频带,可以提高灵敏度。此外,降低接收机噪声系数,提高增益,也可以提高灵敏度。一般超外差雷达接收机的灵敏度为 $10^{-14} \sim 10^{-12}$ W。

2. 波形失真

波形失真表示接收机输出信号波形对应于输入回波信号包络波形的畸变程度。如图 10－10 所示,理想的雷达脉冲波形为矩形脉冲,波形失真表现为:

(1)脉冲前沿不陡直,上升时间 t_r 加长,使测距精度降低;

(2)脉冲后沿不陡直,下降时间 t_f 加长,使距离分辨力降低;

(3)脉冲顶部发生降落,并且出现正、反向肩峰,致使接收机过载而漏失目标。

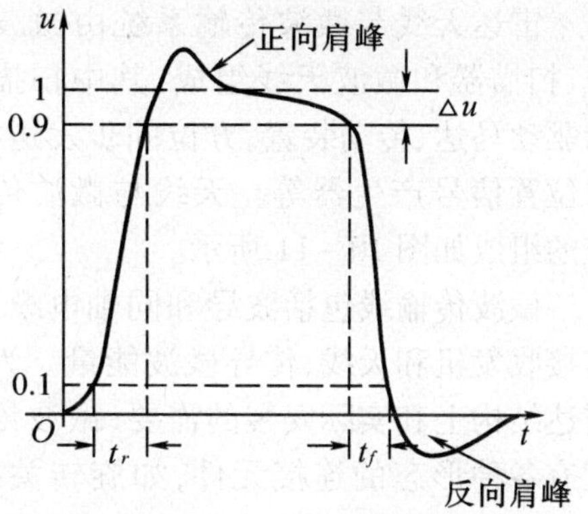

图 10－10　输出波形失真

影响接收机波形失真的主要因素为接收机通频带宽度。对应于保持对信号电压放大倍数不低于最大放大倍数的 $1/\sqrt{2}$ 倍所覆盖的频带宽度,定义为接收机的通频带。要波形失真小,则接收机的通频带要宽。但是,接收机放大器的通频带宽度是有限的,并且接收机通频带太宽,会降低选择性,通过接收机的噪声也将明显增加,而降低灵敏度,因此波形失真是不可避免的。此外,接收机电路的非线性元件也不可避免地要引起波形失真。

3. 动态范围

动态范围定义为接收机刚好发生饱和时输入信号功率 P_{smax} 与最小可检测信号功率 P_{smin} 的比值。该值表示接收机保持正常工作时允许输入信号强度的变化范围。显然,动态范围越大越好。

4. 恢复时间

接收机发生饱和或过载后,即使强输入信号已经结束,接收机仍然需要一段时间后才能恢复正常工作。雷达接收机这段从强信号过后不能正常工作到恢复正常工作所需要的时间称为恢复时间。

5. 抗干扰性

抗干扰性表示接收机对抗各种干扰的能力。在船用雷达环境中,干扰主要来自于海浪、雨雪等无源干扰和邻近其他同频段雷达发射机的有源干扰。这些干扰会影响甚至严重妨碍雷达观测。接收机设有抗干扰电路来抑制各种干扰。

四、雷达天线与微波传输系统

雷达天线是方向性扫描双工天线。为保证在海况恶劣时不丢失海面上的目标,同时保证足够的方位精度,雷达天线把发射脉冲的能量聚束为垂直波束宽度 25°左右,水平波束宽度 1°左右的扇形波束,向空间辐射和接收。回波通过微波传输线送到接收机。雷达天线由驱动电机带动按顺时针方向以 15～30 r/min 的转速匀速转动,实现在空间 360°连续环扫,并把转动的方位信息随时准确地传送给显示器,使通过接收机送给显示器的目标回波信息与天线的方位角相关。天线每经过船首方位时,还要产生一个船首标志脉冲送到显示器显示。雷达的发射脉冲短促,因此天线在大多数时间里处于接收状态。

(一)雷达天线与微波传输系统的组成及各部分作用

雷达天线与微波传输系统由微波传输线、扫描器和微波天线组成,其中扫描器包括驱动马达、传动装置、方位同步发送机、船首位置信号产生器等。天线与微波传输系统的组成如图 10-11 所示。

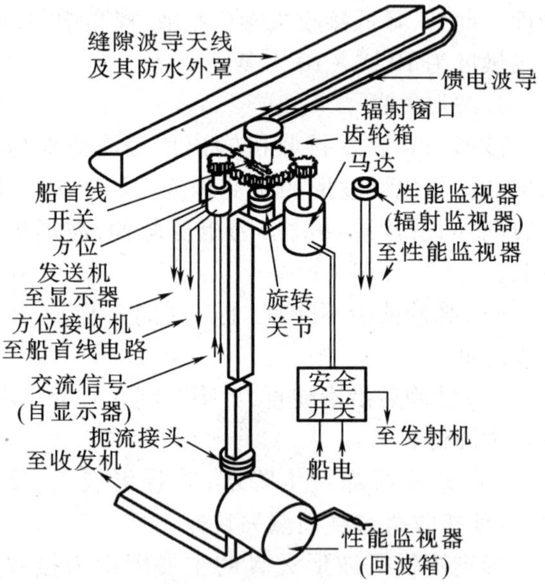

图 10-11 天线与微波传输系统组成图

微波传输线包括波导和同轴电缆,用于连接收发机和天线,传导微波能量。为适应雷达结构上和实际安装的需要,微波传输线配有各种形态的连接元件,如旋转关节等。雷达天线定向发射和接收电磁波。雷达发射机产生的射频脉冲沿微波传输线传送到天线。雷达天线为定向扫描天线,在水平面的波束宽度只有 1°左右。天线将射频能量聚束,向空间定向辐射。当电磁波在空间传播的路径上遇到目标时,就会立即反射回来被天线接收。回波沿微波传输线通过天线收发转换开关进入接收机。

船用雷达采用平面位置显示器,天线必须进行圆周扫描。驱动电机带动雷达天线在空间作水平 360°连续匀速扫描。根据 IMO《船用雷达设备推荐性能标准》,天线电机的驱动能力应保证使天线在相对风速达 100 kn 的情况下仍能正常启动和运转。天线电机通常由船电供电,转速为 1 000 ~ 3 000 r/min。为满足不同船电的要求,电机的种类也相应地很多,有交流、直流的,有单相、三相的,电压值也不一样。驱动电机的电源开关有单独设置的,也有与雷达电源开关同轴安装的,目前,后者居多。在天线电机供电电路里,一般设有保险丝,有的还设有过荷继电器。为了安全起见,有的雷达在天线底座上装有天线安全开关,维修人员上天线工作时,可用它切断天线电机电源,同时使发射机停止工作。

传动装置实际上是一套减速装置,它将天线电机的高速转动减速传递,以保证天线以 15 ~ 30 r/min 的速度匀速转动。目前大部分雷达采用的是齿轮减速传动装置,也有些雷达采用皮带传动减速装置。前者要求定期加注或更换防冻润滑油,后者要求定期检查皮带的松紧程度,并进行调整或更新。

方位同步发送机是方位扫描系统的一个组成部分,它把天线转动的瞬时指向变成电信号准确地传递给显示器的方位扫描系统,以记录回波的方位信息。

船首位置信号产生器一般由一个微型触点式开关和安装在天线旋转齿轮上的一个凸轮组成,是显示器船首标志形成电路的一个组成部分。每当天线转到船首方向时,凸轮压迫开关闭合一次,发出一个脉冲信号,使显示器的船首标志电路输出一个方波,在屏上形成一条径向亮线代表本船船首方位,称为船首线。船首线是雷达图像的方位基准。触点开关位置可以调整,以校准方位误差。现代新型雷达的船首位置信号产生器采用无触点式电路,如用光电效应的方法,或用从方位同步机某一相中取出零相位代表船首方向,或用轴编码器等。

另外,有些雷达还增设了附加设备,如雷达性能监视器。

(二)雷达天线

船用雷达是发射与接收融为一体的无线电设备,因此天线应具有收发双工作用。依据不同的结构和特点,雷达天线可以分为不同类型。

1. 按结构形状分类

从结构形状上看,用于船用导航雷达的天线有抛物柱面反射天线和缝隙波导天线两种。

抛物柱面反射天线由角状辐射器和抛物柱面反射器组成。这种天线电气性能低,体积、质量、风阻和需要的驱动功率都大,目前在船用雷达中已被淘汰。

现代船用雷达普遍采用缝隙波导天线,其结构如图 10 - 12 所示。它由隙缝波导、垂直极化滤波器、扇形喇叭、终端吸收负载及天线罩等部分组成。缝隙波导位于扇形喇叭的颈部,它是一段窄边开有许多倾斜缝隙的矩形波导。天线水平波束宽度与缝隙的倾斜角、深度及缝距等有关。缝距一般约为 $\lambda/2$。缝隙波导越长,缝隙数越多,水平波束宽度就越窄,天线的方向性就越好。电磁波能量一般从缝隙波导的一端馈入,波导的另一端设有吸收负载,将剩余能量吸收,以免产生反射。这种馈电方式称为端馈式缝隙波导。也有少数从中间馈电的,两端各设有吸收负载,称为中间馈电式缝隙波导。

船用雷达一般采用水平极化波。由镍铬丝条或铝块制成的滤波格子,放在隙缝波导的前方,构成垂直极化滤波器。其作用是滤除缝隙波导辐射电磁波中的垂直极化成分,以获得较为单纯的水平极化波。

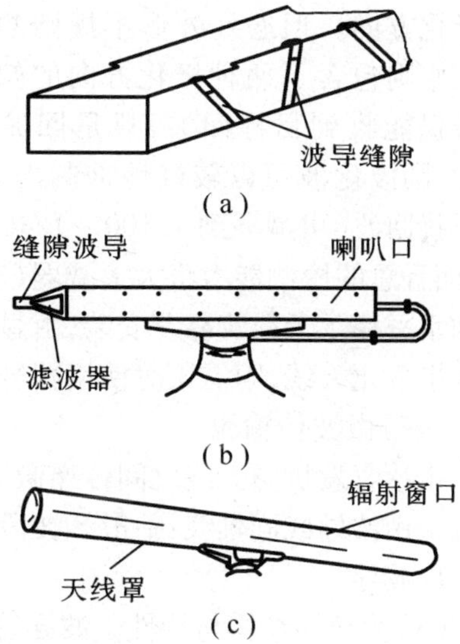

图 10 - 12　缝隙波导天线结构图

(a)缝隙波导结构;(b)缝隙波导天线内部;(c)缝隙波导天线外形

扇形喇叭由金属制成,用来限制垂直波束宽度。喇叭张角(天线口径高度)越大,则垂直波束越窄。天线罩用来保护扇形喇叭及保持水密,防止雨水、海水、灰尘、污物等进入天线波导内。扇形喇叭口(辐射窗口)用低损耗高频材料密封。

由于设计、加工等原因,缝隙波导天线主瓣的轴线方向会偏离天线辐射窗口法线方向约 3° ~5°,称偏离角。偏离方向和角度视不同天线略有差异,说明书中会予以说明。在安装天线底座时应注意校正。

隙缝波导天线加工工艺复杂,对水密性能要求很高,但与抛物柱面天线相比有很明显的优点。当两者口径长度相同时,隙缝波导天线水平波束窄,旁瓣电平低,体积小、质量轻、风阻小,驱动电机功率可减小 2 ~4 倍。

2. 按辐射电磁波的极化类型分类

电磁波传播时其电场向量在空间的振动方向决定了电磁波的极化类型。电场向量沿水平方向振动的,称为水平极化波;沿垂直方向振动的,称为垂直极化波;电场向量在空间是旋转的,称为圆极化波。根据圆极化波沿传播路径旋转的方向又可分为右旋圆极化波和左旋圆极化波。图 10 - 13 所示为左旋圆极化波。

(1)水平极化波　IMO 导航雷达性能标准规定,所有 X 波段的雷达都应能工作在水平极化波模式,以能够探测包括 SART 在内的雷达航标。另外,在海面平静(浪高小于

0.25 m)时,水平极化波的海浪干扰杂波最小。

(2)垂直极化波 在浪高为 1~3 m 时,垂直极化波的海浪干扰最小,因此有些 10 cm 雷达采用垂直极化波,以抑制海浪干扰。

(3)圆极化波 圆极化波有如下特点。具有特定旋转方向(比如右旋)的圆极化波的天线只能发射和接收与其旋转方向相同的圆极化波。圆极化波在传播时遇到球状等对称体时,反射波会改变极化方向。但遇到外形不规则的目标时,其反射波中则包含了两种极化方向的圆极化波,所以天线仍能收到目标回波,只是回波强度将减弱。因此,圆极化波可以较好地抑制雨雪这类对称体的干扰回波(可减弱到 1/100~1/40)。但是容易丢失类似圆对称体的目标,如浮筒、灯塔等,而且总的探测能力将大大减弱(几乎要损失一半)。考虑了这些因素,一般将圆极化天线和水平极化天线背靠背安装,由显示器面板上的"极化"选择开关控制转换,好天气时使用水平极化天线,雨雪天时使用圆极化天线。

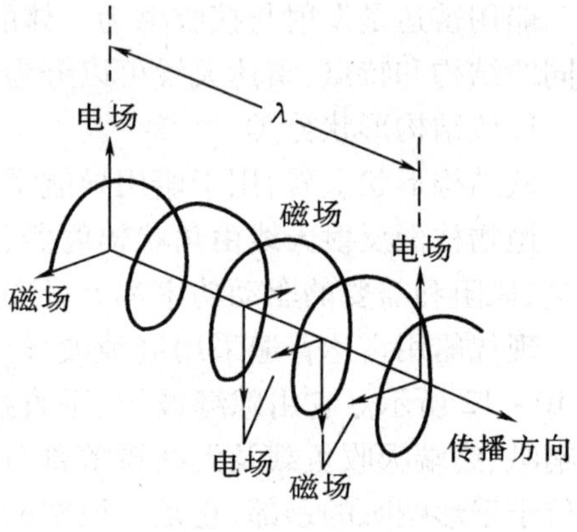

图 10-13 左旋圆极化波

(三)微波传输线

雷达收发机与天线之间传递微波能量的馈线称微波传输线。船用导航雷达微波传输线通常采用波导或同轴线;一般 S 波段雷达采用同轴线,X 波段雷达采用波导。

1. 波导

(1)波导的结构与特性 波导管(或称波导)是由黄铜或紫铜拉制而成的空心管。雷达使用的波导横截面为矩形,称为矩形波导。其截面尺寸由要传输的微波波长决定,截面较长的一边称宽边 a,较窄的一边称窄边 b,如图 10-14(a)所示。波导的内壁光洁度很高,有的还镀银或金、锗、镍等,以提高表面材料的电导,减小传播损耗。

(2)波导元件 为满足实际安装需要,除将直波导做成各种长度规格外,还配有如图 10-14(b)~(g)所示的宽边弯波导、窄边弯波导、扭波导、软波导及旋转接头等。此外,还有作为其他功能的不均匀波导,如谐振腔、分支波导、开缝波导等器件。弯波导、扭波导用以改变波导的走向,软波导接在收发机波导口,可以调整收发机波导与天线硬波导之间少量位置偏差,并能够缓冲振动及波导热胀冷缩带来的张力。旋转接头作为天线转动部分与固定部分的接合部,装在旋转天线与其固定底座的连接处,在出厂前经过仔细调整,不能随便拆卸。

①扼流接头 为了使波导之间在安装时保持紧密的电气连续性和机械连接,每根波导两端的结构是不同的。其中一端的端面是平的,称为平面接头;另一端称为扼流接头或抗流接头,它的作用是保证波导连接时的可靠电接触,防止在连接处有微波能量泄漏甚至发生打火。扼流接头的结构见图 10-14(f),在端面开有两个槽。外面较浅的槽用于安装水密橡皮圈;里面扼流槽深度为 $\lambda/4$,而且宽边中点到槽的距离间隙也为 $\lambda/4$。于是 $\lambda/4$ 的槽深和 $\lambda/4$ 的距离间隙共同构成了一个 $\lambda/2$ 终端短路线。对波导内传输的微波来说,在两波导的连接点的阻抗为 0,所以不需要实际的机械接触,也能形成连接处的电短路,保持电气连续性。安装时,波导的平面接头朝向天线,将橡皮水密圈放入水密槽内,使一段波导的平面接头与另一段波导的扼流接头对接,用螺钉固定。

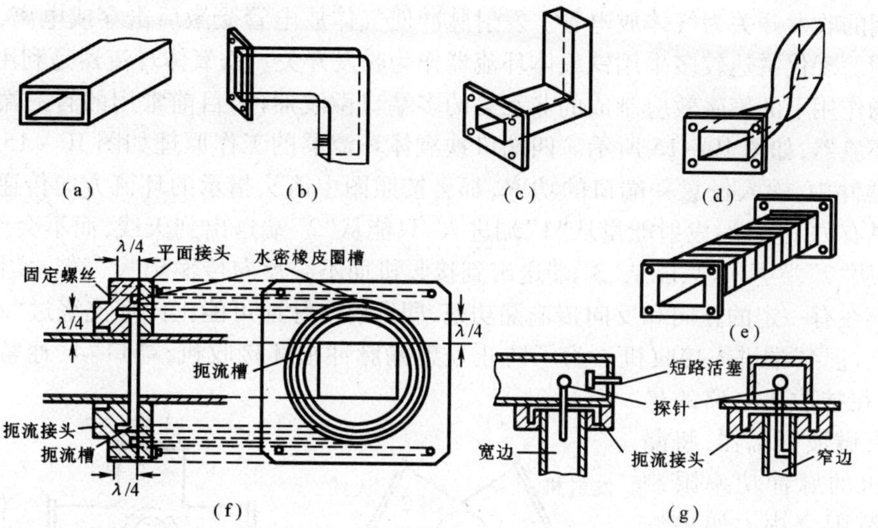

图 10 - 14

(a)波导截面;(b)宽边弯波导;(c)窄边弯波导;(d)扭波导;(e)软波导;(f)扼流接头;(g)旋转接头

②旋转关节　雷达天线的旋转波导与静止波导之间的过渡装置称为旋转关节。旋转关节由旋转部分和静止部分组成,它们通过扼流接头连接。10 cm 雷达用同轴线作为传输线,这时可直接将同轴线切断面构成同轴线旋转关节,切断处采用扼流接头连接。3 cm 雷达采用矩形波导作为传输线,过渡装置采用探针式旋转关节,其结构如图 10 - 14(g)所示。探针式旋转关节由一段静止垂直分支波导、一段旋转水平分支波导和扼流接头组成。水平分支波导与垂直分支波导之间是两段同轴线,并用扼流接头连接。同轴线内导体的一端做成球形并插入水平分支波导,称为探针。探针的另一端焊接在垂直波导的宽壁上。雷达工作期间垂直分支波导与水平分支波导的电磁波能量通过耦合探针传递。在水平分支波导的一端装有使探针与水平波导相匹配的可调节短路活塞。

③波导管安装、使用注意事项　安装前要检查波导管,管内应清洁;波导总长度不宜超过 20 m,弯波导不宜超过 5 个;软波导不能用作弯波导,不宜装于室外;波导管平面接头朝向天线,扼流接头朝向收发机;波导连接处要在水密槽内装橡皮圈,螺丝要上紧,安装结束后在波导连接处应涂上油漆;在收发机波导口要插入云母片,防止一旦波导进水流入磁控管引起故障;安装时要防止波导受力变形,每隔 1 ~2 m 要加固,室外易碰部分应加硬防护罩等。

2. 同轴电缆

同轴电缆是由内外两层导体组成的传输线,内导体是一根或多根细铜线或一根细铜管,外导体由单层或多层镀银编织铜线或蛇形铜管组成。为保持内外导体同轴,在它们中间填充有低损耗绝缘材料作为支撑物。同轴线的最外层是橡胶包皮。

五、收发开关

收发开关又称雷达双工器。在雷达发射机工作期间,收发开关使天线只与发射机接通,将磁控管产生的射频振荡能量馈送到天线,避免发射能量漏进接收机,损害接收机。当磁控管停止工作后,收发开关将天线与接收机接通,同时断开与发射机的连接,以保证将天线收到的回波量不损失地送入接收机。

早期的收发开关为气体放电管。发射脉冲使气体放电管受激后击穿或电离，从而起到开关作用。现代雷达较多采用铁氧体环流器作为收发开关。铁氧体环流器是利用铁氧体在高频磁场作用下的旋磁效应制成的非互易的多端口微波器件，目前常用的有三端口和四端口两种环流器，如图 10 - 15 所示。四端口铁氧体环流器的工作原理如图 10 - 15(b)所示。在这种器件中，输入任意一端口的功率，都会按照图中箭头指示的环流方向传递到下一端口。它具有如下特性：发射能量从“1”端进入，只能从“2”端送出到天线，而不会传递到“3”端；回波从“2”端进入，只能从“3”端送出到接收机而不会反向传输到“1”端。实际应用时，环形器存在有一定的正向和反向传输漏功率，即发射漏脉冲可能正向环流绕过“2”端，或反向环流绕过“4”端进入接收机。为了防止发射漏脉冲损坏接收机，端口“4”通常为吸收负载，并且在接收机电路的最前端设有微波限幅器，将漏入接收机的脉冲功率限制在允许范围之内。如果铁氧体外加恒定磁场方向相反，上述环行的方向也相反。实际设备中，接收机前端的微波限幅器还能够对进入接收机中超过安全功率的强回波、邻近其他雷达的发射波或其他辐射源的强辐射限幅，保护接收机。

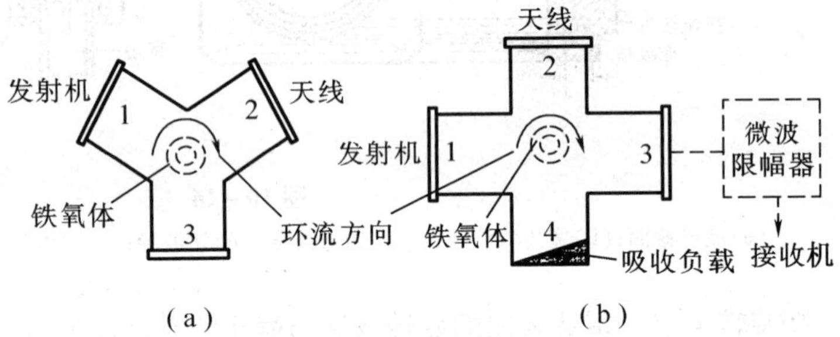

图 10 - 15 环形器

(a)三端口环形器；(b)四端口环形器

铁氧体环流器收发开关工作稳定性高、频带宽、寿命长、散热快、功率负荷大，当与功率限幅器组合使用时，可以克服泄漏功率较大的缺点，因而在现代雷达设备中被广泛应用。

六、显示器

船用雷达显示器是径向圆周扫描的平面位置显示器(PPI)。接收机送来的本船周围目标回波信号的位置和强度，调制其在屏幕上的显示位置和亮度等级。雷达图像见图 10 - 1。

在荧光屏上，扫描线起始点代表本船位置。径向扫描线长度代表的距离与所选择的量程一致，它的指向、旋转方向和转速与天线的指向、旋转方向和转速严格保持一致。当天线转到船首方向时，在荧光屏上形成一条径向扫描增辉亮线，称为船首线。当天线(扫描线)转到目标方向时，受目标回波视频信号的调制，在屏幕上形成回波亮点，亮点到扫描起始点的距离与该目标到本船实际距离相对应，目标回波亮点和船首线之间的夹角也与该目标相对本船的舷角一致，于是，本船周围一定距离内的目标便以亮度调制光点的形式显示在荧光屏上，称为回波。回波的形状和强度与目标的形状和强度具有相关性。天线转一圈，扫描线也转一圈，本船周围目标也重复显示一次。由于显示器采用长余辉的荧光粉，扫描以后，目标回波亮点保持大约 3 s 而不消失，结果在荧光屏上形成图 10 - 1 所示的实时扫描画面。

船用雷达图像显示方式有相对运动显示方式和真运动显示方式，而相对运动显示方式又可分为船首向上、真北向上和航向向上三种。如果代表本船的扫描起始点与荧光屏的几何中心重合，则称为定心显示方式。如果扫描起始点偏离荧光屏的几何中心，则称为偏心显示方式。通过显示器控制面板上的控制开关可以选择不同的显示方式，以满足雷达观测的需要。

根据屏幕画面船首指向的不同，真运动显示也可以分为真运动真北向上显示方式和真运动航向向上显示方式两种。真运动显示方式有利于船舶在狭水道和港口导航。（有关雷达图像显示方式的内容详见本章第四节）

为了测定目标位置，在显示器上设有距离刻度和方位刻度。距离刻度包括固定距标圈和活动距标圈。方位刻度包括船首线、方位刻度盘、机械方位标尺和电子方位标尺。驾驶员可根据航行环境选择适当的量程和显示方式，利用刻度系统测量已知或未知目标的距离和方位，来确定本船的位置或目标的位置，进行定位和导航。

雷达显示器分模拟视频雷达显示器与数字视频雷达显示器。模拟视频信号雷达显示器与数字视频信号雷达显示器从原理到组成结构上都不完全相同。

1. 模拟视频系统显示器

如图 10－16 所示，模拟视频系统显示器的组成包括阴极射线管及附属电路、定时系统、扫描系统、刻度系统、视频系统及电源系统。其主要波形如图 10－17 所示。

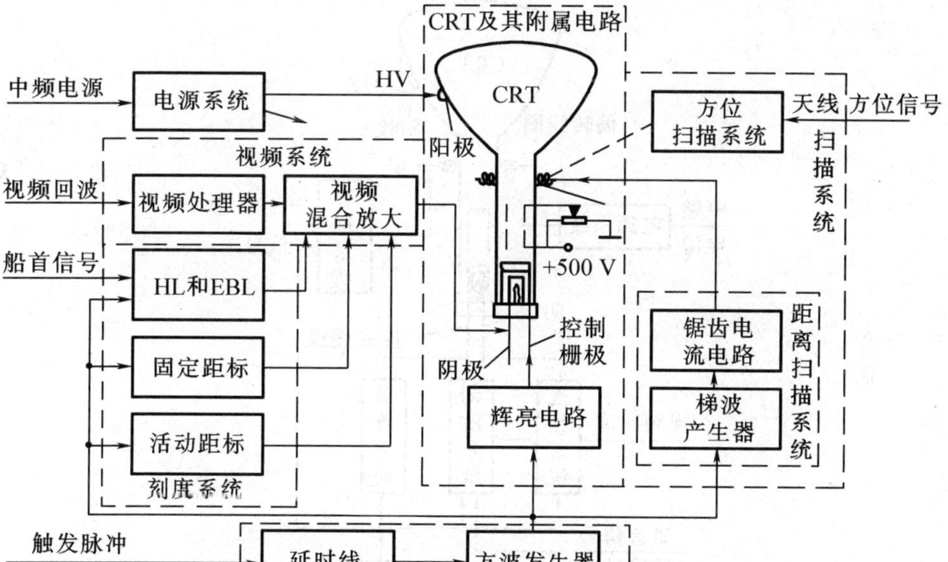

图 10－16　模拟视频信号雷达显示器框图

2. 数字视频系统显示器

雷达的数字视频处理以存储器为核心，将接收机输出的实时模拟视频信号按照一定要求量化为数字信号，并按照一定的格式写入存储器，经过加工处理，然后再按照扫描显示的要求，按一定速率读出，将数字视频信号转化为模拟视频信号，最终显示在荧光屏上。船用雷达数字视频 PPI 显示器的组成框图如图 10－18 所示。

七、雷达电源

船用雷达通常采用专用的中频电源供电设备为雷达整机提供稳定可靠的电源，因为：专

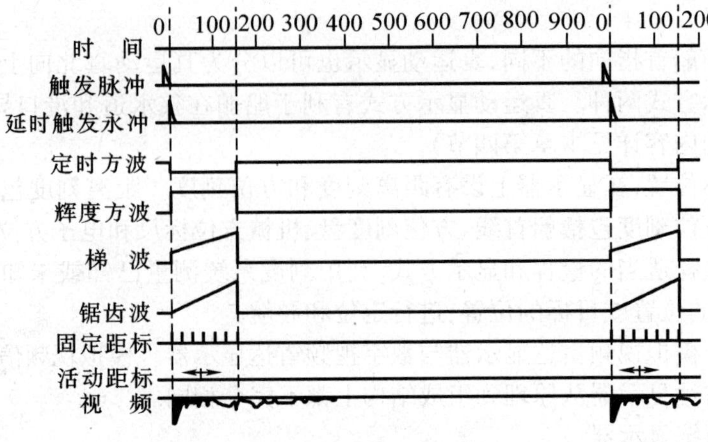

图 10-17 模拟视频系统雷达显示器波形图

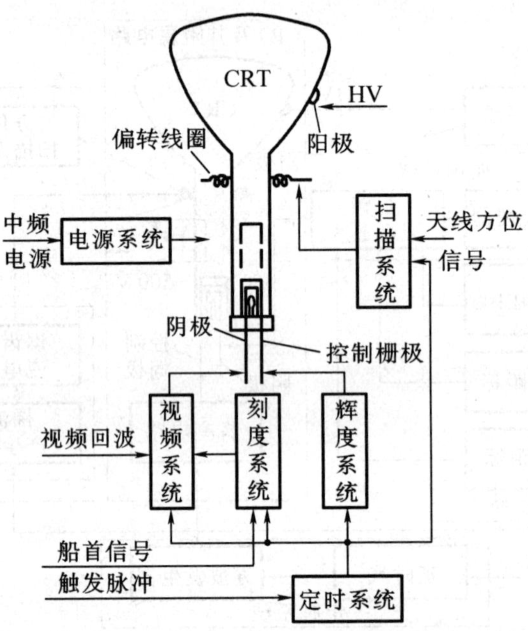

图 10-18 数字视频信号雷达显示器框图

用电源设备可以“隔离”雷达与船上其他用电设备通过电网产生相互干扰;中频电源可以缩小设备中的变压器、电感线圈等元件的体积,减轻质量;可以提供稳定可靠的电源,克服船电负载多、频率和电压不稳定的缺点;雷达中频电源的频率范围在 400 ~2 000 Hz,而船电种类繁多。目前,船用雷达电源设备有中频逆变器和中频变流机两类。两种电源的各种特点比较如表 10-2 所示。

从表 10-2 中可以看出,逆变器的优点多于变流机组,故现在新型船用雷达中均已采用逆变器作电源设备。

表 10－2　两种雷达电源特点比较

比较项目	中频逆变器	中频变流机组
1. 电能转换效率	高	低
2. 抗过载能力	低	高
3. 可靠性	较高	高
4. 噪声与振动	甚微	严重
5. 体积,质量	小,轻	大,重
6. 维护	方便	不便
7. 检修	困难	方便
8. 造价	低	高

第三节　双雷达系统及性能监视器

一、双雷达系统互换装置(雷达选择器)

1. 双雷达系统及互换特点

将两台雷达联系起来并实现各部件互换的装置称为互换装置或称为雷达选择器(Interswitching Unit or Radar Selector)。由雷达互换装置连接成一个系统的两台雷达就称为双雷达系统。其中,两台雷达均是 X 波段的或均是 S 波段的,称为同频双雷达系统。两台雷达中一台为 X 波段的,另一台为 S 波段的,称为异频双雷达系统。由于异频雷达的优缺点可以互补,故被普遍采用。

在同频双雷达系统中,可以互换的部件是天线、收发机、显示器及电源等,但天线与波导只能同时转换。在异频双雷达系统中,由于发射机、天线及微波传输线只能工作于同一波段,故不能单独互换,只能作为一个整体互换。显示器和电源可单独互换。

2. 互换装置

图 10－19(a)是异频双雷达系统图,图 10－19(b)是异频双雷达系统实物图,图 10－20 是对应的互换装置面板布置图。由图可见,异频双雷达系统中,除了收发机与天线间的波导和同轴电缆外,两部雷达各部件之间的所有接线均经过互换装置。互换所必需的开关、指示灯、照明灯及保险丝等装在互换装置的前面板上,以便于操作和监测。

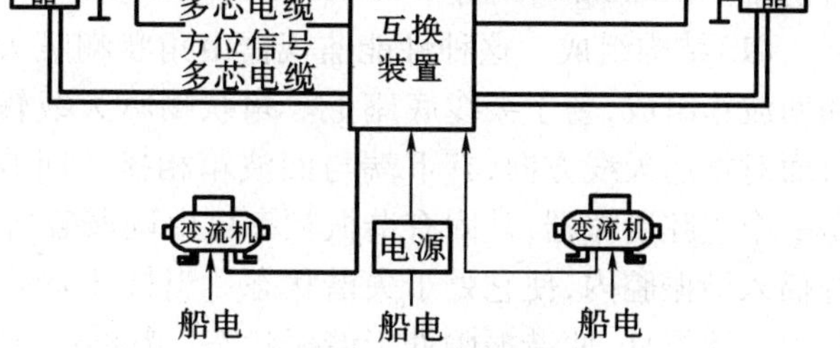

图 10－19(a)　异频双雷达系统图

在同频双雷达系统中,天线与收发机间的波导也都要接到互换装置。不过,考虑各种因

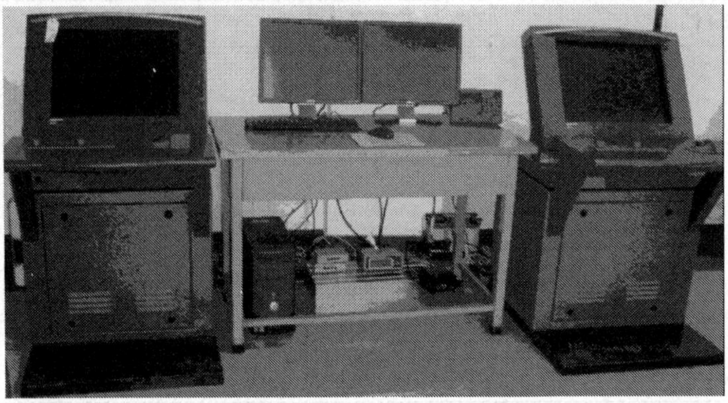

图 10－19(b) 异频双雷达系统实物图

素后,在一艘船上很少装同频双雷达系统,而是装异频双雷达系统。

3. 使用互换装置的优点

(1)可提高雷达工作的灵活性。

(2)可提高雷达工作的可靠性。

二、雷达性能监视器

雷达性能监视器(Performance Monitor)是用来监视雷达辐射系统和接收机性能的装置。当雷达发射机和接收机性能下降 10 dB 时,显示器屏上的图像将明显变弱。性能监视器可以方便、直观、有效地监视雷达天线、收发机的工作状态,特别是在肉眼看不到周围物标时可用来判断雷达工作状态是否正常。根据监视器结构组成和安装位置,监视器可分为辐射接收总性能监视器、辐射功率监视器和收发机性能监视器三种。后两种常见于台卡雷达。下面重点介绍辐射接收总性能监视器(Radiating System & Receiver Monitor)。

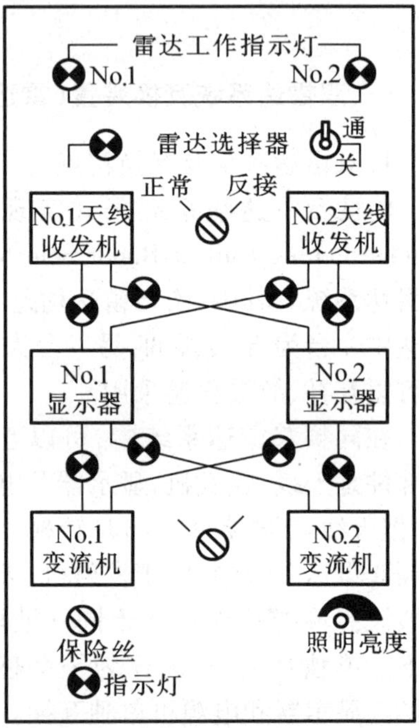

图 10－20 异频双雷达系统互换装置面板布置图

(1)结构组成 这种性能监视器由角状喇叭天线和回波箱组成,装于天线底座上。角状喇叭天线辐射口面对雷达天线方向,其下端与回波箱相接。回波箱是一个空腔谐振器,其固有谐振频率可由调谐装置调谐到发射信号频率上。但平时有一螺杆插入谐振腔内,使它处于失谐状态。当打开显示器面板上的监视器开关时,由继电器控制拉出上述螺杆,使谐振腔处于谐振状态。其结构如图 10－21 所示。

(2)监视对象 雷达工作并接通监视器开关后,雷达天线转到角状喇叭天线辐射口方向时,便有一小部分辐射能量进入谐振腔并激起谐振,振荡频率与发射频率相同(在安装时调妥),持续时间约为 10 μs(大于发射脉冲宽度 10～100 倍)。该振荡能量又从喇叭口辐射,并被雷达天线接收,经波导送接收机变频、放大、检波及视频放大后送显示器显示。送给显示器显示的视频信号幅度显然与发射机的发射功率、波导、天线的损耗及接收机的灵敏度等有关，所以，这种显示器的监视对象为发射机、接收机及波导、天线系统。

(3)图像及判断方法　这类监视器的图像有两种：一种是在监视器天线所在方向，荧光屏上呈扇形波瓣，如图 10－22(a)所示。一般在安装、检修后或每隔一年要调整、测量一次。测量在最小量程或说明书规定的量程上进行，并把测量值(波瓣长度)作为标准记入雷达日志。平时作检查时，雷达工作 10 min 以上，量程按说明书要求放置，“调谐”钮调到最佳位置，“增益”钮调至最大，STC 钮关到最小，接通性能监视器并测量波瓣长度。将此长度除以标准长度求得相对长度，再以相对长度为引数查图 10－22(b)，则可查得总的性能衰减值。另一种图像如图 10－23 所示。在 24 n mile 或 48 n mile 测量。若第 6 圈无弧线，则性能下降 5 dB；若第 5，6 圈均无弧线，则性能下降 10 dB。性能下降的原因可大致判断如下：若第 2 圈圆弧的同心角等于初始安装调试后所记下的原始同心角值 θ_1，则性能下降主要由接收机引起；若小于 θ_1，则主要由发射机引起。

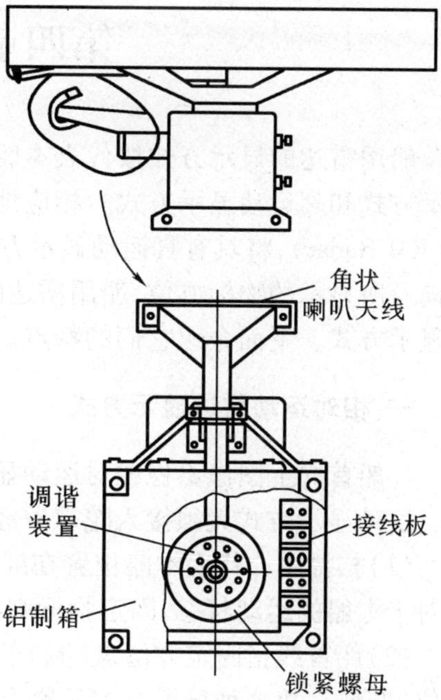

图 10－21　总性能监视器

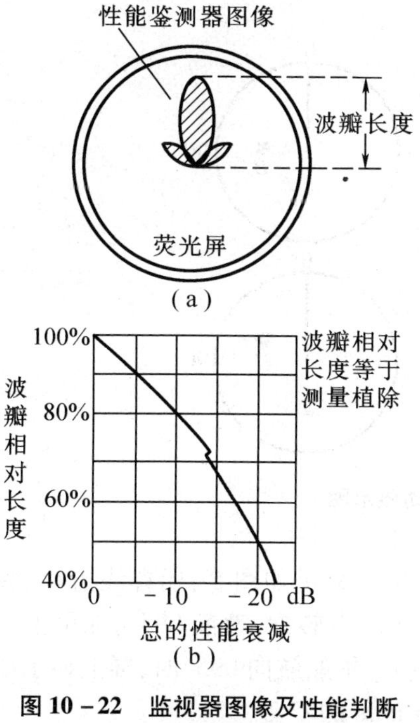

图 10－22　监视器图像及性能判断

(a)性能监视器图像；(b)测量校正曲线

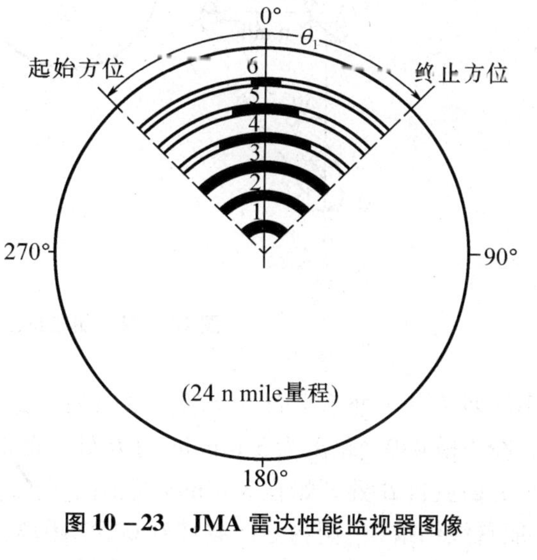

图 10－23　JMA 雷达性能监视器图像

第四节　雷达显示方式

船用雷达的显示方式按代表本船的扫描中心在屏上的运动形式可分为两种：相对运动显示方式和真运动显示方式。相应地，将仅具有相对运动显示方式的雷达称为相对运动雷达（RM Radar）；将具有真运动显示方式的雷达称为真运动雷达（TM Radar）。按照船首线的指向及所显示的物标方位，船用雷达的显示方式又可分为船首向上、真北向上及航向向上三种显示方式。下面介绍它们的特点。

一、相对运动雷达显示方式

1. 船首向上图像不稳相对运动显示（Head up Unstabilised Relative Motion）

这种显示方式无须接入陀螺罗经航向信号，其显示特点有：

（1）扫描中心代表本船位置在屏上不动，船首线代表本船船首方向，显示周围运动物标相对于本船的运动状态，固定物标则与本船等速反向运动；

（2）船首线指固定方位盘（圈）的零度并代表船首方向，在方位盘上可读得物标的相对方位（舷角），故这种显示方式又称为“相对方位显示方式”；

（3）本船转向时，船首线不动而物标回波反转，图像留下一段弧形余辉。特别是在船首有偏荡或频繁改向时，会使图像模糊不清，影响观测。

以上特点可用图 10 - 24 说明。本船在①位置时，屏上显示如图①：船首线指 0°，物标回波显示舷角为 030°，距离为 6 n mile 的 *A* 处。当本船保持 050°，航向前进时，在屏上可见

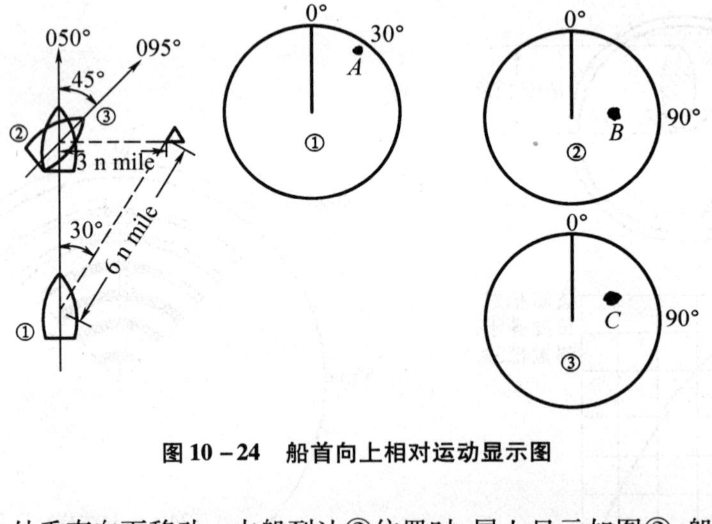

图 10 - 24　船首向上相对运动显示图

到小岛回波自 *A* 处垂直向下移动。本船到达②位置时，屏上显示如图②：船首线指 0°，物标回波在正横 090°、距离为 3 n mile 的 *B* 处。此时，若本船向右转向，改航 095°，在屏上可见到小岛回波自 *B* 处开始在 3 n mile 距圈上向反方向移动。本船航向 095°时，屏上显示如图③：船首线仍指 0°，但物标回波转到 045°，距离仍为 3 n mile 的 *C* 处。

这种显示方式显示的图像是相对于本船的运动，只能直接测读相对方位，欲定位还需加上航向，使用不便，也影响精度。尤其是风浪天，船首有偏荡时，图像模糊不清，观测不便，测

量误差大。但这种显示非常直观，低头看屏上的图像与抬头看窗外的景象是一致的，便于判明前方来船处在本船的左舷还是右舷，判断碰撞危险十分方便，所以常用作观测瞭望。

为了发挥上述显示直观的优点，又克服不能测读物标真方位的缺陷，现在有些新雷达在固定方位盘（圈）外面或里面又套上一个可动方位圈，也标有 0°～360°刻度。该方位圈可用手拨动或直接由陀螺罗经带动，并随时使航向值保持在固定方位刻度圈处。这样在两个方位圈上可同时读得相对方位和真方位，如图 10－25 所示。

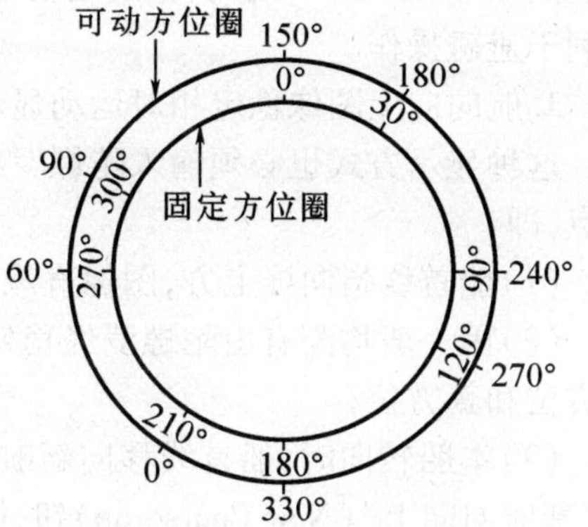

图 10－25　可动方位圈

2. 真北向上图像稳定相对运动显示方式（North－up Stabilised Relative Motion）

这种显示方式必须接入陀螺罗经航向信号，其显示特点有：

（1）与上述"1"中之（1）相同；

（2）固定方位圈的 0°代表真北，船首线指航向值，在固定方位圈上可直接读得物标真方位，因此这种显示方式又称为"真方位显示方式"；

（3）本船转向时，船首线移向新航向值，而图像稳定。

以上特点可用图 10－26 说明。图中，本船在①位置时，屏上显示如图①：船首线指 050°。小岛回波在真方位 080°，距离 6 n mile 的 *A* 处。当本船以 050°航向前进时，可见到小岛回波自 *A* 点以与本船相反航向相等速度移动。本船到达②位置，屏上显示如图②：船首线指 050°，小岛回波在真方位 140°、距离 3 n mile 的 *B* 处。此时，本船转向 095°，在屏上可见到船首线逐渐移到 095°，而物标回波不动。当航向改到 095°时，屏上显示如图③：船首线指 095°，小岛回波仍在真方位 140°，距离 3 n mile 的 *B* 处未动。

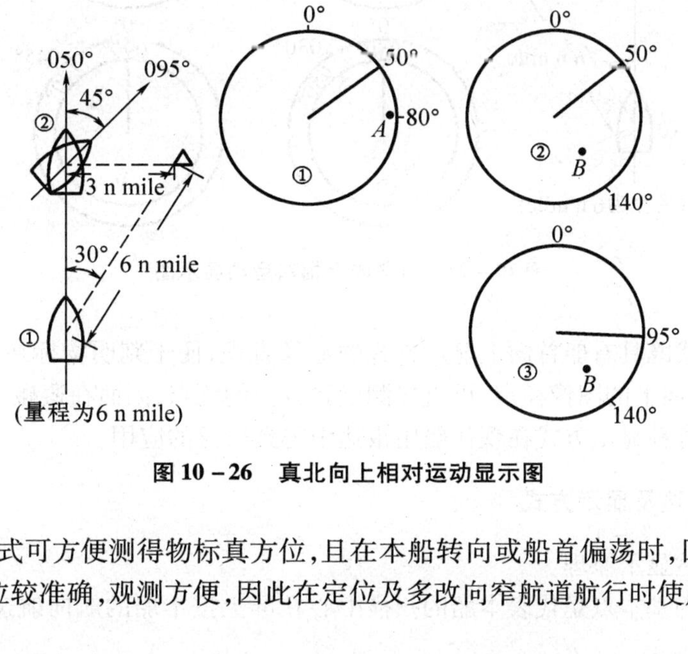

图 10－26　真北向上相对运动显示图

这种显示方式可方便测得物标真方位，且在本船转向或船首偏荡时，回波图像稳定，显示清晰，测量方位较准确，观测方便，因此在定位及多改向窄航道航行时使用较方便。但是，当航向在 090° ~270°之间,特别是在 180°附近时,观测不便,有时容易搞错物标左右舷角,不利于避碰操作。

3. 航向向上图像稳定相对运动显示方式(Course up Stabilised Relative Motion)

这种显示方式也必须输入陀螺罗经航向信息。这种显示方式综合了前两种显示方式的优点,即:

(1)船首线指向屏上方,图像直观;

(2)因一般均配有由陀螺罗经稳定的可动方位圈或电子方位刻度圈,故可直接测得相对方位和真方位;

(3)本船转向时,船首线移向新航向值而物标回波不动,图像稳定,改向完毕,只要按一下“新航向向上”(New Course up)钮,则船首线、图像及可动方位圈一起转动,直到船首线指固定方位圈为止。

这种特点可用图 10-27 说明。图中在①位置,屏上显示如图①:船首线指固定方位圈 0°,可动方位圈的 050°与固定方位圈 0°对准。小岛回波在固定方位圈 030°(可动方位圈 080°)方位上,距离 6 n mile 处(*A* 点)。本船以 050°航向前进时,物标自 *A* 点与本船等速反向移动。本船到②位置时,屏上显示如图②:船首线不变,小岛回波在右舷正横(相对方位 090°,真方位 140°)3 n mile 的 *B* 点。本船转向时,屏上可看到只有船首线动,其他均稳定。当航向转到 095°时,屏上显示如图③:航向指固定方位圈 045°(可动方位圈 095°)其他不变。此时,按了“新航向向上”钮后,船首线指固定方位圈 0°,可动方位圈 095°也转到固定方位圈 0°,小岛回波转到固定方位圈 045°(可动方位圈 140°)处的 *C* 点。

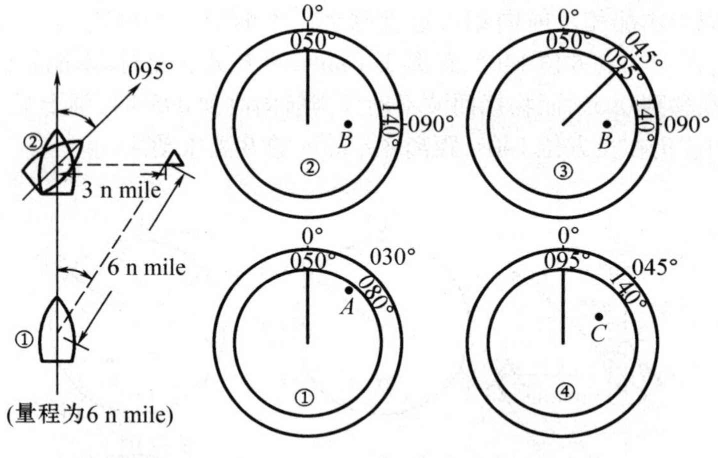

图 10-27 航向向上相对运动显示图

这种显示方式既具有船首向上显示方式的显像直观,便于判明物标在左舷还是右舷的特点,又具有真北向上的图像稳定,可直接测读真方位的优点,因而在避碰、定位和导航应用中均较方便。故这种显示方式在现代船用雷达中得到广泛的应用。

二、真运动雷达及显示方式

1. 真运动雷达显示原理

真运动雷达的基本点是代表本船的扫描中心在屏上按本船的航向航速移动,在屏上看到的画面就好像是在空中看海面看到的一样。

中心位移线圈的东西位移线圈和南北位移线圈,若分别通以相应的直流电流,就可调节扫描中心在屏上的位置。显而易见,如果能使这两个电流对应于本船的航向和速度,那么扫描中心在屏上的移动就对应于本船的航向和速度了。真运动显示的原理框图如图 10－28 所示。图中,解算装置的作用是把航速信号按航向分解成两个互成正余弦关系的信号,然后根据屏直径、量程等因素变换成流过东西、南北两个线圈的电流,使扫描中心按航向和速度移动。早期的真运动雷达,解算装置是用机械解算装置,大部分现代真运动雷达均采用计算机解算装置。

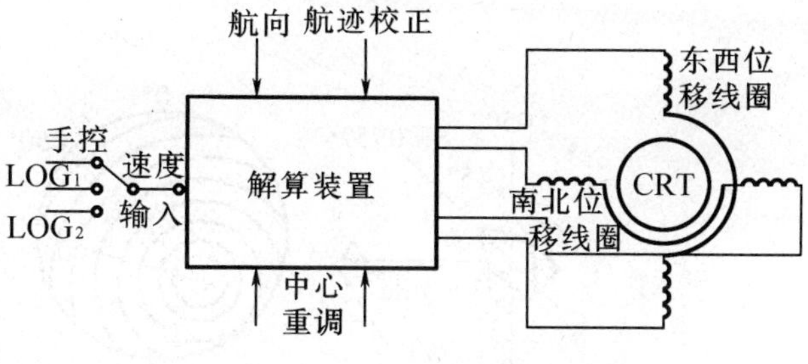

图 10－28　真运动原理框图

中心重调有两个钮:南北重调钮和东西重调钮,用来调整扫描中心的起始位置。有些机器有自动控制电路,当扫描中心移到适当位置(一般离屏边缘 1/3 半径,规定不能小于 1/4 半径)就能自动返回到起始位置(与此限位点对称的、方位差 180°的位置)重新运动。

速度输入一般有两种选择:一种是用速度计程仪输入;另一种是用手控模拟速度输入。一般均是按每海里送入 200 个脉冲。

航向信号由陀螺罗经输入,所以真运动雷达必须接入罗经信号。当有风流压影响时,本船航迹会偏离船首线方向。调节“航迹校正”钮,可使扫描中心在屏上的移动轨迹符合实际航迹。实际上,这种方法仅改变了运动方向,未改正移动速度(速度仍按计程仪输入的或手动输入的模拟速度移动),所以扫描中心轨迹仍会有偏差。另外,经过航迹校正后,扫描中心在屏上移动的方向变了。但因为罗经航向未变,所以船首线的指向仍指原来的方向,在屏上可见到船首线平移的余辉。运用此种显示方式时,应校对罗经复示器读数及船首线指向与主罗经是否一致,否则显示会出现较大误差。

2. 真运动显示方式。

真运动显示方式按速度的输入源不同可分为计程仪真运动和模拟速度真运动;按照速度的类型可分为对地真运动和对水真运动;按照图像指向不同可分为真北向上真运动、船首线向上真运动和航向向上真运动。通常,仅有真北向上真运动显示方式。下面介绍几种常用的显示方式。

(1)真北向上真运动显示方式(North－up Ture Motion)　为说明方便起见,假定海面无风流,罗经、速度数据均准确。这种显示方式有如下特点:

①扫描中心在屏上按计程仪或模拟计程仪送来的速度沿着船首线方向(航向)移动;

②扫描中心的正上方代表真北,船首线指航向(一般应看罗经复示器指示值),本船转向时,船首线移动,其他物标不动;

③屏上其他运动物标按它们各自的航向、航速移动,固定物标则在屏上不动。

以上特点可用图 10－29 说明,本船在①位置,屏上显示如图①:扫描中心在 A,船首线过屏中心指 050°,物标(小岛)回波在右舷 30°,距离 6 n mile 的 D 处。本船以 050°航向前进时,扫描中心在屏上移动,小岛回波在屏上不动。船到②位置时,屏上显示如图②:扫描中心在 B 处与小岛回波成右正横,距离为 3 n mile。本船转向时,船首线移到新航向值,罗经复示器读数为095°时,小岛回波仍在屏上 D 处,船首线与小岛回波方位线夹角为045°,如图③所示。

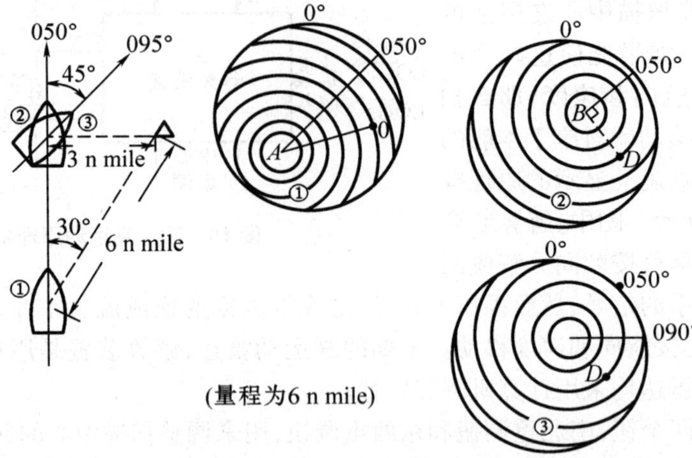

图10-29 北向上真运动显示方式图

(2)对水稳定真运动(Sea Stabilization True Motion)

如果海区有风流,而速度输入是对水速度,航向是陀螺罗经航向,则此时显示的真运动是对水(海面)稳定的真运动,如图10-30(a)所示。图中 M 为本船,假定航行了18 min,则 M 点按对水计程仪输入的速度及陀螺罗经输入的航向从 M_0 移到 M_{18} 点。运动物标 W 按它自己对水的速度及航向从 W_0 移到 W_{18}。固定物标 B 则由于本船计程仪输入的速度及陀螺罗经输入的航向未计入风流的影响而在屏上产生移动,从 B_0 移到 W_{18}。也就是说,在这种显示方式中,固定物标要按风流的影响(风流压方向的相反方向和速度)移动,动目标尾迹表示该目标的对水速度及航向,本船船首线在航行中是稳定的。

(3)对地稳定真运动(Ground Stabilization True Motion)

如果速度输入由双轴多普勒计程仪输入对地速度,或由人工方法将风流的影响校正后,则本船(扫描中心)在屏上将按实际的航迹向及对地速度移动,这种显示方式称为对地稳定真运动显示方式,如图10-30(b)所示。由图可见,本船航向(船首线指向)与航迹向不一致,有一个偏差角 θ,并可见到船首线沿航迹向有平移的尾迹。本船移动的距离也变了,从 M_0 移到了 M'_{18},固定物标在屏上不动,仍在 B_0 处。动目标 W 在屏上的移动方向和轨迹也变成了它自己对地的航迹向和速度,从 W_0 移到 W'_{18}。

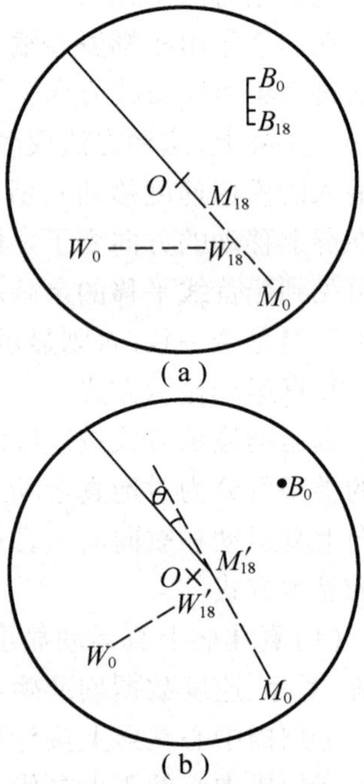

图10-30 对地、对水真运动示意图

(a)对水真运动;(b)对地真运动

从上述特点可以看出,在狭水道导航时用对地稳定真运动显示较直观方便。但在标绘、计算及判断碰撞危险、采取避碰措施时用对水稳定真运动较方便、准确。

第五节　船用雷达定位与导航

一、雷达定位

利用雷达测得的物标距离和方位进行海图作业，求得本船船位的过程，称为雷达定位。要使雷达定位准确，必须正确地识别和辨认物标回波，选择合适的定位物标，采用最佳的定位方法及正确的海图作业。

1. 回波识别和物标辨认

由于天线波束宽度会造成回波横向肥大，脉冲宽度又会造成回波外缘扩张，遮蔽效应可能使岸线回波形状与海图不相符，再加上经常可能出现的各种假回波和干扰杂波等原因，使得雷达图像与实际海面状况或海图往往差别很大，因此在雷达定位前，必须认真识别物标和辨认回波。在辨认和观测回波之前，首先要根据海图等资料，仔细研究本船附近海面或岸上各种物标的特点，如高度，地形、地貌、视角及传播途径状况，并结合本雷达性能、当时的气象、海况等分析各种物标在屏上回波可能产生的各种变形，然后提出特征明显而不易混淆的物标（如孤立小岛、岬角、灯塔等）作为参考点，按其相对位置逐一加以辨认，并经再三核实后予以确认。为快速、准确辨认物标，还应当十分重视资料及经验的积累，作好记录，为下次航行作参考。

2. 正确选择定位物标的原则

（1）应尽量选择图像稳定清晰、位置能与海图精确对应的物标回波来定位，如孤立小岛、岩石、岬角、突堤、孤立灯标等。应避免选用平坦的岸线和山坡及附近有高大建筑物的灯塔等物标，这类物标的回波往往会产生严重变形或位置难以在海图上确定。

（2）应尽量选用近而便于确认的可靠物标，而不用远而易搞错的物标。

（3）多物标定位时应选用三条位置线交角接近于 120°的物标，或选用两条位置线交角尽可能接近的物标。除非只有一个可靠物标存在时，才不得已采用单物标方位与距离定位。

3. 雷达定位方法选择原则

雷达定位方法很多，有单物标定位和多物标定位之分及方位定位和距离定位之分。一般来说，由于雷达图像存在“角向肥大”、罗经引入的误差及受外界影响等原因，用测距定位较测方位定位为好。近距离物标定位优于远距离物标定位。此外，雷达定位精度还与驾驶员测距、测方位的精度和速度及选择的位置交角等有关。各种定位方法的精度高低的排序大致如下：

（1）三物标距离定位；

（2）两物标距离加一物标方位定位；

（3）两物标距离定位；

（4）两物标方位加一物标距离定位；

（5）单物标距离方位定位；

（6）三物标方位定位；

（7）两物标方位定位。

值得指出的是,在条件许可的情况下应采用方位分罗经目测方位,其精度要比雷达测定的方位精度高。

二、雷达导航

船舶在进出港、狭水道及沿岸航行中,尤其在夜间或能见度不良的恶劣天气时,使用雷达导航十分方便而有效。雷达导航最常用的是距离避险线(又称雷达安全距离线)法和方位避险线(又称安全方位线)法,现介绍如下。

1. 距离避险线法

为了使船舶在航行中离岸(或选定目标点)保持一定距离,确保航行安全,首先在海图上确定距离避险线。它由各危险点(包括浅滩、暗礁等)的安全距离圈的切线组成(参见图10－31中虚线)。图10－31中的实线表示船舶的计划航线。航行时必须使船舶始终保持在距离避险线的外侧。实际操作时,可用方位标尺线协助:将方位标尺指向航向,并用活动距标圈定出避险线距离相对应的一根平行方位标尺线(避险方位标尺线),航行时随时保持使危险物标(上述各危险点) 的回波处在上述避险方位标尺线的外侧即可。雷达安全距离的选定,由驾驶员或船长根据当时当地的情况(如天气情况、能见度情况、流向、流速、船舶类型及密度等)、本船操纵性能、值班驾驶员的技术状态等决定。

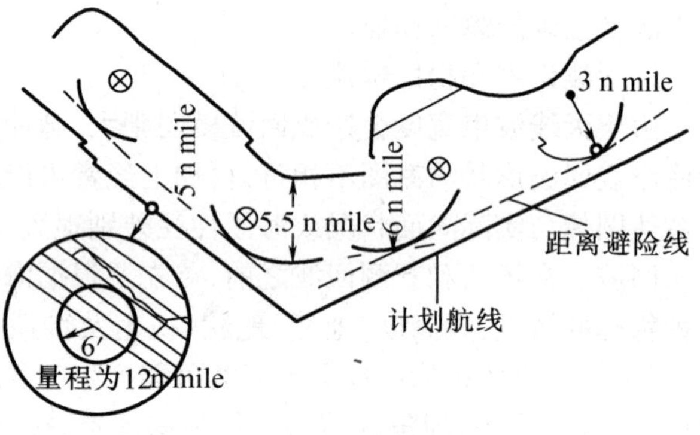

图 10－31 距离避险线法

2. 方位避险线法

当船舶的航向和岸线或多个危险物连线的方向近于平行时,为了安全地避离航线附近的危险物标,可用方位避险线来表明危险物标的所在方位。方法是在海图上求得物标的危险方位,在显示器上将方位标尺置于该危险方位(真方位)上。航行中,应将物标回波始终放在方位避险线外侧,船首线始终放在方位避险线的安全一侧。船首线与方位避险线的间距可由活动距标指示,应随时核实船位,保证船位确实位于方位避险线的安全一侧,如图 10－32 所示。图中,左侧是危险的,右侧是安全的。

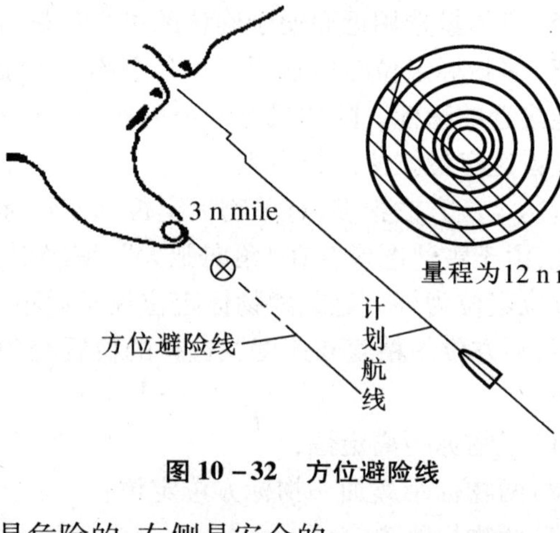

图 10－32 方位避险线

3. 雷达导航的注意事项

(1)在船舶进入导航水域前,应仔细研究航区内主要物标(包括导航标及危险物等)的位置和特点,确定转向点位置及转向数据,设定好避险线,制定计划航线,了解和掌握当时当地的风流及船舶动态等,早作准备。航行中,应利用一切有利时机,分析雷达图像与海图实际情况的差异，积累资料，总结经验。

(2)狭水道中，由于陆标近，方位变化快，应随时对照海图，准确快速辨认和测定物标进行导航。

(3)正确辨认浮标，并熟悉各浮标可能发现的距离及回波特点。若有怀疑，应以岸标核对。

(4)注意各种假回波的识别，尤其应注意辨别小船和浮标回波，切勿混淆。

(5)应充分利用雷达方位标尺线及活动距标圈协助判断船位，节省时间。

三、雷达航标

为了使浮筒、灯船和灯塔之类重要目标易被雷达发现，常在这类导航标志上加设各种雷达航标，以增强其对雷达波的反射能力，从而增大雷达发现这些航标的距离。下面将介绍几种常用的雷达航标。

1. 雷达角反射器

雷达角反射器(Radar Reflector)的基本组成单元是由三块相互垂直的金属板或金属网组成的。其基本特点是在一个很宽的角度范围内，电磁波入射进入角内的能量将以完全相反的方向反射出来，如图 10－33 所示。单个角反射器只能在有限角度范围内有效，如将几个角反射器拼成如图 10－34 所示的五角形反射器和八面体反射器就能有效地反射由任何方向来的电波。实际效果五角形反射器优于八面体反射器。但在摇摆时，八面体反射器效能不变，而五角形反射器的效能将大大减小。雷达角反射器在海图上的符号如图 10－35 所示。

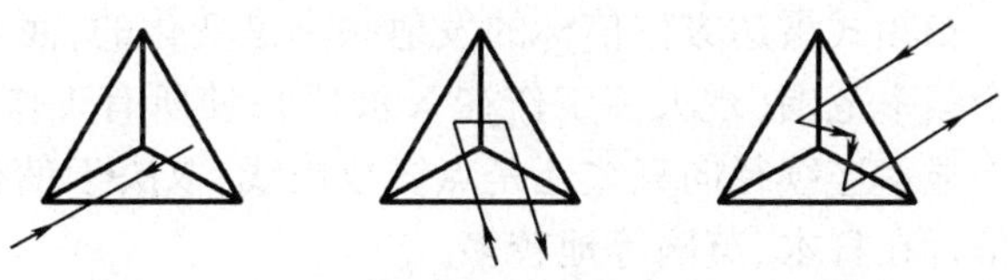

图 10－33　角反射器对入射波的反射示意图

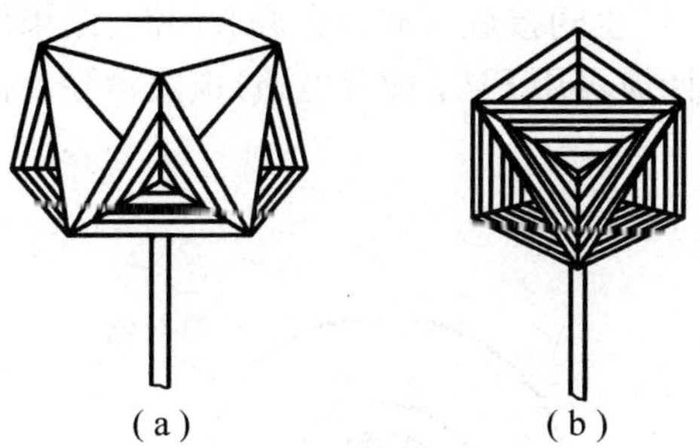

(a)　(b)

图 10－34　雷达角反射器示意图

(a)五角形反射器；(b)八面体反射器

图 10－35　雷达角反射器在海图上的符号

除上述角反射器外，还有一种特殊的雷达反射器，称为透镜反射器。它是由几个用不同电介质材料(折射系数不同)制成的同心空球组成的微波透镜，能将入射到透镜上的雷达波聚焦于直径相对一边的表面上的一点，然后按相反方向再反射回去，不受入射波方向的影响。直径约 30 cm 的透镜反射器，架设高度为 2 m，雷达天线高度为 15 m 时，其探测距离可达 10 n mile。

角反射器的缺点是无源信标，对雷达波无放大作用，因此作用距离有限，且无编码识别，容易造成目标混淆。

2. 雷达方位信标

雷达方位信标(Ramark)又称雷达指向标,是一种有源主动雷达信标。它按一定时间间隔(如15 s)向四周发射信号,船上雷达收到后,在荧光屏上显示出一条径向亮线或一个夹角为1°~3°的点线或扇形,以指示出该信标所在方位,如图10-36所示。为区分各个指向标,它们所发的信号还可用“点”“画”组成莫尔斯码来加以区别。该信标的工作不受船上雷达控制。雷达方位信标分为扫频式和固定频率式两类。

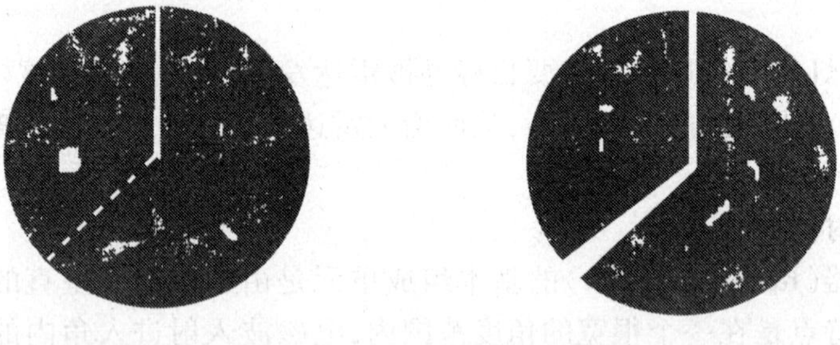

图10-36 雷达方位信标图像

扫频式雷达方位信标的发射频率是变化的,而且变化范围很大,可包括船用雷达使用的整个频率范围(现大多工作在X波段),使所有工作在该波段的雷达均能收到它的信号。在屏上显示连续径向亮线还是点线或虚线,取决于信标的扫频速率快慢。这种扫频式雷达方位信标在日本、英国等地较多。

固定频率式雷达方位信标的发射频率在船用雷达工作频率范围之外,船用雷达需另配一套接收设备才能接收,接收到信号后经处理再送到雷达显示器显示。其优点是可视需要关掉接收设置,以保持雷达屏幕清晰。这种信标主要在美洲试验使用。

当雷达方位信标信号很强时,可能在雷达屏上产生间接假回波和旁瓣假回波,结果使得屏中心附近显示混乱,如图10-37所示。这种假回波可用FTC(微分电路)电路消除。雷达方位信标在海图上的符号如图10-38所示。

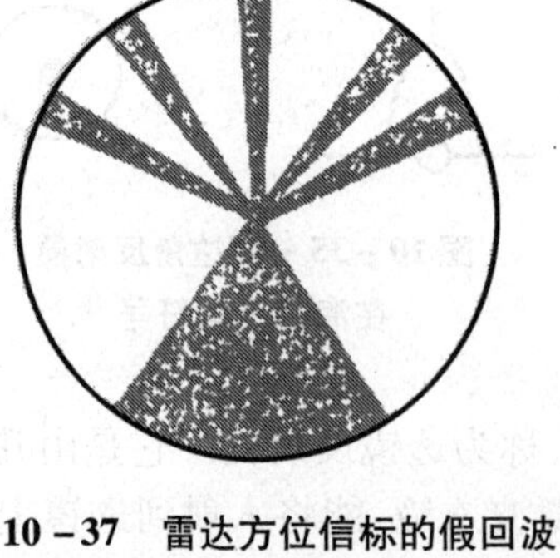

图10-37 雷达方位信标的假回波

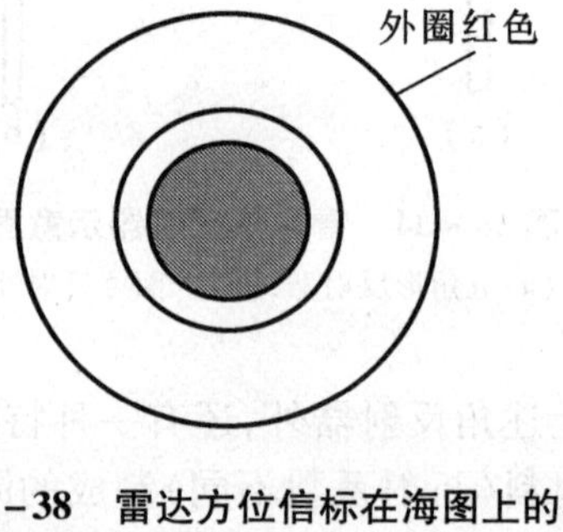

图10-38 雷达方位信标在海图上的符号

雷达方位信标发射的信号要比雷达接收到的物标回波强得多,故其作用距离远,一般可达20~30 n mile,因此可用它来增加探测距离和作为识别标志。除了作为狭水道、重要航道和港湾的导航标志外,还经常用于岬角、岛屿和山等其他物标密集区及海岸线平坦、低缓难以被雷达探测和分辨的地区作识别标志。

3. 雷达应答标(雷康)

雷达应答标又称雷康(Racon),是一种被动式的有源雷达信标。它须在接收到船用雷达的发射脉冲信号后约经过 0.5 μs 便自动发出经编码的回答脉冲信号,故有时又称之为“雷达应答器”或“二次雷达”。其回答的编码脉冲信号被船用雷达接收后显示在屏上,可以测其方位和距离,以供定位和导航之用。由于回答脉冲是编码的,故便于相互识别,如图 10－39 所示。常用的雷康信号是把脉冲编成莫尔斯码,如 A(· －),B(－···),N(－ ·)等。有关这些编码的变更、信标的增设及废除等资料可查航海通告或航海警告。

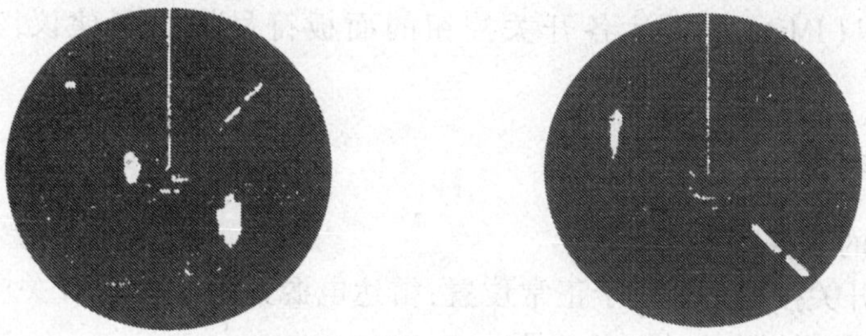

图 10－39　雷达应答标信号图像

雷康的回答信号较雷康机架实物产生的回波延迟时间随设备的不同而异(约 0.5 μs)。有时(如远距离观测时)机架回波较弱以致在雷达屏上看不到它的回波,而只能看到它的回答信号。雷康可在整个船用雷达工作频率范围内接收雷达脉冲信号(一般是 X 波段,少数也有在S波段),而它回答的信号也可被附近同波段雷达所接收。大多数雷康发射机是工作几分钟(如1.5 n mile)再停几分钟,故雷达屏上每隔一定时间才能见到它的回答信号。

雷康的一般探测距离在十几海里以内,理想情况下可达 17～30 n mile。若雷康天线装得低,则探测距离将近些。雷康在海图上的符号如图 10－40 所示。雷康信号也可能产生间接假回波,如图 10－41 所示。

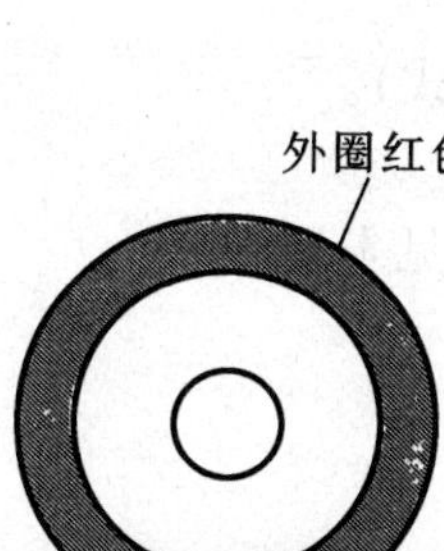

图 10－40　雷康在海图上的符号

图 10－41　雷康假回波

这些假回波可采用减小增益或用 FTC 电路消除之。此外,当雷康被附近多台雷达触发时,其性能将被减弱。受触发越多,雷康回答信号与本船雷达的扫描可能越不同步,距离也不能显示,有时还会出现类似雷达方位信标那样的干扰信号。由于雷康既可测方位,又可测距离,还有编码供识别,故比雷达方位信标应用更为广泛。

第六节 船用雷达的操作

一、主要控钮

船用雷达的型号繁多,显示器操作面板上的开关、控钮的布局及数量也各不相同,但其主要开关和控钮的作用及其用法大体上是相同的。为了便于驾驶员适应各种型号雷达的操作,国际海事组织(IMO)对雷达各开关控钮的面板符号提出了建议,其符号和意义如图10-42 所示。

二、一般操作步骤

(一)开机前的准备工作

1. 检查主要开关按钮是否处于正常位置:雷达电源开关及发射开关应放在“关”位置;亮度控钮应放在反时针到底(最小)位置。

2. 检查天线上是否有人或妨碍天线旋转的障碍物(如旗绳、发报天线等)。

3. 如气温太低或空气太潮湿,则应先合上船电闸刀,让机内各加热电阻通电加热后再开机。

(二)开关机步骤

船用雷达具体的开关机操作步骤应按说明书中的说明进行。下面介绍的是一般雷达的基本操作步骤。

1. 开机

(1)合上船电闸刀,启动中频电源(如有中频电源启动开关)。

(2)接通“雷达电源开关”(或置于“预备”位置)。

(3)接通“天线开关”。

(4)调节照明亮度。

(5)选择显示方式(一般先选用首向上相对运动显示方式)。

(6)选择合适量程。

(7)顺时针方向缓慢调节屏幕“亮度”旋钮,使扫描线刚见未见。

(8)调“固定距标”亮度,使屏上出现距标圈。

(9)调“聚焦”钮,使固定距标圈最细。

(10)调扫描中心位置,使之对准屏中心。

(11)如有必要,调船首线校正钮使船首线指固定方位圈的0°。

(12)调“活动距标”亮度,并校核活动距标读数与固定距标一致,然后关掉固定距标,调小活动距标亮度。

(13)调“电子方位线”亮度,并校核电子方位读数与机械方位一致,然后调小电子方位线亮度。

(14)调“增益”钮,使屏上噪声斑点刚见未见。

(15)在“雷达电源开关”接通后3~5 min,发射机内特高压自动延时触点闭合,“准备

	OFF	雷达关		ANTI - CLUTTER RAIN MINI - MUM	雨雪干扰抑制最小
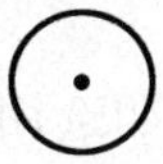	RADAR ON	雷达开		ANTI - CLUTTER RAIN MAXIMUM	雨雪干扰抑制最大
	RADAR STAND - BY	雷达预备		ANTI - CLUTTER SEAMINI	海浪干扰抑制最小
	AERIAL ROTATING	天线旋转		ANTI - CLUTTER SEA MAXIMUM	海浪干扰抑制最大
	NORTH - UP PRESENTATION	真北向上显示方式		SCALE ILLUMINA - TION	刻度照明
	SHIP'S HEAD - UP PRESENTATION	船首线向上显示方式	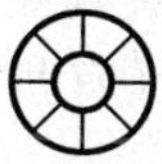	DISPLAY BRILLIANCE	荧光屏亮度
	HEADING MARKER ALIGNMFNT	船首线校正		RANGE RINGS BRILLIANCE	固定距离圈亮度
	RANGE SELECTOR	量程选择		VARIABLE RANGE MARKER	活动距离圈亮度
	SHORT PULSE	短脉冲		BEARING MARKER	电子方位标志
	LONG PULSE	长脉冲		TRANSMITTED POWER MONITOR	发射功率监测
	TUNING	调谐		TRANSMIT/ RECEIVE MONITOR	发射/接收监测
	GAIN	增益			

图 10－42　雷达面板开关按钮的符号与意义

好”指示灯亮后，将“雷达电源开关”置“发射”（ON）位置，屏上应出现回波（有的机器要在“发射”后天线才同时旋转，屏上才有旋转扫描线，则上述可省去“（3）”，并且“（7）”～“（14）”步骤应在“（15）”后进行）。

（16）稍稍调节“调谐”钮，使回波图像多而清晰。必要时应配合调“增益”“聚焦”及“亮度” 钮，使屏面背景衬托回波最好。

(17)检查分罗经读数是否与主罗经一致,否则应校准。

(18)如有罗经稳定的可动方位刻度圈,则应将它调到正确的航向值。

(19)酌情调节"STC","FTC"控钮或使用"线性/对数""极化选择"及"同频干扰抑制"开关,以减弱或消除干扰杂波,使屏面图像清楚,但应防止弱小物标回波丢失。

(20)如要精测物标距离,可用活动距标。

(21)如要精测物标方位,可用机械方位刻度装置或电子方位线。如选用真运动显示方式。

(22)酌情选用航速输入模式(计程仪/模拟)。

(23)检查和调整分罗经航向,使之与主罗经一致。

(24)如选用"模拟速度真运动",则用速度输入钮调节输入船速。

(25)根据风流及航迹的偏移情况,适当输入航迹校正值。

(26)用"中心重调"钮调节所需的扫描中心起始位置。

2. 关机

(1)将"雷达电源开关"从"发射"位置扳向"预备"位置。

(2)将"亮度""STC"等钮反时针旋到底。

(3)将"天线开关"置于"断"位置(有些雷达此开关和"功能"开关合一,该开关置于"预备"时,天线就断开电源)。

(4)将"雷达电源开关"置于"关"位置。

(5)关闭中频电源。

(6)断开船电闸刀。

第七节 自动雷达标绘仪(ARPA)

船用导航雷达只能显示目标的瞬时位置,测量目标的距离和方位,而不能直接得到目标(船)的航向、航速、最近会遇距离(CPA)和到达最近会遇距离的时间(TCPA)。CPA 和 TCPA 是判断目标船相对于本船的碰撞危险,并在此基础上确定本船所应采取措施的关键数据。因此,在利用雷达进行避碰时,驾驶员必须密切注视荧光屏上的目标,定时进行雷达标绘,通过作图计算,取得上述数据。人工标绘一个目标获得避碰数据约需 4~7 min,而且在标绘过程中,要求双方保持航向航速不变,如有变化,须等双方航向航速稳定后重新开始标绘。另外,人工标绘目标的数量也受限制,最多只能同时标绘 2~3 个目标。这样,往往由于人工标绘耽误了时间而丧失安全避让的时机。尤其在发生多条船舶相遇且机动(改向或改速)频繁的紧迫局面时,人工标绘往往是不可能进行的。

20 世纪 60 年代末研制出了自动雷达标绘仪(ARPA, Automatic Radar Plotting Aids)。ARPA 能人工或自动捕捉(录取)目标,自动跟踪和随时显示被录取的目标的方位、距离、真航向、真航速、CPA 和 TCPA。当操作者设定最小最近会遇距离(MINCPA)和到最小最近会遇距离的时间(MINTCPA)(报警界限)后,如果计算机判断目标的 CPA≤MINCPA 和 TCPA≤MINTCPA 同时成立,ARPA 就会自动以视觉和听觉效果发出报警,提醒驾驶员采取避让措施,并且还可以根据试操船(试改向和/或试改速)的结果采取避让措施。

随着雷达技术和计算机技术的进一步发展,电子元器件和计算机硬件成本价格逐步降低。20 世纪 80 年代 ARPA 开始采用光栅扫描显示器,而且具有了如可能碰撞点(PPC)和预测危险区(PAD)显示、自动风流压输入、锚位监视、导航地图绘制以及电子海图叠加等功能,可在 ARPA 的显示器上直接显示航标、浅水区、障碍物、分道通航区、岸线等,使 ARPA 作为组合导航系统的重要传感器之一,成为当今船舶避碰导航的主要设备。

一、ARPA 系统的组成及各部分作用

一个基本的 ARPA 系统组成框图如图 10－43 所示。由图可见,ARPA 系统由传感器和 ARPA 本身两大部分组成,其中各部分的作用简述如下。

传感器为 ARPA 提供各种传感信息,包括:

(1)X 或 S 波段高质量船用雷达为 ARPA 提供触发脉冲,以使 ARPA 计算机、显示器工作与雷达保持时间上严格同步;目标回波原始视频;天线旋转方位信号与船首信号。

(2)陀螺罗经,提供本船航向信号。

(3)船舶计程仪,提供本船航速信号,可有对水航速和对地航速。

(4)外存储器,如磁带、磁盘、光盘等,为 ARPA 提供港口视频地图、重要水域电子海图等。

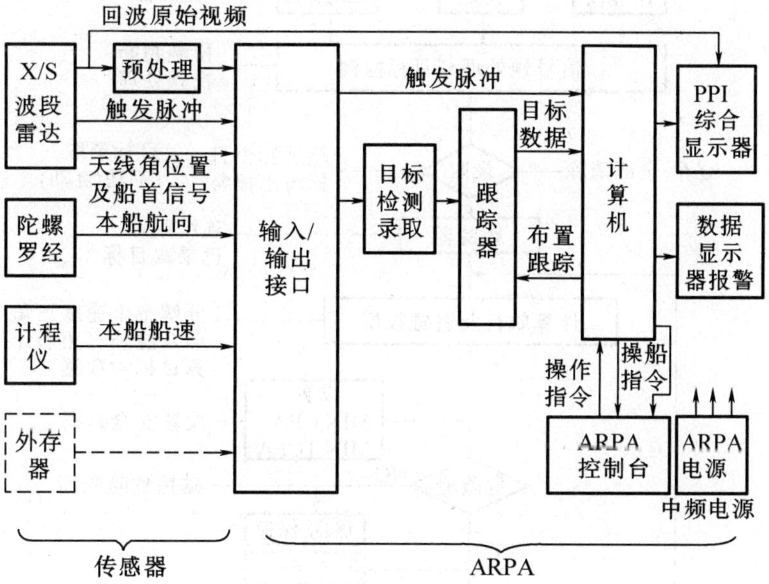

图 10－43　基本 ARPA 系统组成框图

ARPA 部分包括原始视频信号及数据处理电路、电子计算机、显示器、控制台及电源,其作用分别简述如下。

预处理即对雷达原始视频进行杂波处理及模/数变换(亦称“量化”),尽可能降低杂波并变成计算机可接受的数字信号。目标检测即对预处理后的回波信号进行自动检测,凡满足存在目标判定条件者则输出发现目标的数字信号。目标录取即用人工或自动方式将已检测到的目标位置数据送入跟踪器。跟踪器用于对已被录取目标进行自动跟踪并建立目标的运动轨迹。

电子计算机是 ARPA 的核心,包括主处理器、存储器(RAM,ROM)、接口、键盘、显示终

端及电源等部件,构成一个完整的微计算机系统,用于控制自动录取、自动跟踪、自动计算目标的航行参数与碰撞参数、自动判断有无碰撞危险、完成各种自动计算与自动标绘任务。

显示器包括PPI综合图形显示器和数据显示器。前者显示目标回波数字视频或原始视频、本船及目标运动矢量、图形、字符;后者显示本船及目标航行与碰撞数据。数据显示器可以单设,也可与图形显示器合一。

控制台包括PPI及数据显示器的控制器。控制台上的操纵杆(Joystick)或跟踪球(Track - ball)及其键、钮的操作信息送入电子计算机。控制台也接受来自电子计算机的各种报警信息及操船指令。接口电路将各种传感模拟信号变换成计算机可接受的数字信号。

ARPA电源将雷达中频电变成ARPA计算机及其他电路所需要的各种电源。从图10 - 43可见,通过接口电路将各传感器和ARPA构成一个基本的ARPA系统。若将雷达和ARPA作为一个整体看,则ARPA可看成是一种带电子计算机的高级雷达分显示器。若将ARPA视为主体,则雷达可看成仅仅是ARPA的一个传感器。由于ARPA系统采用了电子计算机,因而可用电子计算机的自动标绘来代替前述普通雷达的人工标绘,使其在船舶避碰应用中的效果大为改观。ARPA系统自动标绘避碰流程图如图10 - 44所示。由图可见,对

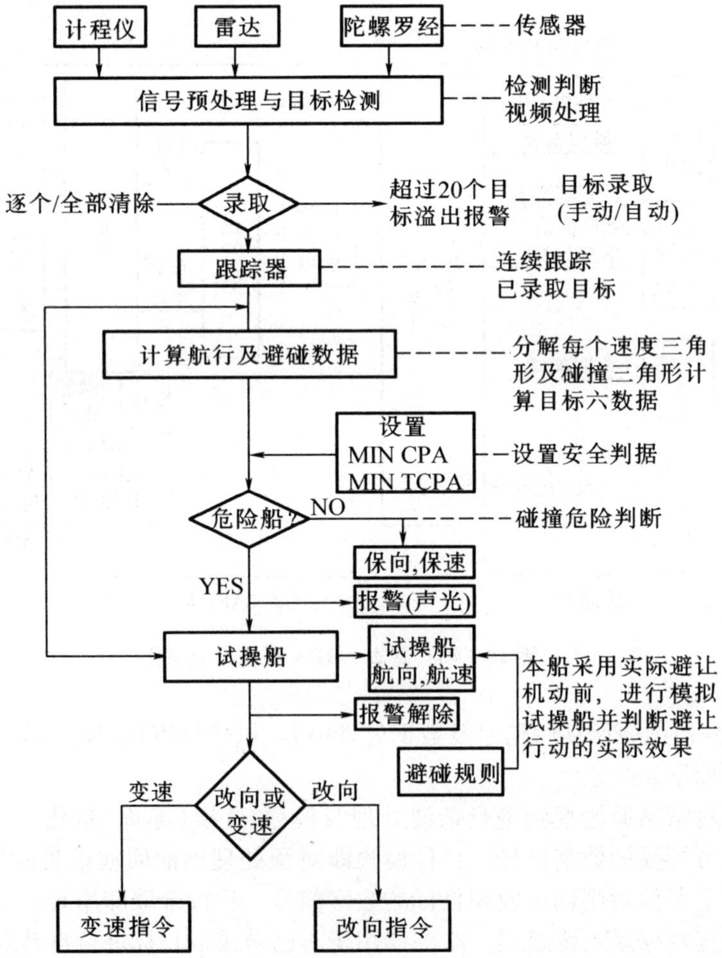

图10 - 44 ARPA系统自动标绘避碰流程图

来自雷达并经预处理的目标回波信号的检测、录取、跟踪、计算和判断均由计算机自动完成。当判为危险目标船时，系统会自动发出警报。本船避让操船前，可运用试操船功能，找出安全航向或安全航速。

二、ARPA 系统的分类及特点

1. 按系统组合方式不同分类

(1)分立式 ARPA 系统　系统组成如图 10－45 所示。其特点是主雷达显示器和 ARPA 显示器分开;ARPA图像可随时和雷达图像进行对照观测与分析。但设备多、价格贵。

(2)组合式 ARPA 系统　系统组成如图 10－46 所示。其特点是主雷达显示器与 ARPA 显示器合二为一、设备少、价格低，为目前大多数 ARPA 所采用。但一旦综合显示器出现故障，雷达图像也就无法看到。

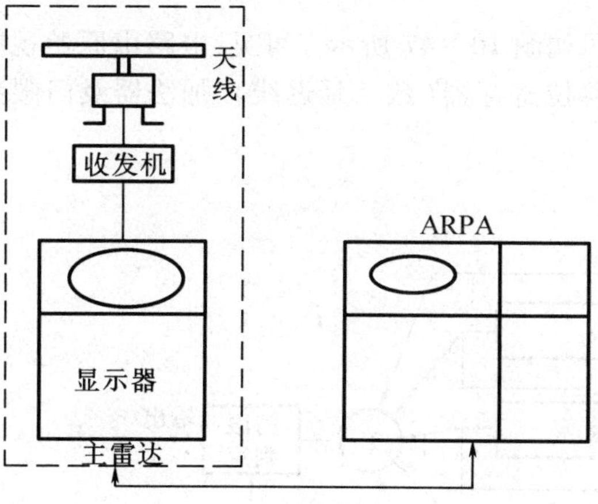

图 10－45　分立式 ARPA 系统示意图

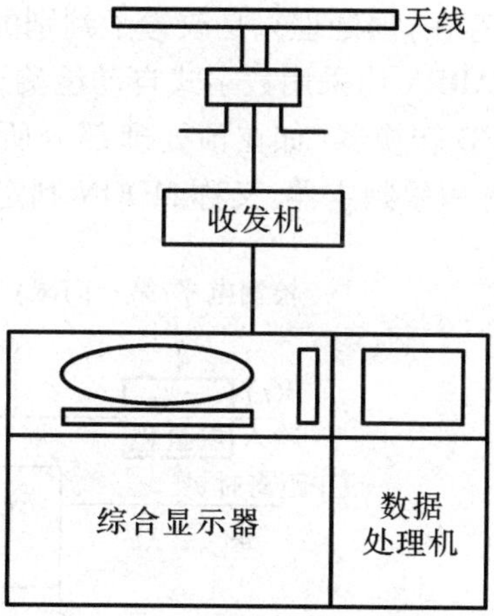

图 10－46　组合式 ARPA 系统示意图

2. 按显示目标动态方式不同分类

(1)矢量型 ARPA　用矢量表示被跟踪目标的动态(包括现位置、航向、航速、预测位置等)，有真矢量和相对矢量供选择。其特点是综合显示画面较清晰，为目前绝大多数 ARPA 所采用。

(2)图示型 ARPA　用矢量前方的六边形表示预测危险区 PAD(Predicted Area of Danger)，也可有真矢量、相对矢量供选用。其特点是避碰应用直观、简便。目前只有 SPERRY 公司的 ARPA 采用。

3. 按显示器扫描方式不同分类

(1)径向圆扫描式　是沿用常规船用雷达的扫描方式，为现有多数 ARPA 所采用。

(2)电视光栅扫描式　是近年来生产的 ARPA 采用的新型扫描方式，为第三代彩色 ARPA 所采用。这种扫描方式具有高亮度、高分辨率的特点。

三、各种传感信号的预处理

输入到 ARPA 的各种导航传感信号必须先经过预处理。预处理的内容包括：雷达原始视频信号的杂波处理及距离、方位信号的量化处理；陀螺罗经航向信号和计程仪航速信号的数字化处理。

雷达杂波包括海浪干扰、雨雪干扰、邻近同频雷达干扰及机内噪声。普通雷达只用一些简单的抗杂波处理,尚不能满足 ARPA 的要求。由于 ARPA 中采用的电子计算机的容量和处理能力有限,如不对上述杂波作进一步处理,则容易引起 ARPA 对目标的自动检测、自动录取和自动跟踪过程中发生误、漏、丢现象,导致 ARPA 工作可靠性和精度大为降低。这些现象严重时,甚至造成数据处理系统因出现饱和以至过载现象而丧失处理能力。量化或数字化处理,使各种模拟的传感信号变换成电子计算机可接受的数字信号。

四、目标自动检测、录取和跟踪

(一)数字式目标自动检测的简单原理

在噪声和杂波干扰背景中识别目标的存在称为“雷达信号检测”。在 ARPA 中,信号检测是在预处理后进行的。杂波处理后的信号检测仍然是在剩余的杂波干扰背景中判别目标是否存在,预处理只是改善了判别的条件。

ARPA 均采用数字式自动检测,其原理图如图 10－47 所示。可见,电路由原始视频信号 A/D 转换器(如在预处理部分所述)、各移位寄存器(数字延迟线)、加法器及门限判定(或称积累判定器,又称 MOON 判定)组成。

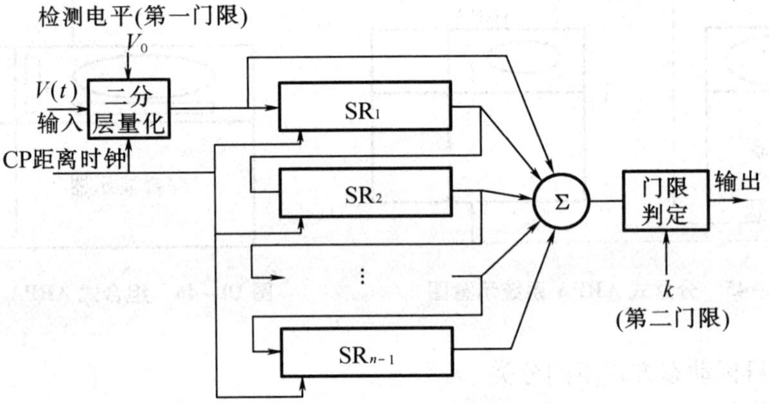

图 10－47　自动推测原理框图

自 A/D 转换器(即图中的“二分层量化”)输出的数字视频信号从移位寄存器 SR_{-1} 的左端鱼贯而入,在距离时钟的驱动下,在 $n-1$ 个移位寄存器中依次右移,最后在 SR_{n-1} 寄存器的右端一一移出。每个寄存器的延迟时间均为一个探测周期,于是总共可存储 $n-1$ 次探测的回波信息。每个移位寄存器输出连同 A/D 转换器输出的实时回波信息,共 n 次探测的回波信号同时送到加法器 $\sum$,得到相加输出同一距离的回波信号。在距离时钟驱动下,加法器收到的信号是检测全程的动态信息。这相当于一个方位宽度为 m、距离宽度为距离量化单元的窗孔,沿距离和方位不断滑动,用以检测回波信号。此即将这种检测器定名为“滑窗检测器”(Moving Window Detector)的缘故。

加法器 $\sum$ 收到的 n 个 0,1 信号的和值为 $0\sim n$ 的某一值,其中有目标回波的信号,有的是干扰。为了判别信号和干扰,亦即判断每一个量化单元内目标有无,采用了 M/N 准则作为判据。M/N 准则的原意是 M OUT OF N，缩写为 MOON 准则。MOON 表示在 N 次探测中，若某量化单元内累积出现的回波"1"的次数≥M，则判断该单元内发现了目标，于是判定器输出"1"；否则，判断为无目标，判定器输出为"0"。

MOON 判据中的 M/N 值的大小对 ARPA 自动检测性能的影响是明显的。N 大，目标不易丢失，M 大，不易发生误将干扰为目标的错误，检测可靠性高；反之亦然。例如 D－ARPA 的 M/N＝6/8，表示在连续 8 次探测中，出现回波"1"的次数为 6 以上，才承认该量化单元发现了目标，其检测性能显然比 Sperry CAS－Ⅱ M/N＝2/3 情况要好得多。

（二）目标录取的方法及特点

需要跟踪目标的选择及其跟踪的开始称为 ARPA 的"目标录取"。目标录取任务包括目标距离、方位数据的录取及目标属性、尺度数据的录取。目前 ARPA 都只具有录取目标位置（距离和方位）数据的功能。目标录取的方法有人工录取和自动录取两种，现分别介绍如下。

1. 人工录取（Manual Acquisition）

人工录取时，操作人员用手摇动（或推动）操纵杆（Joystick）或跟踪球（Trackball），以控制输出的 X，Y 位置数码，从而控制由显示器电路产生的录取标志"□"（或"○""＋""·""◇"等，各 ARPA 不一）在荧光屏上的位置。当录取标志套在欲录取目标的回波亮点上时，按下录取开关（Acquisition Switch），则此时录取标志的坐标数据（X，Y 数据码）就作为被录取目标初始的位置数据并输入计算机 RAM 中，至此就完成了录取任务。此时，在已被录取目标回波的旁边便显示初始录取的符号（如"∧""·"），ARPA 启动跟踪电路，并在录取目标处设置扇形跟踪窗，跟踪窗中心将与目标回波中心自动重合，自动跟踪就从该位置开始。

人工录取的优点是可按危险程度作出先后录取的方案，一般先录取船首向、右舷、离本船近的相遇船；可根据需要逐个录取，录取目的性明确；运用观测经验、较容易在干扰背景中识别和录取目标。

人工录取的缺点是录取操作过程费时间、录取速度慢，在多目标复杂情况下容易措手不及；如果观测疏忽，可能漏掉危险目标；目标运动情势及危险程度随时变化，对新出现的危险目标或丢失后又出现的目标的重新录取操作繁杂，且需连续观测，值班驾驶员负担较重。

2. 自动录取（Auto－acquisition）

自动录取是指从发现目标到各个目标位置数据送入计算机的整个录取过程由机器自动完成，仅一些辅助控制由操作者介入。自动录取设备的组成框图如图 10－48 所示。

利用自动检测设备送出的已发现目标的信号，去录取目标的距离、方位坐标数据并进行编码。为实现多目标录取，按照发现目标的先后进行时间编码。距离、方位及时间数码经排队控制，使之有序地经缓冲存储器送入计算机。

在"排队控制"处输入辅助控制信号以实现辅助控制，其目的：①使已录取的各目标坐标数据有次序地送入计算机；②提高自动录取目的性，以有效利用 ARPA 录取总数；③提高录取速度。ARPA 常用的几种辅助控制的方法如下。

（1）设置优先区　如图 10－49 所示，首先录取船首向 ±45°范围内的第Ⅰ区，然后依次录取第Ⅱ，Ⅲ内的目标。

（2）设置限制线（区）　如图 10－50 所示，由限制线构成的限制区是 ARPA 拒绝录取区，往往是陆地、岛屿等无须 ARPA 录取的区域，如图中的斜线部分。

（3）设置警戒圈（环、区）　如图 10－51 所示，其中（a）为警戒圈，半径可按需设定；（b）

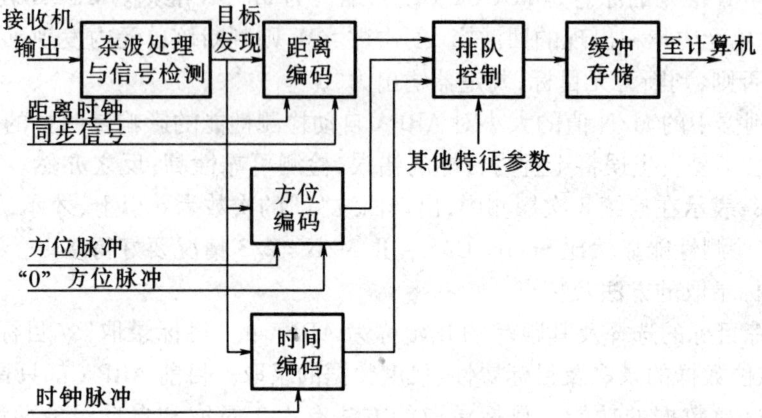

图 10－48　自动录取设备框图

为扇形警戒区，其扇形张角及径向深度可按需设定；(c)为内外两个半圆环，外环设在船首向，内环设在船尾向。

对闯入警戒圈（区、环）的目标，ARPA 将发出闯入报警（包括闯入时的音响报警及在闯入目标回波旁显示闯入标志符），并被自动录取和跟踪。注意：对已经处在警戒圈（区、环）以内的目标，ARPA 不报警，也不录取。

自动录取的优点是录取速度快，可应付多目标情势；能自动作出优先录取的方案；无须连续观测，可减轻驾驶员负担。

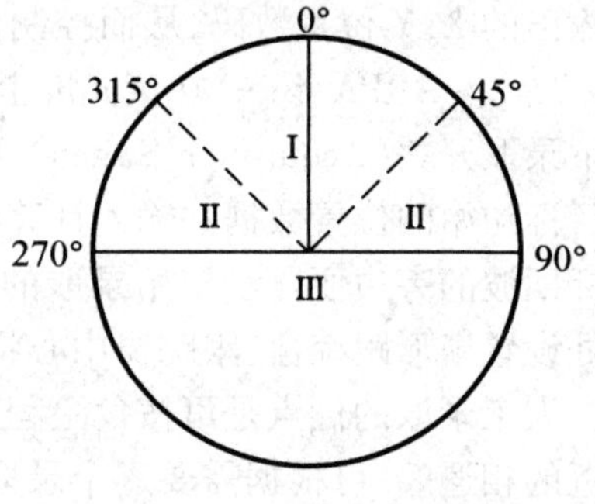

图 10－49　设置优先区

自动录取的缺点是可能会造成虚假录取，即误将干扰、陆地或岛屿也当作目标录取；可能会漏录取处在杂波干扰区甚至干扰区外的弱小目标；由于目前 ARPA 优先录取的准则较简单，甚至有的还不尽合理。图 10－49 中优先区的划分未提及目标船与本船的距离及运动态势是不全面的），难以适应多目标且运动态势复杂的场合，可能会造成漏录危险度较大的目标而酿成危局。

综上可见，人工录取与自动录取各有优缺点，使用中应根据航行环境、态势酌情选用。按照 IMO 关于 ARPA 的最低性能标准规定：不论人工录取还是自动录取，录取目标总数均应不少于 20 个。使用中，当录取数超过录取总数时，ARPA 会发出报警（如“Over 20”），此时可用“人工清除”（MAN. CANCEL）功能，清除那些对本船已不太危险的目标，腾出录取数去录取更需要录取、跟踪的目标。

ARPA 的目标录取是雷达数据处理系统的首要环节，如果目标数据录取的质量低劣，则在其后续的数据处理设备再好也无济于事。录取的容量、精度、速度和分辨力是自动录取设备的主要技术指标。目前 ARPA 有关录取的数据如下：

录取容量　不少于 20 个；

录取精度　距离精度为 20 m，方位精度为 0.1°；

录取速度　即从初始录取到建立跟踪所需时间为 1 ~ 3 min；

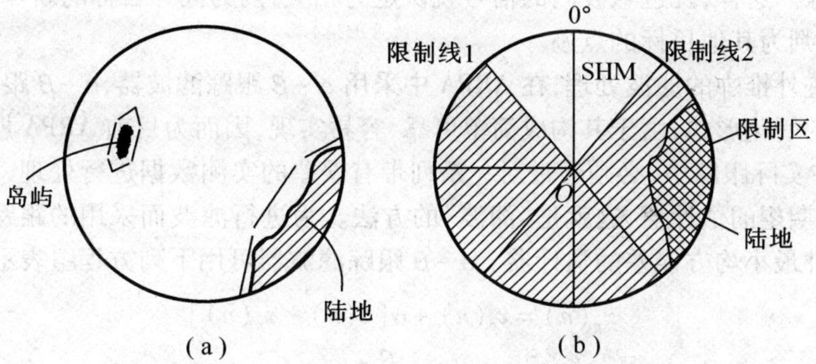

图 10－50　设置限制线(区)

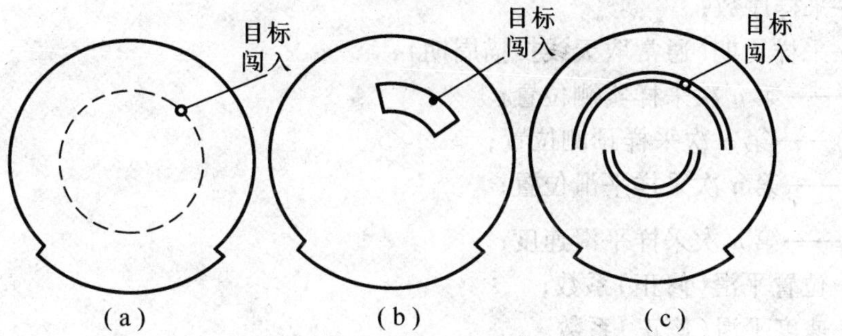

图 10－51　设置警戒圈(环,区)

录取分辨力　即分别录取两个相邻目标坐标而不混淆的能力,一般为 30～50 m(目前港口交管雷达数据处理系统可达≤30 m 的水平)。

(三)目标自动跟踪方法

观测目标位置的相继变化以建立其运动的过程称为 ARPA 的“目标跟踪”。从上述目标录取所得到的各目标初始位置数据是孤立、离散的。接着要利用目标运动的相关性,将各目标新的点迹数据分别连成各目标的航迹,并判明各目标的运动规律,这就是目标跟踪。ARPA 对目标的自动跟踪是采用天线边扫描边跟踪的方式,必须同时解决下列两个问题。

1. 航迹外推

对目标未来位置的预测,即预测目标在下一周天线扫到时的位置。由于雷达测量有误差及目标机动的随机性,航迹外推的结果必然存在误差。为使外推的均方误差最小和实现外推的可能性,必须对采集的点迹数据进行滤波处理,以实现最佳估计从而获得最佳预测位置。

2. 航迹相关

即对新点迹和已有航迹之间归属关系的判别。为进行点迹连线、以建立各目标的航迹,首先必须判明新点迹是属于同一目标,还是属于其他目标或者属于新发现目标。为此,以预测位置为中心设置一个“跟踪窗”或“跟踪波门”,亦称“相关范围”“相关波门”,还可简称“波门”。确定相关波门尺寸大小必须考虑到许多因素(如雷达及录取设备误差、航迹外推用的滤波器的误差、目标机动范围与速率、天线扫描周期等)。但波门尺寸至少应保证在下一次采样到来时,对同一目标的预测与实测位置差修正后的“平滑位置”处在该波门内,以保持连续跟踪。这样，凡进入波门的信号就认定为相关，判为同一目标的新点迹；否则，就认定为非相关，判为其他目标的点迹。

上述航迹外推中的滤波处理，在 ARPA 中采用 $\alpha-\beta$ 跟踪滤波器，$\alpha-\beta$ 跟踪滤波器是卡尔曼滤波器的简化形式，由于其构成简单可靠，容易实现，因而为目前 ARPA 所普遍采用。

ARPA 在实际跟踪中，必须通过对一系列带有误差的实测数据进行处理，以尽可能排除误差，找出所期望的估计值，这就是“滤波”的方法。为进行滤波而采用的跟踪滤波器，实际上可看成一种最小均方误差的估计器。$\alpha-\beta$ 跟踪滤波器可用下列方程组表示：

$$\bar{x}_p(n) = x_p(n) + \alpha[x(n) - x_p(n)]$$

$$\bar{\dot{x}}(n) = \bar{\dot{x}}(n-1) + \frac{\beta}{T}[x(n) - x_p(n)]$$

$$x_p(n+1) = \bar{x}(n) + \bar{\dot{x}}(n) \cdot T$$

式中 n——采样序数；

T——采样周期（通常取天线扫描周期）；

$x(n)$——第 n 次采样实测位置；

$x_p(n)$——第 n 次采样预测位置；

$\bar{x}(n)$——第 n 次采样平滑位置；

$\bar{\dot{x}}(n)$——第 n 次采样平滑速度；

α——位置平滑（修正）系数；

β——速度平滑（修正）系数。

跟踪程序即按上面方程组进行设计。跟踪过程的示意图如图 10－52 所示。预测、实测与平滑位置的关系如图 10－53 所示。从图 10－52 可见，第 n 次采样预测位置 $x_p(n)$ 是从第 $n-1$ 次平滑位置 $\bar{x}(n-1)$，以第 $n-1$ 次的平滑速度 $\bar{\dot{x}}(n-1)$ 平滑而得到；第 n 次雷达实测位置为 $x(n)$；第 n 次平滑位置 $\bar{x}(n)$ 是从 $x_p(n)$ 经位置平滑系数 α 修正而得到的，修正量为 $\alpha[x(n)-x_p(n)]$；第 n 次平滑速度至 $\bar{\dot{x}}(n)$ 是从 $\bar{x}(n)$ 开始，以第 $n-1$ 次平滑速度 $\dot{x}(n-1)$ 经速度平滑系数 β 修正而得到的，修正量为 $\frac{\beta}{T}[x_1(n)-x_p(n)]$。第 n 次到第 $n+1$ 次及以后的情况类同。

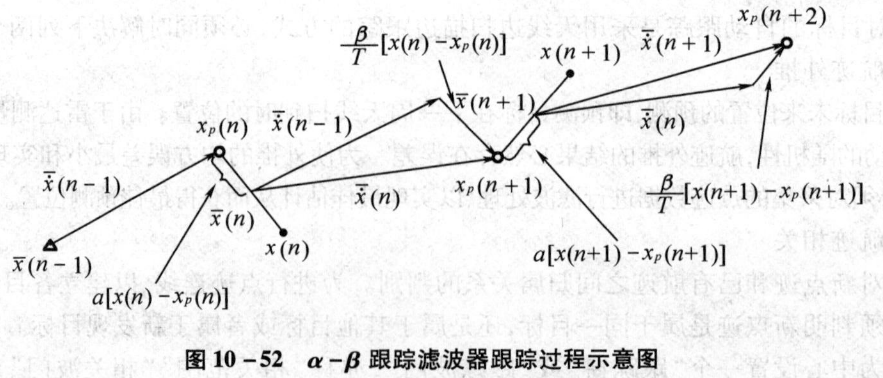

图 10－52 $\alpha-\beta$ 跟踪滤波器跟踪过程示意图

从图 10－52 及图 10－53 均可看出，在跟踪过程中，随着采样序数的增加，预测与实测的位置差越来越小，位置及速度的修正量也逐次减小，最终使实测与预测的位置差基本一致而进入稳定跟踪状态，从而达到自动跟踪目标的目的。

可见，用 $\alpha-\beta$ 跟踪滤波器的跟踪过程就是根据目标实测位置及经计算得到的目标航速、航向数据、计算目标预测位置、平滑位置及平滑速度。置跟踪波门的中心于预测位置（x_p，y_p），于是当目标移动时，随着天线扫描，跟踪波门也跟着变化位置，但这种变化是跳跃式的。因为跟踪波门中心始终与预测位置一致，当进入稳定跟踪后，实测与预测位置趋于一致，所以跟踪波门中心移动的轨迹也就是目标的运动航迹。

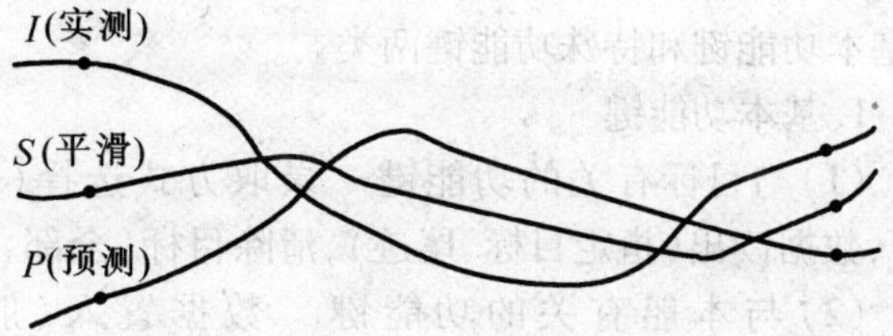

图 10－53　预测、实测与平滑位置曲线

五、ARPA 的外围设备及要求

1. 外围设备

ARPA 的外围设备有船用雷达、陀螺罗经、计程仪及外存数据库（软盘、磁带或光盘）。如前所述，船用雷达向 ARPA 提供触发脉冲、原始视频及天线位置信息（天线方位信号及船首信号）。陀螺罗经通过同步式或步进式自整角机提供本船航向信号。计程仪提供本船对水或对地航速信号。向 ARPA 输入本船航速信号有两种方式。

（1）人工输入　用本船航速设置键，输入航速数据。此法用于航行中船用计程仪出现故障或停船检修时。

（2）计程仪输入　船用计程仪有相对计程仪（如水压计程仪、电磁式计程仪）和绝对计程仪（如多普勒计程仪、声相关计程仪）两种类型。当使用相对计程仪时，输入对水航速，未计及水流影响，用于船舶避碰。当选用 T. M 显示模式时，显示对水面的真运动态势。当使用绝对计程仪时，输入对地航速，已计入水流影响，用于船舶导航。当选用 T. M 显示模式时，显示对地面（海底）的真运动态势。

绝对计程仪又有单轴与双轴之分。单轴绝对计程仪仅修正前/后轴向水流影响。双轴绝对计程仪既修正前/后轴向水流影响，又修正左右舷方向的水流影响，因此其航速精度比单轴绝对计程仪高。当采用单轴绝对计程仪提供航速时，ARPA 的动态显示不确定，介于对地稳定与对水稳定两种显示方式之间。

2. 要求

（1）ARPA 的各种传感器接口应具有通用性，使之能适应与各种型号（或指定的）船用雷达、陀螺罗经与计程仪相连接。

（2）ARPA 用于避碰时，计程仪应提供本船首尾向的对水航速。用于导航时，计程仪应提供对地航速。对地航速由绝对计程仪提供。如果船舶只装有对水计程仪，则应使用 ARPA 具有的风流压修正功能，即通过自动偏移修正或手动偏移修正来获得对地航速。

（3）各种传感器误差应低于 IMO 规定的允许值，以保证 ARPA 的精度。

六、ARPA 的操作使用

（一）ARPA 控键的分类与安排

目前船上装备的 ARPA 型号众多，其功能也不尽相同，控键的数量及布置也不同，人机交流的方式也多种多样。但大多数 ARPA 采用功能键的方式来操作。ARPA 的功能键可分为基本功能键和特殊功能键两类。

1. 基本功能键

(1)与目标有关的功能键　录取方式选择(人工/自动),矢量选择(相对矢量/真矢量),数据读出(指定目标、尾迹),清除目标(全部、个别、仅存危险目标)。

(2)与本船有关的功能键　数据置入(航向、航速),安全界限设定(MINCPA,MINTCPA),试操船数据置入(模拟航向、模拟航速)。

(3)与图像显示模式有关的功能键　图像指向选择(北向上、艏向上、航向向上),运动模式选择(真运动/相对运动),中心显示/偏心显示选择。

(4)与报警有关的功能键　工作报警(危险目标、目标闯入警戒圈、目标丢失、传感器信号丢失、错误操作等告警)、设备报警(系统各部分发生故障时报警)。

2. 特殊功能键

(1)有关导航的功能键　设置导航线,设置限制区,设置岸线,设置港口视频海图,调用电子海图、设置真标志等键。

(2)其他附加功能键　系统测试,锚位监视,最小录取窗,自动偏移修正,矢量时间,尾迹时间,警戒圈距离等键。

(二)正确开机及初始数据设置方法

各种型号 ARPA 的具体操作方法可查阅说明书。这里只介绍 ARPA 操作的一些共同性的问题,一般开机步骤如下。

(1)开启和调整好雷达　按正确步骤开雷达,并调整到雷达回波清晰饱满。

(2)选择合适的量程和显示组合方式　应注意 ARPA 量程范围比雷达量程小,可查说明书,了解哪几挡量程有 ARPA 功能。显示方式选择内容包括:本船运动模式(RM/TM),矢量显示模式(RV/TV)及图像指向模式(HU/NU/CU)。应根据实际情况,选用合适的显示组合方式。

(3)初始数据设置

①本船航向输入　将罗经航向输入 ARPA。

②本船航速输入　手动输入或计程仪输入。注意:避让时输入对水速度;导航时输入对地速度。

③安全界限(安全判据)数据输入　即设置 MINCPA 和 MINTCPA。应根据态势及本船操纵性能、装载情况及驾驶员操船水平,选择合适数据,以保证船舶交会通过时有足够的安全距离,并避免过多的虚警。

注意:在刚开机几十秒钟内,ARPA 自检未结束以前,不应进行数据输入或其他操作。

思考题

10-1　试述雷达测距、测方位原理。

10-2　试画出船用雷达基本组成框图,并说明各部分的作用。

10-3　发射机的作用是什么,由哪些部分组成,各有什么作用?

10-4　雷达的波导与天线系统由那些部分构成?

10－5　船用雷达天线有几类，各类天线的特点是什么？

10－6　画出接收机框图并说明各部分的作用？

10－7　常用的雷达电源设备有哪两类，各有什么特点？

10－8　什么叫双雷达系统，有何好处？

10－9　什么是真运动雷达，常用的显示方式有哪些，各有什么特点，如何选用？

10－10　常用的雷达避险法有哪两种，如何操作？

10－11　试画出雷达反射器、雷达方位信标和雷达应答标在海图上各自的符号。

10－12　试说明雷达的正确开、关机步骤。

10－13　画出 ARPA 系统的框图并简要说明其工作原理。

10－14　简述 ARPA 是怎样实现对目标自动跟踪的。

10－15　开 ARPA 前，需要输入哪些初始数据，如何输入？

第十一章　GPS 卫星导航系统

第一节　概　　述

全球定位系统(Global Positioning System)又称导航星全球定位系统,简称 GPS,是一种测距卫星导航系统。GPS 系统利用多颗高轨卫星。由用户测量卫星到用户的距离与距离变化率来精确测定用户位置(三维)、速度(三维)和时间参数。

一、GPS 卫星导航系统的组成

GPS 卫星导航系统由 GPS 卫星网、地面监控系统和 GPS 接收机三大部分组成,其组成如图11 - 1所示。

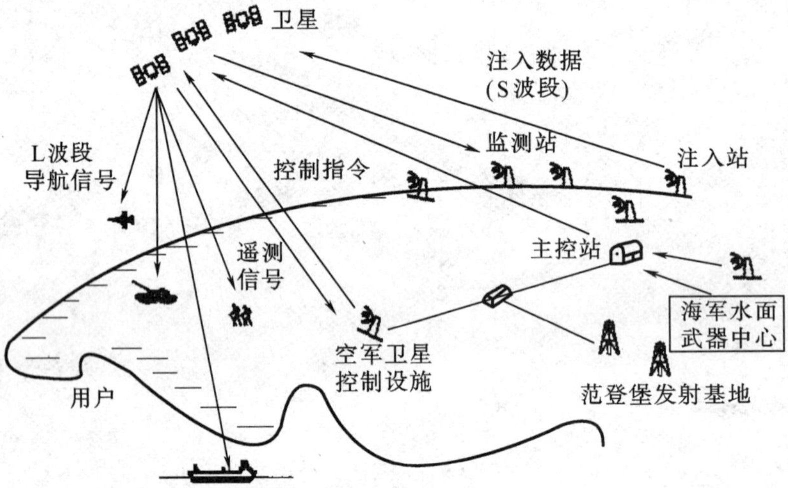

图 11 - 1　全球定位系统(GPS)组成示意图

1. GPS 卫星网

如图 11 - 2 所示,GPS 系统有 21 颗工作卫星和 3 颗备用卫星,平均分布在 6 个轨道上。卫星的轨道高度为20 183 km左右,轨道倾角约 55°,卫星的运行周期约 12 h(717.88 min)。全球任意地理位置的任意观测者在任何时刻,在地平线 7.5°以上至少可以看到 4 颗卫星,在地平线以上至少可以观测到 5 颗卫星,最多时可看到 11 颗卫星。

卫星采用太阳能电源。卫星上装有四部原子钟,基准时钟频率为 10.23 MHz。卫星上还装备接收机、发射机、微处理器、伪码发生器、导航电文存储器、发现和监测核爆炸的传感器、应急用卫星通信转发器等。卫星系统可在 14 天无地面站提供精密星历的情况下,测距误差仅为 10 ~ 200 m。新型工作卫星(BLOCK Ⅱ R,1997 ~ 1999 年发射)设计寿命为10 年,质量2 034 kg,其外形结构见图 11 - 3 所示。

卫星由12个鞭状螺旋天线组成螺旋天线阵，辐射的圆极化电波形成顶角约30°的锥形波束，覆盖在卫星视野内的地球面上。卫星同时发射1 575.42 MHz（L_1 波段）和1 227.60 MHz（L_2 波段）两种频率。L_1 由导航数据及伪随机噪声码P码和CA码调制；L_2 由导航数据及P码或Y码（军用）调制。卫星接收并记忆地面站用S波段（1 750 ~ 1 850 MHz）发送来的各种资料和导航信息，包括时钟校正参量、卫星星历、卫星历书、系统状态等。卫星上工作频率为2 200 ~ 2 300 MHz的遥测发射机，将卫星的各种遥测数据发送到地面。卫星上还有检测、控制与动力分系统，自行检测卫星的姿态并进行调整。

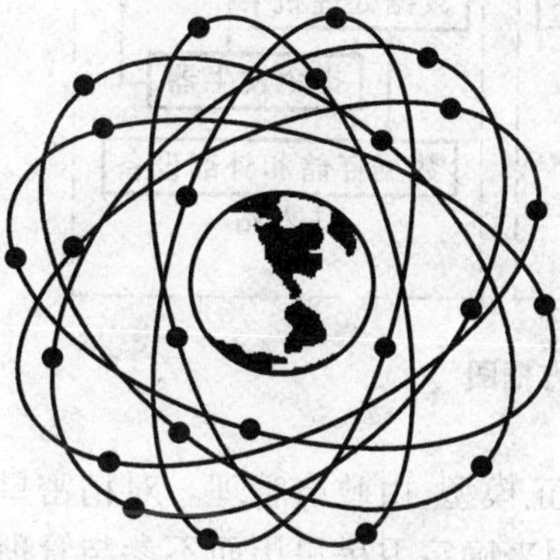

图11－2　GPS卫星配置

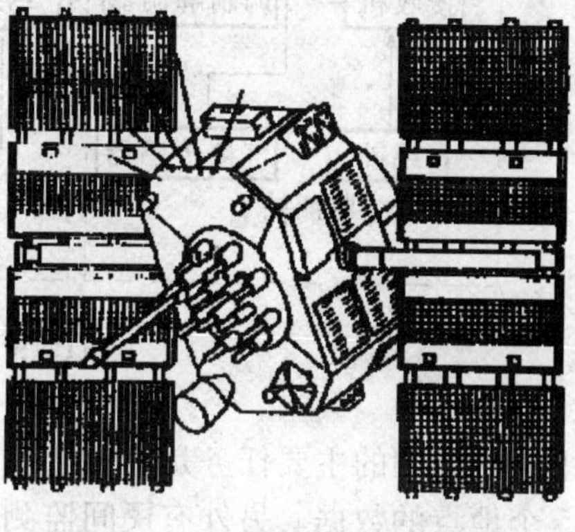

图11－3　GPS卫星结构示意图

2. GPS地面监控系统

地面监控部分负责监控全球定位系统的工作，包括1个主控站、5个监测站和3个注入站，如图11－4和图11－5所示，它们的作用分述如下。

图11－4　GPS卫星的地面监控系统

（1）主控站　主控站早先设在加利福尼亚的范登堡空军基地，后移至科罗拉多州斯普林斯的发尔康空军基地。主控站除协调和管理所有地面监控系统的工作外，其主要任务是：根据本站和其他监测站的所有观测资料推算编制各颗卫星的星历、卫星钟差和大气层的校正参数，并把这些数据传送到注入站；提供GPS的时间基准。各监测站和GPS卫星的原子钟均应与主控站的原子钟同步或测出其间的钟差，并将这些钟差信息编入导航电文送到注入站；调整偏离轨道的卫星，使其沿预定轨道运行；启用备用卫星以代替失效的工作卫星。

（2）监测站　有五个监测站，分别设在太平洋的夏威夷，科罗拉多的斯普林斯，南大西洋的阿松森岛，印度洋的迭戈加西亚岛和马绍尔群岛的夸贾林岛。监测站是在主控站直接控制下的数据自动采集中心。站内设有双频接收机、高精度原子钟和计算机各一台以及若干台环境数据传感器。接收机对GPS卫星进行连续的P码伪距观测，并将每隔1.5 s的观测结果，利用电离层和气象观测数据，采用平滑方法，获得每15 min的结果数据，传送到主控站。

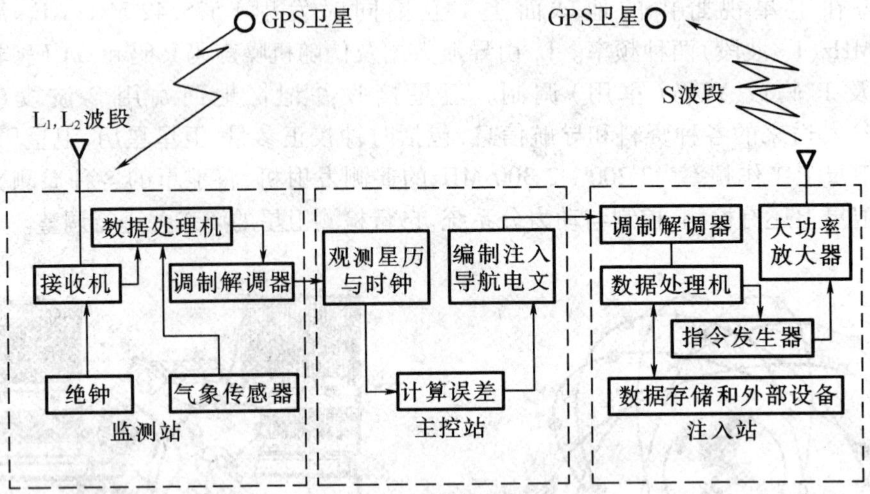

图 11-5 地面监控系统方框图

上述跟踪网的主要任务是确定广播星历和星钟校正模型,由政府管理。对精密星历,要用另 5 个地点的数据。另外有民间监测网,这类网只用来确定卫星星历而不参与管理系统。

(3)注入站　注入站现有 3 个,分别与阿松森岛、迭戈加西亚岛和夸贾林岛的监测站设在一起。注入站的主要设备包括一台直径为 3.6 m 的天线,一台 S 波段发射机和一台计算机。其主要任务是在主控站的控制下,当卫星通过其视界时,以 S 波段载频将主控站推算和编制的卫星星历、钟差、导航电文和其他指令等注入到相应卫星的存储系统,并监测注入信息的正确性。原先,每颗卫星的导航数据每隔 8 h 被注入一次,现在已改为每天注入一次或两次。即使注入站因故障无法注入新的数据,存储器具有长达 14 天的预报能力,此时定位精度将从10 m逐渐下降至200 m。

图 11-4 中,由 5 个政府管理的监控站构成的跟踪观测网确定广播星历和钟差模型,由卫星广播电文供全球用户使用,在目前 SA 政策条件下,定位精度被控制在 100 m。美国国防制图局(DMA)加设若干监测跟踪站,用以确定精密星历,定位精度为 16 m,供军方和特许用户使用。多年来,一些厂商和国际合作组织也建立了卫星跟踪网,如协调国际 GPS 跟踪网(CIGNET)和全球多用网等,测定卫星精密星历供有关用户使用。我国也计划建立局部卫星跟踪网,测定卫星精密星历。

二、GPS 卫星轨道参数

卫星在空间运行的轨迹称为卫星轨道,描述卫星在空间的位置和状态的参数称为卫星轨道参数。卫导仪通过观测位置已知的 GPS 卫星进行导航和定位,卫星轨道参数的任何变动及误差都会直接影响到导航定位的精度。

1. 无摄动卫星轨道参数

卫星运行由南半球进入北半球时,轨道与赤道延长面的交点 N 叫做升交点,在赤道上的投影为 N'。图 11-6 所示的卫星轨道参数含义如下。

a 为卫星椭圆轨道的长半径,e 为卫星椭圆轨道的偏心率。这两个参数可以确定椭圆轨道的大小和形状。Ω 为升交点赤经,它是在地球赤道平面上,从春分点的投影向东至 N' 的地心夹角。i 为轨道倾角，它是卫星轨道平面与地球赤道平面之间的夹角。当 $i=90°$ 时称为极轨道；当 $i=0°$ 时称为赤道轨道；当 $0°<i<90°$ 时称为任意轨道。ω 为近地点幅角，它是沿卫星运动方向升交点与轨道近地点的地心夹角。以上三个参数可以确定轨道平面轨道与地球在空间的位置关系。

V_S 为真近点角，它是在轨道平面上，沿卫星运动方向卫星某一时刻与近地点之间的地心夹角。在卫星电文中则用平近点角 M_0 来表示这个参数，定义为假想卫星以平均角速度运行时，在某一特定（观测）时刻，在轨道平面上卫星与近地点之间的地心夹角。真近点角或平近点角计算时参考卫星过近地点的时刻 t_0。V_S 或 M_0 确定了某一时刻卫星在轨道上的位置。

由上面的分析可以看出，卫星无摄动轨道的形状、大小和在空间的位置均保持不变，在以上 6 个参数中，只有平近点角 M_0 是时间的函数。一旦描述卫星运行的 6 个轨道参数确定，就可以知道卫星任意时刻在空间的位置。

2. 卫星轨道的摄动

由于地球不是一个密度均匀的正球体，导航卫星的实际运动是在地球的非中心引力场作用下进行的，而且高层大气阻力，太阳光压，日、月和其他行星引力等对卫星的运动均有影响，使得卫星绕地球运动的轨道发生变化，称之为轨道摄动，见图 11－7 所示。显然，预报卫星轨道位置的星历表，除了以上 6 个参数外，还应包括在预报周期内卫星摄动运动的参数，即轨道参数修正量。卫星摄动运动轨道修正参数包括了 9 个修正量，它们是 $\Delta\Omega$（升交点赤径变化率）、Δn_0（平均运动修正量）、δ_i（轨道倾角修正量）C_{uc} 和 C_{us}（升交点幅角余弦和正弦改正量）、C_{rc} 和 C_{rs}（轨道半径余弦和正弦改正量）、C_{ic} 和 C_{is}（轨道倾角余弦和正弦改正量）。

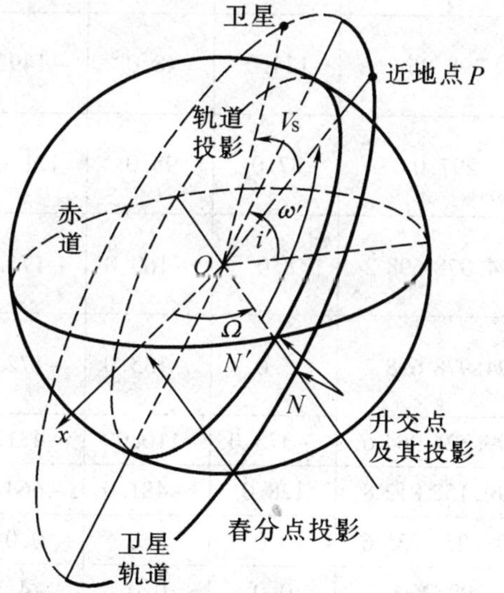

图 11－6　卫星轨道参数

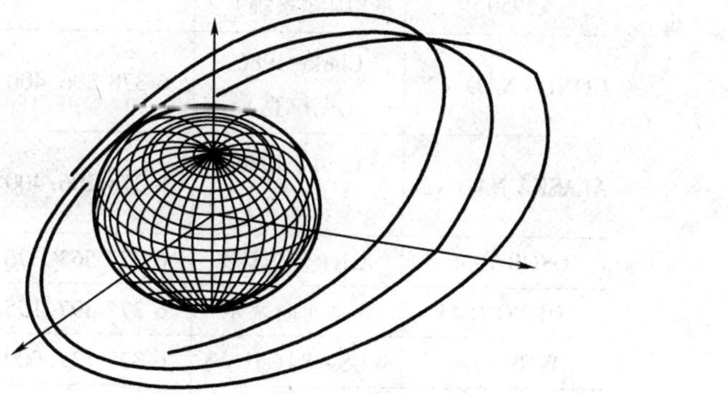

图 11－7　卫星摄动轨道示意图

三、卫星的地心直角坐标系

卫星椭圆轨道的一个焦点是地球质心 O 点，通常称之为地心。如果空间直角坐标系的原点取在地球旋转椭圆球体的质心 O，那么 X，Y 轴都在赤道面上，X 轴指向格林经线零度，Y

轴在 X 轴以东，Z 轴垂直于赤道平面与地轴重合并且与 X，Y 轴形成右手坐标系。这是导航卫星在定位计算中所采用的地心直角坐标系，如图 11－8 它代替了地球坐标系，是一个以赤道和格林经线为基准圈的球面坐标系，以 X，Y，Z 空间坐标代替地理经度和地理纬度坐标，以便于计算。在计算过程中，卫星与测者的位置均以地心直角坐标来表示。当然，计算结果最终还要转换为地球坐标系。不同的卫星导航系统，由于选定的地球椭球体的形状、大小及定位定向方式的不同，形成了各自不同的卫星导航系统坐标系，如 GPS 卫星导航系统采用 WGS84 坐标系。几种常用地球椭圆体的参数如表 11－1 所列，供使用中参考。有些卫星导航仪中存有这些参数，使用者可以根据需要选用表中的任一坐标系，也可以注入坐标系参数选用其他坐标系。

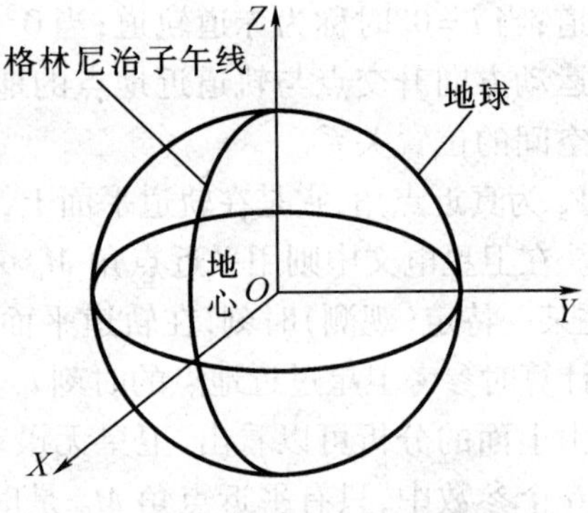

图 11－8 地球空间直角坐标系

在使用卫星导航仪时，应采用尽量接近于所使用海图的测地系坐标。

表 11－1 几种常用地球椭圆体的参数

坐标系名称 Datum name	椭圆 Ellipsoid	椭圆长半轴 A/m	扁率的倒数 $\frac{1}{F}$	偏差		
				X	Y	Z
AUSTRALIAN GEODSIC1984	Australian National（澳大利亚）	6 378 160.000	298.25	134.0	48.0	－149.0
EUROPEAN 1950	International（国际系统）	6 378 388.000	297.0	87.0	98.0	121.0
CONUS NAD－27	Clarke 1986（克拉克）	6 378 206.400	294.978 698 2	8.0	－160.0	－176.0
ALASKA NAD－27	Clarke 1986（克拉克）	6 378 206.400	294.978 698 2	5.0	－135.0	－172.0
OSGB 1936	Ariy（爱尔瑞）	6 377 563.396	299.324 964 6	－375.0	110.0	－431.0
TOKYO 1841	Bessel 白塞尔	6 377 397.155	299.152 812 8	128.0	－481.0	－664.0
WGS－84	WGS－84（卫星）	6 378 137.000	298.257 235 6	0.0	0.0	0.0
WGS－72 1975	WGS－72（卫星）	6 378 135.000	298.260	0.0	0.0	－4.5

四、时间系统

（一）时间的基本概念

在空间科学和卫星导航科学技术中，时间系统是精确描述天体和人造卫星位置及其相互关系的重要基础，是人们利用卫星进行导航定位的重要基准。在 GPS 卫星测量中，时间系统的重要意义表现在以下几个方面。

1. GPS 作为一个高空目标,其位置是不断变化的,因此在给出卫星运行位置的同时,必须给出相应的瞬间时刻。例如当要求 GPS 卫星的位置误差小于1 cm时,则相应的时刻误差应小于 2.6×10^{-6} s。

2. GPS 测量是通过接收和处理 GPS 卫星发射的无线电信号,来确定用户接收机(即观测点)至卫星的距离(或距离差),进而确定观测点的位置,因此要准确地测定观测点至卫星距离,必须精密地测定信号的传播时间。如果要求测定的距离误差小于1 cm,则信号传播时间的测定误差应不超过 3×10^{11} s。

3. 由于地球自转现象,在天球坐标系中,地球上点的坐标是不变化的。若要求赤道上一点的位置误差不超过 1 cm,则时间测量误差须小于 2×10^{-5} s。显然,利用 GPS 进行精密导航与定位,尽可能获得高精度的时间信息,其意义至关重要。因此,了解有关时间系统的基本概念,对于 GPS 的研究和应用来说,是非常必要的。时间包括"时刻"和"时间间隔"两个概念。所谓时刻,是指发生某一事件的瞬间。在天文学和导航卫星测量中,与获取数据对应的时刻也称历元(Epoch)。而时间间隔是指发生某一现象所经历的过程,是这一过程始末时刻之差。所以,时间间隔测量也称为相对时间测量,而时刻测量相应地也称为绝对时间测量。测量时间,同样必须建立一个测量标准,即时间单位(尺度)和原点(起始历元)。其中,时间的尺度是关键,而原点可以根据实际应用来选定。一般来说,任何一个可观察的周期现象,只要符合以下要求,都可以用作确定时间的基准:

(1)运动应是连续的、周期性的;

(2)运动的周期具有充分的稳定性;

(3)运动的周期必须具有复现性,即要求在任何地方和时间,都可以通过观测和实验复现这种周期性运动。

在实践中,由于所选的上述周期运动现象的不同,便产生了不同的时间系统。在 GPS 导航测量中,重要的时间系统主要有三种,即恒星时、力学时和原子时。

(二)世界时系统

地球在空间的自转运动是连续的,而且比较均匀。所以人类最先建立的时间系统,便是以地区自转运动为基准的世界时系统。但是由于观察地区自转运动时,所选空间参考点不同,世界时间又包括恒星时、平太阳时和世界时。

1. 恒星时(ST,Sidereal Time)

以春分点为参考点,由春分点的周日视运动所确定的时间,称为恒星时。春分点连续两次经过本地子午圈的时间间隔为一恒星日,含 24 个恒星小时。所以恒星时在数值上等于春分点相对于本地子午圈的时角。因为恒星时是以春分点通过本地子午圈时为原点计算的,同一瞬间对不同观测点的恒星时各异,所以恒星时具有地方性,有时也称为地方恒星时。

因为岁差、章动的影响,严格地说,地区自转轴在空间的指向是变化的,春分点在天球上的位置并不固定,所以对于同一历元相应的真北天极、平北天极,也有真春分点和平春分点之分,因此相应的恒星时也有真恒星时和平恒星时之分,它们之间的关系示于图 11-9。图中,设 LAST 为真春分点地方时角;GAST 为真春分点格林尼治时角;LMST 为平春分点地方时角;GMST 为平春分点格林尼治市郊,则有关系

$$\mathrm{LAST}-\mathrm{LMST}=\mathrm{GAST}-\mathrm{GMST}=\Delta\psi\cos\varepsilon \tag{11-1}$$

$$\mathrm{GMST}-\mathrm{LMST}=\mathrm{GAST}-\mathrm{LAST}=\lambda \tag{11-2}$$

式中 λ——天文经度；

$\Delta\psi$——黄经章动；

ε——黄赤交角。

恒星时是以地球自转为基础，并与地球的自转角度相对应的时间系统。它在天文学中有着广泛的应用。

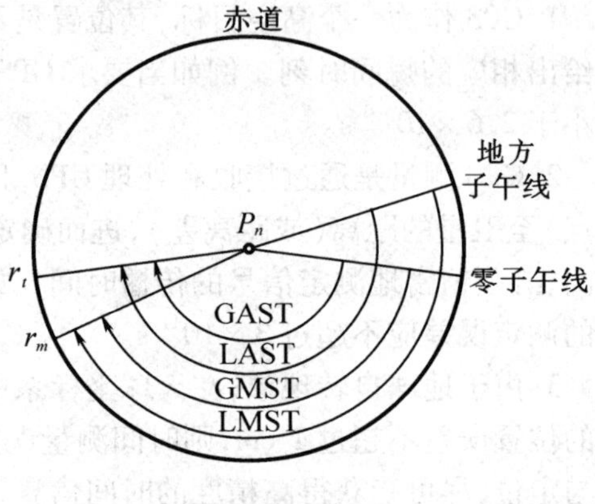

图 11－9

2. 平太阳时(MST, Mean Solar Time)

由于地球的公转轨道为一椭圆，根据天体运行的开普勒定律已知，太阳的视运动速度是不均匀的。如果以真太阳作为观察地球自转运动的参考点，那将不符合建立时间系统的基本要求。假设一个参考点的视运动速度等于真太阳周年运动的平均速度，且其在天球赤道上作周年视运动。这个假设的参考点，在天文学中称为平太阳。平太阳连续两次经过本地子午圈的时间间隔，为一个平太阳日，而一个平太阳日包含有 24 个平太阳时。与恒星时一样，平太阳时也具有地方性，故常称为地方平太阳时或地方平时。

3. 世界时(UT, Universal Time)

以平子夜为零时起算的格林尼治平太阳时称为世界时。

如果以 GAMT 代表平太阳对格林尼治子午圈的时角，则世界时与平太阳时之间的关系按定义有

$$\mathrm{UT} = \mathrm{GAMT} + 12(\mathrm{h}) \tag{11-3}$$

世界时与平太阳时的尺度基准相同，其差别仅在于起算点不同。

世界时系统是以地球自转为基础的。但如前所指，随着科学技术的发展，人们发现地球自转轴在地球内部的位置并不是固定的，即有极移现象；并且地球的自转速度也不均匀，它不但包含有长期的减缓趋势，而且还含有一些短周期的变化和季节性的变化，情况甚为复杂。

这样一来，地球自转的不稳定性，就破坏了上述建立时间系统的基本条件。为了弥补这一缺陷，从 1956 年开始，便在世界时中引入了极移改正和地球自转速度的季节习性改正。由此得到的世界时，相应表示为 UT1 和 UT2，而未经改正的世界时，通常表示为 UT0，其间关系为

$$\begin{aligned} \mathrm{UT1} &= \mathrm{UT0} + \Delta\lambda \\ \mathrm{UT2} &= \mathrm{UT1} + \Delta T_s \end{aligned} \tag{11-4}$$

这里 $\Delta\lambda$ 为极移改正，其表达式为

$$\Delta\lambda = \frac{1}{15}(x_p \sin\lambda - y_p \cos\lambda)\tan\varphi \tag{11-5}$$

此处的 φ，λ 为天文纬度与经度，x_p，y_p 是极移的坐标偏差量。ΔT_s 为地球自转速度季节性变化的改正，从 1962 年起，国际上采用的经验模型为

$$\Delta T_s = 0.022\sin 2\pi t - 0.012\cos 2\pi t - 0.006\sin 4\pi t + 0.007\cos 4\pi t \tag{11-6}$$

式中 t 是白塞尔年岁首回归年的小数部分。

很明显，世界时经过极移改正后，仍含有地球自转速度变化的影响，而 UT2 虽然经过地

球自转季节性变化的改正，但仍含有地球自转速度长期变化和不规则变化的影响，所以世界时 UT2 仍不是一个严格均匀的时间系统。

世界时系统在天文学、大地天文学中有着广泛的应用。在 GPS 导航测量中，它主要用于天球坐标系与地球坐标系之间的转换等计算工作。

4. 原子时(AT, Atomic Time)

随着空间科学技术和现代天文学与大地测量学新技术的发展与应用，对时间准确度和稳定度的要求不断提高，以地球自转为基础的世界时系统，已难以满足要求，因此人们从 20 世纪 50 年代，便建立了以物质内部原子运动的特征为基础的原子时间系统。

因为物质内部的原子跃迁所辐射和吸收的电磁波频率，具有极高的稳定性和复现性，所以由此而建立的原子时，便称当代最理想的时间系统。

原子时秒长的定义为位于海平面上的铯原子基态两个超精细能级，在零磁场中跃迁辐射振荡9 192 631 770周所持续的时间，为 1 原子秒。该原子时秒作为国际制秒(SI)的时间单位。这一定义严格地确定了原子时的尺度，而原子时的原点由下式确定

$$AT = UT2 - 0.0039(s)$$

原子时出现后，得到了迅速的发展和广泛应用，许多国家都建立了各自的地方原子时系统。但不同的地方原子时之间存在着差异。为此国际上大约有 100 座原子钟，通过相互比对，并经数据处理推算出统一的原子时系统，称为国际原子时(IAT)。原子时是通过原子钟来守时和授时的，因此原子钟振荡频率的准确度和稳定度便决定了原子钟的精度。当前常用的几种频率标准的特性，如表 11－2 所列。

表 11－2 几种常用频率标准的特性比较

特征值		振荡器的种类			
		晶体振荡器	铷气泡	铯原子束	氢原子激射器
相对频率稳定度	1 秒	$10^{-6} \sim 10^{-12}$	$2\times10^{-11} \sim 5\times10^{-12}$	$5\times10^{-11} \sim 5\times10^{-13}$	5×10^{-13}
	1 天	$10^{-6} \sim 10^{-12}$	$5\times10^{-12} \sim 5\times10^{-13}$	$10\times10^{-13} \sim 10\times10^{-14}$	$10^{-13} \sim 10^{-14}$
钟误差达 1 微秒的时间		1 秒～10 天	1～10 天	7～30 天	7～30 天
相对频率再现性		不可应用，必须校准	10^{-10}	$2\times10^{-12} \sim 10^{-11}$	5×10^{-13}
相对频率漂移		$10^{-9} \sim 10^{-11}$/天	10^{11}/月	$<5\times10^{-13}$/天	$<5\times10^{-13}$/年

在卫星导航中，原子时作为高精度的时间基准，普遍用于精密测定卫星信号的传播时间。

5. 力学时(DT, Dynamic Time)

在天文学中，天体的星历是根据天体动力学理论建立的运动方程而编算的，其中所采用的独立变量是时间参量 T，便被定义为力学时。力学时是均匀的。根据所述运动方程、所对应的参考点不同，力学时可分为两种：

(1)质心力学时(BDT,Barycentric Dynamic Time),是相对太阳系质心的运动方程所采用的时间参数;

(2)地球力学时(TDT,Terrestrial Dynamic Time),是相对于地球质心的运动方程所采用的时间参数。

在 GPS 测量中,地球力学时作为一种严格均匀的时间尺度和独立的变量,用于描述卫星的运动。

地球力学时(TDT)的基本单位是国际制秒(SI),与原子时的尺度一致。国际天文学联合会决定,于 1977 年 1 月 1 日国际原子时(IAT)0 时与地球力学时的严格关系定义如下

$$TDT = IAT + 32.184(s)$$

若以 ΔT 表示地球力学时(TDT)与世界时(UT1)之间的差,则由上式可得

$$T = TDT - UT1 = IAT - UT1 + 32.184(s)$$

该误差值可通过国际原子时与世界时的比对而确定,通常载于天文年历中。

6. 协调世界时(UTC,Coordinate Universal Time)

在许多应用部门,如大地天文测量、天文导航和空间飞行器的跟踪定位等部门,当前仍需地球自转为基础的世界时。但是,由于地球自转速度长期变慢的趋势,近 20 年来,世界时比原子时约慢 1 s,两者之差逐年积累。为了避免发播的原子时与世界时之间产生过大的偏差,所以从 1972 年便采用了一致以原子时秒长为基础,在时刻上尽量接近于世界时的一致的时间系统,折中时间系统称为协调世界时(UTC),或简称协调时。

协调世界时的秒严格等于原子时的秒长,采用闰秒(或跳秒)的办法使协调时与世界时刻相接近。当协调时与世界时的时刻差超过 ±0.9(s)时,便在协调时中引入一闰秒(正或负),闰秒一般是在 12 月 31 日或 6 月 30 日末加入,具体日期由国际时间局安排并通告。

为了使用世界时的用户得到精度较高的 UTl 时刻,时间服务部门在发播协调时(UTC)时号的同时,还给出 UTl 与 UTC 的差值,这样用户便可方便地由 UTC 得到相应的 UT1。目前,几乎所有国家时号的发播,都是以 UTC 为基准。时号发播的同步精度,大约为 ±0.2 ms。考虑到电离层折射的影响,在一个台站上接收世界各国的时号,其互差将不会超过 ±1 ms。

7. GPS 时间系统(GPST)

为了精密导航和定位的需要,GPS 建立了专用的时间系统,该系统简写为 GPST,由 GPS 主控站的原子钟所控制。

GPS 时属原子时系统,其秒长与原子时相同,但与国际原子时具有不同的原点,所以 GPST 与 IAT 在任何一瞬间均有一常量偏差,其间关系为

$$IAT - GPST = 19(s)$$

GPS 时与协调时的时刻,规定与 1980 年 1 月 6 日 0 时相同,其后随着时间的积累两者之间的差别将表现为秒的整数倍。至 1987 年,这个差值为 4 s,到 1992 年,其差值达到 7 s。

在 GPS 测量中,应用的几种主要时间系统及其间的差别参见图 11－10。

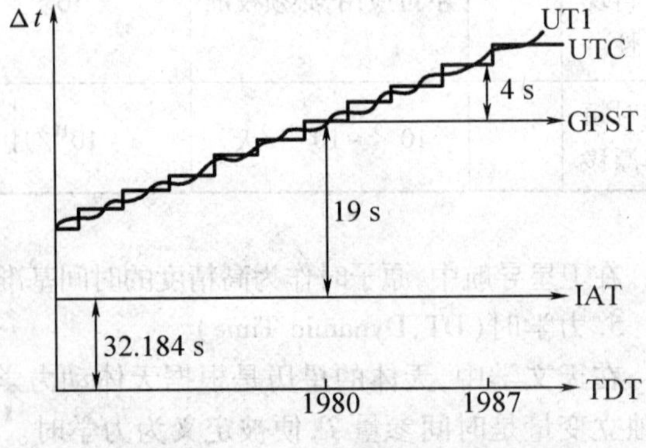

图 11－10　时间系统及其间关系

第二节　GPS 卫星导航信号及其定位导航原理

卫导仪接收 GPS 卫星不间断向地面播发的导航信号，获得导航信息来定位和导航。定位精度取决于 GPS 系统设置和导航电文发射与接收的全过程。

一、GPS 导航电文的调制

GPS 卫星信号包含有三种信号分量：载波 L_1 和 L_2、伪噪声码 CA 码和 P 码以及导航数据码 D。GPS 的基本时钟频率 $f_0 = 10.23$ MHz，在 f_0 基础上，GPS 中各信号的频率关系及导航电文的调制过程如图 11－11 所示。

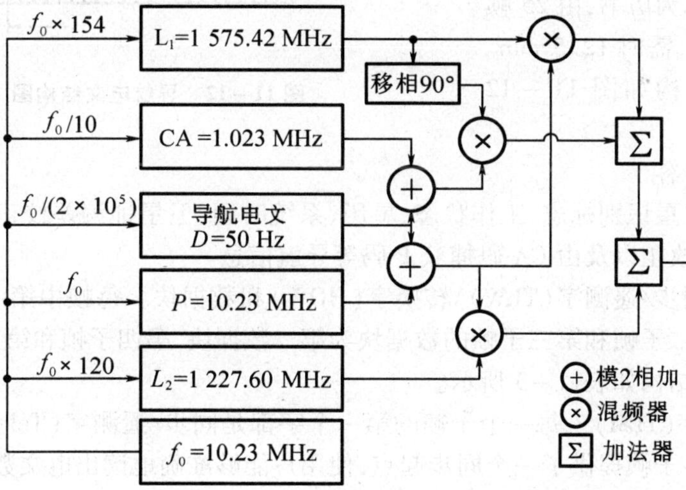

图 11－11　GPS 电文系统的调制过程图

卫星导航电文 D 又称基带信号。其码率为 50 bit/s，码宽 $t_0 = 20$ ms，带宽 $F_D = 1/t_0 = 50$ Hz。CA 码码率为 1.023 Mbit/s，码宽 $t_0 = 1/1.023$ μs，带宽 $F_{CA} = 1.032$ MHz。P 码码率为 10.23 Mbit/s，码宽 $t_0 = 1/10.23$ μs，带宽 $F_P = 10.23$ MHz。首先将窄带导航电文 D 与宽带 CA 码或 P 码模 2 相加（波形相乘），将窄带导航电文调制为宽带信号，称之为扩频调制。

为了消除电离层传播延时误差，GPS 卫星信号配有两种载频，L_1（1 575.42 MHz）和 L_2（1 227.60 MHz）。L_1 载频受正交的载有导航电文的 CA 码和 P 码调制，L_2 则仅由载有导航电文的 P 码调制。卫星电文扩频调制和载波调制示意图参看后面的图 11－17。

二、GPS 导航电文

导航电文是导航卫星播发的导航基准信息码，用户设备通过相关接收技术接收卫星信号，从中解调出 CA 码、P 码和导航数据。CA 码和 P 码主要用途是用来识别卫星和测量导航信号的传输时间，而导航数据主要用以计算卫星位置。

1. 导航电文的结构

导航电文以帧(或称数据帧)为单元,采用不归零的二进制码调制,以50 bit/s 速率连续地发射,每个比特宽为20 ms。每帧导航电文长度为1 500 bit(30 s),并被平均分成5个相等的子帧,即每个子帧300 bit(6 s)。其中第1,2,3子帧的内容每30 s重复播发一次,并且每小时更新一次。第4,5子帧各有25页,在卫星注入新的导航数据后才更新。每个子帧包含10个字,每个字为30 bit(0.6 s)。一份完整的导航电文又称为历书,由25帧组成,共有37 500 bit,需时12.5 min。导航信号数据帧结构如图11-12所示。

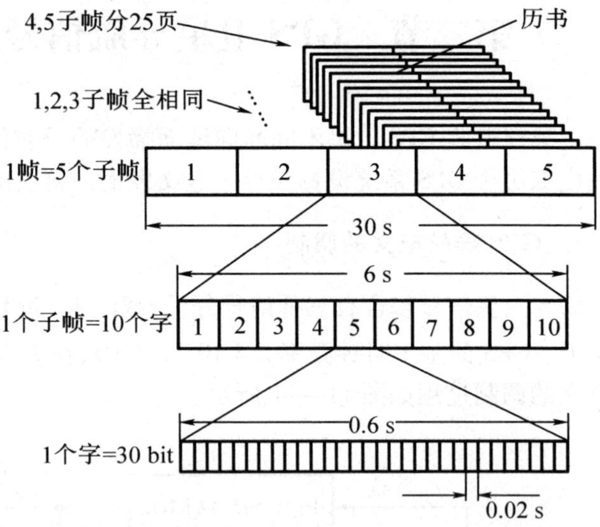

图11-12 导航电文结构图

2. 导航电文的内容

导航电文包含卫星识别标志、工作状态、星历、系统时间、卫星钟偏差校正参量、电离层时延改正、大气折射改正以及由CA码捕获P码等导航信息。

每个子帧包括同步/遥测字(TLW)\转换字(HOW)和数据块。每帧中第一子帧的数据块为第一数据块、第二子帧和第三子帧的数据块为第二数据块,第四子帧和第五子帧的数据块为第三数据块,其结构如表11-3所示。

(1)同步/遥测字(TLM) 每一个子帧的第一个字都是同步/遥测字(Telemetry Word),所含的同步信号为各子帧提供了一个同步起点,使用户能够准确地读出电文数据。

(2)转换字(HOW) 每个子帧的第二个字是转换字(Hand Over Word),借助它可以由CA码捕获到P码。其中第1~17 bit表示Z计数,每周日的0时0分0秒时刻,$Z=0$,以后每隔1.5 s使Z计数加1,直至下周六午夜24点之前的1.5 s,$Z=403\ 199$。只有知道Z记数,才能知道观测时刻P码的准确位置,才能够准确捕获P码。

表11-3 导航电文内容

TLM	HOW	数据块Ⅰ
TLM	HOW	数据块Ⅱ
TLM	HOW	数据块Ⅱ
TLM	HOW	数据块Ⅲ
TLM	HOW	数据块Ⅲ

(3)第Ⅰ数据块 第一子帧的第3~10个字为第Ⅰ数据块。主要包括指明载波L_2频率的调制波类型、卫星测距精度因子、星期序号、卫星的健康状况等的标志码、时钟数据龄期、大气校正参量和卫星时钟改正系数。

(4)第Ⅱ数据块 第二和第三子帧的第3~10个字共同构成第Ⅱ数据块,内容主要是GPS卫星的星历、卫星轨道参数、卫星星历参考时刻、星历表数据龄期。只有知道这些数据,卫导仪才能获得卫星在空间的位置,并以此来定位导航,因此第二数据块中的数据是定位导航的关键数据。

(5)第Ⅲ数据块 第四和第五子帧的第3~10个字共同构成第Ⅲ数据块,内容主要是GPS卫星的历书数据。当卫导仪收到某卫星的导航电文后,利用第Ⅲ数据块提供的其他卫星的概略星历、时钟改正、码地址和卫星工作状态等数据，能够选择位置适当和工作状态良好的卫星，并匹配选择最佳星座，达到快速捕获卫星和精确导航的目的。历书数据分布在 25 帧里，共计需时 750 s，所以在初次开机时至少需 12.5 min 后，卫导仪才能得到准确可靠的导航数据。

值得一提的是，以上数据中的时间采用的是 GPS 时间系统，它以主控站的高精度原子钟作为时间基准。由于 UTC 时间尺度的跳秒和主控站主钟不匹配，并考虑到相对论效应，使卫星时钟比地面时钟走得快，每秒约差 448 ps，所以 GPS 时间与 UTC 时间存在着变化差值，并规定以 UTC1980 年 1 月 6 日 0 时作为 GPS 时间的起点，时间差值每经过 1 024 个星期调整复零一次，重新与 UTC 时间同步。这样，在时差调整周期内，GPS 时间与 UTC 时间差不断地增加，这个时差在卫星导航电文中播发出来，从而消除了导航误差。

三、伪随机噪声码

因为信道中的白噪声是由电子的不规则运动而产生的，所以白噪声具有良好的信道匹配特性，它的频谱密度宽而且均匀，没有确定的发生规律，但符合统计特性。伪随机噪声码是一种可以重复产生的符合统计特性，频谱密度宽而且均匀的人为模仿白噪声的随机信号。它同样与信道具有良好的匹配特性。GPS 系统使用的 CA 码和 P 码都是伪随机噪声码。

1. P 码

P 码是一种连续、快速、长周期的伪随机二进制码，码率为 10.23 MHz，周期为 7 天，每个周期开始于 UTC 每星期日 0 时。这种码具有精确的时间和距离测量能力。实际使用的 P 码一共有 37 种，其中 32 个供 GPS 卫星使用，5 个供地面站使用，实现码分多址。用户可以利用伪码区分卫星，拒收不需要的卫星信号，分开需同时接收的不同卫星的信号。因为 P 码的周期长达 7 天，而卫星的运行周期只有 12 h，所以想直接搜索获取 P 码是无法实现的。一般都是先捕获 CA 码，然后根据导航电文中的 HOW 字来捕获 P 码。P 码是专为特许用户使用的，为了防止 P 码泄密，美国国防部又宣布实施 AS(Anti - spoofing)政策，即在 P 码上增加一个极度保密的 W 码，形成新的 Y 码，绝对禁止非特许用户使用。

2. CA 码

CA 码是一种低速、短周期伪随机二进制码，码率为 1.023 MHz，周期为 1 ms。CA 码本身的测距精度较低，但对它的匹配锁定比较容易，因此通过它可以辅助获得 P 码。

3. SA 和 AS 政策

GPS 在设计时计划提供标准定位(SPS)和精密定位(PPS)两种服务。利用 CA 码定位，精度约为 100 m，提供给民间用户使用；利用 P 码定位，精度达到 10 m，提供给军方和得到特许的民间用户使用。但 GPS 实际定位精度远高于此值，在试验卫星应用时，CA 码定位精度已达到14 m，利用 P 码定位精度可达到3 m。于是美国政府采取了选择可用性(SA，Selective Availability)政策，人为地将误差引入卫星时钟和卫星数据中，有意识地降低 GPS 的定位精度，以防止非授权用户把 GPS 用于军事目的。

采用 SA 政策，规定水平定位精度为 100 m，垂直测量精度为 157 m，美国国防部对 SA 政策进行检测，并根据形势和要求对部分或全部卫星取消 SA 政策。如图 11 - 13 所示，SA 政策包括对 GPS 卫星基准频率采用 δ 技术，对导航电文采用 ε 技术，对 P 码采用译密技术。1989 年 11 月和 1990 年 3 月 25 日到 8 月 29 日，多次进行以上各种技术试验。在 SA 政策下，GPS 信号发生了下列变化。

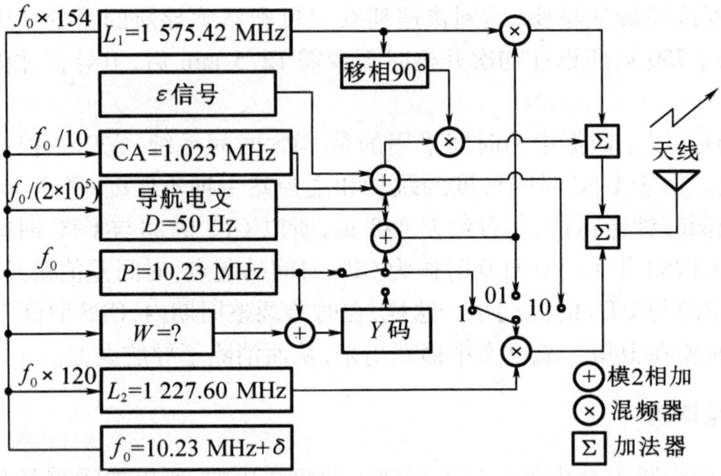

图 11-13 SA 和 AS 政策下的 GPS 信号

(1) GPS 卫星的基准信号(10.23 MHz)经过δ技术处理,使 GPS 所有数据码、伪噪声码、载波等都人为引入一个“快变化”的高频抖动信号,以引起测距测速误差。

(2) P 码经过译密技术处理变为 Y 码。Y 码是 P 码与极度机密的 W 码模 2 相加形成的,这一过程称为反电子欺骗政策(AS)。实施 AS 技术的目的在于防止敌方对 P 码进行电子干扰。当实施 AS 技术时,非特许用户不但不能使用 P 码作实时定位,而且不能进行 P 码和 CA 码码相位测量的联合求解及 P 码数据平滑。

(3) L_2 载波设置有以下三种不同的调制波,并通过卫星电文的提示加以区别。

①当第一子帧中第 3 个字的第 11 ~ 12 bit 为“01”时,L_2 的调制波为通常的 P 码信号。

②当第一子帧中第 3 个字的第 11 ~ 12 bit 为“10”时,L_2 的调制波为经 ε 处理的 CA 码信号。

③当第一子帧中第 4 个字的第 1 bit 为“1”时,L_2 的调制波为无导航信号调制的 P 码。

(4) 经过 ε 技术处理后,在 CA 码中人为地加入无规则变化的慢偏移随机量,将 CA 码的定位精度降低为 50 ~ 100 m 左右。

现在美国国防部已经开始实施 SA 和 AS 政策。但俄罗斯 GLONASS 卫星导航系统不采取人为措施降低导航定位精度,水平定位误差保持在 20 m 左右,并且不限制民用,加上 DGPS 技术和其他卫星导航系统的发展,1996 年 3 月 29 日美国副总统戈尔宣布在十年内视情况取消 SA 政策,使 CA 码定位精度从 100 m 提高到 20 m。

4. 伪随机噪声码技术的特点

(1) 抗干扰性　GPS 导航电文 $D(t)$ 的码率为 50 bit/s,码位宽度 $t_0 = 20$ ms,带宽 $F_D = 1/t_0 = 50$ Hz。CA 码的码率为 1.023 Mbit/s,码位宽度 $t_0 = 1/(1.023 \times 106)$ s,带宽 $F_C = 1.023$ MHz。P 码的码率为10.23 Mbit/s,码位宽度 $t_0 = 1/(10.23 \times 106)$ s,带宽 $F_P = 10.23$ MHz。将导航数据$D(t)$调制到$P(t)$码或 CA(t)码上,得到的信号为 $D(t) \cdot P(t)$ 或 $D(t) \cdot \text{CA}(t)$,带宽与伪码的带宽相同,$\Delta f = 10.23$ MHz 或 1.023 MHz。可见,基带信号 $D(t)$ 的频带被扩展,称之为扩频。

在接收 GPS 信号时,卫导仪用本机产生的伪码相关搜索卫星信号,扩频的信号被恢复为原来的基带信号 $D(t)$,这个过程称之为解扩。因为在扩频调制时,已将信号和噪声的频谱同时扩展，所以在接收机中可以利用窄带滤波器将大部分干扰滤除，大幅度改善信噪比，提高接收质量。例如在 P 码卫星扩频调制时，对于分布在 $D(t)$ 频带（宽度 50 Hz）中的干扰噪声 $N(t)$ 有 $N(t)\cdot P(t)$，被扩展到 $\Delta f = 10.23$ MHz 的宽频谱中，经过带宽为 ΔF 的滤波器滤波后，通过的干扰噪声能量仅为输入干扰噪声能量的 $\Delta F/\Delta f$ 倍。可见采用扩频方法，特别是当伪码码率很高时，可以大幅度改善信噪比。这种接收方式对于多径干扰，不希望接收的卫星信号干扰，甚至有意施放的人为干扰的抑制，均能获得满意的效果。

(2) 伪码加密　GPS 导航数据经 CA 码或 P 码扩频后，频谱展宽，使单位频带内信号功率下降，从而减小了信号被检测、被窃取的可能性；另一方面，在接收端要将信号解扩恢复成导航信号，必须在 GPS 卫导仪中产生同样结构的伪码作为跟踪伪码。因此，用户必须事先知道所用伪码的结构，否则是不可能获取导航信号的。伪码的结构很多，破译很难。

(3) 用码分多址识别卫星　GPS 各卫星用相同的频率连续发射信号，为了辨别不同的卫星，GPS 给各卫星指配不同结构的伪码进行扩频传播，实现码分多址，再利用相关检测进行鉴别，解决了卫星识别问题。

(4) 精确测时和测距　卫星码被接收机的本地码跟踪锁定后，就可以以码元宽度为单位测定信号的传播时间，求得卫星和用户之间的距离（伪距）。P 码的码元宽度为 0.098 μs，相当于 29.3 m 的空间距离。假设码跟踪环路的跟踪误差为码宽的 1/100 ~ 1/10，那么 P 码测距误差仅为 0.29 ~ 0.93 m。CA 码的测距误差比 P 码大 10 倍。码率越高，定位精度也越高。

四、GPS 卫星定位导航原理

GPS 是一种测距定位系统，GPS 卫导仪接收其视野内卫星的导航信号，从中获得卫星星历、时钟校正参量、大气校正参量等数据，并且测量卫星信号的传播延时和多普勒频移。根据卫星星历计算出卫星发射信号时的位置；根据卫星信号的传播延时计算出卫星与用户的“距离”；根据卫星信号的传播延时、多普勒频移计算出用户的三维运动速度。若用户时钟无偏差，利用 3 颗卫星，用户就可以得到以卫星为球心，以卫星到用户的距离为半径的三个球面，它们的交点就是用户的三维空间位置。但一般用户无精确的时钟，需要用第 4 颗卫星来估算出用户时钟偏差。因此，用户位置方程应包含三维空间位置和用户时钟偏差。

GPS 卫导仪可以同时接收 4 颗以上卫星信号，也可用一个接收通道按时序依次选择不同卫星信号进行定位。由于卫导仪时钟、卫星钟和信号传播（电离层和对流层折射传播）误差，使卫导仪测得的距离不是用户到卫星的真实距离，称为“伪距离”。从卫星的导航信号中可以提取时钟校正参量修正卫星时钟偏差，提取大气修正参量部分地校正对流层折射误差，用卫星发射的 L_1 和 L_2 两种频率信号可以修正电离层折射误差。

卫导仪处理接收到的 GPS 信号，可以使用伪距法（或称码相位测量法或码相关法）、多普勒法、载波相位法和干涉法进行导航定位。目前大多数卫导仪都采用伪距法，直接接收在其视野内 4 颗以上卫星信号，自动地优选 4 颗卫星，将卫导仪产生的伪码与卫星发射码进行比较，求得用户到卫星的伪距离进行定位。

用户测得第 i 颗卫星的伪距离 PR_i 的表达式为

$$PR_i = R_i + C\Delta t_u + C(\Delta t_{Ai} - \Delta t_{Si}) \tag{11-7}$$

式中　RP_i——伪距离，由测量得到；

Δt_{Ai}——卫星信号传播延时误差；

Δt_{Si}——第 i 颗卫星钟与 GPS 系统时钟误差；

Δt_{Ai} 和 Δt_{Si}——可利用双频接收和电文校正参量予以校正；

C——电磁波的传播速度，是常数；

Δt_u——为用户钟误差，是未知量；

R_i——为用户到第 i 颗卫星的真实距离，其表达式为

$$R_i = [(X - x_i)^2 + (Y - y_i)^2 + (Z - z_i)^2]^{\frac{1}{2}} \quad (11-8)$$

式中 (x_i, y_i, z_i)——从卫星电文中获得的第 i 颗卫星的位置；

(X, Y, Z)——所求的卫导仪的地理位置。

将式(11－8)代入式(11－7)得

$$PR_i = [(X - x_i)^2 + (Y - y_i)^2 + (Z - z_i)^2]^{\frac{1}{2}} + C\Delta t_u + C(\Delta t_{Ai} - \Delta t_{Si}) \quad (11-9)$$

式中共有 4 个未知数，也就是说，只要测得 4 颗卫星的伪距，得到 4 个伪距离方程，便可以求出卫导仪的时钟偏差和所在地理位置。

第三节　GPS 卫星导航仪

一、GPS 卫星导航仪基本原理

用 GPS 卫星信号进行定位和导航的接收设备称为 GPS 卫星导航仪。船舶导航通常使用 CA 码、单频 GPS 卫星导航仪，其原理如框图 11－14 所示，实物图如图 11－15 所示。

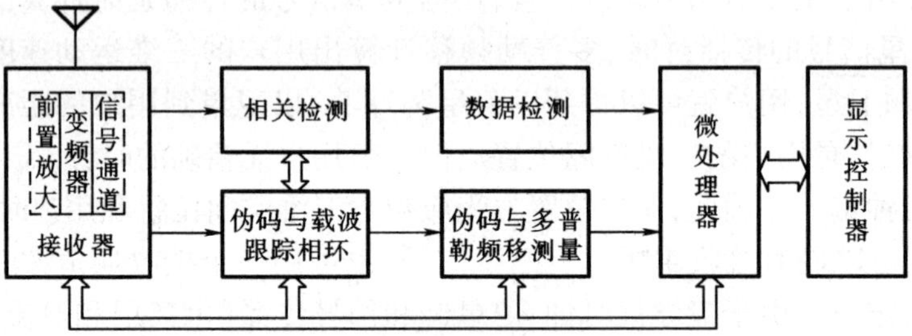

图 11－14　GPS 卫星导航信号的接收处理原理图

1. 天线

GPS 卫导仪天线有定向天线、偶极子天线、微带天线、线螺旋天线和圆锥螺旋天线等多种。船舶卫导仪多采用线螺旋天线。

2. 接收器

接收器可以是单通道、双通道或多通道。前置放大器首先对天线收到的 GPS 卫星信号进行放大，再经过变频滤波等处理后，变为宽带中频信号。每一个信号通道在某时刻只能跟踪处理一颗卫星信号。

3. 相关检测

卫导仪本机可以产生与卫星发射的结构相同的伪码，用此伪码与接收到的卫星信号的伪码进行比较，当两者一致时检测输出最大，即识别出捕获到的卫星信号。这种信号检测方法称为相关检测。完成相关运算的设备称为相关器。

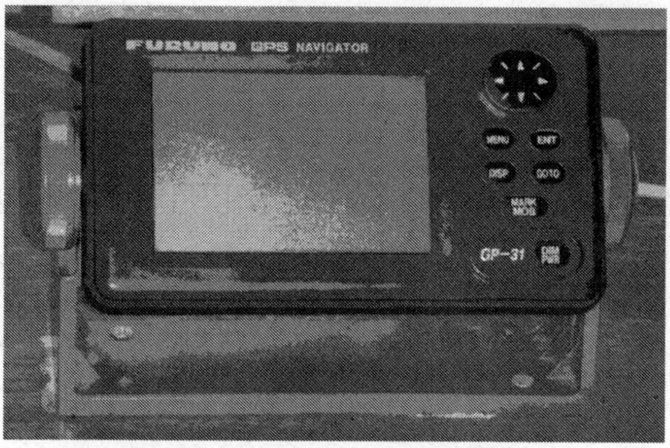

图 11－15　GPS 接收机实物图

4. 二维搜索

接收是发射的逆过程。卫星发射 GPS 信号时采用了伪码扩频调制和载波发射调制双重调制，接收 GPS 信号时也必须进行频率解调（变频）和伪码解扩双重解调。由于多普勒效应，变频后的中频信号可能落在中频带通滤波器的通频带（2 kHz）之外，使载波锁相环路搜索不到信号而不能正常工作，必须进行频率搜索。在接收机中，只有进行频率搜索和伪码搜索二维搜索，才能准确捕获到卫星信号，最终获得卫星电文。

图 11－16 为二维搜索示意图。以 CA 码比特宽度为 t_0 单位将比特搜索的范围 T 分成 N 份（列），$N = T/t_0$；以中频滤波器带宽 B_{IF} 为单位将频率搜索范围 F 分成 M 份（行），$M = F/B_{IF}$。于是搜索范围总共有 $N \cdot M$ 个单元。搜索从第一行第一单元开始，搜索跟踪控制电路使本机载频固定不动，本机伪码每次移动 t_0 比特，根据相关检测结果判断是否搜索到信号，当无信号时，顺序搜索下一单元，一直顺序搜索至第一行的最后一个单元。如果仍无信号，控制电路使本机载频移动 B_{IF}，即移至第二行，并使本机伪码又回到第一列，再按照上面的顺序搜索第二行……直至搜索到信号，使本机 CA 码与卫星信号 CA 码对准，捕获到卫星的 CA 码，搜索跟踪控制电路锁定。

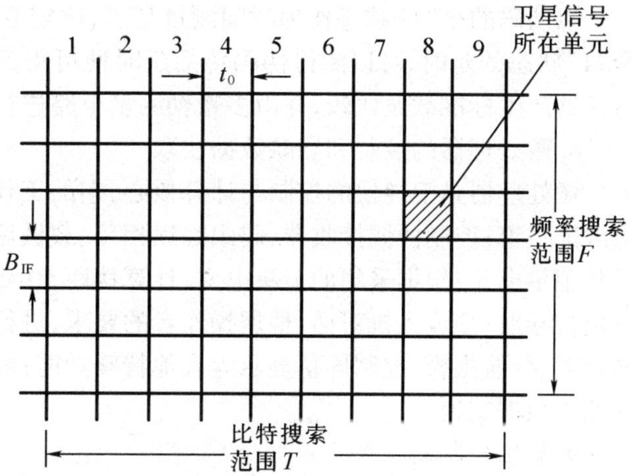

图 11－16　二维搜索示意图

5. 载波与 CA 码跟踪

卫星信号被搜索到之后，载波锁相环路使本机跟踪载波在频率和相位上与卫星信号的载波对准，自动捕获和跟踪卫星载波，并可进行载波相位测量。伪码锁相环路使本机跟踪伪码始终在相位上和卫星信号的伪码对准，实现卫星伪码自动跟踪。

6. 导航电文解扩和 P 码捕获

将捕获到的卫星的 CA 码解扩得到导航电文。由导航电文中的 TLM 可得到子帧的起始位置，由 HOW 的 Z 计数可以知道下一子帧的起始位置。由于 CA 码和 P 码的良好相关特性，很容易得到 P 码的状态，并使本机 P 码与接收到的卫星 P 码对准。图 11－17 为卫星电文的调制与解调全过程示意图。

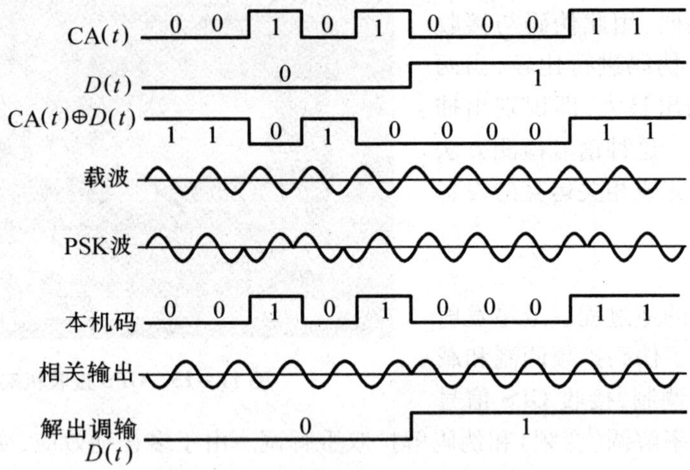

图 11－17　扩频调制、载波调制、相关接收波形示意图

7. 伪距与多普勒频率测量

以伪码的全“1”状态作为时间测量基点，比较卫星伪码全“1”状态相对于本机基准伪码全“1”状态的延时，可以测得伪码传播延时便可得到伪距。通过卫星信号载波与本机基准振荡器产生标准载波比较，并由多普勒测量电路进行多普勒计数，可测得伪距变化率。

8. 微处理器的控制和导航数据获取

微处理器是卫导仪的控制与计算核心，它的工作包括开机自检，判断本机工作状态，给出故障报警；控制协调接收器、码跟踪锁相环、载波跟踪锁相环工作，跟踪伪码和载波相位，采集卫星电文；根据采集的卫星电文，计算伪距、伪距变化率，最终得到用户坐标和速度，进行定位导航；完成人机对话，根据操作者的要求，进行手动选星定位、航线设计、自动导航、导航计算、导航报警、控制屏幕显示等其他特殊功能；响应和控制与其他设备（如组合导航）的联系与数据交换。

9. 显示控制器

显示控制器是 GPS 接收机的输入输出人机对话界面。操作者可以通过键盘指令控制接收机将定位导航运算结果按照一定的画面格式显示出来。根据操作者的要求，卫导仪还能够显示特殊的画面、完成特定功能；导航报警信息也通过显示控制器传达给操作者。

二、CA 码单频 GPS 卫星导航仪主要技术性能与功能

1. 主要技术性能

（1）接收频率 L_1　（1 575.42 ±1）MHz。

（2）接收通道　各种型号的 GPS 卫星导航仪的接收通道不同。但必须能跟踪 4 颗以上的卫星。

（3）接收码　CA 码。

（4）接收灵敏度　小于 －130 dBm（仰角 5°以上的卫星）。

（5）跟踪速度　100 kn 左右。

(6)精度　定位 15 m(RMS,HDOP≤3,CA 码),速度 0.1 kn(RMS)。

注:定位精度视美国国防部对 GPS 用户的政策,由选择可用性(SA, Selective Availability)的变化而定。

2. 主要功能

(1)显示定位的纬度、经度(分辨力为秒或千分之一分)。

(2)显示导航数据　航迹速、航迹向、至航路点恒向线或大圆的操舵航向和距离、航行所需要的时间、偏航、任意两航路点之间的方向和航程。若有陀螺罗经和计程仪输入时,可显示流向和流速。

(3)能存储航线设计和航路点编号及其经纬度。

(4)位置更新时间约 1 s。

(5)导航数据更新时间约 3 ~ 5 s。

(6)报警　偏航、守锚监视、到达航路点所设定的范围、接收机故障等。

(7)能够设置一些参数　HDOP、二维(2D)定位、三维(3D)定位。

(8)变换使用测地系　一般有 WGS84(GPS 卫星导航系统使用的基本测地系)、东京(TOKYO)、北美(NAD72)、阿拉斯加/加拿大(ALASKA/CANADA)、欧洲(EUROPE)、澳大利亚(AUSTRALIA)、南亚(SOUTH ASIA)、南美(SOUTH AMERICA)等。

(9) 接口功能　提供输入/输出接口。目前各厂家都采用 NMEA(National Marine Electronics Association,美国国家航运电子协会)的数据格式。

(10)卫星信息　卫星号、方位、仰角、卫星工作状态、被跟踪卫星的信噪比。

(11)星座预报。

(12)三维定位中,高度的精度正常允许在 ±50 m 内波动。

三、GPS 卫星导航仪的安装

GPS 天线安装应避免被大桅、卫星通信天线等阻挡,不要安装在雷达垂直波束之内,与 DF,Loran,VHF 等鞭状天线的距离应大于 1 m,与 DF 环状天线的距离应大于 3 m,与中、高频发射天线的距离应大于 4 m,与卫星通信天线的距离应大于 5 m。GPS 天线接头处应包扎好,防潮,防漏水。天线高频电缆尽可能短并远离其他发射天线,勿与其他导线混在一起。

GPS 卫星导航仪主机应安装在避免振动、潮湿、高温、阳光直射的地方,尽量远离其他无线电设备,接地可靠,选用规定规格的保险丝。

四、GPS 卫星导航仪一般操作方法

1. 启动

早期的 GPS 卫星导航仪的启动通常分为日常启动、热启动和冷启动三种,而近期生产的 GPS 卫星导航仪仅需按下电源键即可启动。

(1)日常启动　船舶在营运航行或停泊期间,日常的关机后的启动称为日常启动。由于 GPS 卫星导航仪已存储关机前的数据(包括经度、纬度、历书等),并且时钟在运行,日常启动时只需按下电源键,卫星导航仪即能自动定位。

(2)热启动　如果船位变化不大于某个数值或某时间以内进行过通电接收(按具体仪器的说明书进行),卫星导航仪已收集历书,进行启动,称为热启动。热启动时,只需按下电源键使参考振荡器加热(最多 20 min)后,GPS 卫星导航仪即可自动定位。

(3)冷启动　指 GPS 卫星导航仪安装后第一次启动或超过热启动的范围,该 GPS 卫星导航仪没有通电接收卫星信号进行定位,再进行启动称为冷启动。冷启动时,有的接收机须进行初始化输入。冷启动后,GPS 卫星导航仪需搜索卫星,重新收集历书,最多 30 min(不同的机型,该时间不同)以后,才有初始船位数据更新;若已知临空 GPS 卫星的编号,输入编号后最多 20 min(不同的机型,该时间不同)即有初始船位数据更新。冷启动时初始化输入如下:

核对年、月、日和时间,如与当时不符,应重新输入;

输入概略船位的经、纬度;

置定 HDOP 数值,一般置于 10(二维定位时用);

输入天线高度(二维定位时用);

置定测地系,使卫星导航仪计算所用的测地系坐标尽量接近于所使用的海图的测地系坐标;

置定所在区时;

置定各种报警范围或距离;

时间输入误差应不超过 15 min(或者 1 h,请参阅仪器使用说明书);

经、纬度输入误差应不超出 1°(或者 10°,请参阅仪器使用说明书)。

HDOP 的数值关系到卫星定位的精度,由于 HDOP 随着卫星与测者的运动而变化,若 HDOP 的数值置定太小,则定位机会就少,因为定位时 HDOP 值大于所置定的数值时,GPS 卫星导航仪就报警而不作 GPS 更新位置。一般 HDOP 数值范围在 00 ~ 99 之间,置于 10 左右为好。

2. GPS 定位

启动后,GPS 卫星导航仪收到三颗有效卫星即进行定位计算,随即自动显示二维定位(2D)船位的经度和纬度;收到四颗有效卫星进行定位计算后,随即自动显示三维定位(3D Navigation)的经度、纬度和 GPS 卫星导航仪天线的高度。GPS 卫星导航仪显示如下。

(1)现时航迹(TRK),对地速度(GS)。

(2)纬度。

(3)经度。

(4)高度(Altitude)　近似为天线到海平面高度,船舶通常使用二维定位(2D),可人工键入 GPS 卫星导航仪天线高度的实测数值。

(5)显示可选择的画面显示目录,例如 PIOT,CDI,NAV,POSN 等,其中 PLOT(标绘),CDI(偏航显示),NAV(导航),POSN(定位)若不加选择通常显示定位(POSN)画面。逐次按导航键(NAV),可显示四个画面。

3. GPS 导航

船舶欲到达的地理位置称为航路点,导航前先将航路点(经纬度)键入 GPS 卫星导航仪,船舶在航行过程中,依键令显示导航参数。航路点导航操作过程如下。

(1)按功能键(或代码),令 GPS 卫星导航仪进行输入航路点操作。

(2)键入航路点的编号和名称。

(3)键入航路点的纬度。

(4)键入航路点的经度。

(5)键入(或由 GPS 卫星导航仪自动记录)存储航路点的日期/时间。

(6)依次键入一系列航路点(GPS 卫星导航仪可存储几百个航路点,因机型不同,存储航路点的数目不同)后,查阅刚编制好的航路点表,并且确定目前使用的航路点。

(7)按功能键(或代码),令 GPS 卫星导航仪进行航路点导航,并且进行显示。显示的主要内容为:

①驶向航路点的编号、名称;

②航路点的方位(BRG)与距离(RNG);

③船舶至航路点的现时航迹向(TRX)与对地速度(GS)。

若清除某一航路点,首先按功能键(例如 WPT 键)或代码,使 GPS 卫星导航仪显示航路点表,然后用移动键选出要清除的航路点后按 CLR 及 ENT 键。

把已选定的航线的起点、航路点及终点依次键入 GPS 卫星导航仪;船舶在航行过程中,依键令显示导航参数,每过一个航路点自动更换下一航路点导航,称之为航线导航。航线导航具有编辑功能,可灵活地对原存入的航线进行清除、插入、修改等编辑。将船舶定点位置键入 GPS 卫星导航仪,设定偏航的界线(例如 0.1 n mile,0.5 n mile,1.0 n mile,5.0 n mile,10.0 n mile 及 50 n mile);船舶定点作业时,依键令显示船舶相对于定点的导航参数,按此导航参数可实现定点漂泊,船舶漂泊超界时发出导航报警,这种导航称之为定点导航。船舶锚泊后,可采用定点导航。不同型号的 GPS 卫星导航仪具有不同的导航功能,而且随着 GPS 卫星导航技术的发展,其导航功能越来越多。

4. 使用 GPS 卫星导航仪的注意事项

(1)GPS 卫星导航仪,根据卫星电文定时更新历书。若提供的历书时间已隔很久,或定位误差明显偏大,则应按操作步骤清除历书及内存,并且进行初始化操作。进行初始化输入时应输入时间(误差不超过 15 min)、推算船位(经纬度输入误差不超过 10)、HDOP 值(一般置 10)、天线高度(二维定位时)、测地系(尽量接近所使用海图的测地系)、区时及各种报警范围或距离。

(2)不同的 HDOP 值,有不同的定位精度,一般 HDOP 值置于 10 左右为好。若 HDOP 的实际值超限,则 GPS 导航中断。利用 GPS 卫星导航仪二维定位,当 HDOP 太大时,误差有发散趋势。HDOP 的使用请参考所用接收机的说明书。

(3)当有多颗卫星定位或 HDOP,PDOP 超限时,可自动或人工选择 GPS 星座。最佳选星原则是选择 4 颗(三维定位)或 3 颗(二维定位)仰角满足要求($5° <$ 仰角 $< 85°$)、空间几何图形能使几何精度因子 GDOP 值最小的一组卫星,船载 GPS 卫星导航仪通常值 HDOP = 10。

(4)选择合适的运动状态。定点定位时,工作状态置于“静止”;慢速航行时,工作状态置于“低状态”;高速航行或摇摆剧烈时,工作状态置于“高动态”。工作状态不同,滤波作用各异。

(5)利用卫星状态显示(例如信号强度)可自动或人工启用或停用某颗卫星。

(6)卫星每天约提前 4 min 经过某一地区上空。

第四节　GPS 卫星导航系统的定位误差

GPS 卫星导航仪定位误差的大小与所选用的卫星几何图形及测距误差的大小有关。GPS 卫星导航系统的误差主要来自卫星、信号传播和卫星导航仪。因测量误差完全可以等效为距离误差，故称为用户等效测距误差。总的定位误差可由精度几何因子(GDOP)和用户等效测距误差之乘积来确定。

利用GPS卫星导航系统P码(Y码)定位精度为1 m，CA码(供一般民用用户使用)定位精度为20 m左右。美国实施的选择可用性(SA)政策，使CA码的定位精度降低到100 m范围。CA码采用差分GPS技术可达米级定位精度，大地测量系统采用无码技术，定位精度可达到厘米量级(相对定位精度)。

一、伪测距误差

GPS卫星导航系统的伪测距误差直接影响着总的定位误差，即影响着定位精度。GPS卫星导航系统的伪测距误差包括卫星误差、信号传播误差及卫星导航仪误差。

1. 卫星误差

卫星误差有星历表误差、卫星钟剩余误差和群延迟误差等。

星历表是根据测轨和预算形成的。在测轨形成卫星星历表参数时产生的误差为星历表误差。GPS卫星导航系统的主控站根据跟踪站(也称监测站)对每颗卫星发射的导航信号进行监控。根据跟踪站的位置和精确时钟形成对卫星的反向测距定位。对跟踪测量的信息，经过最佳滤波处理，推导出精确的信息数据，产生星历表参数。经S波段射频链上行注入到各颗卫星。上行注入以前是每天三次，现在每天一两次存入导航数据电文中，由卫星发送给用户。用户接收设备根据星历参数，计算出信号发射时刻的卫星位置。由于卫星运动的重力场、太阳辐射压力参数、跟踪站位置、时钟偏差和信号延迟等因素，在测轨形成星历表参数时，产生星历表误差，使GPS卫星导航仪定位时产生2.7 m左右的距离误差。

经过卫星时钟误差校正数校正后的卫星时钟产生的测距误差，称为卫星钟剩余误差。对于1 ns(毫微秒)时间精度，大约相当于0.3 m的距离误差，因此精确的计时和频率控制对GPS是极其重要的。GPS的计时与同步是主控站通过一组高精度铯钟进行控制的。每颗GPS卫星都安装高稳定度原子钟，但与GPS系统时间仍有误差。卫星上的原子钟时间与GPS采用的时间基准即GPS时间之间的偏差随时能预报。主控站以GPS时间为基准，每天监测卫星上的时间，并产生时钟校正参数，发送给卫星，卫星又将含有时钟校正参数的导航信号发射给用户。用户GPS卫星导航仪根据误差修正模型和导航电文修正卫星的时钟误差。经修正后，还有剩余的未经校正的卫星钟剩余误差。

群延迟是由卫星设备和信号传播引起的一种延迟。群延迟产生测距误差。群延迟的校正包括在卫星钟误差校正参数中。为了考虑卫星信号L_1，L_2之间的群延迟之差，导航电文提供群延迟校正参数，单频(L_1)GPS卫星导航仪利用公式对时间进行修正。卫星钟误差将产生3.1 m的距离误差。

星历表误差和卫星钟误差对P码和CA码都是一样的。星历表误差、卫星钟(剩余)误差和群延迟误差的某些分量不易分开，在误差估算中常混在一起。

2. 信号传播误差

信号传播误差有时被称为信号传播异常误差。信号从卫星传播到用户设备的过程中，由于受电离层、对流层及传播介质的影响，使其传播路径和传播速度发生变化而产生的测距误差称为信号传播误差。信号传播误差有电离层折射误差、对流层折射误差和多径效应等。

通常把地球周围的大气层分为平均高达10~12 km的对流层、从10~12 km到60 km的同温层和60 km以上的电离层。电离层的高度最高可达到2 000~3 000 km的高空。对流层中含有大量的水蒸气及水汽的凝结物;同温层中几乎没有水蒸气,但含有臭氧,强烈地吸收太阳的紫外线,空气温度较高;电离层中含有大量的电子和离子。卫星信号从20 183 km的高空传播到地面,要经过电离层和对流层。卫星信号穿过电离层和对流层时会受到折射,传播路径和传播速度变化,产生相应的折射误差。

多径效应是指 GPS 卫星导航仪接收到由一个以上的传播路径的信号的合成信号,使信号特性变化而产生测量误差。该误差的大小与 GPS 卫星导航仪天线位置及反射体的自然特性有关。多径效应使 GPS 卫星导航仪利用 P 码和 CA 码定位时,分别产生约 1.2 m 和 3.1 m 的距离误差。

3. 卫星导航仪误差

卫星导航仪误差有导航仪通道间偏差、导航仪噪声及量化误差。多通道连续型 GPS 卫星导航仪,因各通道硬件路径不同会产生通道间偏差。GPS 卫星导航仪通道间偏差使 GPS 卫星导航仪利用 P 码定位产生约 0.15 m 的距离误差,利用 CA 码定位产生约 0.6 m 的距离误差。

GPS 卫星导航仪软、硬件会产生噪声,引起测距误差,该误差为导航仪噪声误差。

GPS 卫星导航仪利用伪码测距误差可以量化在一定范围之内,这个量化范围(量化值)称为量化误差。CA 码的速率为 1.023 MHz,一个码元对应的宽度约为 293.2 m。若码的伪距离测量能被量化到一个码元的 1/64,则量化数值为 4.6 m。在规定的量化值范围内,若量化误差呈均匀分布,则总的接收机噪声和量化误差使 GPS 卫星导航仪利用 P 码定位产生 0.24 m的距离误差,利用 CA 码定位产生 2.44 m 的距离误差。

综合上述各种误差,则由总的合成误差引起 GPS 卫星导航仪等效测距误差(1σ)为 4.3 m(P 码)和 8.6 m(CA 码)。

二、几何误差

在测距误差一定的条件下,观测点与卫星间的几何图形不同时,定位误差的大小也不同。用户与卫星间的几何关系对定位误差影响的大小可用精度几何因子(GDOP, Geometric Dilution of Precision)来表示

$$\text{GDOP} = \frac{\sqrt{\sigma_x^2 + \sigma_y^2 + \sigma_z^2 + \sigma_t^2}}{\sigma} = \sqrt{g_{11} + g_{22} + g_{33} + g_{44}} \tag{11-10}$$

式中 σ——测距误差;

$\sigma_x, \sigma_y, \sigma_z$——用户位置;

σ_t——时钟偏差;

$\sqrt{g_{11} + g_{22} + g_{33} + g_{44}}$——三维精度几何因子。

仅由用户和卫星间的几何位置确定,即 GDOP 完全由用户和卫星间几何位置确定,故将 GDOP 称为精度几何因子。实际上,用测距误差 $\sigma = 1$ 的方式来计算时,精度几何因子的表达式为

$$\text{GDOP} = \sqrt{\sigma_x^2 + \sigma_y^2 + \sigma_z^2 + \sigma_t^2} \tag{11-11}$$

GDOP 表达了用户位置及用户时钟误差与测距误差之间的关系,GDOP 的值越小,表明选用的卫星的几何图形配置越理想,使位置和时间的偏差值也相应减少。经证明,4 颗卫星与测者所构成的几何四面体体积与 GDOP 成反比关系,即四面体体积大时,GDOP 值小,定位精度就高。GDOP 也可用下式表示

$$\text{GDOP}=\sqrt{(\text{PDOP})^2+(\text{TDOP})^2} \tag{11-12}$$

式中　TDOP(Time Dilution of Precision) = σ_t——时钟偏差因子；

PDOP(Position Dilution of Precision) = $\sqrt{\sigma_x^2+\sigma_y^2+\sigma_z^2}$——三维位置精度几何因子。PDOP 也可用下式表示

$$\text{PDOP}=\sqrt{(\text{HDOP})^2+(\text{VDOP})^2} \tag{11-13}$$

式中　VDOP(Vertical Dilution of Precision) = σ_z——高程精度几何因子；

HDOP(Horizontal Dilution of Precision) = $\sqrt{\sigma_x^2+\sigma_y^2}$——水平方向精度几何因子。

需要特别注意的是，VDOP 和 HDOP 是定义在用户地平坐标系中，而不像 GDOP 和 PDOP 是定义在空间直角坐标系中，因此上式中的 σ_z，σ_x，σ_y 都是指换算到用户地平坐标系中的误差分量。利用上面的关系式，可以得到下面的误差表达式：

$$\begin{aligned}&\text{伪测距误差}(\sigma)\times \text{PDOP}=\text{位置误差}\\&\text{伪测距误差}(\sigma)\times \text{TDOP}=\text{钟差误差}\\&\text{伪测距误差}(\sigma)\times \text{VDOP}=\text{高程误差}\\&\text{伪测距误差}(\sigma)\times \text{HDOP}=\text{水平位置误差}\end{aligned} \tag{11-14}$$

在进行卫星定位时，可见卫星数可能高达 7 颗，甚至 11 颗，可选择最佳的 4 颗卫星，使得 GDOP 值最低，以取得最好的定位精度。GPS 卫星导航仪等效测距误差(σ)为 4.3 m(P 码)和 8.6 m(CA 码)，假定 HDOP = 1.5，产生的水平位置误差(水平面内二维用户位置的经向误差(σ)为 6.5 m(P 码)和 12.9 m(CA 码)；VDOP = 2.5，产生高程误差应为 10.8 m(P 码)和21.5 m(CA 码)；GDOP = 1.2，把距离转换成时间时，就会产生 17 ns(P 码)和 34 ns(CA 码)的时间误差。水平位置误差与 HDOP 的关系，如图 11－18 所示。

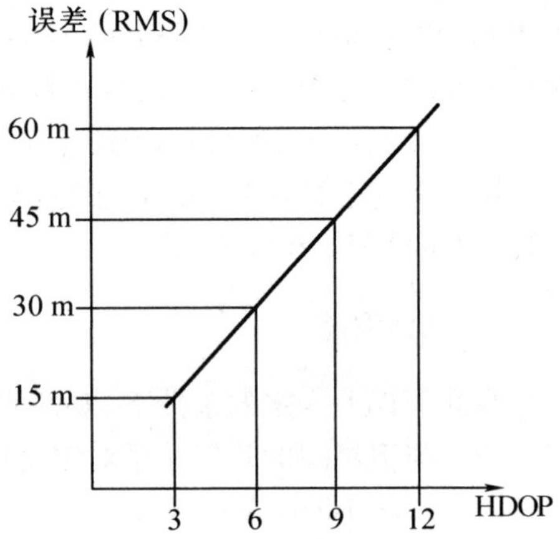

图 11－18　水平位置误差与 HDOP 的关系

可见，GDOP 本身是一种综合度量值，它表示卫星配置的几何图形对时间(用户时钟偏差)和用户位置综合精度的影响。最佳选星的原则是：选择 4 颗仰角满足要求(5° < 仰角 < 85°)，且构成的空间几何图形能使精度几何因子 GDOP 值最小的一组卫星作为最佳选择。船载 GPS 卫星导航仪通常置卫星 HDOP 的门限值为 10。

三、速度测量误差

GPS 卫星导航仪的动态特性将会影响速度测量。高质量的 GPS 卫星导航仪在动态特性很强烈的环境中有 0.03 ~ 0.13 m/s 的水平速度误差，0.05 ~ 0.21 m/s 的垂直速度误差。卫星几何图形对距离变化率和用户速度误差的影响，类似于对距离误差和用户位置误差的影响，因此 GDOP 参数同样适用于速度测量。

四、海图标绘误差

目前世界各国编制的海图和生产的 GPS 卫星导航仪，采用了不同的大地坐标系，使得

标绘产生误差，在高精度定位时，需要进行大地坐标转换。

第五节 差分GPS卫星导航系统

差分GPS(DGPS，Differential GPS)是利用已精确知道三维坐标的差分GPS基准台，求出伪距修正量或位置修正量，将这个校正量实时或者事后送到用户GPS卫星导航仪，对用户GPS卫星导航仪的测量数据进行修正，以提高GPS定位精度。

DGPS由GPS卫星网、基准台、数据链(通讯链)及用户组成。差分GPS基准台用GPS接收机接收GPS卫星发射的导航信息，测量出基准台的位置，与已知位置比较计算出误差(伪距或位置修正值)，经数据链播发给差分GPS用户。数据链即差分GPS导航电文通信链，以固定的格式向用户播发差分GPS修正信息，对用户计算出的位置进行校正，以获得高精度定位。

一、差分GPS

差分GPS根据修正数据的处理方法可分为位置差分GPS、伪距差分GPS、相位平滑伪距差分GPS、载波相位差分GPS、广域差分GPS和广域增强系统。

1. 位置差分GPS

根据已知的GPS基准台精确的位置坐标与GPS基准台测量的位置坐标求得的差称为位置修正值。差分GPS基准台把位置修正值($\Delta X, \Delta Y, \Delta Z$)，位置修正值变化率($\Delta X, \Delta Y, \Delta Z$)及卫星的星历数据龄期AODE用上行数据通信播发给作用区域内的所有用户，由用户对其位置进行修正；或者用户用下行数据通信传输它的未校正位置数据和它选用的卫星星组，由基准台计算每个用户的位置修正值，并用上行数据通信将校正后的定位数据传输给用户。这种方法要求GPS基准台与用户GPS卫星导航仪必须同步观测相同的卫星，若有一颗卫星不同，将会产生几十米的定位误差。

若由用户对其位置进行修正，则要求基准台有较强的上行数据通信能力，而用户端需要进行大量的校正处理工作。当多个用户工作时，若有8颗卫星临空，可有多达70组的4颗卫星的组合。这时采用的方法有：

(1)所有用户都使用同一组4颗卫星；

(2)用户要用下行数据通信报告选用的一组4颗卫星，以便GPS基准台为每一用户提供位置修正值；

(3)GPS基准台播发临空卫星所有可能4颗组合成一组的位置修正值。

2. 伪距差分GPS

根据已知的GPS基准台精确的位置坐标与GPS卫星星历求出GPS卫星到GPS基准台的距离，然后将此值与GPS基准台用CA码测量的伪距观测值求差，称为伪距修正值。基准台将每颗卫星的伪距修正值、伪距修正值变化率和星历数据龄期AODE用上行数据播发给作用区内的所有用户，用户GPS卫星导航仪接收到此信号后，对其观测值进行修正，最后利用改正后的伪距求出用户的位置；或者用户用下行数据传输它的未校正的伪距测量数据和它选用的卫星星组，由基准台修正每一用户的测量值，并用上行数据通信将校正后的测量值传输给用户。伪距差分GPS定位精度可达3～10 m。

若由用户对伪距观测值进行修正,用户需使用 DGPS 卫星导航仪。GPS 基准台不需要知道用户使用哪组 GPS 卫星。伪距差分 GPS 定位是目前较为广泛采用的技术,其用户是无限的。

3. 相位平滑伪距差分 GPS

GPS 卫星导航仪除了提供 CA 码伪距观测值之外,还可以提供多普勒计数或载波相位。由于载波相位观测精度比伪距测量精度高,利用多普勒计数或载波相位辅助伪距测量可以提高测量精度,相位平滑伪距差分 GPS 可使定位精度提高到亚米级。

4. 载波相位差分 GPS

载波相位差分又称为 RTK(Real Time Kinematic)技术,是将 GPS 基准台载波相位观测值和坐标信号一起传送到用户,然后,用户将自己接收到的卫星载波相位观测值与 GPS 基准台传送来的载波相位观测值一起处理,其实时定位精度可达到厘米级。

载波相位差分是目前发展十分迅速的技术,有广阔的应用前景,但是由于起始整周模糊度的解算以及受高波特率数据链限制及电台干扰和周围环境对卫星信号的遮挡等影响,会造成信号失误等问题,在动态应用中还有一定的难度。

5. 广域差分 GPS

广域差分 GPS(WADGPS)是在一定区域设立若干个差分 GPS 基准台,与一个或多个主控台组网。主控台接收来自各监测台的差分 GPS 校正信号,经过处理组合后,形成在扩展区域内的有效差分 GPS 修正电文,再通过卫星通信线路或无线电数据链,将修正信号发送给用户。这样就形成了广域差分 GPS。广域差分 GPS 由 GPS 基准台网、主控台和数据链组成。

主控台由计算机、网络工作站、数据及综合通信系统组成。主控台协调基准台工作,处理数据和控制数据的传送。数据链由有线或无线、FM 广播以及卫星通信等通信方式组成。数据链将基准台、主控台及 GPS 用户联成一体,实现各种形式的数据传递,完成广域差分系统的各种功能,满足不同用户的要求。

广域差分 GPS 与单台差分 GPS 相比较具有以下优点:

(1)减少设台,避免重复,节省资金;

(2)提高了差分的可靠性,若某一基准台发生故障,可使用其他基准台;

(3)覆盖面广,可远距离、连续可靠地高精度导航。

6. 广域增强系统

广域增强系统(WAAS)是广域差分 GPS 增强系统,是在卫星上加载 L 波段转发器,实施导航重叠和广域增强电文广播,广播类 GPS 信号,向用户提供附加测距信息、广域差分 GPS 改正信息、改善航行安全的完善性信息,进行广泛区域的 GPS 定位与导航。广域增强系统由 GPS 多功能测量网、主控台和数据链组成。

广域分布设置的广域差分 GPS 基准台,接收 GPS 卫星和移动与同步卫星信号、电离层数据、气象数据等环境数据,计算卫星信号误差及信号传播误差等信息,并将这些信息送到主控台。

主控台集中处理来自各基准台的数据,并按各颗卫星确定出差分修正信息、电离层延迟信息、系统的完善性及可用性信息、GPS 精密轨道信息、大气层和电离层模式信息、卫星钟校正信息、卫星硬件差分时延校正值等导航电文,经过移动卫星或同步卫星的地面地球站(GES)上行注入给移动卫星或同步卫星,最后这些信息调制在类 GPS 信号上,由移动卫星或同步卫星播发给用户。

数据链将基准台、主控站及 GPS 用户联成一体，实现各种形式的数据传递，完成广域增强系统的各种功能。移动卫星或同步卫星向用户广播可作为附加测距的类 GPS 信号(按规定格式将 CA 码和导航电文调制在1 575.42 MHz的 L_1 频率上)、广域差分 GPS 校正信号及 GPS 完善性信号，在广域的范围内提供高精度差分 GPS 定位与导航。

二、差分 GPS 基准台

1. 差分 GPS 基准台

差分 GPS 基准台跟踪所有视界以内的卫星，精确测量伪距和载波相位，产生差分校正数据，并格式化为标准的信号格式，经调制后播发给用户。差分 GPS 基准台由接收机部分、数据处理部分和发射机部分组成。

接收机自动捕获和跟踪 GPS 卫星伪距和载波，测量伪距和伪距变化率，并将检测的卫星星历、卫星钟差、测量的伪距等信息送到数据处理部分。在数据处理器中，根据已知基准台精确的位置坐标及 GPS 卫星星历计算出卫星到基准台的计算伪距，然后将此值与基准台测量的伪距值求差，获得伪距修正值。对载波锁相环路进行多普勒频移计数，可获得伪距修正值变化率。伪距修正值和伪距修正值变化率经过数据处理(卡尔曼滤波)，进一步提高精度，并经过编码器数据格式化后送到发射机部分，由发射机将 GPS 差分校正信息播发给用户。在海上，通常用无线电信标通信链以最小移频键控(MSK)调制方式将 GPS 差分校正信息播发给差分 GPS 用户。

2. 差分 GPS 无线电信标

发射包含差分 GPS 数据的无线电信标称为差分 GPS 无线电信标。差分 GPS 无线电信标具有准确的地理位置，发射无线电测向信号和差分 GPS 数据信号。差分 GPS 无线电信标由差分 GPS 基准台、完善性监测器、发射机和计算机组成。

差分 GPS 基准台用多通道(9 或 12 通道)、单频(L_1 频率)、CA 码、连续型 GPS 卫星导航仪跟踪所有视界以内的卫星，经过精确的测量和数据接收与处理，产生差分校正数据，并格式化为标准的信号格式，经最小频移键控调制器调制后，送给发射机。调制器还向发射机输送一个键控未调制音频的无线电测向信号。

完善性监测器用差分 GPS 卫星导航仪和最小频移键控解调器来检测差分 GPS 及最小频移键控广播内容和测量系统的性能；监测差分 GPS 基准台的工作情况、卫星钟误差、伪距剩余误差、定位误差以及信号参数是否超限。完善性监测器将检测、监测的结果直接输送给差分 GPS 基准台。如果某颗卫星伪距误差超限，完善性监测器立即通知差分 GPS 基准台并发出告警，该告警经发射机播发给差分 GPS 用户。

差分 GPS 无线电信标是专门供无线电测向和差分 GPS 定位用的无线电发射台，由无线电信标经过改进制成，用差分校正数据在副载频上对无线电信标信号进行调制。发射机装有自动天线调谐装置，以补偿天线阻抗。差分 GPS 基准台和发射机之间进行实时、可靠的通信。

由计算机控制完善性监测器和差分 GPS 基准台的工作，进而控制发射机的工作。计算机通过调制解调器与广域差分 GPS 的信息中心进行通信。

广域差分 GPS 的控制台是广域差分 GPS 的控制中心，控制各个差分 GPS 无线电信标的工作；实时地监视各个差分 GPS 无线电信标；接收各个差分 GPS 无线电信标所发射的状态报告和告警信号;与各个差分 GPS 无线电信标进行双向通信。差分 GPS 无线电信标接收控制台的各种控制信息,这些信息包括广播特征、配置、数据、复位、发射机状态和控制参数等。为了保证安全、可靠、连续地导航与定位,差分 GPS 无线电信标都配备双差分 GPS 基准台和完善性监测器,双差分 GPS 基准台信号分别通过 A,B 口输入到发射机,每个输入口有差分 GPS 和无线电测向两种信号。差分 GPS 无线电信标自动地播发信号。

3. GPS 伪卫星

GPS 伪卫星是类似于 GPS 卫星的固定基准台,发射频率为 1 575.42 MHz,由 50 bit/s 的数据和 1 023 码位/s 的 CA 码进行调制,数据格式与 GPS 卫星数据格式兼容,并且提供距离和校正信息,看起来像一颗"GPS 卫星",称为 GPS 伪卫星。GPS 伪卫星的时间与 GPS 卫星时间同步。在需要高精度定位的地方,于精确知道位置的地点建立伪卫星站,发射 GPS 伪距卫星信号。和差分 GPS 基准台一样,伪卫星用 GPS 卫星导航仪接收 GPS 信号,计算伪距离校正量等信息,并发射类似的 GPS 信号,改善 GPS 卫星的配置,提高局部区域的定位精度。

三、差分 GPS 数据链

1. 差分 GPS 信号载波频率

差分 GPS 数据链可以从整个无线电频谱中选择载波频率,可使用低频(LF)、中频(MF)、高频(HF)、超高频(UHF)、甚高频(VHF)及各种微波频率(C,L,Ku 等波段)。载波频率越低,衰减越小,传输距离越远。至于差分 GPS 选用哪种载波频率,由差分 GPS 的作用距离、性能与费用进行综合考虑。美国海事无线电技术委员会(RTCM)104 专业委员会推荐使用无线电信标频率,即用差分校正值数据调制航海用无线电信标信号,把校正量发射给用户。

航海无线电信标分配的频率为 285 ~ 325 kHz。在无线电信标台发射机中,加进一个高于无线电信标(主载波)使用频率 325 ~ 500 Hz 的副载波,并以差分 GPS 信息对副载波进行 MSK 调制。最小频移键控(MSK)的优点是边带极小,信号功率恒定和能与简单接收机兼容。

2. 差分 GPS 导航电文

差分 GPS 导航电文是差分 GPS 基准台发射的有关差分校正量信息。包括导航需要的差分修正值、差分修正值增量、P 码差分修正值、GPS 差分基准台的有关信息、GPS 卫星状况、无线电信标历书、伪卫星参数以及与 GPS 导航和罗兰 C 导航等有关的其他信息。RTCM 建议导航电文以每秒 50 比特的速率发射。差分导航电文以帧为单元。每帧电文又分成几个字,每个字的字长为 30 码位,每帧电文的长度不同。每帧电文的第 1 个字(1 ~ 30 码位)为同步字,第 2 个字(1 ~ 30 码位)组成时间字。

同步字的前 8 码位为引导字,其余 22 码位为电文类型(4 码位)、台标志(12 码位)和奇偶校验(6 码位)。

时间字的前 13 码位为修正 Z 计数,其余 17 码位为序号(3 码位)、帧长度(5 码位)、基准台状态(3 码位)和奇偶校验(6 码位)。修正 Z 计数将原 GPS 卫星电文的分辨率从 6 s 改进到 0.6 s,范围为 1h。然后对序号和帧长度解码,确定出下一个引导字的位置,进一步检验电文帧同步,以防止任何字码开始时可能出现虚假的引导字。

RTCM 推荐的差分 GPS 信号格式与 GPS 信号格式相仿:GPS 电文中的字长、字格式、奇偶校验规则及其特性继续保留。两种格式的主要差别在于 GPS 电文中子帧长度固定，而 DGPS 信号帧长度不固定。

四、差分 GPS 定位误差

差分 GPS 定位误差主要来自卫星、信号传播和卫星导航仪。差分 GPS 定位误差的大小与所选的卫星几何图形及测距误差的大小有关。总的定位误差可由精度几何因子(GDOP)和用户等效测距误差之乘积表示。用户离差分 GPS 基准台近，定位精度高。通常用户应位于差分 GPS 基准台 100 n mile 以内。差分 GPS 的定位精度为 8 ~ 12 m(2 drms)，定点定位精度为 5 m，甚至 1 m。

GPS 的测距误差包括卫星误差、信号传播误差及卫星导航仪误差。在这些误差中，有些对差分 GPS 基准台和用户 GPS 卫星导航仪是公共的，差分 GPS 只能消除和削弱公共误差。差分 GPS 与 GPS 定点观测的伪测距误差和定位误差如表 11 – 4 所列。

表 11 – 4　DGPS 定点观察误差

误　　差	GPS 定点观察误差/m		DGPS 定点观察误差/m	
	P 码	CA 码	P 码	CA 码
卫星钟剩余误差	3.04	3.04	0	0
星历表误差	2.62	2.62	0	0
电离层折射误差	0.40	6.40	0.15	0.15
对流层折射误差	0.40	0.40	0.15	0.15
多径效应	1.22	3.05	1.22	3.05
导航仪噪音与量化误差	0.24	2.44	0.24	2.44
通道间误差	0.15	0.61	0.15	0.61
用户伪测距误差(UERE)(RMS)	4.24	8.50	1.28	3.96
水平位置误差(HDOP = 1.5)(RMS)	6.36	12.75	1.92	5.94
垂直位置误差(VDOP = 1.5)(RMS)	10.60	21.25	3.20	9.90

思　考　题

11 – 1　GPS 卫星导航系统由哪三部分组成，相互关系是怎样的？

11 – 2　卫星的运行轨道为什么摄动？

11 – 3　卫星的无摄动轨道位置可以用几个参数来确定？写出它们的符号和意义。

11 – 4　简单叙述导航卫星在定位计算中所采用的地心直角坐标系。

11 – 5　何谓 GPS CA 码？

11 – 6　简单叙述 GPS 定位原理。

11 – 7　画出 GPS 卫星导航信号的接收处理框图，并且叙述其工作过程。

11 – 8　GPS 卫星导航系统的误差主要来自何处？

11 – 9　目前有几种差分 GPS 定位方法，写出其名称。

第十二章　船载航行数据记录仪

船载航行数据记录仪(简写为 VDR, Voyage Data Recorder),通俗地说就是船舶"黑匣子",是用于记录船舶航行数据、指令和状态等的专用设备。该设备以一种安全和可恢复的方式,连续存储船舶发生事故前后一段时间的与船舶位置、动态、物理状态、命令和操纵相关的信息。该设备共有两种形式:一种是标准的 VDR,目前主要在所有的新造船和客船及客滚船上使用;另一种是简易的船载航行数据记录仪(Simplified Voyage Data Recorder),简称 S－VDR,主要应用在在航船舶。

第一节　VDR 实施的背景及过程

随着国际贸易的发展,刺激海上运输业的急剧膨胀,船舶向着大型化、快速化发展,一旦有海难事故发生,不仅对生命财产造成很大的损失,还对生态和海洋环境造成灾难性的不可恢复后果。近几年发生的恶性海难事故就说明这一点,海难事故的频繁发生,使国际海事组织(IMO)面临空前巨大的公众压力,为了缓解公众压力,同时也是为了在事故发生后客观公正地解释事故发生的原因,预防同类事故的再次发生,确保航行安全,国际海事组织参照其他交通工具已经在使用类似的设备,在 1997 年就制定并通过了《船载航行数据记录仪(VDR)性能标准》,在 2000 年 6 月,国际电工委员会又通过了船载航行数据记录仪的产品标准,即 IEC61996 标准,对生产厂家提出明确的要求,又通过修改 SOLAS 公约,对船东提出安装要求,规定了安装期限,具体过程如下。

一、VDR 的立法过程

1. 1997 年 5 月 28 日至 6 月 26 日,在国际海事组织海上安全委员会第 68 次会上,船用"黑匣子"标准起草小组接受了《船载航行数据记录仪(VDR)性能标准建议案》。

2. 1997 年 11 月 27 日国际海事组织第 20 次大会通过了《船载航行数据记录仪 VDR 性能标准》A. 861(20)号决议。

3. 1999 年 10 月国际海事组织(IMO)修订的并于 2002 年 7 月 1 日生效的《国际海上人命安全公约》(SOLAS)第五章第 20 条"船载航行系统和设备的配备要求和运行标准"中扩大了原先的设备系统配备要求范围。其中要求配备"通用船载自动识别系统(AIS)"和"航行数据记录仪(VDS)"。

4. 2000 年 6 月,国际电工委员会通过了船载航行数据记录仪的产品标准,即 IEC61996 标准。

二、简易 VDR(S－VDR)的立法过程

在 VDR 的安装过程中,专家们发现,如果完全按照 VDR 的标准,在在航船舶安装 VDR 将面临很大的困难,主要原因是所采集的信号复杂,导致安装周期长、调试困难,成本高。例

如在2004年1月1日前，在航的客船（客滚船）安装一台标准VDR的平均成本超过8万美元，安装周期约为一个月，这样无论在设备价格还是安装时间上，船东都非常难接受，引起船东的强烈不满，为缓和船东的不满情绪，同时又要满足公众的要求，因此就需要一种既能记录船舶基本的、重要的信息，成本又不高的简易型VDR应用于在航货船，来既满足公众和公约的要求又能使船东容易接受，经过专家们的努力，终于在2004年制定出了S-VDR的标准，S-VDR的立法过程如下。

1. 2004年5月第78次海安会，通过了简易型航行数据记录仪（S-VDR）性能标准的决议，即MSC163（78）决议。

2. 国际电工委员会，在2004年底通过了关于简易型航行数据记录仪的产品标准（草案）IEC PAS 61996-2。

3. 2004年12月，79次海安会通过了《1974年国际海上人命安全公约》修正案，该决议规定了现有货船配备简易型航行数据记录仪的日期，即MSC170（79）决议。

三、VDR与S-VDR的安装要求

1. 所有在2002年7月1日以后建造的客船，建造时配备。

2. 2002年7月1日以前建造的客滚船不晚于2002年7月1日之后的第一个检验日。

3. 2002年7月1日以前建造的客船不晚于2004年1月1日。

4. 2002年7月1日以后建造的3 000总吨以上国际航行船舶，必须建造时安装。

5. 对2002年7月1日之前建造的20 000总吨及以上货船，在2006年7月1日之后第一次计划坞修日，但不晚于2009年7月1日。

6. 对2002年7月1日之前建造的3 000总吨及以上但小于20 000总吨的货船，在2007年7月1日之后第1次计划坞修日，但不晚于2010年7月1日。

7. 该修正案将于2006年7月1日生效。

第二节　VDR组成及功能

VDR与S-VDR系统在组成和工作原理上没有任何区别，都是由电源、主机、接口电路、信号处理电路、数据存储设备和再现回放装置五部分组成，当然在设备部件的要求上存在一定的差别，在外观上有些厂家生产的这两种设备也完全一样，有些厂家VDR的主机单元比S-VDR大一些，主要是信号电缆多了几根而已。

一、设备的组成及各部分的作用

VDR设备实际上是一个比较简单的计算机系统，为提高设备的可靠性，现在一般采用的是嵌入式系统，带有两个性能比较高的存储器，采用总线结构，把各信息处理模块组合在一起，信息处理模块通过接口与外围设备连接，采集信号并处理。图12-1所示为VDR组成框图及HEV847船载VDR实物图。图12-2所示为VDR设备接线图。图12-3所示为VDR设备组成图。

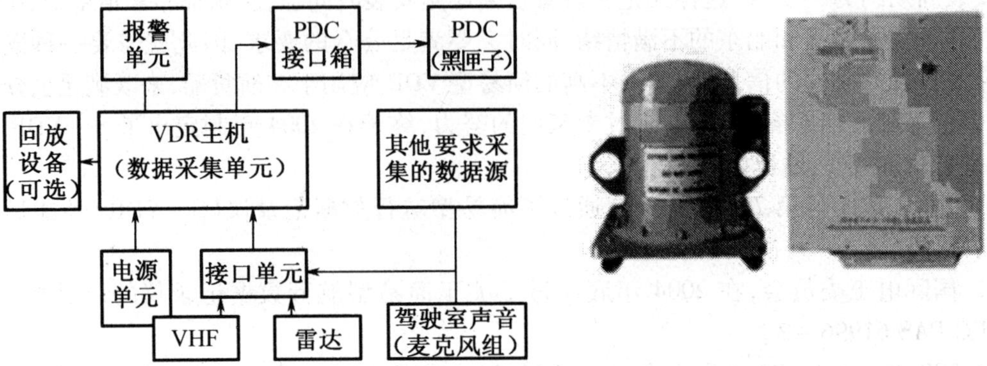

图 12－1　VDR 组成框图及 HEV847 船载 VDR 实物图

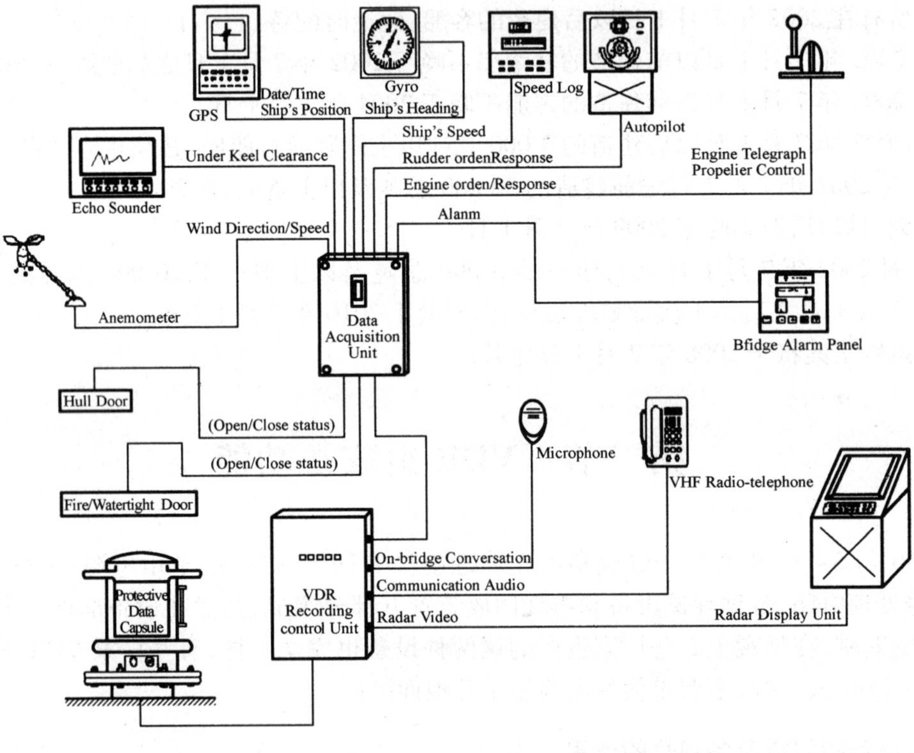

图 12－2　VDR 设备接线图

1. 主机部分

主机是整个系统的核心，主要负责与各电路的通信、整个系统的协调和管理、数据流分析与报警、数据存储等。

2. 船舶运行数据采集模块

用于采集船舶状态信息和船舶的操纵信息。

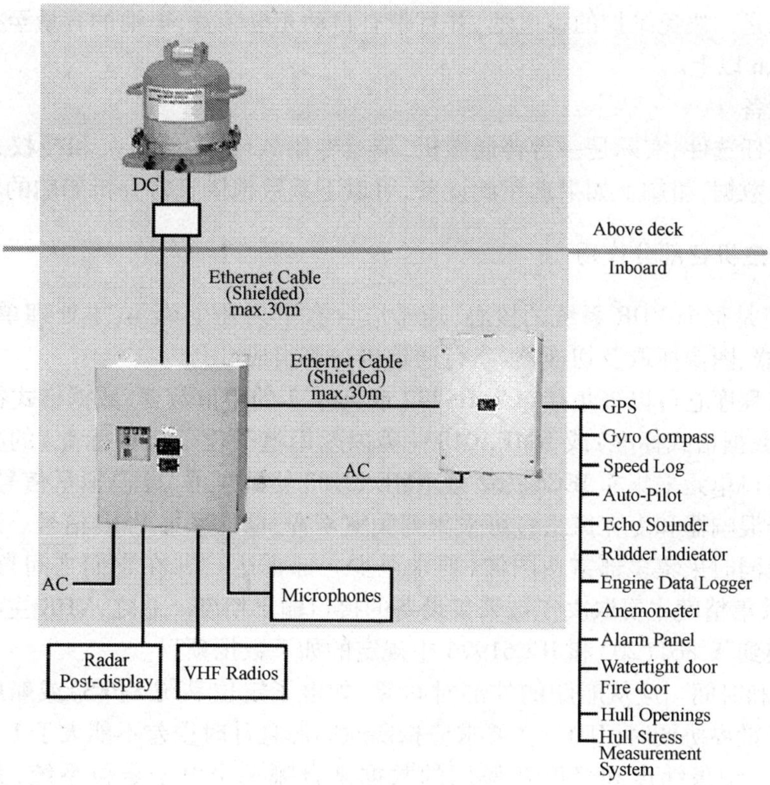

图 12－3　VDR 设备组成图

3. 信号处理模块

将各种船舶状态信号变换为格式统一的信号。特别是对一些模拟量和开关量进行处理，此模块在 VDR 设备中，是一个单独的机箱，但是在 S－VDR 系统中，由于采集的全是有接口的标准信号，因此是一个任选件，一般不用。

4. 语音模块

对采集到的驾驶台信号、VHF 通信信号进行压缩处理，然后送到数据总线。

5. 雷达图像采集模块

把采集到的船舶雷达图像进行压缩、处理，通过总线送主机单元。

6. 主存储器单元

主机的存储单元是任选件，主机处理过的信号送到此单元进行存储，当船舶发生事故需要弃船时，可以非常方便取走。存储器采用先进先出（FIFO）的工作方式，保证存储的数据不断翻新，使记录的数据是最后一次记录之前的 12 h 的数据，当然随着存储器技术的不断发展，存储容量可以增大到 24 h 甚至是 48 h。

7. “黑匣子”存储器

公约要求，最低要存储 12 h 的船舶信息，同主存储器一样，目前存储容量在不断增加，目前存储容量已经达到 24 h 甚至是 48 h，记录方式同主存储器，标准的 VDR 设备只有下沉式一种，S－VDR 有上浮式和下沉式两种。公约对下沉式存储器外面的保护容器的要求非常苛刻。

8. 备用电源

备用电源是一块免维护的蓄电池，并且带有自动充电装置，电池的容量至少可以维持主机单元工作 2 h 以上。

9. 回放设备

此设备是任选件，实际是一台普通微机，带有专用软件，主管机关和授权人员可以通过专用软件读出数据，船舶上如果选用此设备，可以下载数据供日常分析船舶的状况。

二、VDR 主机各部分作用

VDR 主机是整个 VDR 系统的核心，通常应含有下列几个单元：主处理单元、网络交换机、语音混响器、图像抓取及切换器、串行通信接口等组成。

通过采集程序它可以采集接口为 RS232 或 RS422 的串口数据，数据格式符合 IEC61162(数据接口及数据格式标准)或 NMEA0183(美国船用电子设备接口标准)的要求。同时可通过传感器接口单元采集非 IEC61162 或 NMEA0183 格式信号，即模拟量信号、开关量信号等。通过语音混响器和麦克风组合可采集驾驶室声音，也可采集 VHF 信号。通过图像抓取及切换器可以同时采集多部雷达图像(要求至少一部雷达)，并在它们之间自动切换，压缩存储。VDR 采集精度主要取决于被采集设备的接口输出精度。总之，VDR 主机通过采集程序至少应采集到 A.861(20)和 IEC61996 中规定的如下数据项目。

(1)日期和时间　应从船舶的外部时间源(如电子定位系统 EPFS)或船舶的内部时钟获取。可参考世界协调时(UTC)。要求应指明时间源且计时误差不能大于 1 s。

(2)船位　记录纬度和经度及使用的数据来自哪一个电子定位系统，其分辨率应高于0.000 1 min/rad。

(3)速度　记录相对于水或地的速度，指明来自哪种设备，分辨率应高于 0.1 kn。

(4)船首向　即船舶的罗经指示，分辨率应高于 0.1°。

(5)驾驶室声音　应采集位于驾驶室内的一个或多个麦克风，其布置应充分地记录在指挥位置、雷达显示器、海图桌等位置或附近的谈话。同时尽可能捕捉到驾驶室内的内部通信、船令广播和声响报警等声音。

(6)通信声音　有关船舶操作的 VHF 通信应采集，并与驾驶室的声音独立。

(7)雷达数据　要求采集从船舶的一台雷达装置上获得的电子信号信息，它记录了当时在雷达主显示器上实际出现的全部信息。还应包括任何距离标志、方位标志、电子标绘符号、雷达图、选择的部分系统电子海图(SENC)、航行计划、航行警告和在显示器上可见的雷达数据。

(8)回声测深仪　采集船舶龙骨以下的深度，当时显示的深度刻度和可以得到的其他信息。分辨率应高于 0.1 m。

(9)主报警　包括驾驶室在内的所有 IMO 强制要求在驾驶室内进行报警的所有报警状态。

(10)操舵命令和响应　操舵命令和响应角度应按船舶可得到和允许的数据进行记录。分辨率应高于 1°。

(11)轮机命令和响应　包括任何车钟或直接的机器/螺旋桨控制器的位置、轴转数(或等效速度)、反馈指示、前进后退指示器及首尾侧推(如设有)。转数记录的分辨率应高于 1 r/m，螺距记录的分辨率应高于 1°。

（12）船体开口状况　包括要求在驾驶室内显示的所有强制状态信息。

（13）水密和防火门状况　包括要求在驾驶室内显示的所有强制状态信息。

（14）加速度和船体应力　（如设有时）应予记录。

（15）风速和风向　使用于安装了适当传感器的船舶。相对风速、风向或绝对风速、风向都可以记录，但应指明是哪一种。

VDR 还可以在不影响规定的要求最小数据项目的记录和存储基础上，设计成对可选的数据项目进行采集。可以将采集到的数据存储到最终记录介质和本地文件夹中。

VDR 主机通过配置程序在系统安装初始化过程中应对下列信息和数据源特征进行配置，并写入最终记录介质且在其内永久保存。同时应采取保护措施以便只能由经过适当授权的人员根据数据的变化进行修改。任何对上述数据块的改变都不应影响强制项目的记录。数据块应包括下列信息：

（1）VDR 的形式认可机关和参考标准；

（2）本船的 IMO 编号；

（3）正在使用的软件版本号；

（4）麦克风的安装位置和录音通道的分配；

（5）对哪台 VHF 进行了记录；

（6）日期和时间从哪个数据源获得；

（7）船位从哪个 EPFS 获得及其在船上的相对位置；

（8）对其他提供记录数据输入设备的特征，符号约定和所有输入的报警/门的标志；

（9）自动插入最近修改的日期和时间。

数据保护容器（PDC）其内存放最终记录介质（FRM 通常采用 Flash Memory，其存储时间应不少于 12h），PDC 通过接口箱与 VDR 主机相连。通过网络交换机，采用相关的网络协议来存取 VDR 主机采集到的数据。PDC 通常安装在罗经甲板（应注意与罗经安全距离），可以采用在任何情况下都固定在船上的型式或当船舶沉没时自动浮离的型式。PDC 应带有一个在 25 ~ 50 kHz 频段内的水下声响信标，该信标所用的电池至少可以工作 30 天。对于自动浮离式还应带有一个无线电发射机，用于发射定位信号。向无线电发射机和其指标灯供电的电池至少应工作 7 天。

数据保护容器（PDC）应设计成在其经受了下列情况后，仍能够保证最终记录介质中的数据可被恢复且没有丢失：

（1）冲击　IEC60068 – 2 – 27 标准中规定的 50 g 的半正弦脉冲，持续 11 ms。

（2）穿刺　ED56A 标准中规定的 250 kg 并带有 100 mm 直径尖头的物体，从 3 m 高处落下。

（3）耐火　ED56A 标准中规定的 260 ℃的低温火烧 10 h，1 100 ℃的高温火烧 1h。

（4）深海压力和潜水　ED56A 标准中规定的浸没在海水中经受 60 MPa 的压力（相当于 6 000 m的水深）。

数据保护容器（PDC）的外壳体应为高可见度的发荧光的橙色，并用要求的反光材料标志以下文字：

“VOYAGE DATA RECORDER
DO NOT OPEN
REPORT TO AOTHORITIES”

为了确保 PDC 在释放后能够被安全地回收，它应具有适当大的金属拉环或把手，并应采用以下方式与其底座相连：分离螺栓、释放杆或转锁。PDC 的质量和尺寸及金属拉环或把手的尺寸应满足水下遥控车（Remotely Operated Vehicle）的最大操作能力。

三、VDR（S－VDR）设备的主要功能

VDR 设备与 S－VDR 设备的功能是完全一样的，只是在信号采集方面略有不同，设备的主要作用是获得和记录预先选择的数据、处理和存储采集到数据以及事后可以读出已经存储的数据，其主要功能表现在如下两个方面。

1. 为海事调查提供原始、详实的依据

对于海事调查，取证比较困难，因为海事发生后，基本不留任何痕迹，取证往往通过《航海日志》《轮机日志》以及《车钟记录簿》等文件来分析事故发生的原因，这些文件是通过人工现场记录和事后回忆得到，虽然能基本反映当时的情况，但由于人工的因素，在紧急情况下漏记、错记的情况比较严重，并且还很容易被修改。随着科技的进步，逐渐出现了自动船首记录仪、车钟记录仪和 VHF 自动录音等实时记录设备，基本能够比较客观地记录船舶的部分数据，但是记录的内容比较简单，无法完全反映当时的实际情况。

VDR 设备就是针对上述情况专门设计的数据记录和存储设备，它可以保存船舶发生事故前后比较长一段时间的船舶位置、动态、物理状况、命令和操纵信息，根据船舶失事的特点，设计的存储器的存储容量相对比较大，一方面数据存储于主机单元的主存储器中（“白匣子”），另一方面设备将数据备份到罗经甲板的“黑匣子”（PDU）中，供事后打捞，附属于主机单元的主存储器可以在船舶失事后方便地被取走，但并不影响或终止 VDR 系统的正常工作，主管机关通过 VDR 记录的数据进行海事调查，从记录的数据中分析船舶失事的原因。

2. VDR 设备提供的事故的整体记录，有利于改善船队的管理

发展 VDR 的最终目的，不仅仅是进行海事调查，分清责任，更重要的是从事故分析中吸取教训，加强管理，避免类似事件的再次发生，保证航行安全。

利用 VDR 设备可以为海事调查提供原始数据，可以查找和锁定船员的责任，但是更重要的是从失事的原因中进行分析、研究、归纳和总结，不断完善现有的国际公约、规则和规范；另一方面，能为改善船舶管理、使船舶操作规范化，不断改进现有的船舶设备，日益提高船舶航行的可靠性和安全性。

如果把 VDR 的数据实时地传输到船公司，船公司通过对日常记录的分析，可以进行最佳航线的选择、优化燃料的配置等方面的工作，从而减少运输成本。

四、VDR 的报警单元

VDR 应自动连续地监测下列状态：供电、记录功能、比特误码率、麦克风功能。当上述任一功能发生故障时应在船舶的通常驾驶位置发出监测报警，并且报警应能够被静音，但视觉指示到设备恢复可用。还应通过使继电器的触点（或等效方式）在非报警状态下保持通电的方法指示报警状态。

（1）麦克风组　根据实际船舶要求的相关位置（如海图桌旁、雷达操作位置、舵轮操作位置、驾驶室两翼等），配置相应的麦克风装置。

（2）电源单元　船舶的主用电源和应急电源应向 VDR 供电，并且 VDR 应配有专用备用电源，其容量应满足 VDR 单独记录驾驶室声音至少 2 h。

VDR 的数据采集接口单元已在 VDR 的主机部分有说明，它通常固化在 VDR 主机内。

第三节 VDR 的试验与安装维护

一、VDR 的试验要求

VDR 的性能标准 IEC61996 中规定了 VDR 应进行的试验及试验方法和试验结果的要求，主要包括以下内容。

1. 全面性能试验

用再现设备(Playback Equipment)观察记录的数据。在整个规定的记录时间内，详细地检查数据，确保记录连续并与标准数据一致，然后将所有信道的整个记录时间按大约 30 min 长度分段，每段检查 30 s 长度的记录数据。

2. 性能检查

首先对每一数据信道至少进行一次简单的定性检查，然后按大约 1h 的长度对数据进行分段，每段检查 30 s 的长度。

3. 外观检查

(1)防篡改性能检查

①只有通过使用工具或钥匙才能进入系统的任何部位。

②任何控制器或键盘的操作或它们的组合操作应不影响 VDR 的记录。

③只有通过钥匙或其他的安全方法才能停止 VDR 的记录。

④对记录的数据应设置密码，以防止非授权人员访问。

(2)标志是否正确。

(3)PDC 的定位装置。

(4)是否有专用备用电源。

(5)是否配有必要的说明文件。

4. 工作条件试验

应根据 IEC60945(船用通信导航设备和系统的一般要求——试验方法和要求的试验结果)对整个 VDR 系统进行一系列的试验。具体包括绝缘电阻测量、电源波动及故障试验、振动试验、高温试验、低温试验、干热试验、湿热试验、耐电压试验、喷水试验、电磁兼容性试验、外壳防护试验等。

5. 记录时间试验。

6. 专用备用电源试验。

7. 专用备用电源的充电试验。

8. 断电试验。

9. 系统完整性试验。

10. 顺序记录试验。

11. 记录与日期和时间的相关性试验。

12. 对保护容器(PDC)的试验。

13. 数据项目的配置试验。

14. 数据项目的记录试验

(1)日期和时间、船位、速度、艏向。

(2)驾驶室声音,包括:

①音频响应试验;

②声音质量指标试验;

③噪音电平　有信号到无信号;

④噪音电平(SINAD)　信噪比和畸变。

(3)通信声音,同样包括上述Ⅱ的试验。

(4)雷达图像,主要是通过预置的测试图像与输出图像来比较颜色误差和位置误差。其误差应在规定的范围内。

(5)回声测深仪、主报警、舵令和响应、轮机控制命令和响应、船体开口的状态、水密和防火门的状态、加速度和船体应力、风速和风向试验。试验方法为逐项显示记录的数据,其格式应符合相应的规定。数据应以大于每秒一次的速度刷新,并应以小于每秒一次的速度改变。记录 30 min 的数据,并能重新回放此数据。

二、VDR 的操作要求

VDR 在正常工作状态下的运行应是完全自动的,不需要人为干预。只有在当安装在通常驾驶位置的报警单元发生报警时,船上人员才应按照制造商的相关要求进行操作。

VDR 应能够连续保持规定要求采集的有关船舶状态和输出,以及船舶的命令和控制等数据项目的顺序记录。记录的方式应保证在适当的设备上再现数据时,各种数据项目可以与日期和时间相关联。另外 VDR 尽可能设计成不能对输入到 VDR 的数据进行选择,不能对数据本身或已记录的数据进行篡改。任何干扰数据或记录完整性的过程应予以记录。

VDR 的运行应保证连续性,所有存储的数据项目应至少保留 12 h,超 12 h 的数据项目可以被新的数据项目覆盖。如果船舶的应急电源供电中断,则可通过专用备用电源向 VDR 供电,而使 VDR 再连续记录驾驶室声音 2 h。2 h 结束后,所有记录应(可以)自动终止。

三、VDR 的维护要求

由于 VDR 是软硬件结合的系统,所以应根据制造商的维护要求定期对系统进行相关的整理。对专用备用电源、水下声响信标的电池(电池容量可用高阻万用表检查,信标是否正常工作可通过专用设备测试)、麦克风的输出电瓶等定期检查。同时应按照 SOLAS 公约的要求,对 VDR 系统(包括所有传感器)应进行年度性能试验,且试验应由认可的试验或维修机构进行。

四、VDR 的配备要求

根据 SOLAS 公约附则 2000 年修正案第五章第 20 条的规定,从事国际航行的船舶应按下列要求配备 VDR:

(1)2002 年 7 月 1 日及以后建造的客船,于建造时配备;

(2)2002 年 7 月 1 日以前建造的客滚船,不迟于 2002 年 7 月 1 日之后的第一次设备安全检验时配备;

(3)除客滚船外,2002 年 7 月 1 日以前建造的客船,不迟于 2004 年 1 月 1 日配备;

(4)除客船外,2002 年 7 月 1 日或以后建造的 3 000 总吨及以上的所有船舶于建造时配备;

(5)除客滚船外,对于 2002 年 7 月 1 日以前建造的船舶,如能够证明 VDR 于船舶的现有设备连接是不合理和不可行的,则主管机关可以免除这样的船舶配备 VDR 的要求。

五、船上安装检验要求

船舶安装 VDR 时,应将 VDR 的布置图及 VDR 的系统图送交审图部门进行审批。现场检验人员主要应查核下列项目:

(1)查核 VDR 的船用产品证书,查核制造商提供的相关文件,包括安装手册、操作及维护手册等;

(2)应根据批准的布置图核查 VDR 主机、报警装置、麦克风、PDC 等安装位置,既应满足电气设备在船上的安装要求,又应注意电磁兼容性的要求;

(3)应根据批准的系统图查核 V'DR 所有采集的数据项目,对所采集的数据项目现场回放核实其准确度(功能试验),同时对采集数据用的所有传感器应固定安装,其精度应达到要求,采集数据时应从设备的输出接口进行,如需要在设备上另外安装输出接口时,应不影响这些设备的正常使用功能;

(4)安装 VDR 所使用的电缆应具有船用产品证书,船上敷设时应紧固安装并注意船舶结构防火及水密的性能要求;

(5)核查 VDR 的电源供给,包括主电源、应急电源、专用备用电源。

第四节　VDR 功能的扩展及应用前景展望

为了进行事故调查和责任认定,国际海事组织研制并使用了 VDR 系统,实际上 VDR 设备是对船舶所有信息的一个综合采集,并且已经把采集的信号完全转变为标准信号,因此 VDR 采集的信号可以非常方便地进行处理和传输。这也就意味着,通过 VDR 系统,我们可以实时地监控船舶的动态和主要参数,并可以通过多种途径和方式传输,因此,VDR 系统可以在许多方面得到广泛的应用。

一、VDR 在集成监视方面的应用

VDR 系统已经把船舶的许多参数进行标准化处理转化成计算机可识别的标准信号,为此 VDR 可以非常方便地与船舶局域网相连接,成为一个终端,根据用户的需求,发送船舶的各种相关参数和信息,并可以把这些信息和参数形象、直观地在任何地方显示。图 12－4 就是船舶局域网显示的构成模型图。

二、在船公司与船队管理方面的应用

VDR 的数据可以通过相关设备(例如 INMARSAT－B,M 和 F 站等),实时发送到船公司及相关的管理部门,可以使得船公司及相关的管理部门实时地了解当前船舶的基本信息。同时,根据需要,船公司与相关的管理部门可以随时调看船舶的各种信息,这对于加强船队管理、保证航行安全有非常积极的意义。图 12－5 所示为 VDR 与陆地相关部门联网示意图。

另外,在船舶遇到紧急情况时,实时传输系统对管理部门以及船公司来说更为重要,在

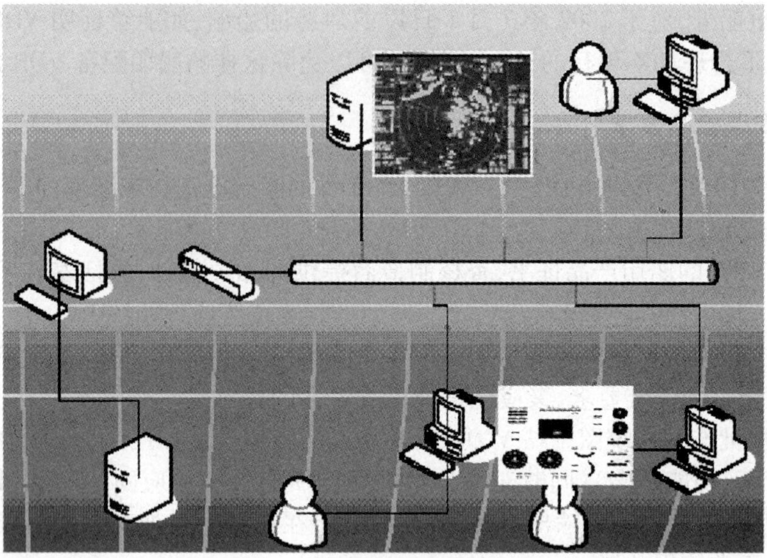

图 12－4　VDR 与局域网连接示意图

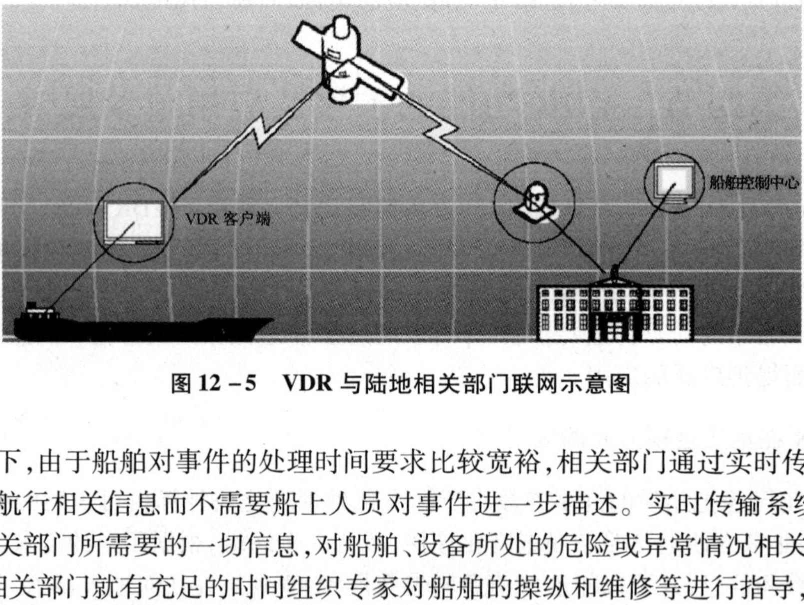

图 12－5　VDR 与陆地相关部门联网示意图

大多数情况下，由于船舶对事件的处理时间要求比较宽裕，相关部门通过实时传输系统能直接获取所有航行相关信息而不需要船上人员对事件进一步描述。实时传输系统会真实、客观地告诉相关部门所需要的一切信息，对船舶、设备所处的危险或异常情况相关部门了解得非常清楚，相关部门就有充足的时间组织专家对船舶的操纵和维修等进行指导，使船舶驾驶员能够尽快作出正确的决定，采取最适宜的措施。

三、在远程可视管理方面的应用

所谓的远程可视管理是指把船舶实时采集到的视频信息通过适当的途径传输到陆地相关部门，这是近几年在船舶通信方面发展的趋势，VDR 系统以其成熟的信号处理功能已经引起各方面的重视，利用适合的传输系统（例如 INMARSAT－F 移动站），就可以实现可视对讲和实时监控，对船舶进行有效的管理。图 12－6 所示为 VDR 可视监视图。

图12－6　VDR可视监视图

四、AIS与VDR的关系

AIS系统与VDR系统虽然各自独立的两个系统，但是它们都是与航行信息密切相关的，AIS，VDR两者有着不可替代的互补功能。一方面，AIS系统不管是处在什么状态下，都不停地向周围的船舶发送本船的航行信息，同时又在实时获取周边安装使用AIS船舶的船名、呼号、船长、货物种类等船舶静态数据，和航向、航速、位置、相对距离等船舶航行动态数据；另一方面，驾驶员利用这些信息操纵船舶，提高了船舶航行的安全性，船公司利用这些信息，及时了解船舶动态，加强船舶管理。

VDR系统能够准确、大容量地进行船舶实况记录，在事故发生后保存记录数据并恢复和再现这些数据，为事故分析提供丰富、可靠的原始记录，这些记录可以在事后恢复和再现，这无论是对事件的还原准确程度还是对事故原因分析提供原始数据的程度是传统的方法无法比拟的。AIS与VDR系统连接在一起，使两者提供的数据信息能相互印证，在某种程度上说，AIS，VDR和ECDIS（电子海图）把传统航海带入了数字航海时代。

第十三章　船舶自动识别系统

船舶自动识别系统(AIS, Automatic Identification System)是一种新型的助航系统,目前AIS已发展成通用自动识别系统(UAIS)。AIS加强了船舶间避免碰撞的措施,增强了ARPA雷达、船舶交通管理系统、船舶报告的功能。在电子海图上显示所有船舶可视化的航向、航线、船名等信息,改进了海事通信的功能,提供了一种与通过AIS识别的船舶进行语音和文本通信的方法,增强了船舶的全局意识,使航海界进入了数字时代。AIS具有如下功能:识别船只;协助追踪目标;简化信息交流;提供其他辅助信息以避免碰撞发生。

第一节　AIS的起因和背景

一、VTS,ARPA雷达的发展

通过岸基雷达搜集目标信号的船舶港口交通管理系统被称为VTS,通过船基雷达搜集目标信号并显示目标的航向、航速以及能模拟避碰的雷达被称为ARPA避碰雷达。20世纪七八十年代,是VTS,ARPA雷达长足发展的黄金时期,几乎全球的所有的港口都安装了VTS,全部的远航船舶都安装了ARPA雷达。随着航海事业的发展和人们航海通信导航仪器的要求提高,VTS和ARPA雷达无法直接标志目标的问题就突出了。VTS,ARPA雷达的显示屏上能看到系统范围内所有船舶(目标)的航行状态,如航向、航速等,无法自动知道船舶(目标)的船名。

VTS中心的显示屏上可以看到通过岸基雷达接受船舶的回波(目标),工作人员需要通过VHF直接询问、VHF通话加VHF测向、VHF短消息等手段来获得该船的船名并对该目标进行标志。经标志过的目标,其标志会始终跟随船舶(目标)航行,直到船舶(目标)驶离VTS区域。

为获得船名并在显示屏上确认其位置,VHF与船舶通话是相当频繁的。进入VTS中心机房,“正横某某灯浮的船舶船名是什么?”“请报船名。请行驶到报告线后再报船名。”等。VHF通信叫喊声叫个不停,叫喊声已经成了VTS中心的一大特色,通过VHF确认船名和位置的工作花费了VTS中心工作人员相当大的精力,对VTS的功能是一个削弱。

ARPA雷达与VTS的情况相同,无法直接了解目标船舶信息的问题非常突出,对避碰也相当不利,成了当时的技术瓶颈。在VTS和ARPA雷达上直接标志目标的问题被提上议事日程。

在VTS和ARPA雷达上直接标志目标(AIS)需要解决的问题有高精度的定位手段、船舶全球唯一的编码MMSI码、自控时分多址连接(SOTDMA)的技术、电子海图等。

1. 高精度的定位手段

全球定位系统(GPS,Global Positioning System)是美国为军用定位而于1973年研制的,能做到在高速运动目标下的三维立体坐标定位,定位精度高于1 m,其主要用于武器的精确制导等方面。为了防止敌对方把GPS用于武器的精确制导,在GPS问世后的相当长时间内未能对民用开放。由于GPS巨大的民用实用价值,考虑到技术的原因,GPS信号有P码和CA码之分,其中P码为精确码,只供美国军方、政府机关以及得到美国政府批准的民用用户使用;CA码为粗码,定位精度约为300 m,对民用有限地开放。航海使用的是GPS民用码。在得到运用通常的技术改进后仍无法将民用码GPS运用在武器的精确制导的结论后,时任的前美国总统克林顿颁布法令,2000年5月1日起民用码GPS向民用领域免费长期开放。在通过使用DGNSS接收器技术后,民用GPS的定位可保证优于10 m的精度(实测可达3 m精度),符合了AIS的定位要求。考虑到GPS对军事民用的重要性,目前欧洲国家、俄罗斯、日本等正抓紧研发自己的卫星定位系统,对抗美国的专有。

2. 船舶全球的唯一编码MMSI码

船舶全球的唯一编码MMSI码又叫船舶识别号,每一艘船舶从开始建造到船舶使用结束解体,给予一个全球唯一的MMSI码。

1987年11月19日,IMO通过了第A－600(15)号决议,推广应用MMSI码。目的在于加强海运安全和防止海运中的欺骗及防止船舶造成海洋污染的管理。MMSI码适用于100总吨及以上的国际航行船舶,不适用于渔船、非机动船、游艇、从事特殊业务的船舶和军用船舶。MMSI码一般由当地船级社办理,现有的营运船可以向当地船级社提出申请获得。AIS中就是使用MMSI码来区分不同的船舶的。

3. SOTDMA技术

SOTDMA(自控时分多址连接)技术是通过数据打包链接的技术。AIS技术标准规定:每分钟划分为4 500个时间段。每个时间段可发布一条不长于256比特的信息,长于256比特的信息需增加时间段。每条船舶会通过询问(自动)选择一个与他船不发生冲突的时间段和对应的时间段来发布本船的信息。在统一的VHF的频道上,AIS范围内任何船舶都能自行互不干扰地发送报告和接受全部船舶(岸站)的报告,这就是SOTDMA的技术核心。AIS系统(在同一区域)能同时容纳200～300艘船舶,当系统超载的情况下,只有距离很远的目标才会被放弃,以保证作为AIS船对船运行主要对象的近距离目标的优先权。在实际操作中,系统的容量是不受限制的,可同时为很多船只提供服务。在实施SOTDMA中,需要2个AIS专用的VHF频道,已有有关组织向国际电联申请并获得批准。

4. 电子海图显示与信息系统

电子海图显示与信息系统(ECDIS)是现代航海的一项新技术,它在保障航行安全和提高航行工作效率方面发挥着显著的作用。国际海事组织对电子海图有专门的要求,与简单地用颜色显示的纸海图相比,电子海图系统包括更多的使用简单、操作容易的地理和文字信息。电子海图系统不仅只是在计算机上显示电子海图,更是为驾驶员集成了各种相关航行信息的实时航行监控与显示系统。ECDIS能自动地实时计算本船与陆地、海图上的物标、目的地或潜在的危险物的相对位置,可以说将航海安全技术提升到了一个全新的高度。

电子海图一般由所在国的主管机关负责或监督制定,这里主要涉及的是国家主权和日常维护。电子海图主要技术指标要求要高于纸质海图许多,一般来讲,电子海图需要达到精度高于1 m的全数字化的电子海图,无级缩放;包含全部航海信息,如灯浮灯标等;包含全部的地理信息,如岸线码头等。

二、AIS 的报文

1. AIS 船舶报告的种类

报告种类很多,主要有以下 13 种,报告的种类和报告的长度比特数(二进制的数字)如下:

(1)船位报告,用 168 比特;

(2)基地台报告,用 168 比特;

(3)船舶静态数据和与航程有关的数据,用 415 比特;

(4)编址的二进制和与安全有关的信息,用 936 比特(最多 117 字节);

(5)二进制和与安全有关的信息的确认,用 168 比特;

(6)广播二进制信息,用 1 192 比特(最多 149 字节);

(7)差分全球导航卫星系统(DGNSS)广播二进制信息,用 832 比特;

(8)差分纠错数据部分的组织,用 1192 比特(最多 149 字节);

(9)询问,用 168 比特;

(10)DGNSS 广播二进制信息,用 832 比特;

(11)差分纠错数据段组织结构,用 784 比特(最多 98 字节);

(12)数据链管理信息,用 168 比特;

(13)信道管理,用 168 比特。

2. 船位报告

每种报告都有其规定的字段和字段长度,现列举最常用的船位报告,船位报告中包含参数如下(按顺序排列,字段后面的括号内是字段长度和部分说明):信息识别码(6 比特);用户识别码(30 比特,MMSI 码);数据终端设备(1 比特);数据显示器(1 比特);航行状态(2 比特,其中 0 = 在航行中;1 = 锚泊;2 = 未受指令;3 = 灵活性受限制);转向率(8 比特);对地航速(10 比特,以 1/10 kn 为单位,±1 024 kn);船位准确度(1 比特,1 = 高准确度,<10 m;0 = 低准确度,>10 m);经度(28 比特,1/10 000 kn,±180 kn,东为 +,西为 -,最小单位≈0.185 2 m);纬度(27 比特,1/10 000°,±90°,北为 +,南为 -);对地航向(12 比特,1/10°,0~359.9°);船首向(9 比特);标准时间(6 比特,s);备用位(9 比特);通信状态(1 比特)等字段。总共用 168 比特表示。

3. 船舶报告频率

船舶静态信息及与航程有关的信息,每 6 min 更新一次或按要求(自动反应,无须用户操作)更新。

船　　型	报告频率
锚泊船	3 分/次
0~14 kn 航速的航船	12 秒/次
航速为 0~14 kn 并且正在改变航向的航船	4 秒/次
14~23 kn 航速的航船	6 秒/次
航速为 14~23 kn 并且正在改变航向的航船	2 秒/次
超过 23 kn 航速的航船	3 秒/次
航速超过 23 kn 并且正在改变航向的航船	2 秒/次

三、AIS 的发展过程

1. 先于 AIS 系统的数字选择性呼叫

先于 AIS 系统的是数字选择性呼叫(DSC),其基本方法是在 VHF70 频道上以 DSC 方式自动发出询问信息,接收到询问的船只以同样的频道将本船的基本信息发送回询问方。DSC 询问采用广播的方式,通过信息中的地址码判断询问的对象,被询问的船才会回应,其余船只不响应。该系统已经利用了数字式自动传输技术,并将船舶的位置信息与电子海图结合起来,对船位等已能显示。

尽管 DSC 系统与原有产品相比,优点非常突出,但是 IMO 还是认为过早地定标对科技发展不利,DSC 技术仍有发展的可能。1996 年 9 月,在 IMO NAV42 次会议上,各成员国在 DSC 和 AIS 系统的选择问题上进行了深入的讨论。考虑到未来的通信,决定采用更加先进的 AIS 系统。

AIS 的研制发展阶段:

1994 年,瑞典等国家提出时分多址无线电自动识别系统方案。

1996 年,IMO 接受了广播式和应答式两种 AIS 系统。

1997 年,IMO NAV43 次安委会通过《关于全球船载自动识别系统性能标准的建议案》。

1998 年,ITU(国际电联)正式通过《在 VFH 海上移动频段时分多址通用船载自动识别系统技术特性》。

1999 年,IMO NAV45 次会议通过《AIS 强制安装决定》。

2000 年 11 月,IMO MSC73 次会议通过强制安装 AIS 的议案。

2001 年 6 月,IMO MSC74 次会议通过决定采用 2000 高速航行器代码(2000 HSC 代码)取代 1994 高速航行器代码(1994 HSC 代码)。

IMO 海上安全委员会第 73 届会议关于 AIS 的决议:国际海事组织(IMO)海上安全委员会第 73 届会议(2000 年 11 月 27 日至 12 月 6 日)最终通过了新修订的 SOLAS 公约第Ⅴ章。在 SOLAS 公约第Ⅴ章中,规定了安装自动识别系统(AIS),具体要求如下。

所有 300 总吨及以上的国际航行船舶和 500 总吨及以上的非国际航行船舶,以及所有客船,应按如下要求配备　台自动识别系统(AIS):

在 2002 年 7 月 1 日及以后建造的船舶。

在 2002 年 7 月 1 日之前建造的国际航行船舶:客船不迟于 2003 年 7 月 1 日;液货船不迟于 2003 年 7 月 1 日以后的第一个船检日;除客船和液货船外的50 000总吨及以上的船舶,不迟于 2004 年 7 月 1 日;除客船和液货船外的10 000总吨及以上但小于50 000总吨的船舶,不迟于 2005 年 7 月 1 日;除客船和液货船外的3 000总吨及以上但小于10 000总吨的船舶,不迟于2006 年 7 月 1 日;除客船和液货船外的 300 总吨及以上但小于3 000总吨的船舶,不迟于 2007 年 7 月 1 日。

在 2002 年 7 月 1 日之前建造的非国际航行船舶,不迟于 2008 年 7 月 1 日。

部分实施日期之后两年内永久退役的船舶,主管机关可以免除对这些船舶的要求。

IMO 海上安全委员会第 74 届会议关于 AIS 的决议:

国际海事组织(IMO)海上安全委员会第 74 届会议(2001 年 5 月 30 日至 6 月 8 日)决定采用 2000 高速航行器代码(2000 HSC 码)取代 1994 年高速航行器代码(1994 HSC 码),这一修正具体涉及到 2002 年 7 月 1 日及以后建造的船舶。

这一修正,与航行数据记录仪(VDR)和船舶自动识别系统(AIS)有关联。

2. 国际上对 AIS 方面的研究

自从 VTS 中船舶识别问题被重视和 AIS 的观点被提出,国际海事组织对船舶识别和 AIS 的讨论、研究、论证、极限测试、定标、推广等方面的工作研究从未间断过。每年都要召开多次 AIS 方面的会议并作出相应的决定。国际海事组织安全委员会还成立了专门的 AIS 小组,统一协调 AIS 工作和进程。

AIS 方面的研究是一项巨大的工程,其讨论、研究、论证、极限测试、定标、推广等方面的工作需要参与国际海事组织的各成员国合作参与,有的测试、定标等工作的部分费用是由国际海事组织支付的,没有我国参与这方面工作的报道。查阅有关的会议文件,我国曾派员参加了有关会议,但很少有参与船舶自动识别系统讨论和发表论文。我国对 AIS 方面的研究是处在起步阶段。

四、AIS 与 VTS、ARPA、船舶报告系统

1. AIS 与 VTS、ARPA、船舶报告系统的关系

AIS 相对 VTS、ARPA、船舶报告系统而言仅是岸基雷达、船基雷达、报告手段的功能而已。VTS、ARPA、船舶报告系统是“一部完整的机器”,而 AIS 仅是“某部机器中的一个零件”而已。VTS、ARPA、船舶报告是港口管理、船舶、搜救组织获取一定区域内船舶信息的工具,分别用于船舶管理、避碰、搜救定位的目的。从信息角度来讲,信息越多越好;从精度角度来讲,精度越高越好;从范围角度来讲,区域越广越好。从信息精度来看,AIS 船位信息精度比 VTS、ARPA 高,比船舶报告高更多。从区域范围来看,AIS 区域范围比 VTS、ARPA 大许多,比船舶报告小一些,但可通过其他方法解决。从成本效果上来看,在达到相同效果的前提下,AIS 与 VTS、ARPA、船舶报告相比成本最低效果最好。有许多功能,VTS、ARPA、船舶报告是无法办到的,只有 AIS 能办到。

2. AIS、VDR、ECDIS 的关系

船舶自动识别系统(AIS)、船载航行数据记录仪(VDR)、电子海图和信息系统(ECDIS)是各自独立的系统,但又是紧密联系的船舶自动识别系统、船载航行数据记录仪获得的数据需要在电子海图和信息系统上显示;船舶自动识别系统和船载航行数据记录仪能互相引证其数据的准确性,其标准需要一致,所以国际海事组织把 ECDIS、AIS、VDR 放在一起研究、讨论和定标。AIS、VDR 两者有着不可替代的互补功能。AIS 的船舶能实时获取周边安装使用 AIS 船舶的船名、呼号、船长、货物种类等船舶静态数据和航向、航速、位置、相对距离等船舶航行动态数据;VDR 能在事故后保存记录数据并恢复和再现这些数据,对事件的还原准确程度和对事故原因分析提供原始数据的程度是传统的方法无法比拟的。

第二节 AIS 系统的工作原理

通用船载自动识别系统应答器(AIS)是一种利用海上 VHF 频段的船载航行信息交换设备,它不仅能自动发出本船的相关信息,还可以接收周围其他船舶所发出的信息,采用的主要技术是“自组织时分多址接续(SOTDMA)”方式进行信息交换。

一、AIS系统的组成

图13－1所示是一个典型的AIS系统组成图。它由两大分系统组成：一个是岸基AIS系统；另一个是船用AIS设备。岸基AIS系统比较复杂，典型的AIS岸基系统是由一定数量的AIS基站和AIS中心组成，系统通过各种方式与VTS中心、船舶报告系统、港口信息网、海事系统以及船舶调度等网络相连接，同时也可以与相关航运公司联系，提供相应的信息服务，使上述主管部门及时得到所有船舶的动态，使航运公司了解到本公司船舶的位置。

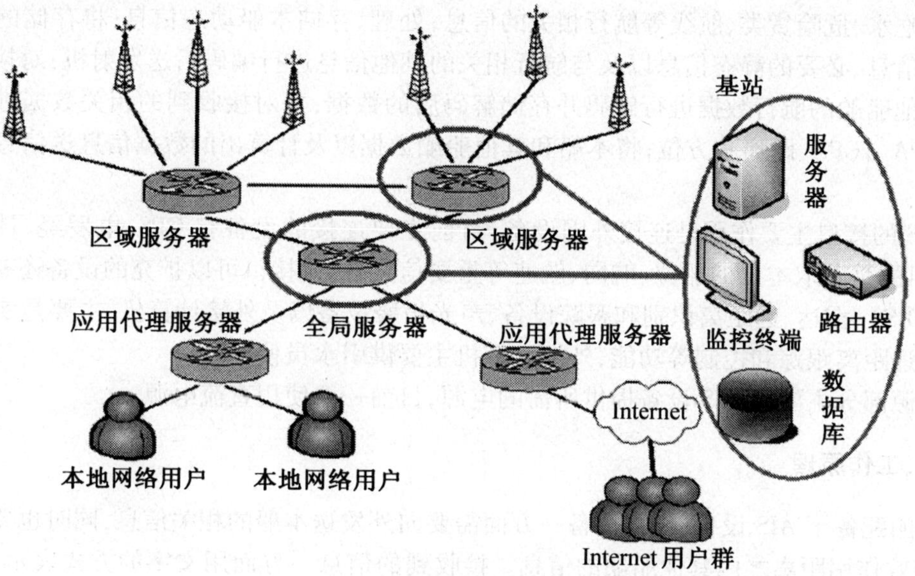

图13－1　AIS岸基系统组成示意图

AIS中心也可以与互联网相连，使用户范围进一步扩大，通过设置一定的权限范围，各用户可以在自己的权限范围内查看相应的船舶信息，得到相应的服务。AIS中心之间可以相互连接，进行信息交换，各AIS中心连接成网，在　个国家和地区范围内，就可以实时了解沿岸所有船舶的动态，这对船舶航行管理、船舶追踪以及防止海洋污染具有非常重要的意义。

二、AIS船用设备的组成

一个典型的AIS船用设备是由一台VHF发射机、两台VHF TDMA接收机、一台VHF DSC接收机、一台内置GPS接收机（作为备用）以及AIS信息处理器、电源和各种必要的外围设备接口组成。

VHF收发由系统信息处理器控制，用VHF CH87B，88B两个国际专用频道自动发射本船的相关信息，接收周围其他船舶的AIS信息，频带为25 kHz。

AIS工作的特点是同时在这两个频率上接收信息，而发射信息一般是在这两个频率上交替进行，在人工的干预下，也可以用其他的方式发射。此外，主管部门还可以指配AIS的区域性频率，AIS设备应在指定的区域性频率上工作。

VHF DSC接收机的主要目的是接收岸台的频率控制信息，实现AIS工作频率在不同区域的自动切换，当接收到岸台的频率信息后，AIS 设备将自动地将频率转换到岸台的工作频率上。例如，当我们到达美国水域时，AIS 设备就在 DSC 信息的控制下，自动地将工作频率从通用频道转换到 28B 频道。

船舶 AIS 的 GPS 信号通常情况下是由船舶 GPS 接收机提供，AIS 设备自带的 GPS 接收机主要是作为备用设备接收 GPS 信号，当船舶 GPS 由于其他原因不能提供信号时，AIS 设备自带的 GPS 接收机才开始工作，其主要作用是确定本船船位，同时接收 GPS 时钟信号，而使每个 AIS 设备时间一致，实现帧同步。

AIS 信息处理器是 AIS 的核心部分，用于存储本船识别码、船名、呼号、船型等静态信息与船舶吃水、危险货类、航线等航行相关的信息；处理、存储本船动态信息；将存储的本船最新动态信息、必要的静态信息以及与航行相关的其他信息进行编码后送发射机；对接收来自周围其他船舶的航行数据进行解码并存储解码后的数据；并对接收到的相关数据进行计算得出 CPA、TCPA、距离和方位；将本船和其他船舶数据以及计算出的数据信息送信息显示器显示。

AIS 的接口主要作用是连接外围设备，目前主要连接的设备有 GPS、电罗经、计程仪等设备，目的是获取本船的船位、航向、航速等重要信息，通过接口可以扩充的设备还有电子海图(ECDIS)、雷达、远距离识别和跟踪设备、声光报警设备以及外接计算机，主要是实现综合导航和远距离跟踪和控制等功能，外接计算机主要供引水员使用。

电源部分主要为 AIS 设备提供所需的电源，目前一般使用直流电源。

三、工作原理

船舶配备了 AIS 设备以后，设备一方面需要向外发送本船的相关信息，同时也要接收在 VHF 有效作用距离之内其他船舶的信息。接收到的信息一方面用文字的方式表示出来，另一方面可以形象地用雷达图表示，AIS 船舶全部用三角符号“△”表示，直观地显示船舶的相对位置和运动方向。在电子海图上，可以用矢量线表示船舶的速度，必要时利用尾迹线表示船舶航行的痕迹，船位数据取自 GPS 乃至差分 GPS，其精度很高。要是在 AIS 设备上选择一个目标或者在电子海图中从船舶标志处用鼠标点击一下，便可瞬时显示对应的船名、呼号、MMSI 注册号以及航向、航速、CPA、TCPA 等重要的航行信息，驾驶员了解了这些信息后，就可以非常方便地判断周围其他船舶的运动情况，确保航行安全，同时在进行相互通信时可以直呼其船名，信息交流非常方便。

AIS 工作在 VHF 航海频段，国际电信联盟 1997 年无线电大会指定了 161.975 MHz(87B 频道)和 162.025 MHz(88B)频道两个 VHF 频率作为 AIS 工作频道。就完成通信而言，一个无线电频道已经足够了，但是为了防止干扰和转换频道时造成通信损失，每个 AIS 站均使用两个频道进行收发。

除人工干预外，AIS 应答器都工作在自主连续模式，发射方式是 9.6Kb GMSK FM 带宽 25 kHz 或者 12.5 kHz 数据采用 HDL 包协议。

根据船-船通信这样的实际条件，AIS 使用了自组织时分多址技术(SOTDMA)这一核心技术。根据 IMO 的 AIS 性能标准对要求船舶报告的容量的要求，系统每分钟应有2 000个时隙，但实际上，系统的设计是每分钟4 500时隙，每一帧 60 s，即每 60 s 建立2 250个时隙，每个时隙约 26.67 ms，可传输 256 bits 的信息，每个 AIS 站的船舶报告根据信息的容量自动选择 1～3 个时隙，分一帧和数帧发射或接收 AIS 信息。系统实时动态地调整信道分配具体工作中，在一个 AIS 站开始发送之前先要对当时信道的使用状态观察一段时间，搞清时隙使用情况，然后可以选择未占用的时隙，标明需占用的帧数，再发送数据，各 AIS 站持续地保持同步，可避免发送时间重叠，新加入 AIS 站也不会发生冲突。在数据链负荷超过理论值的 90% 时，新加入的站可以占用距离最远的台所遥的时隙，从而保证系统有很高的过载能力。

自组织分时多址技术可以自动解决本台与其他台的竞争问题，即使系统过载、通信仍能保持完好；系统每分钟可以处理 2 000 个以上报告，本船接收到的数据间隔 2 s 可以更新一次。AIS 对 DSC 向下兼容，因此岸基的 GMDSS 系统可以对装备 AIS 的船舶进行识别、跟踪和控制。

AIS 采用 VHF 频段，它的覆盖距离与其他 VHF 设备一样，电波直线传播。距离取决于天线的高度，在海上通常为 20 n mile 左右。由于其波长较雷达长，波的绕射以及衍射作用较强，所以“可视距离”较雷达要好，在地面上障碍物不太高的情况下，能“看到”障碍物或岛屿背面的 AIS 站。借助于中继站，可以显著扩大船台和 VTS 站的覆盖范围。

第三节　AIS 实施后对航运界的影响

一、AIS 实施后对船舶避碰的影响

例举开阔水域对船舶避碰的影响和航道交汇处对船舶避碰的影响来描述。

1. 开阔水域对船舶避碰的影响

AIS 系统在没有岸站的情况下同样会自成系统，显示周边船舶的航行动态。开阔水域的船舶相对比较少。由于 AIS 系统有把最近的一艘船舶作为主要对象船，并将其主要数据显示在显示屏上的功能，很显然，AIS 系统会把对方船的主要数据显示在显示屏上，显示目的是便于船舶之间的避让和相互沟通。就是万一避让不当，造成两船发生碰撞事故时，由于对方船的数据自动保存在 AIS 系统中。现场就可抓紧时间确认碰撞事实和了解损失情况等，不必像以前那样先要询问对方船名、船公司名称等基本数据。在了解事故情况和调查阶段，由于 AIS 系统具有把最后对方船的航行数据自动保存的功能，双方的动态一清二楚，事故的责任自然很容易判别，即使有一方有意篡改也是徒劳的。

2. 航道交汇处对船舶避碰的影响

吴淞口是黄浦江和长江的航道交汇处，从吴淞口出发，可驶往长江口，也可向长江上游驶去。当一艘从长江口驶往黄浦江的距吴淞口不远的万吨 A 轮发现在吴淞口内有出口的万吨 B 轮，估计在吴淞口外附近需要交汇时，通常需要对 B 轮是驶往长江口还是驶向长江上游的动态进行判别，便于正确地避让。目前进行判别的主要方法是通过目视，观察其船型（江船进江的可能性大，海船出海的可能性大）、船舶的航行位置（靠左一些进江的可能性大；靠右一些出海的可能性大）来完成。由于船舶的船型和航行位置受诸多因素的影响，如海船也可能进江，为避让小船等因素航行位置而偏移等，其判别的结果有可能是错误的。由于航道狭窄，临近时再手忙脚乱，船舶碰撞事故就容易发生。历年来，在吴淞口航道交汇处曾发生过多起因对他船动态判别上的失误，加上自然条件差和多种不利条件和人为因素而造成的重大船舶碰撞事故。当 AIS 实施后，A 船就可以在较早、距吴淞口较远的时候通过 AIS 观看黄浦江内船舶的航行实况，判别如有交汇时可早作准备，即到了临近突然需要对 B

轮的动态进行判别时,AIS 会自动把对方船作为主要对象船显示在显示屏上,显示其目的港的港名和动态等,也可以通过 AIS 进行驾驶台与驾驶台的直接通话或文字上的通信(因为 AIS 中有对方编码,所以可直接通信,不是 VHF 中的呼叫),从而排除对其动态判别上的失误而造成事故。AIS 的使用是对航行安全非常有利的。

二、AIS 实施以后对 VTS,ARPA 的影响

AIS 实施以后对 VTS,ARPA 的影响是相当大的,对 VTS 来说,可扩大 VTS 的工作范围,可提高 VTS 精度,船舶的识别从无到完善,可提高 VTS 工作人员的工作效率。VTS 工作人员使用 VHF 通信叫喊声不断的状况一去不复返了,VHF 通信叫喊声再也不是 VTS 中心的特色了。AIS 实施以后 VTS 会为航海保障起到应有和更好的作用。对 ARPA 来说,AIS 实施以后在识别目标和协助船舶避让方面会有长足的进步,对减少碰撞事故会起到很好的作用。

AIS 也不是万能的,对一些没有安装 AIS 的小型船舶,AIS 无法发现。关于"AIS 无法发现小型船舶"一事,可在 AIS 实行一段时间后,通过推广小型船舶安装价格便宜简易的 AIS 设备来解决。

三、AIS 实施以后对航标的影响

AIS 实施以后对航标的影响主要从降低航槽建设成本、灯浮的漂移、重新设置批量灯浮三个方面描述。

1. 降低航槽建设成本

航槽的开挖是一项大投入的工程。航槽的设计一般是在满足安全要求的前提下,开挖得越窄越经济。为了让船看清航槽的位置,航槽两侧需要设置航标。由于航标设在流动的水中,受水流的影响漂移半径在 10 ~ 30 m 左右。为了达到同样的安全系数,航槽只好相应加宽。在 AIS 系统情况下就不同了,电子航标的位置是不受水流的影响而移动的,在同样的安全系数的情况下,可以降低对航槽开挖宽度的要求,从而降低航槽建设成本。

2. 灯浮的漂移

灯浮是容易漂移的航标,一旦漂移,容易造成船舶的搁浅。在 AIS 系统下可完全改变这一状况。由于 AIS 状态下的电子航标是不会移位的,因灯浮漂移而造成船舶搁浅的因素也就不成立,部分搁浅事故也就可以避免。如果在 AIS 系统情况下仍需要现行的实物航标的话,只要在现行灯标体上安置一台 AIS 设备就能解决。当灯标发生移位时,移位了的灯标上的 AIS 设备就能把移动了的位置报告出来并报警,对航行安全是非常有好处的。

3. 灯浮的设置

当需要变更航道、批量灯浮需要重新设置时,按现行的施工方法是一个相当大的工程,需要很长的时间和较大的费用。在对航标重新设置期间,因船方不能及时获得航标的变更信息,对船舶航行安全是很不利的。而在 AIS 系统情况下,只要轻轻点击鼠标电子航标就能在瞬间完成,几乎不存在航标重新设置期间的问题。

目前沉船标的设置需要审批,周期比较长,沉船标显示的信息如左侧标,独立碍航标等内容也比较少。在 AIS 系统情况下,每一艘船舶都可以使用短消息等手段发布沉船消息,在船舶沉没到沉船标抛设期间,船舶管理部门可以设电子沉船标,电子沉船标不仅可以包含一个具体坐标位置以及左侧标、独立碍航标等简单信息,还可以包含一个具体的警告区域

(面积)并备注有相关信息和危急等级的综合信息。当因潮流等因素沉船移位需要移动沉船标时,现行的沉船标移位需要人力、物力,而在 AIS 系统情况下只要轻轻点击鼠标就能完成对沉船标移位。

四、AIS 实施以后对航行警告航行通告的影响

现行的部分航行警告航行通告的内容,如超大型船舶的长距离拖带、沉船等将会被全新的 AIS 系统的船舶告知方法所取代。目前超大型船舶的长距离拖带,除了航行许可的审批外,还需要对超大型船舶长距离拖带的特殊性和何时出发、何时到达(经过)某地等可能需要他船进行协助避让的事项发布航行警告,以便接收到该航行警告的船舶可估计相遇时间,从而主动协助避让。AIS 实施以后,超大型船舶的长距离拖带的航行警告将被 AIS 标志有超大型船舶特殊信号的显示界面所取代。根据需要,这种超大型船舶特殊信号接近到一定的距离时可被设置为报警,提醒操纵者重视,其效果远比现行发布航行警告要好许多。像大风警报、抢险救助等方面的航行警告,肯定会与现行的做法有较大的区别,其结果会大大提高工作效率和方便用户。

五、AIS 实施以后对船舶和船舶有关单位的影响

在船舶建造、航运过程中,需要与很多方面打交道,很多部门需要了解船舶的动态。从船舶航运的角度来讲,船舶进港需要与港口当局、引航、拖轮、码头等打交道,这些单位都需要了解准确的船舶动态预报以便配合;从船舶自身管理的角度来讲,人员的调动、公司人员上船工作等,都需要了解船舶的动态。AIS 不但能准确地预报船舶的动态时间,在需要情况下,还可自行观察实况,推算船舶的靠码头、系浮筒的时间,如拖轮可以等待到最佳时间开航迎上去,协助靠码头,使工作顺利并节约费用。AIS 实施以后能够做到准确地预报并为该类工作节省时间。从船舶装载运输货物运作的角度来讲,对及时提货、及时送达、交付运输的货物都有很现实的意义。

六、AIS 实施以后对物流的影响

物流是现代科学的产物,主要体现在对货物的实时监控上。目前的物流已经做到或正在着手做到实时监控。在无线电监控技术的帮助下,集装箱的监控方面已经取得了可喜的成绩,做到从空箱、装箱、卡车运输、堆场位置、报关、起吊、装船的全程实时监控。实时监控下的集装箱,除可了解集装箱的实时状态(位置)、进程外,还可查阅历史上某一时刻的状态(位置)、进程。结合企业单位的物流数据库,从企业生产的产品甚至产品部件开始就能实时监控。AIS 的实施,实时监控的范围可从陆上扩大到海上(船上),使物流的可信度大大提高,对货物的交易会有很大的帮助。AIS 实施以后,集装箱船舶到港靠码头时间的预报准确度会非常高,货主根据自己集装箱的装船位置,可以推算起吊卸船的时间,做到集装箱直接卸到自己派出的集装箱卡车上并直接开往目的地。仅此一项,就可以节约大量的费用。因此,AIS 的使用有助于加强海上生命安全、提高航行的安全性和效率以及对海洋环境的保护,能在电子海图上可视化显示所有识别的船舶,增强了船舶的全局意识,使航海界进入了数字时代。

随着科研管理的成熟,我国应立即抓紧时间,投入巨资对 AIS 研究,再也不要像对 GMDSS 等设备一样,等别人占领市场后我们再往市场内挤,那时花百倍的努力也不如现在

使一份力量,跟上国际 AIS 步伐。

第四节 AIS 系统使用和操作要求

一、设备的基本操作

1. 本船静态参数的设置

本船参数的设置可以分两部分,其中之一是静态参数的设置,主要包括船名、呼号、IMO 码、MMSI、船舶种类、船舶的长度和宽度以及 GPS 天线的位置,这些数据通常情况下在安装时由管理级人员用密码输入,不能随意改动。如果需要更改,一般由船长或船长授权的人员进行。

2. 本船航次信息的设置

所谓的航次信息主要是指船舶某一航次的主要信息,此类信息与航次有密切的关系,必须在新航次开始前输入,主要信息包括航行状态(抛锚、在航、操纵受限、失控等)、目的港、预计抵达时间(ETA)、船舶总高度和船舶吃水等信息。从各主管部门检查的情况看,此类信息的输入不规范,应当引起足够的重视并认真对待。

3. 短消息的发送

要会编辑和发送 AIS 的安全短消息,在编辑和发送时,要注意选择发射的类型,是对某一条特定的船舶还是对水域中所有的船舶,同时注意短消息优先等级的选择。

4. 对特定船舶信息的查询

根据需要,会利用本船的 AIS 设备主动查询他船的信息,主要以静态信息和航次信息为主。

5. 设置本船的其他信息

在实际工作中,根据航行的实际条件,进行本船偏航报警设置,即当本船偏离航线或位置一定距离时,系统报警;也可以进行他船闯入报警设置,即设置一定范围的报警圈,当有船舶进入报警圈内时,AIS 设备报警,在具体设置时一定要根据船舶的实际情况进行,例如在设置 AIS 他船闯入报警时,在大洋航行可以把报警圈设置得相对大些,当船舶在港口或密集水道时,就要设置得非常小或者干脆不设置,否则,AIS 设备的报警声不断。

二、信息的查看

1. 本船信息的查看

根据需要,能够查看本船的静态、动态和航次信息。

2. 他船信息的查看

应当快速地查看其他船舶的动态、静态和航次信息以及船舶安全短信息,同时能够迅速查看他船与我船的距离、方位、CPA 和 TCPA 等信息,便于作出判断,保证航行安全。

三、设备的实际操作和要求

目前,几乎所有的 AIS 船载设备采用的是菜单操作方式,尽管各生产厂商生产的设备不相同,但是总体来说,操作的内容不外乎下列几个方面:

(1)对于目标数据的读取;
(2)导航标绘功能的使用;
(3)本船数据的设置和读取;
(4)短电文的编辑、存储和发送;
(5)系统的初始设置和一般设置;
(6)对设备进行自检测。

在使用AIS设备时,还应当注意下列方面:

(1)在没有特殊要求的情况下,AIS设备应当始终保持开机状态;
(2)船舶的静态数据在没有得到授权的情况下,不得随意改变;
(3)在新航次开始前,应当主动、及时地更改航次信息。